Die Metropolen in Lateinamerika –
Hoffnung und Bedrohung für den Menschen

EICHSTÄTTER BEITRÄGE

Schriftenreihe der Katholischen Universität Eichstätt
Band 18

Abteilung Lateinamerika · 2

Akten der Fachtagung „Die Metropolen in Lateinamerika – Hoffnung und Bedrohung für den Menschen" vom 16.–20. November 1984 an der Katholischen Universität Eichstätt.
Die Übersetzung der spanischen Beiträge besorgten Gertrud Voigt-Raoufi und Karl Kohut.
Veröffentlichungen des Zentralinstituts für Lateinamerika-Studien.
Serie A: Kongreßakten

EICHSTÄTTER BEITRÄGE

Ediciones de la Universidad Católica de Eichstätt
Vol. 18

Sección América Latina · 2

Actas del Simposio «La Metrópoli en América Latina – promesa y amenaza para el hombre» del 16–20 de noviembre de 1984 en la Universidad Católica de Eichstätt.
Las ponencias españolas fueron traducidas por Gertrud Voigt-Raoufi y Karl Kohut.
Publicaciones del Centro de Estudios Latinoamericanos.
Serie A: actas

Eichstätter Beiträge · Band 18
Abteilung Lateinamerika · 2

Karl Kohut (Hg.)

Die Metropolen in Lateinamerika –

Hoffnung und Bedrohung
für den Menschen

Verlag Friedrich Pustet Regensburg

CIP-Kurztitelaufnahme der Deutschen Bibliothek

Die **Metropolen in Lateinamerika – Hoffnung und Bedrohung für den Menschen** : [Akten d. Fachtagung „Die Metropolen in Lateinamerika – Hoffnung u. Bedrohung für d. Menschen" vom 16.–20. November 1984 an d. Kath. Univ. Eichstätt]
Karl Kohut (Hg.). – Regensburg : Pustet, 1986.
  (Eichstätter Beiträge ; Bd. 18 : Abteilung Lateinamerika ; 2) (Veröffentlichungen des Zentralinstituts für Lateinamerika-Studien : Ser. A, Kongressakten)
  In d. Vorlage auch: Simposio „La Metrópoli en América Latina – Promesa y Amenaza para el Hombre"
  ISBN 3-7917-1027-3

NE: Kohut, Karl [Hrsg.]; Fachtagung Die Metropolen in Lateinamerika – Hoffnung und Bedrohung für den Menschen <1984, Eichstätt>; Eichstätter Beiträge / Abteilung Lateinamerika

Gedruckt mit Unterstützung des Vereins ‚Eichstätter Wissenschaftliche Veröffentlichungen e.V.' und der ‚Universitätsgesellschaft Eichstätt e.V.'

ISBN 3-7917-1027-3; ISSN 0720-6798
© 1986 by Verlag Friedrich Pustet, Regensburg
Umschlaggestaltung: Renate Klein-Rödder, Mainz
Gesamtherstellung: Friedrich Pustet, Regensburg
Printed in Germany 1986

INHALTSVERZEICHNIS

Vorwort des Herausgebers   9

1. Historische Perspektiven   13

Hanns-Albert Steger (Nürnberg):   15
Kulturanthropologische Ausgangspunkte des lateinamerikanischen Städtewesens

J.M.G. Kleinpenning (Nijmegen):   31
Stadtentwicklungsprozesse in Lateinamerika

Axel Borsdorf (Tübingen):   55
Konzepte und Probleme der Stadt- und Regionalplanung in Lateinamerika

Carlos Moncayo Albán (Quito):   71
Ecuador: ein Land mit zwei Metropolen

2. Wirtschaft, Industrie und Handel als Faktoren der Stadtentwicklung   81

Louis Baeck (Leuven):   83
Das städtisch-industrielle Entwicklungsmodell Brasiliens

Peter Dauch (Belo Horizonte):   97
Industrieansiedlung und Stadtentwicklung in Brasilien am Beispiel von Mannesmann in Belo Horizonte

Konrad Tyrakowski (Eichstätt):   117
Die Rolle der Wochenmarktorte bei der Verstädterung des ländlichen Raums in Mexico. Das Beispiel des Bundesstaates Puebla

3. Migration und Migrationsverhalten — 141

Jürgen Bähr (Kiel): — 143
Innerstädtische Wanderungsbewegungen unterer Sozialschichten und peripheres Wachstum lateinamerikanischer
Metropolen (mit Beispielen aus Santiago de Chile
und Lima)

Gerrit Köster (Aachen): — 179
Migrationsverhalten und Systeme wirtschaftlicher und
sozialer Integration der Bevölkerung mit mittlerem
und hohem Sozialstatus in La Paz

4. Stadterneuerung und Wohnbauprogramme — 205

Erdmann Gormsen (Mainz): — 207
Konflikte bei der Stadterneuerung lateinamerikanischer
Kolonialstädte

Günter Mertins (Marburg): — 227
Wohnraumversorgung und Wohnbauprogramme für
untere soziale Schichten

Wolfgang Schoop (Aachen): — 245
Kirchliche Wohnbauinitiativen in La Paz auf der
Basis der traditionellen Wohnbereichsstrukturen

5. Soziale und pastorale Probleme — 259

Thierry Linard de Guertechin (Rio de Janeiro): — 261
Der Zusammenhalt des Familienverbands in den
Metropolen (Rio de Janeiro)

Günther Schühly (Rio de Janeiro): — 287
Soziale und psychologische Faktoren der Marginalität
in Brasilien

Norbert Schiffers (Regensburg): — 311
Sozialpsychologische Probleme und deren Lösungsansätze
in einer Großpfarrei im Süden von Santiago de Chile

Alois Hartmann (Essen): 321
Pastorale Erfahrungen in São Paulo

6. Politische Gewalt und Kriminalität.
   Der städtische Terrorismus 331

   Robert F. Lamberg (Rio de Janeiro): 333
   Der städtische Terrorismus in Brasilien, Uruguay und
   Argentinien

7. Probleme der Stadtplanung und Stadtentwicklung am Beispiel
   von Mexico-City und Bogotá. Politische Perspektiven 353

   Alejandro Aguilera (México, D.F.): 355
   Konkrete Erfahrungen bei der städtischen Planung in
   Mexico-City und im Bundesstaat Tabasco

   Luis Sánchez de Carmona (México, D.F.): 371
   Stadtentwicklung in Mexico-City. Ökologische Probleme
   und ihre sozialen Auswirkungen. Tendenzen, Perspektiven und Anregungen

   Jorge Bernardo Londoño Gutiérrez (Bogotá): 395
   Bodenprobleme der Städte in Kolumbien und ihre Auswirkungen auf die Wohnraumversorgung der unteren
   sozialen Schichten. Ansätze zur Behandlung des
   Problems in den verschiedenen Reformprojekten, die
   dem kolumbianischen Parlament vorgelegt worden sind

   Roberto Rodríguez Silva (Bogotá): 413
   Die Stadtentwicklungspläne und die Realität

   Hans Jürgen Wolff (Bochum): 433
   Bogotá: Metropolenwachstum und Investitionsplanung im
   Zwiespalt technischer Rationalität und politischer Zwänge

VORWORT DES HERAUSGEBERS

"Stadtluft macht frei", hieß es einst im deutschen Mittelalter. Etwas Ähnliches mögen auch die zahllosen Menschen denken, die in den Ländern Lateinamerikas in die Metropolen ziehen, um Arbeit und Brot zu suchen. Sie werden getrieben von der Not ihrer heimatlichen Provinzen, sie werden angezogen von der Hoffnung auf ein besseres Leben in der Stadt. Dieser Prozeß wurde durch die Wirtschaftspolitik verschiedener Länder gefördert, die die Entwicklung der Metropolen gezielt und massiv vorangetrieben haben.

Die Hoffnung der Allzuvielen mußte notwendigerweise enttäuscht werden. Der Zustrom in die Metropolen nahm solche Ausmaße an, daß die Städte bei weitem überfordert waren. Die Ergebnisse sind bekannt: die Verdichtung der Bevölkerung in einem bisher nicht gekannten Ausmaß, die Verslumung der Innenstädte, der Ring der Elendsquartiere um die großen Städte, soziale Not, die in Kriminalität umschlägt. Der Ausbau der Infrastruktur bleibt zurück, die Versorgung mit Elektrizität und Wasser, die Entsorgung von Müll und Abwässern entsprechen auch nicht annähernd den Bedürfnissen und Notwendigkeiten. Die Metropolen sind zur Bedrohung für die Menschen geworden, die in ihnen wohnen.

Die Fachtagung, die vom 16.-20. November 1984 an der Katholischen Universität Eichstätt stattfand, hatte es sich zum Ziel gesetzt, einige Aspekte der skizzierten Problematik zu diskutieren. Die Beteiligten kamen aus ganz unterschiedlichen Disziplinen; es waren Städteplaner, Architekten, Stadtgeographen, Soziologen, Politikwissenschaftler, Wirtschaftswissenschaftler; dazu kamen Teilnehmer aus der Kirche, der Sozialarbeit, der Industrie. Sie alle trafen sich in der Diskussion der sozialen Problematik, die im Zentrum der Veranstaltung stand.

Ein wesentliches Element der Tagung war das Gespräch zwischen Wissenschaftlern und Praktikern. Das gleiche gilt in noch höherem Maße für den Dialog zwischen europäischen und lateinamerikanischen Teilnehmern. Der Eurozentrismus ist als Gefahr zwar prinzipiell erkannt; dennoch geschieht es bei Anlässen dieser Art nur zu oft, daß wir aus der europäischen Perspektive über Lateinamerika reden und uns dabei über die kulturelle Eigenständigkeit des Kontinents hinwegsetzen. Dessenungeachtet ist die europäische Perspektive gerade auch bei der hier behandelten Problematik wichtig, wenn sie nur die Perspektive der Lateinamerikaner selbst respektiert und ernst nimmt.

Angesichts der Vielzahl der Probleme kann eine Tagung mit 24 Teilnehmern nur einen kleinen Ausschnitt behandeln. Das schlägt sich in den Akten nieder, in denen die Lücken offensichtlich sind, am schmerzlichsten gerade im zentralen, dem sozialen Bereich. Die Probleme der Familie, der Frauen, der Jugendlichen und Kinder sind kaum angerissen; aus dem Bereich der Kriminalität konnte nur der politische Aspekt - die Stadtguerilla - abgedeckt werden. Trotz dieser Lücken hoffe ich, daß dieser Band in seinem eingegrenzten Bereich den gegenwärtigen Stand der Probleme und ihrer Diskussion dokumentieren und damit Anstöße zur weiteren Arbeit geben kann, als ein Beitrag unter vielen, die sich mit den Metropolen in Lateinamerika befassen.

Ich möchte an dieser Stelle den vielen danken, die mit ihrer Hilfe die Tagung und damit auch diesen Band möglich gemacht haben: der Stiftung "Katholische Universität Eichstätt", der Universität selbst und dem kirchlichen Hilfsdienst "Adveniat", die die Tagung getragen haben. Wesentliche Unterstützung erhielten wir vom kirchlichen Hilfsdienst "Misereor", der Deutschen Stiftung für Internationale Entwicklung, dem Presse- und Informationsamt der Bundesregierung sowie einer Reihe von Unternehmen im Eichstätt-Ingolstädter Raum.

Mein Dank gilt schließlich Ingrid Galster, Regina Richter, Katharina Städtler und Lydia Tyrakowski, die bei der Ausrichtung der Tagung wie auch bei der Vorbereitung der Akten für den Druck engagiert mitgearbeitet haben. Ein letztes Wort des Dankes gehört dem Altmeister der lateinamerikanischen Stadtforschung in Deutschland, Herrn Herbert Wilhelmy, der den Einleitungsvortrag über "Etappen der Urbanisation Südamerikas. Von der Kolonialstadt zur modernen Großstadt" hielt, in dem er die Summe seines Werks über "Die Städte Südamerikas" souverän vorstellte.

Eichstätt, im Juli 1985   Karl Kohut

1. HISTORISCHE PERSPEKTIVEN

KULTURANTHROPOLOGISCHE AUSGANGSPUNKTE DES LATEINAMERIKANISCHEN STÄDTEWESENS

Hanns-Albert Steger (Erlangen-Nürnberg)

Kulturanthropologische und geistesgeschichtliche Überlegungen sind in der Diskussion über die lateinamerikanischen Städte noch nicht ausreichend zu Wort gekommen; doch sie werden mehr und mehr einzubeziehen sein, wenn der Gang der Forschungen weiter so verläuft, wie sich das jetzt andeutet.

An den Anfang möchte ich eine Reverenz gegenüber unserem Kollegen Wilhelmy stellen, ohne den wir alle, glaube ich, nicht dazu gekommen wären, so intensiv über Städte in Lateinamerika zu arbeiten. Er ist derjenige, der die großen Anregungen dazu gegeben hat, und ich bin sehr froh, daß sein Buch jetzt in neuer Auflage vorliegt; wir sind nun sehr gespannt auf den zweiten Teil, den wir hoffentlich sehr bald auf unserem Tisch haben werden (WILHELMY/BORSDORF 1984/1985).

Die Symbolgeschichte des urbanen Lebens führt, wie Sibyl Moholy-Nagy (1968/1970) gezeigt hat, zum Verständnis der Stadt als "Matrix of Man", als "Gebärmutter des Menschen". Damit wird sicher sehr genau der kulturanthropologische Gesichtspunkt gekennzeichnet, den wir uns vorgenommen haben, heute vorzutragen.

Kulturanthropologie, im deutschen Sprachraum nicht als eigenständiges Fach zugelassen, will doch, wenn man den Begriff wörtlich übersetzt, die Schöpfung des Menschen durch Kultur und die Schöpfung der Kultur durch Menschen untersuchen. Im Augenblick handelt es sich für uns um die These, daß es die Stadt ist, die den Menschen zum Menschen macht. Die Vorstellung von der Stadt als "Gebärmutter des Menschen" verlangt als Parallele die Vorstellung spezifischer und charakteristischer Gruppen von Menschen, die sich ihre Stadt schaffen und dadurch selbst das Instrument herstellen, mit dessen Hilfe sie zu sich kommen. Es bildet sich ein kollektives Bewußtsein, das den Einzelnen in seiner Zeit sowohl in die Vergangenheit als auch in die Zukunft hinein weit überschreitet. Dieses Bewußtsein prägt das Individuum, vermittelt ihm einen Stil, der es "typisch" macht, es entsteht der typische Nürnberger, der typische Pariser, der typische Mexikaner. "Der *Inhalt* der Umgebung ist der qualitative Sinn der Stadt. Er ist unwissenschaftlich", sagt Sibyl Moholy-Nagy, "denn sein Hauptnenner ist gesellschaftliche und geistige Selbsterhaltung im Rahmen kollektiver Wertmaßstäbe, ein ewiges Wechselspiel zwischen Macht und Mehrheit"; und: "Die Stadt ist die symbolische Gestalt eines Punktes in der Geschichte und eines Punktes auf der Erdoberfläche" (MOHOLY-NAGY 1968, 11 f.).

Die Bindung an dieses kollektive Bewußtsein erzeugt den Widerstand gegen unkontinuierlichen Fortschritt. Der schlagende Beweis dafür ist die Geschichte der französischen Gesellschaft im Durchgang durch die Revolution. Im Ergebnis, das heißt während des Bürger-Königtums, sind alle unkontinuierlichen Sonderwege der Entwicklung wieder ausgeschieden; die schließliche Gesamtentwicklung zwischen der Mitte des 18. und der des 19. Jahrhunderts folgt einem klar einsichtigen Vektor. - Das gleiche kann natürlich auch über die russische Entwicklung gesagt werden, die zur Herausbildung einer Büro- und Industriebourgeoisie geführt hat, die ziemlich genau das Gegenteil dessen ist, was den Erfindern der Revolution vorgeschwebt hat. Insofern das urbane Bewußtsein grundsätzlich langfristiges Bewußtsein ist, ist es nicht nur Widerstand gegen fremdbestimmte und kurzfristige Änderungen, sondern auch Selbstbehauptung der gesellschaftlichen Pfaderfahrung, die dieses Bewußtsein so und nicht anders gestaltet hat. Die kulturanthropologische Entzifferung der im städtischen Kontext buchstäblich versteinerten Symbolsprache kann Aufklärung über die irrationale, nicht-erklärbare Traditionsgebundenheit der Städte liefern: Religion, Bildung, Gesamtbewußtsein, Bürgersinn bestimmen die Beziehungen der Bürger zu ihrer Stadt.

Es ist natürlich hier nicht unsere Aufgabe, eine allgemeine Geschichte der Stadtentwicklung vorzutragen; das ist seit Mumfords Arbeiten nurmehr epigonenhaft möglich (MUMFORD 1961/1963). Es erscheint uns aber sinnvoll, auf die Zusammenhänge zwischen Weltsicht und Stadtformation besonders hinzuweisen. Zunächst: es ist offensichtlich, daß die Stadt *auch* der Versuch des Menschen ist, aus der scheinbar unentrinnbaren

Einbindung in den Lauf des Klimas, der Jahreszeiten, der geographischen Lage auszubrechen und dem physischen und psychischen Wohlbefinden angemessene und kalkulierbare Dauerbedingungen zu schaffen. Wir haben deshalb zunächst nach den Koordinaten zu fragen, mit deren Hilfe Raum und Zeit geordnet worden sind, so daß es zu einer grundsätzlichen Übereinstimmung zwischen dem Religiösen, dem Kollektiv-Bewußten und dem Konstruktiven kommen konnte.

Ich möchte jetzt den Versuch unternehmen, diese Überlegungen an einem europäischen Beispiel stichwortartig deutlich zu machen, um dabei auch einigen unserer lateinamerikanischen Freunde die Möglichkeit zu geben, etwas über europäische Zusammenhänge zu hören, die ja dann in den lateinamerikanischen Entwicklungen, allerdings in einer wiederum gebrochenen Form, bedeutsam werden.

Unser Beispiel bezieht sich auf Paris (1). Die Seine-Insel, auf der sich der Kern der Stadt entwickelt hat, ist zunächst Kultzentrum auf dem Weg der Pilger nach Galicien in Spanien, dem heutigen Santiago de Compostela, längst vor der Zeit der Römer, in keltischer und vielleicht auch vorkeltischer Zeit. Noch heute bezeichnen die Kirche und die Straße Saint-Jacques diesen Weg. Sie ist gewissermaßen das Rückgrat der "mémoire collective" (wie das Roger Bastide genannt hätte). Alle Ereignisse der Pariser Geschichte haben sich auf dieser Straße abgespielt. Das keltische Heiligtum auf der Seine-Insel konnte deshalb so zentrale Bedeutung haben, weil diese Insel wie ein Welt-Ei die spätere Stadt bereits vorher in sich trug. Wir kennen ja alle dieses traditionelle und klassische Bild des "Centre Ville", der Seine-Insel, als Weltei in der Mitte des Wassers schwimmend. Dieses Weltei, "l'Ile de la Cité", schuf sich seine Welt, indem es Geschichte wie Jahresringe um sich legte; man kann das an der Entwicklung der Stadtmauern genau beobachten. In den Ausgrabungen um dieses Ei herum hat man diese Schichten sehr gut hervorarbeiten und sichtbar machen können. Noch bis heute kann man sich vor Notre-Dame auf den geographischen Nullpunkt aller Straßen stellen, die von Paris ihren Ausgangspunkt nehmen. Sich auf diesen Stein gestellt zu haben, ist für die Erwerbung eines Bewußtseins dessen, was Paris und was Frankreich ist, sehr wichtig. Die Ei-Insel, die Gebärmutter der französischen Welt, vom Fruchtwasser der Seine geschützt wie durch den Wassergraben einer Festung, hat ihre Sonderstellung im Stadtzusammenhang bis heute ungebrochen bewahrt. Das Dreieck Notre-Dame - Palais Royal -

Sainte-Chapelle, im wesentlichen durch den alchimistischen Architekten Pierre de Montreuil gebaut, ordnet die Welt in die Felder des Guten und des Bösen und umbaut sich immer wieder mit Stadtmauern: rechts der Seine - das Paris der Könige; links das der Studenten; "la Ville" gegen "l'Université"; zwischen beiden "la Cité". Alle drei Komplexe entwickeln eigene Symbolsysteme; es genügt, über eine Brücke zu gehen, um in eine andere Symbolwelt einzutreten. Auf der einen Seite herrscht die geometrische Vernunft der handelsbürgerlichen und royalen "raison" und "magnificence"; - auf der anderen verirren wir uns in einem intellektuellen Labyrinth, in dem man lateinisch spricht. Hier die großen Einkaufs- und Verkaufsstraßen und die königlichen Paläste; - dort Konvente, Konventikel, Kirchen und Schulen. Zwischen beiden immer wieder "la Cité", zum ruhenden Zentrum des Gleichgewichts zwischen beiden geworden. - Noch ein letzter Hinweis: die sogenannte Straße der Freiheit, "le Chemin de la Liberté", auf der sich alle Volksrevolten bis 1968 (zum bislang letzten Male) abspielen, der Demonstrationsweg zwischen "Bastille" und "République", konnte auch durch den Baron Haussmann nicht zerstört werden. Sie bleibt als ideale Struktur in der "mémoire collective" so fest erhalten, daß sich alles abspielt, als wäre der alte Stadtplan noch erhalten, an den die Namen der Metro-Stationen erinnern; und die Metro-Station "Charonne" wird 1968, so wie immer, zum volksrevolutionären Zentrum.

Bei der Entwicklung einer Neubauzone in Cuzco/Peru konnten es die Verkäufer der neuen Wohnungen nicht begreifen, daß ein ganz bestimmtes Areal nicht verkauft werden konnte und nicht bezogen wurde, obwohl ein dringender Wohnungsbedarf bestand. Schließlich fand man heraus, daß diese Häuser auf einem seit Urzeiten aufgelassenen Friedhof standen. Dieser blieb in dem Bewußtsein der Bevölkerung als Struktur erhalten und auch in der Überlagerung durch Neubauten war er noch da und hatte deshalb eine Priorität gegenüber den auf diesem Gelände errichteten Wohnungen.

Wir haben damit einige Grundüberlegungen vorgestellt, die uns in die Lage versetzen, die Struktur der drei großen Städte kulturanthropologisch zu erfassen, die die Spanier in der Neuen Welt noch in voller Funktion vorfanden, nämlich Cuzco, Tenochtitlán und Cholula. Natürlich hatten sehr viel mehr Städte im vorkolonialen Lateinamerika bestanden; Herbert Wilhelmy hat in seinen einleitenden Kapiteln umfangreich darauf hingewiesen und zahlreiche Reproduktionen der vorhandenen Ruinen beigefügt, - aber die drei genannten Städte sind *die* großen Metropolen, die funktionsfähig waren, als die Conquista begann.

Wir beginnen mit Cuzco. Die Diskussion darüber, wie der Stadtplan zustande gekommen ist, hat eigene Arbeitsgruppen in mehreren Amerikanisten-Kongressen beschäftigt (2). Die Struktur, die die Inkas in Cuzco entwickelt haben, entspricht einer auf den Erdboden aufgezeichneten, riesigen Puma-Figur:

Abbildung 1

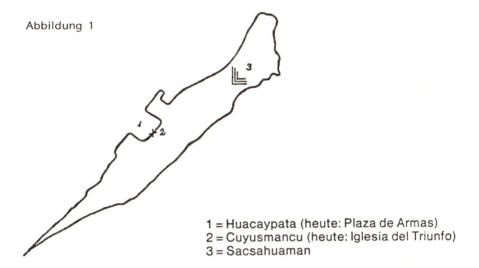

1 = Huacaypata (heute: Plaza de Armas)
2 = Cuyusmancu (heute: Iglesia del Triunfo)
3 = Sacsahuaman

Die Puma-Figur stellt nach wie vor das Grundschema der Stadt Cuzco dar (3). Im Kopf des Puma befindet sich die Festung "Sacsahuaman" (s. Ziffer 3), deren zyklopische Mauern in jedem Reiseprospekt zu finden sind; "Huacaypata" (s. Ziffer 1), heute "Plaza de Armas", ist der Platz zwischen den Beinen des Puma; im übrigen hatte man schon vor der Conquista die Erweiterung der Stadt vorgesehen und die Verlängerung der Beine soweit vorgeplant, daß sich der Puma bei der Weiterentwicklung auf die Beine stellen würde. Dies ist aber wegen der Conquista nicht mehr zustande gekommen. Die Struktur der Stadt, die die Spanier vorgefunden haben, hat die Kosmovision der inkaischen und zum Teil vor-inkaischen Bevölkerung in Geographie umgesetzt. Das Wichtigste dabei ist die inkaische Funktion der heutigen "Plaza de Armas". Die Innenseite des vorderen Fußes, aus der Sicht des "Cuyusmancu" (s. Ziffer 2; Erläuterung folgt) auf der rechten Seite, ist als maskulin zu bezeichnen, die linke Seite als feminin. In der Mitte befindet sich das Heiligtum des Viracocha, des beiden Geschlechtern zuzuordnenden Gottes. Die kultischen Ereignisse kosmischer Bedeutung spielten sich auf diesem Platz ab. Zur Zeit der Inkas befand sich hier der Ushnu, d.h. der von den Spaniern als Thronsessel bezeichnete pyramidale Aufbau, der dazu diente, in einem bestimmten Moment die Weiterführung des Kultes zu sichern; beim ersten Einfall der Sonne, zu bestimmtem Termin, setzte der Inka in einem kultischen Koitus mit einem der Mädchen, die hier herangezogen worden waren, die göttliche Identität fort.

In der Stadt selbst waren die Familien und die verschiedenen Gentilgruppen in ganz bestimmten Sektoren angesiedelt, in denen sie wohnen durften und mußten. Von wem immer man sagte "vive en las tripas", d.h. er lebe in den Eingeweide-Zonen des Puma, war damit nicht nur genau bekannt, wo er wohnte, sondern auch welcher Sozialstruktur er zugehörte. Von diesem Nabelzentrum aus strömte die politisch und kulturell synthetisierende Kraft des Inkareiches in alle Welt hinaus. Tom Zuidema hat die Ceque-Systeme untersucht, die Kraftlinien, die das ganze Land erreichten und in dieses Kultzentrum hereinzogen (ZUIDEMA 1964; TICHY 1982).

Das erste, was die Spanier nach der Eroberung unternahmen, war, daß sie nach dem spanischen Städtebaumodell den Huacaypata-Platz durch einen Querbau schlossen, wodurch die kultische Dynamik lahmgelegt wurde; es war keine Emanation nach außen mehr möglich.

Ähnliches kann man auch über **Tenochtitlán** sagen. Wir haben vor einiger Zeit in Nürnberg und Erlangen die in alle Einzelheiten gehende Darstellung Rudolf van Zantwijks publiziert, der die kultischen Prinzipien des Stadtplans von Tenochtitlán untersucht und beschreibt, warum welches Calpulli, welche Gentilgruppe an einem bestimmten Ort wohnt und welche Zusammenhänge zwischen der aztekischen Kultstruktur, der Stadtstruktur und insbesondere der Kalenderstruktur bestehen (ZANTWIJK 1980, 47-98). Grunderinnerungen an diese Stadtstruktur kann man nach wie vor im Netz der Märkte Mexikos feststellen. Für das Verständnis der Planstruktur ist vor allen Dingen wichtig, daß die sich überlappenden kosmisch-geographischen Raum- und Zeitkonzeptionen in ein städtisches

Abbildung 2

Stadtplan von Tenochtitlán mit seinen 20 Calpolcos
Quelle: VAN ZANTWIJK 1980, 63

städtisches Siedlungsprogramm verwandelt worden waren, wobei die religiöse Erhöhung des Kultes in dem engeren Umkreis des Zócalo stattfand und die Calpullis, die aztekischen Gentilgruppen, darum herum, wie in einem größeren Kreis, angeordnet waren. Diese hochdifferenzierte Kombination, die sich mit den Strukturen der Maya- und Azteken-Kalendersysteme überlappt, verlangt zur Analyse einen heute nur mit Computern zu bewältigenden Ansatz (darüber arbeitet heute eine ganze Reihe von Arbeitsgruppen, die die Umsetzung dieser Kalenderstrukturen in das stadtgeographische Siedlungsprogramm nachzuvollziehen versuchen, vgl. TICHY 1982).

Die Darstellung van Zantwijks ist ein wichtiger Ausgangspunkt, über den man zum Verständnis der "ordenación espacial", d.h. der Raumordnung, kommen kann. Erst von da aus ist der berühmte Kalenderstein zu entschlüsseln. Auch in diesem Fall kann nur kurz auf Arbeitsergebnisse hingewiesen werden. Wichtig ist es, deutlich zu machen, daß die "cosmovisión", die aztekische Weltsicht, in die Stadtstruktur umgesetzt worden ist, d.h. also, daß die Form des alltäglichen Zusammenlebens mit der kultischen "cosmovisión" identisch ist. Natürlich besteht keine Abhängigkeit des einen vom anderen, sondern eine Gleichzeitigkeit, die für die mexikanische Situation charakteristisch ist.

Das dritte Beispiel bezieht sich auf die Stadt Cholula. Cholula, eines der größten Zeremonialzentren der sogenannten "Neuen Welt" (die, wie wir alle wissen, in vielen Aspekten sehr viel älter ist als die "Alte Welt"), wurde von den Spaniern nicht in eine spanische Stadt verwandelt. Darin unterscheidet es sich entscheidend z.B. von Cuzco, dessen Kennzeichen gerade in dem "Daraufbauen" der spanischen Stadt auf die vorgegebene Inka-Stadt besteht. Im Falle von Cuzco kommt es, wie wir zeigten, darüber hinaus noch zu einer Zerstörung der kultischen Grundstruktur des Stadtplans, ohne daß man sagen könnte, die Spanier hätten bewußt oder absichtlich gehandelt. Sie haben sich schlichtweg an ihre eigene traditionelle Stadtstruktur gehalten, die als Gegenstruktur aufgesetzt worden ist. Im Fall der Stadt Mexiko kommt es zu der Überlagerung nach der völligen Zerstörung der aztekischen Stadt. Das spanische Gegenmodell lehnt sich sehr eng an bestimmte europäische, auch antike Diskussionen an, worauf Herbert Wilhelmy nachdrücklich verwiesen hat. Was aber nun Cholula betrifft, so ist dort keine spanische Stadt auf die vorkoloniale Struktur aufgesetzt worden, obwohl auf der Hauptpyramide eine Kirche errichtet worden ist. Die eigentliche spanische Stadt ist 5-6 km davon entfernt gebaut worden, nämlich "Puebla de los Angeles". In der Folge ist ein hochdifferenziertes System des Zusammenlebens dieser beiden Städte entstanden, das heute für die Entwicklung des gesellschaftlichen Bewußtseins der mestizischen Bevölkerung zu einem wichtigen Ankerpunkt geworden ist.

Abbildung 3

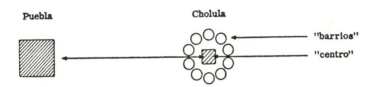

1 Aus Puebla stammende, stellvertretende Mittelschicht von Cholula

2 Soziale Abgrenzung zwischen Puebla und Cholula

Quelle: STEGER 1977, 127 f.

Über Cholula hat Guillermo Bonfil (ein Schüler von Paul Kirchhoff) eine eindrucksvolle Studie veröffentlicht (BONFIL BATALLA 1973). Er weist darin nach, daß die "barrios", die Stadtviertel, die rund um das Stadtzentrum herum angeordnet sind, die religiöse Struktur vorspanischer "calpullis" fortsetzen, obwohl sie gar nicht mehr von Indios bewohnt sind, sondern von einer christianisierten mestizischen Bevölkerung, die keine Ahnung mehr von diesen vorspanischen Zusammenhängen hat, dennoch aber an einer eigenständigen und besonderen Form kultischer Religiosität festhält. Bonfil hat in einem umfangreichen Kalenderschema festgehalten, wie der religiöse Festzyklus auch heute noch abläuft. Im Gegensatz zu den "barrios" ist das Zentrum Cholulas zu einer Dépendance der Stadt Puebla geworden. Die "supermercados", die Kaufhäuser, werden alle durch Puebla bedient, während die Bevölkerung der "barrios" von Cholula, die Hilfsfunktionen ausübt (wie z.B. Haushaltshilfe, Reinigungspersonal etc.), nach Puebla fährt. Man hat also früh am Morgen einen charakteristischen Gegenverkehr: die Direktoren, Verwalter und Angestellten usw. der Betriebe und der Geschäfte im Stadtzentrum Cholulas fahren von Puebla nach Cholula, die Hausgehilfinnen und das übrige Hilfspersonal der Unterschicht fahren nach Puebla. Am Abend verlaufen dann die Verkehrsströme in umgekehrter Richtung.

Das hat dazu geführt, daß sich in den "barrios" ein eigenes Bewußtsein entwickelt hat, das Bonfil als "tradicionalismo" bezeichnet, als Traditionsbindung, die aber nicht als nostalgisches Rückkehrprogramm funktioniert, sondern die Widerstand gegen eine erzwungene und fremdartige Modernisierung leistet. Dieser "tradicionalismo" übt somit eine wichtige Funktion kultureller Resistenz gegen die Zerschlagung traditioneller Strukturen durch industrielle Modernisierung aus. Interessante Beispiele lassen sich aus den zwischen Puebla und Cholula errichteten Industrieunternehmen berichten; dort haben sich die in den betriebswirtschaftlichen Instituten "des Westens" ausgebildeten Manager nicht vorstellen können, warum an gewissen Tagen in manchen Sektionen sehr viele Beschäftigte fehlten. Es fand dann eben eine jener "fiestas" in den "barrios" statt, und das ist natürlich wichtiger. Man arbeitet in der modernen Industrie, nicht um sich selbst zu modernisieren, sondern um Geld zu verdienen, mit dessen Hilfe das kulturelle Resistenz-System weiterentwickelt werden kann (STEGER 1977, 120-134).

Diese drei Beispiele, die sich auf die wichtigsten vorspanischen Städte beziehen, sollten uns zu denken geben, wenn wir auch den kulturanthropologischen Hintergrund der spanischen Stadtgründungen analysieren wollen. Auf die große Zahl dieser spanischen Stadtgründungen hat Herbert Wilhelmy in vielen Publikationen hingewiesen. An dieser Stelle kann daher auf eine ausführliche Erörterung des Gesamtzusammenhangs verzichtet werden. Vor allem ist die Frage, wie weit das Schachbrettmuster von Vitruv stammt, in den einleitenden Kapiteln durch Wilhelmy erschöpfend referiert worden.

Nun aber ist Folgendes zusätzlich zu beachten: In der zweiten Hälfte des 16. Jahrhunderts ist in Spanien durch Philipp II. der **Escorial** gebaut worden. Der Escorial ist ein ausgesprochen hermetisches Gebäude, dessen Struktur nur zu begreifen ist, wenn man sich intensiv mit Alchemie und mit der Philosophie von Ramón Llull beschäftigt hat. Der wichtigste Baumeister, der später auch die Direktion der Bauarbeiten übernommen hat, Juan de Herrera, war anerkanntermaßen Llullist und er hat auch Philipp II. dazu gebracht, sich seit 1580 mehrfach als Anhänger von Ramón Llull zu bezeichnen (TAYLOR 1969). In den 60er und 70er Jahren des 16. Jahrhunderts ist der Escorial als eine Festung der Trinität auf der Basis eines Schachbrettmusters gebaut worden. Die Kirche in der Mitte, und unter ihr das Pantheon der spanischen Könige; alles zusammen ergibt einen magisch zu verstehenden Gesamtzusammenhang zwischen dem Haus Gottes, dem Haus der Priester und dem Haus des Königs, d.h. eine Wieder-Holung des Templum Salomonis. Nun ist mir wichtig, daß Philipp II. im Jahre 1573 einen Ukas herausgibt, in dem er die endgültige Stadtplanungsstruktur für die Kolonien in der Neuen Welt festlegt, so wie sie sich in den vorausgehenden 50 oder 60 Jahren schon herausgebildet hatte. In der durch Wilhelmy vorgelegten Dokumentation dieser Entwicklung ist besonders der Vergleich zwischen dem Ukas Philipps II. und den Schriften Vitruvs wichtig (WILHELMY/BORSDORF 1984, 74 ff.). Bei der Anordnung Philipps ging es nicht darum, das Schachbrettmuster zu erfinden, sondern es ging um die Einfügung der Stadtgründungen in der Neuen Welt in ein intellektuell-religiöses Abhängigkeitssystem vom Escorial. Es wird also vom Escorial aus gewissermaßen ein Ceque-System errichtet, das die Städte der Neuen Welt in das trinitarische Machtzentrum einbinden soll und damit diesen zum großen Teil vorher schon in Gang gebrachten Gründungen einen übergreifenden Sinn gibt: die um den großen Zentralplatz herum erfolgte Anordnung der drei Mächte, des Hauses

Gottes, des Hauses des Königs und des Hauses der Priester wird auf diese Weise kultisch legitimiert.

Die religiösen und kulturanthropologischen Überlegungen sind nun nicht lediglich eine Frage der Erkenntnis geschichtlicher Hintergründe, sondern führen auch zu Problemen, die in die Aktualität hineinreichen. Man denke etwa daran, daß die Stadt Brasilia den Grundriß eines Flugzeugs hat, das ins Innere des Landes hineinfliegt (4): das vielgerühmte Stadtbild zeigt die "Drei Mächte" an der Spitze, gewissermaßen als Cockpit; die Wohnanlagen rechts und links, als die beiden großen Flügel und die zentralen Dienste mit den Rundfunk-, Fernseh- und Organisations-Stationen als den Rumpf. Auch hier ist (durch Lúcio Costa und Oscar Niemeyer) eine symbolische Struktur geschaffen worden, wobei es weniger wichtig ist, ob das von den Autoren des Plans so intendiert worden ist oder nicht; wichtig ist allein, daß die Symbolik so eindringlich wirkt, daß sie jedermann anspricht, der sich mit Brasilia beschäftigt.

Die Entwicklung, die hier dargestellt wird, ist auch für uns in Mitteleuropa interessant und wichtig: wenn man sich z.B. die Entwicklung des Ausbaus der "Hauptstadt Berlin" durch die DDR vor Augen führt, wird man erkennen, daß dieser Ausbau vier klar erkennbare Stationen durchlaufen hat (5). Der erste Versuch zu einer symbolischen Umorientierung des Ost-Berliner Zentrums bestand darin, daß die Russen die Russifizierung der innerstädtischen Symbolstruktur durchzusetzen versuchten; es entstand die Stalinalle; das ist die Strecke vom Strausberger Platz über die jetzt nach Karl Marx benannte Allee bis zum Alexanderplatz, in der Mitte abgestützt durch das Berolina-Hotel (6). Diese Phase endete mit dem Arbeiteraufstand von 1953. Gleichzeitig war im Westteil der Stadt ebenfalls damit begonnen worden, ein eigenes Symbolzentrum zu entwickeln, nämlich die "Kultur des Kurfürstendamms", wie man sie genannt hat, die eine derartige Attraktivität ausübte, daß der Bau der Mauer 1961 für die östliche Seite unumgänglich wurde. Diese Entwicklung hat dann dazu geführt, daß in Ostberlin ein zweiter Versuch zur Entwicklung eines eigenständigen Symbolzentrums unternommen wurde: das östliche Gegenmodell zum Kurfürstendamm wird der Alexanderplatz, mit Warenhaus, Volksbühne, Hotel Stadt Berlin, Haus des Lehrers, Kongreßhalle usw. Doch dieser Alexanderplatz blieb epigonenhaft und konnte sich nicht als eigenständiges Gegenmodell durchsetzen. Eine Einfügung neuer Symbolstrukturen in den Gesamtzusammenhang der deutschen bzw. der

Abbildung 4

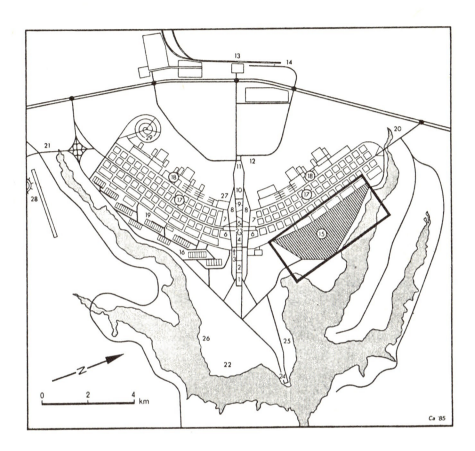

Zeichnung Carstens

1. Platz der drei Gewalten
2. Straße der Ministerien
3. Kathedrale
4. Kultureller Sektor
5. Vergnügungszentrum
6. Bankensektor
7. Kommerzsektor
8. Hotels
9. Sendeturm
10. Sportsektor
11. Marktplatz
12. Kaserne
13. Bahnhof
14. Industriezone
15. Universitätsstadt
16. Botschaften
17. Wohnbezirk
18. Einzelhäuser
19. Gärtnereien
20. Botanischer Garten
21. Zoologischer Garten
22. Golfclub
23. Busbahnhof
24. Jachtclub
25. Residenz des Präsidenten
26. Reitclub
27. Zone für Zirkusveranstaltungen
28. Flugplatz
29. Friedhof

Berliner Geschichte gelingt erst, wenn auch noch zurückhaltend, mit einem dritten Versuch, durch den die Eigenstaatlichkeit der DDR deutlich betont werden sollte; im Westteil der Stadt wird die Bindung an den Gültigkeitsbereich des Grundgesetzes der Bundesrepublik durch den Wiederaufbau des Reichstagsgebäudes betont, das jedoch nicht in den Gesamtzusammenhang der Weststadt-Planung eingefügt werden kann. Anders im Ostteil der Stadt: dort wird von Fernsehturm, Marienkirche, Rotem Rathaus, Nikolaikirche aus, ins Blickfeld genommen vom Palasthotel, eine Integrationsstufe zwischen Modernität und Geschichte aufgebaut, die schließlich auf den Marx-Engels-Platz, auf der Spree-Insel, hinführt. Damit beginnt die vierte Phase, die heute noch nicht abgeschlossen ist, nämlich die aggressive Einbeziehung der preußischen Vergangenheit in das neue Symbolzentrum. Die Einzelelemente dieser vierten Phase ordnen sich zu einer "Historischen Meile", die Brandenburger Tor, Unter den Linden, Staatsbibliothek, Humboldt-Universität, Staatsoper, Hedwigs-Kathedrale, Wache und Palais Unter den Linden sowie das Museum für deutsche Geschichte in einen Zusammenhang bringt. Von da aus sieht man dann, daß auf der anderen Seite der Insel Dom und Palast der Republik nebeneinander stehen wie Skylla und Charybdis und den Zugang zum Innenraum der Republik bewachen. Die provokative, dynamische Richtungsweisung des Einsaugens der preußischen Geschichte wird durch Bewegungsvorgaben unterstrichen: die Quadriga auf dem Brandenburger Tor zeigt diese Richtung von West nach Ost, auf den Marx-Engels-Platz zu, ebenso wie das jetzt wieder aufgestellte Reiterstandbild Friedrichs II. Der Aufzug der Wache nach preußischem Zeremoniell betont die gleiche Richtung. Dieser vierte Versuch ist meines Erachtens voll gelungen; es ist eine eindrucksvolle Darstellung dessen erreicht worden, was politische Symbolik zu leisten vermag. Wenn man das Gesamtbild vom Oberstock des Palastes der Republik aus betrachtet, hat man allerdings das Gefühl, daß das hier entwickelte symbolische Feld viel zu aufwendig für die DDR ist; anders gesagt: hier wird eine Dynamik vorgegeben, die über die Staatsgrenzen der DDR hinausweist. In Ostberlin ist ein Herrschaftszentrum für ganz Mitteleuropa konzipiert worden, westlich und östlich der Mauer, nicht nur für die DDR.

Ich will damit sagen, daß die Planung des Ost-Berliner Zentrums ein Beispiel dafür ist, wie die Symbolik der Stadtstruktur zum politischen Programm werden kann. Die Inbesitznahme, das Hereinziehen der Spree-Insel in die DDR-spezifische Version unseres deutschen Geschichtszusammenhangs, wird langfristig gesehen beträchtliche Bedeutung für unser kollektives Bewußtsein in Mitteleuropa haben. Wir sollten uns mit diesen Fragen mehr als bisher befassen. In Europa und in Lateinamerika müßten wir uns darüber hinaus ganz generell mehr als bisher mit symbolischen Zusammenhängen beschäftigen, um nicht nur zu wissen, "wie es war und wie es ist", sondern um unsere gesamtgesellschaftliche Zukunft und deren vorgegebene Perspektiven verstehbar zu machen.

*****

Anmerkungen

(1) Hinsichtlich der kulturanthropologischen Aspekte folge ich GOUVION/ VAN DE MERT 1974 (Kapitel IV, "Le discours de Paris", S. 177-215).

(2) Z.B. XLII. Amerikanisten-Kongreß, Paris 1976: Symposion über "Andean Symbolism", koordiniert durch Billie Jean Isbell. Siehe dort besonders ISBELL 1978, S. 269-297.

(3) Hierzu ausführlicher STEGER 1982b, S. 45-54.

(4) COSTA 1962. Lúcio Costa schließt seinen Text mit den Worten: "Brasília, capital aérea e rodoviária cidade parque. Sonho arquisecular do Patriarca".

(5) Vgl. STEGER 1982a. S. dort besonders das Kapitel "Herrschaftssymbolik von Ost und West am Beispiel der Rekonstruktion des Berliner Stadtzentrums", S. 85 ff.

(6) Der Architekt der "Stalin-Allee", Hermann Henselmann, ist als erster Nachkriegsleiter der Weimarer Hochschule für Baukunst und Bildende Künste (1945) in die Tradition des "Bauhauses" eingetreten (das dort von 1918 bis 1925 beheimatet war), und hat das Ziel verfolgt, "die Organisierung des Raumes für eine neue Gesellschaft" durchzusetzen.

*****

Literatur

BONFIL BATALLA, G.: Cholula. La ciudad sagrada en la zona industrial. México, UNAM 1973

COSTA, L.: "Isto é Brasília, Plano Pilôto de Brasília, 1956". In: Plano Orientador da Universidade de Brasília. Brasília 1962

GOUVION, C. u. F. VAN DE MERT: Le symbolisme des rues et des cités. Paris 1974

ISBELL, W.H.: "Cosmological order expressed in prehistoric ceremonial centers". In: Akten des XLII. Amerikanisten-Kongresses, Band 4, Paris 1978, S. 269-297

MUMFORD, L.: The City in History. Its Origins, its Transformations, and its Prospects. New York 1961 (deutsch: Die Stadt. Geschichte und Ausblick. Köln 1963).

MOHOLY-NAGY, S.: Matrix of Man. New York 1968 (deutsch: Die Stadt als Schicksal. Geschichte der urbanen Welt. München 1970).

STEGER, H.-A.: "Religiöse Traditionen und der Industrialisierungsprozeß in Mexiko". In: Lateinamerika Studien, 3, München 1977, S. 120-134.

-: "Die 'Deutsche Frage' im Prozeß der Re-europäisierung Europas". In: Die Europäisierung Europas als Friedenspolitik. Tagung der Evangelischen Akademie in Hofgeismar 1982, Protokoll 186, 1982, S. 79-98 (1982a)

-: "Indianische Raum- und Zeitvorstellungen in der gegenwärtigen lateinamerikanischen Gesellschaft". In: Das indianische Element in Lateinamerika. Zeitschrift für Lateinamerika, 21, Wien 1982, S. 45-54 (1982b)

TAYLOR, R.: "Architecture and Magic. Consideration on the *Idea* of the Escorial". In: Essays in the History of Architecture, presented to Rudolf Wittkower. New York 1969, S. 81-109

TICHY, F. (Hg.): Space and Time in the Cosmovision of Mesoamerica. Vancouver-London 1979, München 1982

WILHELMY, H. u. A. BORSDORF: Die Städte Südamerikas. Teil 1: Wesen und Wandel; Teil 2: Die urbanen Zentren und ihre Regionen. Berlin - Stuttgart 1984-1985, 2 Bde.

VAN ZANTWIJK, R.: "La ordenación de Tenochtitlán. La interrelación de dioses, templos, fechas calendarias, direcciones y sitios con grupos sociales en la convivencia capitaleña azteca". In: Wirtschaft und gesellschaftliches Bewußtsein in Mexiko seit der Kolonialzeit. München 1980

ZUIDEMA, R.T.: The Ceque System of Cuzco. The Social Organization of the Inca. Leiden 1964

ENTWICKLUNGS- UND STADTENTWICKLUNGSPROZESSE
IN LATEINAMERIKA
J.M.G. Kleinpenning (Nijmegen)

I. Historische Entwicklung und heutiger Stand des Urbanisierungsprozesses

Schon in der vorkolonialen Zeit gab es in Lateinamerika Ansätze zur Verstädterung, unter anderem im Aztekenreich, dessen Hauptstadt einige Hunderttausende von Einwohnern hatte. Urbane Zentren waren in Lateinamerika zu jener Zeit jedoch mehr Ausnahme als Regel. Erst in der Kolonialzeit kann von einem generellen Urbanisierungsprozeß die Rede sein. Ein Jahrhundert nach der Eroberung des südamerikanischen Festlands hatten die Spanier insgesamt schon etwa 200 Städte gegründet; im Küstengebiet der portugiesischen Kolonie Brasilien hatten sich mehrere größere Siedlungen gebildet. Es waren primär Verwaltungsmittelpunkte und Zentren der politischen Macht, Handelszentren, Bergbausiedlungen und Mittelpunkte der geistlichen Macht und des religiösen Lebens. Die Zeit der Unabhängigkeit ist u.a. durch eine Belebung der auf den Export zielenden Aktivitäten (Ackerbau, Viehzucht und Bergbau), durch Straßenbau, den Bau eines Eisenbahnnetzes und andere infrastrukturelle Einrichtungen in den für den Export produzierenden Gebieten und durch eine mehr oder weniger umfangreiche Immigration gekennzeichnet. Damit war eine weitere Verstädterung verbunden. In den neuen Ackerbau- und Bergbaugebieten bildeten sich zahlreiche urbane Zentren, die zu Sammel- und Distributionszentren wurden und auch in anderen Bereichen Versorgungsfunktionen übernahmen oder als Wohnsitz der Grundbesitzer fungierten. Auch an den Transportstraßen zu den Häfen und an der Küste entstanden neue Städte, die sich oft zu Zentren des internationalen Handels entwickelten, was häufig mit Aufgaben im Bereich der Verwaltung verbunden war. Sehr deutliche Beispiele dieser Entwicklung liefern die argentinischen Pampas und der Südosten Brasiliens. Besonders durch diese Weiterentwicklung der Exportwirtschaft blieb der Siedlungsschwerpunkt im Randgebiet des lateinamerikanischen Festlands, wo seit der Kolonialzeit die meisten Bewohner lebten. Die Verstädterung im Binnenland hatte einen viel geringeren Umfang, obgleich sich auch da einige größere Zentren bildeten, wie z.B. Manaus. Dennoch blieben weite Gebiete praktisch unbewohnt.

In der ersten Hälfte dieses Jahrhunderts wurde der Prozeß der Urbanisierung merkbar angeregt durch den weiteren Ausbau der agrarischen Bearbeitungs- und Verarbeitungsindustrie und durch das Entstehen einer einfachen Konsumgüterindustrie. Am deutlichsten können wir diesen Prozeß der importsubstituierenden Industrialisierung in den größten Ländern (Mexiko, Brasilien und Argentinien) erkennen, nicht oder viel weniger in den kleineren lateinamerikanischen Staaten, die in hohem Maß sogar bei einfachen Produkten von der Einfuhr abhängig blieben. Wegen der Zunahme der Bevölkerung wurden der moderne tertiäre Sektor und der Verwaltungsapparat weiter ausgebaut, was ein weiteres Wachstum der Städte, insbesondere der Landeshauptstädte, zur Folge hatte.

Mehrere Entwicklungen der Nachkriegszeit haben dem Prozeß der Urbanisierung abermals einen wichtigen Impuls gegeben. Man denke dabei insbesondere an das systematische Streben der meisten Länder, durch Importsubstitution und wenn möglich auch durch den Ausbau der Exportindustrie die Wirtschaft weiter zu diversifizieren, um dadurch die starke Abhängigkeit vom primären Sektor zu verringern und die Unterentwicklung zu überwinden. Der explosive Bevölkerungszuwachs machte zudem erneut eine Erweiterung zahlreicher Dienstleistungsformen und einen weiteren Ausbau des Verwaltungsapparates erforderlich.

Heute ist Lateinamerika im Vergleich zu Asien und Afrika der am meisten urbanisierte Teil der Dritten Welt. Außer in Haiti und in Trinidad-Tobago wohnten im Jahre 1980 in keinem einzigen lateinamerikanischen Land mit über einer Million Einwohner weniger als 35 % der gesamten Bevölkerung im urbanen Bereich; in 12 der 22 in Tabelle 1 aufgeführten Länder waren es schon über 50 % und in vier Ländern schon über 80 %. Obwohl in den meisten lateinamerikanischen Ländern größere Siedlungen schon ziemlich schnell als Städte eingestuft werden, ist es keineswegs so, daß der hohe Verstädterungsgrad dem Vorhandensein einer größeren Anzahl von Siedlungen zu verdanken wäre, die nach west-

Tabelle 1: Einige wichtige demographische und urbane Angaben für die Länder Lateinamerikas (mit über 1 Million Einwohner), 1960-1982

Land	Stadtbevölkerung				Durchschnittlicher jährlicher Bevölkerungszuwachs (%)		Prozentsatz der Stadtbevölkerung				Anzahl der Städte über 500 000 Einwohner	
	% der Gesamtbevölkerung		durchschnittlicher jährlicher Zuwachs (%)				in der größten Stadt		in Städten über 500 000 Einwohner			
	1960	1980	1960-70	1970-80	1960-70	1970-80	1960	1980	1960	1980	1960	1980
Haiti	16	26	3,9	4,0	1,6	1,7	42	56	0	56	0	1
Bolivien	34	45	4,1	3,3	2,4	2,6	47	44	0	44	0	1
Honduras	23	37	5,5	5,5	3,1	3,4	31	33	0	0	0	0
El Salvador	38	42	3,6	3,4	3,4	3,0	26	22	0	0	0	0
Nicaragua	41	55	4,0	5,0	2,6	3,9	41	47	0	47	0	1
Guatemala	33	40	3,8	3,0	3,0	3,1	41	36	41	36	1	1
Costa Rica	37	43	4,0	4,0	3,3	2,5	67	64	0	64	0	1
Peru	46	66	5,0	3,7	2,9	2,8	38	39	38	44	1	2
Dominikan. Republik	30	53	5,6	5,3	1,4	3,0	50	54	0	54	0	1
Jamaika	34	38	3,5	2,6	1,5	1,5	77	66	0	66	0	1
Ekuador	34	46	4,2	3,8	2,9	2,6	31	29	0	51	0	2
Kolumbien	48	65	5,2	2,7	3,0	1,9	17	26	28	51	3	4
Paraguay	36	40	2,9	3,3	2,6	2,6	44	44	0	44	0	1
Kuba	55	68	2,9	2,1	2,1	1,1	32	38	32	38	1	1
Panama	21	53	11,1	3,2	2,9	2,3	61	66	0	66	0	1
Chile	68	82	3,1	2,4	2,1	1,7	38	44	38	44	1	1
Brasilien	45	69	5,0	4,1	2,8	2,4	14	15	35	52	6	14
Mexiko	51	68	4,7	4,2	3,3	3,0	28	32	36	48	3	7
Argentinien	74	83	2,1	1,9	1,5	1,4	46	45	54	60	3	5
Uruguay	80	84	1,3	0,6	1,0	0,4	56	52	56	52	1	1
Venezuela	67	84	5,1	4,3	3,8	3,6	26	26	26	44	1	4
Trinidad + Tobago	22	22	1,8	0,7	2,1	0,5	..	..	0	0	0	0
Deutschland (BRD)	77	85	1,4	0,5	0,9	0,1	20	18	48	45	11	11

Quelle: World Development Report 1984

NB: Die Reihenfolge der Länder entspricht der Reihenfolge im World Development Report und basiert auf der Höhe des Pro-Kopf-Bruttosozialprodukts.

europäischem Maßstab im Grunde nicht mehr als große Dörfer sind. Denn ein beträchtlicher Teil der Stadtbevölkerung wohnt in der größten Stadt – in vielen Fällen handelt es sich dabei um 30 bis 50 % – und einem noch größeren Teil begegnen wir in Städten mit mehr als einer Million Einwohnern. Nur in einigen Ländern mit einer kleineren Bevölkerungszahl (Honduras, El Salvador) fehlen Zentren dieser Größenordnung. Nach den Angaben der Weltbank (Tabelle 1) gab es in Lateinamerika im Jahre 1980 insgesamt nicht weniger als 50 Städte mit mehr als 500 000 Einwohnern. 1960 waren das nur 21. Mehrere Zentren beherbergen viele Millionen Menschen. Groß Rio de Janeiro hatte 9 Millionen Einwohner, Groß São Paulo hatte 12,5 Millionen und Mexiko zählte bereits 15 Millionen.

Der hohe Verstädterungsgrad wird durch das schnelle Wachstum der urbanen Bevölkerung weiter verstärkt. Man erwartet, daß Groß São Paulo im Jahre 2000 eine Bevölkerung von 26 Millionen Einwohnern haben wird. In dem von Bergen und Vulkanen umsäumten Becken von Mexiko-City mit einer Oberfläche von nur 25 x 40 km werden voraussichtlich noch vor dem Jahr 2000 etwa 30 Millionen Menschen wohnen müssen. Zahlreiche kleinere lateinamerikanische Städte weisen ebenfalls eindrucksvolle Wachstumsraten auf. Manche verdoppeln ihre Einwohnerzahl innerhalb von 10 bis 15 Jahren.

II. Komponenten des Städtewachstums

Lieferte im 19. und in den ersten Jahrzehnten des 20. Jahrhunderts die Einwanderung in mehreren Ländern noch einen wichtigen Beitrag zum Wachstum der Städte, so sind es seitdem mehr und mehr der natürliche Zuwachs und die Land-Stadt-Wanderung, die einen größeren Umfang der Städte bewirken. Beide Komponenten zusammen waren die Ursache dafür, daß die Stadtbevölkerung der meisten lateinamerikanischen Länder in der Periode 1960-1980 jährlich um 3 bis 5 % zunahm, was bedeutet, daß der Bevölkerungszuwachs in den Städten bis um das dreifache den nationalen Bevölkerungszuwachs übertraf. Zwischen den einzelnen Städten und in bezug auf die Größenordnung der Städte gibt es jedoch beträchtliche Unterschiede. Die großen und sehr großen Städte haben absolut, manchmal aber auch relativ, bedeutend höhere Zuwachsraten als die kleinen und mittelgroßen.

Die Bevölkerung in den Städten ist im allgemeinen jung, was eine hohe Geburtenziffer ermöglicht, das geringe Bildungsniveau und die große Armut der Masse der Bevölkerung führen dazu, daß diese Geburtenziffer auch tatsächlich hoch ist. Die Kinder sind für zahlreiche Familien willkommene Arbeitskräfte und später eine Gewährleistung der Altersversorgung, so daß kinderreiche Familien nicht nur auf dem Lande, sondern auch in den städtischen Armenvierteln eine normale Erscheinung sind. Im urbanen Bereich ist durch die bessere medizinische Versorgung außerdem die Sterbeziffer meistens niedriger als im ruralen Bereich. Zwar ist in den Städten die Familienplanung besonders bei den höheren und mittleren Schichten weit verbreitet, ohne daß dadurch allerdings die hohe Kinderzahl der niederen Einkommensgruppen völlig ausgeglichen würde. Im allgemeinen liegt der Geburtenüberschuß um 2 % oder höher, was impliziert, daß ein bedeutender Teil des Städtewachstums durch das natürliche demographische Wachstum verursacht wird.

Da die Stadtbevölkerung jedoch in vielen Ländern jährlich um 3-5 % zunimmt, muß ein beträchtlicher Teil des Städtewachstums der Land-Stadt-Wanderung zugeschrieben werden. Diese Komponente ist so wichtig, daß ich mich eingehender damit beschäftigen und insbesondere auf die Hintergründe eingehen will. Ich beschränke mich dabei auf die Nachkriegszeit, obwohl die Land-Stadt-Wanderung auch vorher schon recht bedeutend war, zum Teil durch dieselben Umstände, zum Teil durch andere.

III. Hintergründe der Land-Stadt-Wanderung

Als Ursache der Stadtwanderung können zunächst ungünstige natürliche Verhältnisse in bestimmten ruralen Gebieten genannt werden. Die anhaltende Dürre im Nordosten Brasiliens z.B. hat das Tempo des Städtewachstums sehr beschleunigt. Auch die politische Lage kann einen Teil der Landbevölkerung dazu bringen, in die Stadt abzuwandern. Neben diesen außergewöhnlichen Umständen gab es in der Nachkriegszeit in Lateinamerika auch auf dem Lande einen schnelleren natürlichen Bevölkerungszuwachs, was sich auf einen weiteren Rückgang der Sterbeziffer zurückführen läßt. Die Bauern sind dadurch gezwungen, die Äcker intensiver zu bebauen, ohne daß in allen Fällen die dazu erforderlichen Mittel zur Verfügung stehen. Die oft schon kleinen oder zu kleinen

Betriebe werden weiter aufgeteilt. Die Nachfrage nach Pachtland wird größer, was eine Verschlechterung der primären und sekundären Pachtbedingungen zur Folge hat, die in den meisten Fällen schon nicht gerade günstig sind. Die steigenden Bodenpreise und die zunehmende Zahl von Landlosen verändern das Verhältnis zwischen Angebot und Nachfrage bei Arbeitsplätzen zuungunsten der Arbeiter. Immer mehr Landbewohner haben allein schon durch den Bevölkerungszuwachs eine immer geringere Chance, Arbeit zu finden.

In den meisten Ländern wird die Situation durch den Konzentrationsprozeß von Eigentum und Betrieben verschärft, wodurch die seit jeher ohnehin schon einseitigen Eigentums- und Besitzverhältnisse die Tendenz zeigen, noch einseitiger zu werden, wodurch die Erfolge der (meist unzulänglichen) Bodenreform wie die der kleinbäuerlichen Kolonisation zum Teil wieder zunichte gemacht werden. Als Motive für den (weiteren) Bodenerwerb durch städtische und rurale Kapitalbesitzer spielen Geldanlage und Spekulation eine bedeutende Rolle, insbesondere in den Ländern mit einer hohen bis sehr hohen Inflation, wie z.B. Brasilien. Da ist der Kauf eines Grundstücks häufig die einzig sichere Geldanlage, zusätzlich spielt der soziale Status eine Rolle. Von ebenso großer Bedeutung ist es aber, daß die Möglichkeiten zur Mechanisierung und zur Anwendung von produktionssteigernden Mitteln wie Dünger, Schädlingsbekämpfungsmittel und Bewässerung am günstigsten und am effektivsten auf Betrieben mit einem relativ großen Umfang eingesetzt werden können. Dies hat zur Folge, daß das Land nicht oder seltener verpachtet wird (oder nur zu ungünstigeren Bedingungen), daß man sich in zunehmendem Maß dafür interessiert, das Land der kleinen, oft verschuldeten oder in eine schwierige Konkurrenzlage geratenen Bauern mit Grundbesitz zu kaufen und daß man legal oder illegal versucht, sich den Besitz der Bauern, die keine offiziellen Eigentumspapiere haben, anzueignen. Die dadurch steigenden Landpreise machen es den meisten Kleinbauern unmöglich, ebenfalls ihre Betriebe zu erweitern.

In einem Land wie Brasilien, wo bereits seit Anfang der Kolonialzeit sehr ungleiche Eigentums- und Besitzverhältnisse herrschten und es bis heute noch keine Bodenreformen gegeben hat, wird die Großproduktion von den Behörden de facto sogar stimuliert. Es zeigt sich, daß von den meisten Maßnahmen zur Förderung des agrarischen Modernisierungsprozesses in der Praxis gewöhnlich nur die Großbauern profitieren, was ihnen dann wieder die Möglichkeit zur weiteren Betriebserweiterung bietet. Die offizielle Politik geht offen oder verdeckt davon aus, daß Mittel- und Großbetriebe am besten imstande sind, einen substantiellen Beitrag zum Wachstum des Agrarsektors zu liefern, während kleine Familienbetriebe dazu als nicht oder viel weniger geeignet erachtet werden. Im Grunde ist die Agrarpolitik gar nicht darauf ausgerichtet, den kleinen Familienbetrieben alle Entfaltungsmöglichkeiten zu bieten. Ähnliches gilt in der Praxis auch für zahlreiche weitere lateinamerikanische Länder, einschließlich jener, in denen vor noch nicht langer Zeit eine Bodenreform durchgeführt wurde. Z.B. hat Mexiko primär den modernen, großen und mittelgroßen, mechanisierten und künstlich bewässerten landwirtschaftlichen Betrieben günstige Wachstumsmöglichkeiten geboten, anstatt die "ejido-Landwirtschaft" nachhaltig zu fördern. Zu Recht spricht man in diesem Zusammenhang von "Neolatifundismus". In vielen Ländern, in denen es zu einer Bodenreform gekommen ist, wurden die notwendigen Hilfsmaßnahmen zugunsten der Kleinbetriebe bei der Gewährung von Krediten, der Betriebsausrüstung, des Marketings etc. entweder überhaupt nicht oder nur unzulänglich und in sehr beschränktem Umfang durchgeführt, weshalb ihre Wirkung teilweise oder ganz ausblieb.

Trotz aller Rhetorik, mit der die Programme für Bodenreformen und rurale Entwicklung oft präsentiert wurden (und werden), hat man den Agrarsektor in den meisten Ländern in der Praxis primär als Wirtschaftssektor betrachtet: Er soll mit einem möglichst geringen Einsatz an Mitteln eine möglichst hohe Produktion erzielen, damit ein substantieller Beitrag zum Wirtschaftswachstum und zum Export geleistet wird und die Lebensmittelpreise auf dem Inlandsmarkt möglichst niedrig bleiben. Hingegen hat man den Agrarsektor nicht oder viel weniger als eine Erwerbsquelle gesehen, die einer möglichst großen Zahl von Landbewohnern ein möglichst hohes Einkommen gewährt. Darin unterscheidet sich die Entwicklungspolitik der lateinamerikanischen Länder in der Nachkriegszeit - zumindest in der Praxis - wesentlich von der Politik, wie sie etwa Taiwan verfolgt hat, das trotz des explosiven Bevölkerungswachstums und des Mangels an Land vor allem durch die weitgehende Unterstützung der kleinen Familienbetriebe eine bedeutende Hebung des Lebensstandards auf dem Land erreicht hat. Wo immer in Lateinamerika eine Steigerung der agrarischen Produktion erzielt wurde, ist sie einerseits (und vor allem) das Ergebnis eines Modernisierungsprozesses, der sich in einigen wenigen größeren Betrieben vollzogen hat, und andererseits der Erweiterung der landwirtschaftlichen Nutzfläche durch weitere Kolonisation (horizontale Expansion). Charakteristische Beispiele liefern Brasilien und Paraguay.

Die negativen Folgen der agrarischen Modernisierung und Betriebserweiterung werden erst in ihrem vollen Umfang deutlich, wenn wir hinzufügen, daß dieser Prozeß fast nirgends zu neuen Arbeitsplätzen geführt hat, die den Landarbeitern und Bauern, die das eigene Grundstück verloren hatten, neue und bessere Existenzmöglichkeiten geboten hätten. Die Zahl der Arbeitsplätze ist vielmehr fast immer infolge der Mechanisierung und der Anwendung von anderen arbeitsersparenden produktionstechnischen Mitteln (z.B. der chemischen Unkrautbekämpfung) zurückgegangen.

Daneben kann man gelegentlich ausgesprochene Extensivierungsprozesse beobachten, wenn etwa der Anbau auf neue Produkte umgestellt wird. Im brasilianischen Bundesstaat Espirito Santo und in mehreren anderen Gebieten wurden in den sechziger und siebziger Jahren infolge der Einschränkung der Kaffeeproduktion in den marginalen Produktionsgebieten und zur Verbesserung der Konkurrenzfähigkeit auf dem Weltmarkt für Kaffee Millionen von Kaffeepflanzen vernichtet. Der Boden wurde daraufhin in vielen Fällen für die extensive Schlachtviehzucht genutzt. In anderen Gebieten von Espirito Santo wurden große Flächen mit Eukalyptusbäumen bepflanzt. Die Folge war eine drastische Verringerung der Arbeitsplätze im ruralen Bereich. Auch die in jüngster Zeit durchgeführte Erweiterung des Zuckerrohranbaues für die Alkoholproduktion hatte nur selten positive Auswirkungen. Selbst in den Gebieten, in denen nicht die geringste Notwendigkeit dazu besteht, gibt man oft den mittelgroßen und großen landwirtschaftlichen Betrieben den Vorzug, anstatt den kleinen Familienbetrieben eine Existenzmöglichkeit zu bieten. So war in dem von Dürre heimgesuchten Nordosten Brasiliens, in dem Großgrundbesitz und Bevölkerungsdruck zusätzlich zur Verarmung beigetragen haben, bei der durch künstliche Bewässerung erzielten Erweiterung der landwirtschaftlichen Nutzfläche nicht die Gründung von kleinen Familienbetrieben die primäre Zielsetzung, sondern die von größeren, stark mechanisierten und kapitalintensiven Betrieben. Die Zahl der Arbeitsplätze in der Landwirtschaft verringerte sich daraufhin drastisch. Für jeweils fünf Familien, denen man in den neuen Bewässerungszonen die Existenzgrundlage genommen hatte, erhielt nach Hall (HALL 1978) nur eine Familie eine neue Existenz.

Das bisher Gesagte soll nicht suggerieren, daß man in der Landwirtschaftspolitik zwar den falschen Weg einschlug, indem man ausschließlich die großen und mittelgroßen Betriebe bevorzugte, insgesamt aber die Entwicklung des Agrarsektors doch kräftig förderte. Letzteres stimmt nur zum Teil. Tatsächlich lag in der Entwicklungspolitik der Nachkriegszeit der Akzent weitgehend auf dem Ausbau des industriellen Bereichs, was eine relative Vernachlässigung des Agrarsektors zur Folge hatte. Man verließ sich im allgemeinen zu sehr darauf, daß eine partielle Bodenreform, einige beschränkte Hilfsprogramme und die stimulierende Wirkung der industriellen Entwicklung ausreichen würden, um im Agrarsektor eine substantielle Produktionssteigerung und eine Hebung des Wohlstandes zu bewirken. Ganz generell wurde das Land (im Gegensatz zur Stadt) vernachlässigt. Die meisten Investitionen erfolgten nicht im ruralen, sondern im urbanen Bereich. Die Folge ist eine unzulängliche Infrastruktur in den Bereichen von Unterricht, Gesundheit, Wohnungsbau und Kommunikation. Sogar in den Ländern, wo, wie z.B. in Mexiko, neue Schulen und andere Einrichtungen an sich in eindrucksvoller Menge erstellt worden sind, reichen die bisherigen Bemühungen trotzdem nicht aus, da sie nicht einmal den Rückstand aufholen konnten und zur gleichen Zeit durch das starke Wachstum der Bevölkerung neuer Bedarf entstand.

Infolge der traditionell einseitigen Eigentums- und Besitzverhältnisse auf dem Land und den damit verbundenen ungünstigen Lebens- und Arbeitsbedingungen für Kleinbauern, Pächter und Landarbeiter, infolge weiterhin der jüngsten Tendenzen zur Modernisierung und Erweiterung der Betriebe (die durch die öffentliche Politik beschleunigt werden und zu einer weiteren Verschlechterung der Lebensbedingungen führen) haben viele Landbewohner eine negative Einstellung zur Landwirtschaft und zum Leben auf dem Lande. Viele glauben nicht, daß sie als "squatter" (Ansiedler, der ohne Rechtsanspruch auf einem unbebauten Stück Landes siedelt) auf demselben Grundstück wohnen bleiben oder es in der Landwirtschaft je zu einem gewissen Wohlstand bringen können. Sie setzen deshalb ihre Hoffnung in die Stadt. Aber auch die auf dem Land Erfolgreichen, die neue Schicht der Besitzer von Mittel- und Großbetrieben, zieht es in die Stadt. Häufig folgen sie dem Vorbild der traditionellen agrarischen Oberschicht: Sie überlassen den Betrieb einem Betriebsleiter und schlecht bezahlten Lohnarbeitern und lassen sich in der Stadt nieder; nur noch selten besuchen sie danach ihren Betrieb. Eine auch ideell mit dem Boden verbundene Klasse von Bauern, die ihr eigenes Land bewirtschaftet und möglichst viel Arbeit und Kapital in ihren Hof investiert, hat sich in Lateinamerika weit weniger entwickelt als in Europa. Die Latifundienwirtschaft herrscht vor.

In den Ländern, die noch über weite Gebiete verfügen, die sich zur Neulandgewinnung eignen (z.B. Brasilien und die Staaten der Anden, die einen Teil des Amazonasgebietes innerhalb ihrer Grenzen haben), scheinen zunächst die Lebensbedingungen der ärmeren Landbevölkerung günstiger zu sein. Die Realität sieht meistens anders aus. Die potentiellen Kolonisationsgebiete sind häufig so weit von den Siedlungsschwerpunkten entfernt, daß eine marktorientierte Produktion nicht möglich ist; das Klima, eine feindliche Natur machen das Leben hart und oft gefährlich; Einrichtungen des Bildungs- und Gesundheitswesens sind unzulänglich oder fehlen ganz; die Siedler erhalten staatliche Beihilfen - wenn überhaupt - nur in völlig unzureichender Höhe; trotz der vielen Arbeit, die sie in die Urbarmachung des Bodens investieren, können sie oft nur unter größten Schwierigkeiten das urbar gemachte Land als Eigentum erwerben. Es drohen auch andere Gefahren: Wegen der oft schlecht geregelten und unklaren Eigentumsverhältnisse können sie von Landdieben oder von Personen, die sich als die rechtmäßigen Besitzer ausweisen, vertrieben werden, ganz zu schweigen von möglichen Konflikten mit der Indianerbevölkerung. In den Kolonisationsgebieten kommen deshalb weite Teile des Landes früher oder später in die Hände der Großgrundbesitzer und Großunternehmen, die sich oft auf eine partielle Erschließung und eine arbeitsextensive Nutzung des Bodens (oft Viehzucht) beschränken, weshalb von den in der Erschließungsphase geschaffenen Arbeitsplätzen schließlich nur noch wenige übrigbleiben. Infolgedessen wollen zahlreiche arme Landbewohner von vorneherein nicht in die Kolonisationsgebiete umsiedeln, andere verlassen diese Gebiete wieder nach einiger Zeit. Amazonia Legal, das bedeutendste Kolonisationsgebiet Brasiliens, wies in den sechziger und siebziger Jahren dank einer großzügigen Erschließung einen eindrucksvollen Bevölkerungszuwachs auf. Die Einwohnerzahl stieg von 5,16 Millionen im Jahre 1960 auf 11,19 Millionen im Jahre 1980 an, um 117 %. Dennoch lag in der gleichen Periode die relative und absolute Zunahme der Stadtbevölkerung wesentlich höher, sie stieg von 32 Millionen auf 82 Millionen, d.h. um 156 %. Die Bevölkerung in den metropolitanen Gebieten der neun größten Städte (São Paulo, Rio de Janeiro, Belo Horizonte, Recife, Salvador, Porto Alegre, Belém, Fortaleza und Curitiba) stieg in den beiden Jahrzehnten von 15,3 auf 34,5 Millionen, d.h. um 125,5 %.

Die ungünstigen Existenzbedingungen haben nicht nur zur Folge, daß die großen Millionenstädte mit ihrer relativ großen und diversifizierten Zahl von nicht-agrarischen Arbeitsplätzen sich stark ausdehnen, sondern auch daß zahlreiche kleinere Städte an den Grenzen zu den Kolonisationsgebieten einen großen, wenn nicht sogar explosiven Zuwachs verzeichnen. Zum Teil wird diese Zunahme durch Migranten aus anderen Städten verursacht, zum Teil hängt sie aber auch mit der Tatsache zusammen, daß viele Landbewohner im Konkurrenzkampf um das neuerschlossene Land keine Möglichkeit sehen, ein Grundstück zu erwerben. Manche Siedler mußten wegen Krankheit, finanzieller Schwierigkeiten oder Landkonflikte ihren landwirtschaftlichen Betrieb aufgeben. Für den weiteren Lebensunterhalt sind sie häufig auf Gelegenheitsarbeiten auf dem nahe gelegenen Lande angewiesen; sobald aber in den Kolonisationsgebieten die arbeitsintensive Erschließungsphase abgeschlossen worden ist, gibt es, wie bereits erwähnt, häufig kaum noch Möglichkeiten, überhaupt Arbeit zu finden; die kleinen Städte an der Grenze der Kolonisationsgebiete wiederum bieten oft nur ungenügende Beschäftigungsmöglichkeiten.

Der rurale Bereich ist also in mancher Hinsicht "lebensfeindlich". Seine Anziehungskraft auf Siedler, die sich auf Dauer niederlassen wollen, ist gering; man kann sogar behaupten, daß er die Menschen abstößt, und dies sogar in zunehmendem Maße. Die Entwicklung ist nicht neu, in einigen Gebieten läßt sie sich schon seit der Kolonialzeit nachweisen. In Uruguay, das durch Großgrundbesitz, überwiegend extensive Bodennutzung (Viehzucht) und ein daraus resultierendes minimales Beschäftigungsniveau auf dem Lande gekennzeichnet ist, war die Landbevölkerung immer zahlenmäßig gering, der Verstädterungsgrad dementsprechend hoch. Heute wohnen etwa 85 % der insgesamt 2,9 Millionen Einwohner in Städten. Der rurale Bereich hat eine so niedrige Bevölkerungsdichte, daß die Land-Stadt-Wanderung im Hinblick auf ein weiteres Wachstum der Städte kaum noch ins Gewicht fällt. Argentinien, Venezuela und Chile scheinen denselben Weg gegangen zu sein.

In den übrigen lateinamerikanischen Ländern hat sich das Verhältnis zwischen der ruralen und der urbanen Bevölkerung bisher weniger ungünstig entwickelt, aber diese Unterschiede werden vermutlich innerhalb von einigen Jahrzehnten verschwinden. In ganz Lateinamerika nimmt die Landbevölkerung relativ zur Stadtbevölkerung ab; häufig handelt es sich auch um eine Abnahme in absoluten Zahlen.

Dieser Prozeß ist nicht umkehrbar. Vielleicht könnte es eine adäquate Entwicklungspolitik erreichen, die gegenwärtige Landbevölkerung und ihre Nachkommen stärker an den ländlichen Bereich zu binden, doch darf man nicht erwarten, daß eine umfangreiche und freiwillige Stadt-Land-Wanderung begänne, die das Mißverhältnis zwischen der urbanen und der ruralen Bevölkerung ändern würde. Stadtbewohner werden keine Landbewohner mehr, schon gar nicht Bauern. Im allgemeinen geht man deshalb auch für die Zukunft von einem weiteren Verstädterungsprozeß aus. In dieser Hinsicht unterscheidet sich die Entwicklung in der Dritten Welt nicht von der in den reichen Ländern.

IV. Die urbane Existenzproblematik und ihre Hintergründe

Es dürfte einleuchten, weshalb wir uns mit den Lebensbedingungen auf dem Land so eingehend beschäftigt haben. Auf dem Lande haben die Familien kaum noch Aussichten auf eine auskömmliche Existenz, infolgedessen verlassen sie es freiwillig oder unfreiwillig und suchen in der Stadt ein besseres Leben.

Dies soll jedoch nicht heißen, daß die Land-Stadt-Wanderung nur auf "push-Faktoren" zurückzuführen ist. Viele Migranten glauben, daß die Stadt Vorteile bietet, eine Auffassung, die sicher nicht völlig falsch ist. Denn das Wirtschaftsleben und der Reichtum sind ja größtenteils im urbanen Bereich konzentriert, und die Möglichkeiten, (besser bezahlte) Arbeit zu finden sind größer, weil die Zahl der Arbeitsplätze höher und das Arbeitsangebot differenzierter ist. Darüber hinaus gibt es in den Städten mehr und bessere Einrichtungen des Unterrichts- und Gesundheitswesens. Als besonders wichtig gilt das Bildungsangebot, weil man annimmt, daß es den Kindern bessere Zukunftsperspektiven eröffnet. Mit der Hilfe von Verwandten und Bekannten (bei der Arbeitssuche, oder indem ihnen vorläufig Unterkunft gewährt wird) gelingt es den meisten Migranten, früher oder später die besseren Möglichkeiten der Stadt mehr oder weniger auszunutzen.

Dies heißt durchaus noch nicht, daß die Lebensverhältnisse in den Städten ideal sind. Vielmehr sind die Beschäftigungsmöglichkeiten auf dem Land so gering und einseitig, ist in die Infrastruktur so wenig investiert worden, daß die Landbevölkerung jede Möglichkeit nutzt, ihre Lage auch nur etwas zu verbessern. Nur zu oft wird jedoch die aussichtslose Existenz auf dem Land gegen ein kaum besseres Leben in der Stadt eingetauscht. Die Wirkung der urbanen "pull-Faktoren" ist deshalb sehr relativ.

In mancher Hinsicht sind die Probleme der Stadtbewohner mit denen der Landbevölkerung vergleichbar:

1. Es gibt zu wenig Arbeitsplätze, zumal ein Teil der Beschäftigungsmöglichkeiten, infolge einer unzulänglichen Ausbildung und Allgemeinbildung, manchmal auch wegen eines schlecht funktionierenden Verkehrswesens in den Städten, nicht wahrgenommen werden kann.

2. Viele Einwohner bleiben deshalb arm, so daß das sehr geringe Einkommen fast ganz oder sogar völlig für den primären Lebensunterhalt angesetzt werden muß. Ausgaben für eine gute Wohnung, Unterricht, Erhaltung der Gesundheit etc. sind in einer solchen Situation ein Luxus, den sich viele nicht oder kaum leisten können.

3. Die öffentlichen Leistungen sind auch in den Städten mangelhaft, so daß die Bewohner von kostenlosen oder billigen Angeboten im Unterrichts- und Gesundheitswesen nur in unzureichendem Maß Gebrauch machen können. Außerdem haben viele Wohnviertel keine (gute) Trinkwasserversorgung, keine Kanalisation, keine billigen öffentlichen Verkehrsmittel mit einer ausreichenden Verkehrsdichte etc.

4. Oft fehlt die Sicherheit, daß eine einmal gefundene Wohnstätte von Dauer ist. Viele arme Städter und Migranten siedeln auf einem illegal okkupierten, öffentlichen oder privaten Gelände und setzen sich dadurch der Gefahr aus, durch Geschäfts- und Wohnviertel oder auch Industrien vertrieben zu werden, eine Gefahr, die insbesonders dann droht, wenn der Boden in die Hände von Grundstücksspekulanten gerät. Wird Wohnraum gemietet, sehen sich die Bewohner häufig immer weiter steigenden Mieten gegenüber.

In Mexiko-Stadt leben etwa 6 Millionen Menschen (etwa 40 % der gesamten Bevölkerung) in Elendsvierteln, oft ohne Wasserleitung, Sanitäranlagen etc. Für etwa eine Million Menschen ist die Lage noch ungünstiger. Sie haben nicht einmal eine eigene Unterkunft und schlafen in Busbahnhöfen, Parkanlagen oder auf der Straße. Mehr als die Hälfte der Bevölkerung in den Elendsvierteln ist die meiste Zeit arbeitslos. 40 % der Erwachsenen können weder lesen noch schreiben und obwohl neue Schulen gebaut werden, erwartet man, daß bis 1990 die Zahl der Analphabeten um 450 000 zunehmen wird. Das durchschnittliche Tageseinkommen entspricht in den Elendsvierteln etwa dem Preis von eineinhalb Litern Milch. Die schlechte Nahrung und eine unzulängliche Gesundheitsfürsorge sind die wichtigsten Ursachen für die hohe Kinder- und Säuglingssterblichkeit. Man schätzt, daß jährlich 100 000 Kinder in Mexiko-Stadt an den Folgen der Luftverschmutzung sterben. Das gleiche Problem gibt es auch in anderen lateinamerikanischen Städten. In Rio de Janeiro verdienen 83,9 % der Stadtbevölkerung (1980: 8,328 Millionen) ein bis fünf "salarios mínimos", was bedeutet, daß ihre Lebensverhältnisse unsicher und menschenunwürdig sind. Zahlreiche "favelas" entsprechen im Umfang kleineren brasilianischen Städten. In Vitoria, einer mittelgroßen brasilianischen Stadt, lebten im Jahre 1980 40 % der 721 000 Einwohner in "favelas". Fortaleza hatte 217 "favelas" mit 400 000 Einwohnern bei einer Gesamtbevölkerung von 1,328 Millionen. In einem der Wohnviertel wohnten auf einer Oberfläche von zwei Quadratkilometern, nicht weniger als 40 000 Menschen, was eine Dichte von 20 000 Einwohnern je Quadratkilometer bedeutet, und das ohne Hochhäuser. Diese wenigen Beispiele könnten durch viele andere ergänzt werden.

Die primäre Ursache der städtischen Armut ist der Mangel an gut bezahlten, vollwertigen Arbeitsplätzen. Häufig wird dieser Mangel mit der Tatsache erklärt, daß die Industrialisierung in der Nachkriegszeit in hohem Maß unter Mitwirkung von ausländischen Unternehmen erfolgt ist. Infolgedessen wurden verhältnismäßig arbeitsextensive und kapitalintensive Produktionsprozesse eingeführt, während die erzielten Gewinne zu einem erheblichen Teil ins Ausland abflossen. Ein Beispiel des sehr kapitalintensiven Charakters der modernen Industrie bietet die venezolanische Ölindustrie, die das Rückgrat der venezolanischen Wirtschaft ist, aber nur 0,5 % der arbeitenden Bevölkerung beschäftigt. In Vitoria (Brasilien) haben sich in den Jahren 1970-1977 mehrere neue Industriebetriebe niedergelassen, wodurch sich der Anteil des Industriebereichs am Gesamteinkommen der Stadt von 18 auf 27 % erhöht hat. Dennoch ging der Anteil der industriellen an der Gesamtzahl der Arbeitsplätze von 13 auf 11 % zurück. Dies bedeutet mit anderen Worten, daß viele Landbewohner durch die weiter fortschreitende Modernisierung - d.h. den immer kapitalintensiveren Charakter - der Landwirtschaft zunächst im Agrarsektor keinen Arbeitsplatz mehr finden; nachdem sie auf diese Weise gleichsam vom Land verstoßen worden sind und in der Stadt ihr Glück versuchen, finden sie auch dort wegen des ebenfalls sehr kapitalintensiven Charakters der modernen Industrie nur mit größter Mühe - wenn überhaupt - einen Arbeitsplatz. Für viele ist der Weg zu einer besseren Existenz deshalb nach zwei Seiten hin versperrt.

Ein ebenso wichtiger Faktor wie der kapitalintensive Charakter vieler Industrien ist jedoch der nach wie vor bescheidene Umfang der Industrialisierung, was sich neben der scharfen Konkurrenz aus dem Ausland, dem Mangel an technischem know-how, an Kapital u.a.m. auch auf den verhältnismäßig kleinen Absatzmarkt für Industrieprodukte zurückführen läßt.

Viele Länder Lateinamerikas haben im Verhältnis zu ihrer Gesamtfläche - trotz des hohen natürlichen Bevölkerungszuwachses - noch immer eine geringe Bevölkerungsdichte. Nur 7 der 22 Länder (mit mehr als einer Million Einwohner) haben eine Bevölkerung von über 10 Millionen Einwohnern. Dies liegt zum Teil in Entwicklungen der Kolonialzeit begründet; aber auch danach ist es keinem dieser Länder im Grunde gelungen, im neuen Siedlungsraum für Bauern und andere Einwanderer günstige Bedingungen zu schaffen, so daß es zu einer Immigration in großem Maßstab gekommen wäre.

Von ebenso großer Bedeutung ist die geringe Kaufkraft der Bevölkerung auf dem Land. Die relative und/oder absolute Vernachlässigung des ruralen Bereiches, die zu "push-Effekten" und zur Land-Stadt-Wanderung führt, wirkt deshalb auch direkt auf die Städte zurück, da sie den Industrialisierungsprozeß erschwert. Die Länder Lateinamerikas haben es versäumt, ein solides agrarisches Fundament für eine gesunde, umfangreiche industrielle und urbane Entwicklung zu legen, wie es z.B. einem Land wie Taiwan - einem der erfolgreichsten "newly industrializing countries" - gelungen ist. Das ist auch der wichtigste Grund für die eindrucksvolle gesamtwirtschaftliche Entwicklung dieses Landes.

Tabelle 2 vermittelt ein Bild des im allgemeinen niedrigen bis sehr niedrigen Pro-Kopf-Bruttosozialprodukts der lateinamerikanischen Staaten. Dabei muß man noch berücksichtigen, daß die Einkommen in den meisten Ländern sehr ungleich verteilt sind, was sich oft zusätzlich negativ auf die Kaufkraft auswirkt. Je niedriger das Einkommen wird, umso größer ist der Anteil, der für den primären Lebensunterhalt aufgewendet werden muß, umso weniger bleibt für den Erwerb von Industrieprodukten übrig. Im Grenzfall (der leider keine Ausnahme ist) verschlingt der primäre Lebensunterhalt das gesamte Einkommen. Demgemäß liegt die Kaufkraft der 369 Millionen Lateinamerikaner für Industrieprodukte niedriger als die der rund 57 Millionen Einwohner der Bundesrepublik Deutschland.

Der geringe Grad der Industrialisierung, der u.a. eine Folge dieses Absatzproblemes ist, wird auch daraus sichtbar, daß in den meisten lateinamerikanischen Ländern weniger als 20 % der berufstätigen Bevölkerung in der Industrie arbeiten, in der Bundesrepublik sind es 46 %. 1981 belief sich die Wertschöpfung im Industriebereich in der Bundesrepublik Deutschland auf 182,7 Milliarden Dollar (Dollarwert von 1975), in ganz Lateinamerika waren es nur 105 Milliarden Dollar, umgerechnet 57,5 % der BRD!

Die Armut der Stadt- wie auch der Landbevölkerung schränkt nicht nur den industriellen Absatzmarkt beträchtlich ein, sie wirkt auch auf das Angebot zurück, das die Städte der eigenen Bevölkerung und den Bewohnern ihres ländlichen Einzugsbereichs als Dienstleistungszentrum bieten können. Zwar weisen die lateinamerikanischen Städte oft einen imponierenden modernen tertiären Sektor auf, dessen sicher beeindruckende Größe aber zu einem beträchtlichen Teil durch die starke Konzentration der modernen tertiären Aktivitäten in einem oder mehreren Millionenzentren verursacht wird, deren Wirkungskreis oft das ganze Land oder zumindest einen großen Teil umfaßt. Der moderne tertiäre Bereich wäre sicher weitaus umfangreicher, wenn der allgemeine Lebensstandard höher läge. Auf jeden Fall sollte der tertiäre Sektor umfangreicher sein, da ein sehr großer Teil der urbanen Bevölkerung wegen des Mangels an Beschäftigungsmöglichkeiten in der Industrie und im modernen Dienstleistungsbereich versuchen muß, im informellen Sektor ein Auskommen zu

Tabelle 2: Einige Angaben zur Industrialisierung Lateinamerikas (mit über 1 Million Einwohnern), 1980-1982

Land	Bevölkerung Mitte 1982 (in Mio.)	Bruttosozial-produkt pro Kopf der Bevölkerung 1982	Bevölkerungs-dichte pro km²	Wertschöpfung in der Industrie 1981 (Mio. Dollar von 1975)	Prozentsatz der in der Industrie ar-beitenden Berufs-bevölkerung 1980
Haiti	5,2	300	186	..	7
Bolivien	5,9	570	5	390	24
Honduras	4,0	660	36	254	20
El Salvador	5,1	700	243	270	22
Nicaragua	2,9	920	22	360	14
Guatemala	7,7	1 130	71	..	21
Costa Rica	2,3	1 430	45	531	23
Peru	17,4	1 310	14	4 038	19
Dominikan. Republik	5,7	1 330	117	956	18
Jamaika	2,2	1 350	200	359	18
Ekuador	8,0	1 460	28	887	17
Kolumbien	27,0	1 610	24	3 260	21
Paraguay	3,1		8	430	19
Kuba	9,8	..	85	..	31
Panama	1,9	2 120	25	280	18
Chile	11,5	2 210	15	2 161	19
Brasilien	126,8	2 240	15	40 673	24
Mexiko	73,1	2 270	37	31 115	26
Argentinien	28,4	2 520	10	10 612	28
Uruguay	2,9	2 650	17	960	32
Venezuela	16,7	4 140	18	5 531	27
Trinidad + Tobago	1,1	6 840	220	434	39
Deutschland (BRD)	61,6	12 460	247	182 717	46

Quelle: World Development Report 1984

NB: Die Reihenfolge der Länder entspricht der Reihenfolge im World Development Report und basiert auf der Höhe des Pro-Kopf-Bruttosozialprodukts.

finden. Man schätzt, daß in den Millionenstädten der Dritten Welt nicht weniger als ein Drittel bis die Hälfte der Arbeitsplätze im informellen Sektor liegen, der in hohem Maße von Kleinbetrieben mit geringer Produktivität, Überbeschäftigung, geringen und veränderlichen Einnahmen etc. geprägt wird.

Trotz relativ hoher Investitionen im urbanen Bereich reichen die entwicklungspolitischen Aktivitäten für die Städte noch nicht aus. Selbst in Notsituationen werden manchmal überhaupt keine Maßnahmen getroffen. Das kann mehrere Ursachen haben: es steht einfach kein Geld zur Verfügung oder aber man gibt anderen Projekten (einschließlich städtischer Prestige-Objekte) den Vorzug, oder man befürchtet, die urbanen Zentren könnten eine noch größere Anziehungskraft gewinnen, was neue Probleme für den Arbeits- und Wohnungsmarkt schaffen würde.

Viele moderne Industrien und der größte Teil des modernen tertiären Sektors haben sich bei der Wahl des Standortes wegen einer Reihe von Vorteilen (z.B. Absatzmarkt, Arbeitsmarkt und Infrastruktur) für eine Großstadt entschieden. Infolgedessen hatten (und haben) die großen Millionenzentren absolut, manchmal aber auch relativ, die meisten Zuwanderer. Man hat deshalb die Entwicklung der peripheren Regionen und den Ausbau kleinerer urbaner Zentren als ein Mittel betrachtet, die weitere Ausdehnung der Metropolen zu stoppen und damit eine Reihe von Problemen der Stadtentwicklung leichter bewältigbar zu machen. Dies ist aber nur zu einem geringen Teil gelungen. Die regionale Entwicklungspolitik war häufig durch fehlende Mittel, durch starke wirtschaftliche und politische Gegenkräfte und/oder durch mangelnde politische Entschlossenheit der Behörden nicht effektiv genug. Zu oft blieb sie denn auch auf Maßnahmen zur Streuung von Industriebetrieben beschränkt. Es gelang dadurch zwar, die Richtung der Wanderungsströme geringfügig zu ändern, auf nationaler Ebene konnte jedoch von einer Hebung des Beschäftigungsniveaus und damit einer Verbesserung der Lebensbedingungen keine Rede sein. Regionale Entwicklungsplanung führt erst dann zum Erfolg, wenn sie mehr ist als eine Politik der Streuung von Industriebetrieben, wenn sie das Tempo des Wirtschaftswachstums beschleunigt und dieses Wachstum zu einem Wachstum des Wohlstandes führt.

V. Die Notwendigkeit einer gesamtnationalen Entwicklung

Aus dem bisher Gesagten geht deutlich hervor, daß sich die urbane Problematik (d.h. insbesondere der Mangel an vollwertigen Arbeitsplätzen, die menschenunwürdigen Wohnverhältnisse und der Mangel an öffentlichen Dienstleistungen in Stadtvierteln mit niedrigem Einkommen) nicht durch Entwicklungsmaßnahmen lösen läßt, die auf die Städte selbst beschränkt bleiben. Die Armut der Stadtbevölkerung und alle damit verbundenen Folgen sind nur ein Ausdruck der Unterentwicklung Lateinamerikas. Sobald der Entwicklungsprozeß integral gefördert wird, werden sich zahlreiche urbane Probleme von selbst lösen; sie werden zumindest kleiner werden, auf jeden Fall aber anderer Art sein. Damit der notwendige allgemeine Fortschritt erreicht wird, sollte in Lateinamerika keine Entwicklungspolitik betrieben werden, die auf den Grundsätzen eines ungehemmten Kapitalismus basiert; sie sollte vielmehr von dem Grundsatz ausgehen, daß die Wirtschaft für den Menschen da ist und nicht umgekehrt. Die Entwicklungspolitik sollte human-kapitalistisch sein, was unter anderem bedeutet, daß sie das Wirtschaftswachstum und die Hebung des Lebensstandards in gleicher Weise anstreben muß. Das Wirtschaftswachstum ist zwar unentbehrlich für den sozialen Fortschritt, aber es bedeutet nicht automatisch eine Steigerung des Lebensstandards für breite Schichten der Bevölkerung. In der Praxis hat sich gezeigt, daß eine solche Steigerung häufig nur gering ist oder ganz ausbleibt. Umgekehrt gibt es jedoch ohne sozialen Fortschritt kein dauerhaftes Wirtschaftswachstum, da dieses sonst früher oder später stagnieren wird, bedingt durch Knappheit des Binnenmarktes, unzulängliche Ausbildung der Bevölkerung, geringe Arbeitsproduktivität infolge von Krankheit etc. In der Skala der Werte muß der soziale Fortschritt über dem Wirtschaftswachstum stehen, da es dabei in erster und letzter Instanz um den Menschen geht.

Für die Wirtschaftspolitik bedeutet dies u.a., daß eine möglichst umfassende und harmonische Entwicklung der Wirtschaft angestrebt werden sollte, wobei der bisher vernachlässigte Agrarsektor auf jeden Fall Priorität haben müßte. Dabei sollte die Überlegung im Vordergrund stehen, daß die einzelnen Wirtschaftsbereiche sowohl Motor des Wirtschaftswachstums als auch Existenzgrundlage für die Bevölkerung sind und daß die verstärkte Erfüllung beider Funktionen von größter Bedeutung ist. Es geht nicht nur um eine Steigerung der Produktion, sondern auch - wenn nicht vor allem - um eine Erweiterung der Existenzmöglichkeiten für die schnell wachsende Bevölkerung. Dazu muß vor allem im Agrarsektor der Akzent auf die Entwicklung kleinbetrieblicher und arbeitsintensiver Aktivitäten verlagert werden. Wenn man somit den Interessen der Bevölkerung den Vorrang einräumt, so hat dies weiterhin zur Folge, daß nationale Versorgung mit Agrar- und Industrieprodukten sowie der Energie auf die Bedürfnisse sämtlicher Bevölkerungsgruppen - und nicht nur jene der kapitalkräftigen Oberschicht - ausgerichtet werden muß. Für die regionale Entwicklungspolitik bedeutet dies, daß sie das nationale Wirtschaftswachstum nicht einseitig zugunsten des Wirtschaftskerngebietes vergrößern darf, sondern daß sie anstreben muß, die regionalen Gegensätze zu verringern, um die Lebensbedingungen in den peripheren Regionen zu verbessern.

Eine so geartete Entwicklungspolitik braucht nicht auf weitgehender "self-reliance" zu basieren. Entwicklungshilfe und ausländische Investitionen können und müssen genutzt werden, unter der Voraussetzung natürlich, daß sie wirklich notwendig sind, zu akzeptablen Bedingungen erteilt werden und zu Wirtschaftswachstum und einer Hebung des Wohlstandes führen. Außerdem muß die Ausfuhr gesteigert werden. Gerade in diesem Punkt wird allerdings das notwendige große und kontinuierliche Wachstum bis jetzt vor allem in den kleineren Ländern durch einen beschränkten einheimischen Absatzmarkt noch zu sehr gehemmt. Am ehesten ist das notwendige Wirtschaftswachstum zu erreichen, wenn sich ein Land auf eine möglichst differenzierte Weise möglichst weitgehend in die Weltwirtschaft integriert (vgl. Taiwan).

Eine zielstrebige, integrale, wirtschaftlich und sozial ausgerichtete Entwicklungspolitik ist sicher schwierig; aber sie kann durchaus mit Erfolg verwirklicht werden, wenn nur der politische Wille dazu vorhanden ist. Vielleicht ist dieser politische Wille sogar wichtiger als die vorhandenen natürlichen Ressourcen. Brasilien ist trotz seines Reichtums an Rohstoffen wirtschaftlich weit weniger entwickelt als etwa das rohstoffarme Taiwan, das sich nach dem Zweiten Weltkrieg in einer viel ungünstigeren Lage als Brasilien befand. Taiwan hat jedoch bewiesen, daß ein Land Wege zum Fortschritt finden kann, wenn der politische Wille dazu vorhanden ist.

Dieser Wille ist abhängig von den Normen und Werten der Bevölkerungen, vor allem aber ihrer politischen Führer. Die Normen und Werte bestimmen, für welches Entwicklungsmodell man sich entscheidet (z.B. ein sozialistisches oder ein kapitalistisches), wie man innerhalb dieses Modells den Fortschritt erreichen will und welche Prioritäten man dabei setzt. Christlichen Normen und Werten zu folgen heißt, nach möglichst gleichwertigen und auf jeden Fall menschenwürdigen Entfaltungs- und Existenzchancen für alle Menschen zu suchen. Demgemäß kann meines Erachtens die weltweite Unterentwicklung nur dann reduziert oder ganz beseitigt werden, wenn die Wertvorstellungen des Christentums wieder ernster genommen werden, was auch und besonders für den sogenannten christlichen Westen gilt.

Slicher van Bath, der Professor für Lateinamerikanische Geschichte in Leiden und Nimwegen war, hat 1981 in seinem Abschiedskolleg gesagt, daß die Kirche in der westlichen Zivilisation die einzige Institution sei, deren Autorität groß genug sei, um gegen die ständig wachsende Staatsgewalt auftreten und sie in ihre Grenzen zurückdrängen zu können. Meines Erachtens trifft dies auch auf andere Formen der Macht zu, die mißbraucht wurden und dadurch zu einer wesentlichen Ursache der Unterentwicklung wurden. Slicher van Bath sagt dazu: "Aber dann soll dies nicht eine Kirche sein, die sich die Verbesserung und Erneuerung der Gesellschaft als höchstes Ziel setzt, sondern eine Kirche, die sich in erster Linie auf die Verbesserung und das Heil jedes einzelnen Menschen richtet. Sollte dies erreicht werden, so ist die Erneuerung der Gesellschaft schon verwirklicht." (SLICHER VAN BATH 1981, 16) Das wichtigste Fundament wäre dann meiner Meinung nach tatsächlich gelegt. Es sind ja nicht gesellschaftliche Strukturen, Produktionsweisen, Abhängigkeitsverhältnisse u.dgl., welche letzten Endes als Ursachen der Unterentwicklung angesehen werden müssen, sondern Verhaltensweisen von Menschen, die die Urheber dieser Strukturen und Verhältnisse sind und sie in einer bestimmten Weise gebrauchen oder mißbrauchen. Die Kirche darf sich deshalb nicht damit begnügen, sich mit marginalisierten Bevölkerungsgruppen solidarisch zu erklären und ihnen zu helfen; sie muß sich vielmehr auch - und sogar primär - um die Verbreitung und Akzeptierung der Normen und Werte des Evangeliums bemühen, insbesondere bei den Bevölkerungsschichten, die über die wirtschaftliche und politische Entscheidungsgewalt verfügen und dadurch den Entwicklungsprozeß gestalten können. Darin liegt für die Kirche kurz- und langfristig die Aufgabe im Bereich der Entwicklungsproblematik.

VI. Die spezifisch städtische Entwicklungsproblematik

Die Probleme der Stadt werden nur im Rahmen der allgemeinen Entwicklungspolitik gelöst werden können. Daneben müssen jedoch auch Maßnahmen getroffen werden, die spezifisch auf die Probleme der Stadt ausgerichtet sind. Als wichtigste sind zu nennen:

1. Das Recht auf das Grundstück, das man bewohnt, muß möglichst gut abgesichert werden. Obwohl in den letzten Jahrzehnten die Toleranz gegenüber den spontan entstandenen Wohnvierteln zugenommen hat, müssen immer noch viele Stadtbewohner mit der Angst leben, früher oder später von ihrem Grundstück vertrieben zu werden. Die Zuerkennung von Eigentumsrechten würde diese drohende Gefahr erheblich verringern oder sogar beseitigen. Im Zusammenhang damit muß die Bodenspekulation im urbanen Bereich so stark wie möglich eingedämmt werden. Vor allem Bodenspekulation verdrängt die Bewohner mit niedrigen Einkommen oft auf billige Baugründe, die jedoch zur Bebauung weniger geeignet sind und außerdem in bezug auf die Arbeitsplätze eine viel ungünstigere Lage haben. Wo es sich als unvermeidbar herausstellt, daß Wohnviertel der niedrigen Einkommensgruppen anderen Formen der Bodennutzung (z.B. Industrieansiedlungen oder modernen infrastrukturellen Einrichtungen) Platz machen müssen, sollten im Hinblick auf die Qualität der Behausung und die Erreichbarkeit des Arbeitsplatzes vollwertige Alternativen angeboten werden.

2. Es sollte ein gutes und billiges öffentliches Verkehrssystem aufgebaut werden, damit die Entfernung zwischen Wohnung und Arbeitsplatz schnell und billig überbrückt werden kann.

3. Der ärmeren Bevölkerung sollte die Chance geboten werden, ihre Wohnungen in Selbsthilfe soweit wie möglich zu verbessern. Die dazu erforderlichen Mittel müssen in ausreichender Menge und zu angemessenen Preisen - außerhalb des Schwarzmarktes - erhältlich sein. Kredite sollen nicht nur den höheren Einkommensgruppen für den Bau von Luxuswohnungen zur Verfügung gestellt werden, sondern auch den ärmeren Bevölkerungsgruppen für die Anschaffung von Baumaterialien. Darüber hinaus sollten im Auftrag der Behörden in großem Umfang Sozialwohnungen gebaut werden, wobei Kleinunternehmer soweit als nur irgend möglich beteiligt werden sollten.

4. Um einer menschenwürdigen Wohnumgebung willen sollte die Raumordnung im städtischen Bereich dafür Sorge tragen, daß die Viertel, in denen die Menschen mit den niedrigsten Einkommen leben, nicht in der Nähe von Mülldeponien oder von Industrien gebaut werden, die durch Bodenverseuchung, Luftverschmutzung oder auf andere Weise gesundheitsschädigend sind. Weiterhin muß die Luftverschmutzung bekämpft werden, die vom Autoverkehr verursacht wird.

Zugleich sollten alle Viertel - auch jene der niedrigen Einkommensgruppen - eine gute Kanalisation, eine gute Trinkwasserversorgung und eine regelmäßige Müllabfuhr erhalten. Selbstverständlich müßte auch eine ausreichende Zahl von Schulen und von medizinischen Zentren gebaut werden.

5. Weil fast alle städtischen Probleme aus dem Mangel an vollwertiger Arbeit resultieren, sollten alle Formen wirtschaftlicher Aktivität kräftig gefördert werden, vor allem jedoch die kapital- und energieextensiven, arbeitsintensiven und kleinbetrieblichen Produktionsformen.

6. Die Lebenshaltungskosten sollten möglichst niedrig bleiben und in einem reellen Verhältnis zu den Löhnen stehen.

7. Genossenschaften und Nachbarschaftsorganisationen, die es sich zum Ziel gesetzt haben, die Probleme in den Bereichen der Arbeit, der Löhne, der Behausung etc. zu verringern, sollten möglichst viele Entfaltungschancen und darüber hinaus reellen Einfluß auf die urbane Entwicklungspolitik erhalten.

8. Die Entwicklung kleinerer und mittelgroßer Städte sollte stark gefördert werden. Damit würde man die Arbeit zu den Menschen bringen. Darüber hinaus lassen sich in kleineren und mittleren Städten die Probleme der Infrastruktur und der Nahrungsversorgung leichter lösen als in den Metropolen. Insgesamt würde dadurch auch die ländliche Entwicklung stärker gefördert, als es bisher der Fall ist.

Diese urbanen Entwicklungsmaßnahmen dürfen auf keinen Fall dazu führen, den ruralen Bereich zu vernachlässigen. Das explosive Wachstum der Städte wird nur durch eine entscheidende Verbesserung der Lebensbedingungen auf dem Land abgebremst werden können. Die Vergangenheit hat gezeigt, daß es keineswegs einfach sein wird, diesen Entwicklungsweg zu gehen. Er ist schwer und lang, aber meiner Meinung nach der einzige, der schließlich zu breitem Wohlstand führen kann.

*****

Literatur

BECKER, B.K.:"The North of Espirito Santo as a Case Study on the Centre-Periphery Model". In: THOMAN, R.S. (Hg.): Proceedings of the Commission on Regional Aspects of Development of the International Geographical Union, Bd. 1, Toronto 1974, S. 267-295

GILBERT, A. u. J. GUGLER: Cities, Poverty and Development. Urbanization in the Third World. Oxford 1982

HALL, A.L.:"Drought and Irrigation in North-East-Brazil". In: Latin American Studies, 29, Cambridge 1978

KLEINPENNING, J.M.G.: Profiel van de Derde Wereld. Assen 1981^2 (Serie Mens en Ruimte, 4)

-: "Het veranderende platteland van de Derde Wereld en de toegang tot de rurale bestaansruimte". In: EIJKMANS, C.H.J.F. u.a.: Boer en Ruimte in de Derde Wereld; opstellen over de problematische toegang tot de ruimte voor kleine boeren in Sierra Leone, Botswana, Indonesie, Brazilie en Paraquay. Nijmeegse Geografische Cahiers, Nijmegen 1983, Nr. 20, S. 7-32

MÜLLER-PLANTENBERG, G.:"Strategien gegen die Armut in Lateinamerika". In: Frankfurter Hefte, Mai 1981, S. 31-38

NEWLAND, K.: "City-links". In: Economic Impact, 1, 1981, S. 74-83

Propiedade e uso do solo urbano. Situações, experiencias e desafios pastorais. Painel apresentado durante a XIX Assembléia Geral de CNBB, realizado em Itaici, São Paulo, em fevereiro de 1981. São Paulo 1981 (Estudos da CNBB 30)

ROBERTS, B.: Cities of Peasants. The Political Economy of Urbanization in the Third World. London 1978 (Explorations in Urban Analysis)

SLICHER VAN BATH, B.H.: Tussen kerk en staat ligt de vrijheid. Wageningen 1981

VOLBEDA, S.:"Urbanisation in the 'Frontiers' of the Brazilian Amazon and the Expulsion of Pioneers from the Agricultural Sector from 1960 to the Present". In Boletín de Estudios Latinoamericanos y del Caribe, 33, 1982, S. 35-57

WORLD BANK: World Development Report 1984. New York 1984

ENTWICKLUNG, KONZEPTE UND PROBLEME DER STADT- UND REGIONALPLANUNG IN LATEINAMERIKA
Axel Borsdorf (Tübingen)

Unter entwicklungspolitischem Aspekt werden mit Lateinamerika zumeist die Probleme des Bevölkerungswachstums und der Verstädterung assoziiert. Zwar ist Lateinamerika mit einem Geburtenüberschuß von heute "nur" noch 2,5 % pro Jahr in den letzten zehn Jahren hinter Afrika (heute 2,9 %) zurückgefallen, es nimmt aber immer noch den zweiten Rang der Weltkulturräume hinsichtlich ihrer Wachstumsgeschwindigkeit ein, und zwar noch vor Südostasien. Nach UN-Schätzungen wird sich die lateinamerikanische Bevölkerung allein in den letzten 20 Jahren unseres Jahrhunderts noch einmal von (1980) 364 Mio. E. auf dann 652 Mio. E. fast verdoppeln.

Angesichts der erreichten Bevölkerungsdichte erscheint diese Entwicklung auf den ersten Blick wenig dramatisch: sie liegt bei 18 E./km². Der Bevölkerungszuwachs kommt jedoch nicht den binnenwärts gelegenen Entleerungsräumen zugute, sondern konzentriert sich in einem beispiellosen Verdichtungsprozeß auf die urbanen Zentren des Kontinents. Seit geraumer Zeit ist Lateinamerika der am stärksten verstädterte Kulturraum der Welt. In Uruguay leben 83 % der Landesbevölkerung in Städten, in Chile 81,6 %, in Venezuela 76,1 % und selbst in Brasilien mit seinen großen Landreserven wohnen heute mit 67,6 % bereits mehr als zwei Drittel der Bevölkerung in Städten (alle Zahlen von 1981).

Lateinamerika besitzt zwei der drei größten Städte der Welt: Mexico-Stadt mit 14,8 Mio. und São Paulo mit 12,9 Mio. E. (1980). Nur New York ist mit 16,1 Mio. E. noch größer. Buenos Aires liegt mit 10,0 Mio. E. an siebter Stelle der Weltrangliste. In den Tropen gibt es heute 26 Millionenstädte, 16 davon befinden sich in Lateinamerika.

Angesichts dieser Zahlen fragt man sich nach den Strategien, die die lateinamerikanischen Staaten entwickelt haben, um mit dieser regionalen Konzentration fertig zu werden, fragt man nach den Planungskonzeptionen, mit denen die Städte ihr Wachstum kanalisieren wollen. Diese Problemstellungen implizieren auch die Frage nach der Planungsgeschichte in Lateinamerika, weil sich die Entwicklung zur gegenwärtigen Raumproblematik schon seit etwa 50 Jahren abzeichnete. Mein Vortrag will im folgenden die Entwicklung der Stadt- und Regionalplanung in Lateinamerika nachzeichnen und in groben Umrissen einige Konzepte und Probleme der lateinamerikanischen Stadt- und Regionalplanung aufzeigen.

Die Stadtplanung ist in Lateinamerika fast ebenso alt wie die Städte selbst. Die königlichen Instruktionen, die 1513 erstmalig Pedravias Dávila, der Statthalter von Castilla de Oro (heute Panamá) erhielt und die in der Folge in ähnlicher Formulierung - 1521 als "Generalinstruktion" - auch anderen Konquistadoren übermittelt wurden (WILHELMY 1952, WILHELMY 1963, WILHELMY/BORSDORF 1984, 69 f.), bildeten die Richtschnur für den spanischen Städtebau in der Neuen Welt. Bereits diesen frühen Anweisungen waren die ersten Grundprinzipien der spanischamerikanischen Stadtanlage zu entnehmen - Schachbrettschema, "Plaza-Anlage" -, sie wurden später (1556/59) durch präzisere Verfügungen zur Lagewahl, Verteidigung, Versorgung und zum Warenaustausch ergänzt. 1573 schließlich wurden sie durch die aus 148 Einzelverfügungen bestehenden "Ordenanzas de Descubrimiento y Población" ersetzt, die alle Einzelheiten der Stadtgründung und -anlage regelten. Wilhelmy hat schon 1952 die enge Anlehnung dieser Anweisungen an die städtebaulichen Ideen des römischen Schriftstellers Vitruvius Pollio nachgewiesen.

Der Schachbrettplan war das am einfachsten in ein Kolonialland übertragbare Grundmuster für eine neue Stadt. Er erlaubte, das für die Siedlungsgründung vorgesehene Areal in höchst einfacher Weise aufzuteilen und bot - ohne die Notwendigkeit neuer Planentwürfe - unbegrenzte Möglichkeiten der Stadterweiterung. Daraus erklärt sich die ausnehmend starre Durchführung und Beibehaltung des Schachbrettschemas durch die Jahrhunderte und die mangelnde Rücksichtnahme auf topographische Verhältnisse. Schnurgerade durchqueren die Straßen Höhen und Senken, was den Reitern und Ochsenkarrentreibern der Kolonialzeit nur geringe Schwierigkeiten machte, jedoch dem modernen Autoverkehr sehr hinderlich werden kann. Darüber hinaus hat sich bei dem jüngsten

Riesenwachstum der Städte das Fehlen diagonaler Verbindungen als einer der Hauptnachteile des Schachbrettplanes herausgestellt, dem man nun in den verkehrsreichen Zentren einiger Städte durch Straßenverbreiterung oder durch kostspielige Straßendurchbrüche abzuhelfen versucht.

Bei der nahezu ausschließlich quadratischen Auslegung der einzelnen Baublöcke war es freilich nicht möglich, gemäß den amtlichen Anordnungen rechteckige Plätze zu schaffen. Um sie in das Schachbrettschema einzufügen, mußte auch die "plaza" eine quadratische Form erhalten. Diese "plaza" bildete neben dem rechtwinkligen Straßennetz das zweite Charakteristikum der spanischamerikanischen Planstadt. Sie war nicht als Marktplatz gedacht, sondern erfüllte eher repräsentative Funktionen und diente dem Kommunikationsbedürfnis der Stadtbewohner. Am Platz gruppierten sich alle wichtigen Gebäude der Stadt, oft war eine ihm zugewandte "manzana" dem bedeutendsten Bürger vorbehalten.

Bis hinein in die Aufteilung der Baublöcke ("manzanas") erstreckte sich die Vorplanung. Sie wurden kreuzförmig vermessen. Zum Stadtrand hin erweiterten sich die Besitzstücke. Auf die eng parzellierten "cuadras" des Stadtkerns folgen die weiter geschnittenen "quintas", darauf die viermal größeren "chacras" der umgebenden landwirtschaftlichen Betriebe.

Im Gegensatz zur spanischen Stadt in Südamerika entstanden die portugiesischen Niederlassungen als spontan gegründete, ungeplante Ansiedlungen ("povoados") an der Küste. Die ältesten Orte, etwa Recife, dessen Geschichte 1526 als Stützpunkt portugiesischer Seefahrer begann, oder das 1527 gegründete São Vicente in der Santos-Bucht, waren kleine Ansammlungen von Häusern, die sich locker um eine Kirche oder Kapelle scharten.

Erst nach Überwindung dieser planlos verlaufenden Anfangsphase begann Portugal, zwei klar definierte städtebauliche Ziele in Brasilien zu verfolgen: Sicherung der Küste durch den Ausbau befestigter Häfen und Schaffung von Stützpunkten städtischen Charakters an den großen Überlandrouten. Zur Erreichung dieser Ziele waren planerische Maßnahmen unumgänglich. Sie betrafen die bereits in den ersten Jahren nach der Entdeckung unkontrolliert herangewachsenen Siedlungen, die einer ordnenden Hand bedurften, vor allem aber die in der Folgezeit durchgeführten "offiziellen" Stadtgründungen. Im Prinzip wurde wie im spanischen Kolonialreich nach dem Schachbrettschema gebaut. Aber im Unterschied zum "offenen" Plan der spanischen Kolonialstädte, der eine beliebige spätere Erweiterung erlaubte, waren - dem Sicherheitsbedürfnis der Portugiesen entsprechend - die Küstenstädte Brasiliens durch Befestigungswerke begrenzte, "geschlossene" Schachbrettstädte. Nur im Binnenland, wo man in der Regel auf Wehranlagen verzichten konnte, gab es kaum Unterschiede in der Physiognomie der portugiesischen und spanischen Schachbrettstädte.

Der gitterförmige Grundriß lateinamerikanischer Städte erschwerte natürlich den Diagonalverkehr. Auch erwiesen sich im 20. Jahrhundert die ursprünglichen Straßenbreiten als viel zu schmal für den modernen Autoverkehr. Doch nicht das unzureichende Straßennetz oder die Notwendigkeit, die alten Mauerringe der kolonialportugiesischen oder -spanischen Hafenstädte zu sprengen, waren der erste Anlaß zu geplanten Umgestaltungsmaßnahmen in den Großstädten Lateinamerikas, sondern die Seuchengefahr in den sich immer mehr mit Menschen füllenden, unzulänglich oder gar nicht kanalisierten tropischen Tieflandstädten. 1855 bis 1860 wurde in Rio de Janeiro der Manguekanal gebaut, der die damalige brasilianische Hauptstadt vom Gelbfieber befreite. In Curitiba war es eine Typhusepidemie, die zur Beseitigung eines durch die Stadt verlaufenden Flußlaufes führte. Auch in Santos, Guayaquil und anderen Städten begann die moderne Stadtsanierung und Stadtplanung mit derartigen Arbeiten.

Zu Anfang des 20. Jahrhunderts traten die Unzulänglichkeiten des kolonialzeitlichen Straßenmusters offen zutage. Anfangs half man sich, indem man auf den schmalen Straßen der Innenstadt nur noch Einbahnverkehr zuließ. Als diese Lösung nicht mehr genügte, begann man die Straßen zu verbreitern, indem die Neubauten auf neue Fluchtlinien zurückgesetzt wurden. Der sich ergebende gezackte Verlauf der Häuserfronten konnte u.U. über Jahrzehnte Bestand haben, bis alle Gebäude auf der neuen Fluchtlinie standen.

Das Wachstumstempo der Städte erforderte jedoch radikalere Maßnahmen. In Buenos Aires wurden ganze Blocks niedergelegt, so daß eine neue Straße die Breite einer vollen "cuadra" nebst den links und rechts davon verlaufenden Straßen erhielt. Im Schachbrettschema fehlten ferner die Diagonalverbindungen. In Rio de Janeiro und Buenos Aires mußte man sie unter ungeheurem Kostenaufwand durch die Stadtkerne brechen. Erst im vorigen Jahrhundert entstandene Städte wie La Plata oder Belo Horizonte legte man nach dem Muster Washingtons gleich mit Parallel- und Diagonalstraßen an.

In den älteren Städten wurden die quadratischen Blöcke z.T. halbiert, wodurch deren Inneres der Bebauung erschlossen werden konnte. Die schmalen Straßen des Zentrums führte man nach außen verbreitert fort und verlegte, wie in Buenos Aires z.B. schon ab 1911, einen Teil des Verkehrs unter die Erde. In den neuen Urbanisationszonen am Stadtrand ersetzte man die langweiligen Straßen der Schachbrettstadt teilweise durch gewundene Straßenführungen. So entstanden Stadtgrundrisse, die häufig das genaue Gegenteil des uns geläufigen Bildes europäischer Städte sind: um einen Kern in schematischer Schachbrettanlage schließen sich die nur scheinbar planlos gewachsenen, frei geschwungenen Straßen der Außenviertel.

Um die Mitte des 20. Jahrhunderts wurde der Bevölkerungszuwachs der Städte zu einer immer größeren Herausforderung für die Stadtplanung, da mit dem demographischen Wachstum auch ein räumliches einherging (WILHELMY/BORSDORF 1984, 176 f.). Hieraus erwuchsen zwei Hauptprobleme für den Städtebau: der Wohnungsbau und die Erstellung der urbanen Infrastruktur für die rasch wachsende Stadt.

Der Weg, den die meisten Kommunen im Wohnungsbau beschritten, war denkbar einfach: man wartete ab. Tatsächlich wurde der Wohnungsnotstand in den frühen Jahren der Bevölkerungsexplosion in den Städten dadurch gemildert, daß infolge des Umzugs der oberen Sozialschichten aus ihren angestammten zentrumsnahen Wohnquartieren in die neu entstehenden Villenviertel am Stadtrand nun im Zentrum Wohnraum zur Verfügung stand. Durch zimmerweise Vermietung der alten Patiohäuser entstanden die Gängeviertel der südamerikanischen Städte, die als "conventillos" in Santiago de Chile, als "tugurios" und "callejones" in Lima oder "vecindades" in Mexico-Stadt bekanntgeworden sind. Als das Angebot der alten Aristokratenhäuser nicht ausreichte, wurden derartige Massenwohnquartiere für die Unterschicht auch neu erstellt. Der Conventillo Durandin in Santiago de Chile kann als gutes Beispiel einer solchen Anlage gelten (WILHELMY/BORSDORF 1985, Abb. 72).

In brasilianischen Städten sind "conventillo-Bezirke" nicht entstanden. Demgegenüber ist dort zu beobachten, daß Hüttenviertel, die sich bei entsprechender Stadttopographie auch bis nahe an das Zentrum herantasten können, sehr viel früher entstanden als in spanischamerikanischen Städten. In Rio de Janeiro z.B. wurde die erste "favela" bereits vor der Jahrhundertwende errichtet (WILHELMY/BORSDORF 1984, 150). Auch die "mocambos" von Recife und Salvador sind älter als die "callampas", "cantegriles", "barriadas" oder "ranchos" spanischamerikanischer Städte, die in der Regel erst im beginnenden zweiten Drittel unseres Jahrhunderts registriert wurden und sich von ihrem ersten Auftreten an zu einem Problem der Stadtplanung auswuchsen.

Ende der 50er Jahre wurden die ersten Konsequenzen aus dem Wohnungsnotstand gezogen. Aber statt nun vermehrt bebaubare Flächen zu erschließen, versuchte man oft, das Problem der wuchernden Hüttensiedlungen am Stadtrand auf simpelste Weise zu lösen: nämlich durch Räumung und Planierung. Wie vorauszusehen, hatten diese Maßnahmen ebensowenig Erfolg wie Umsiedlungsaktionen. Die aufgelassenen Hütten wurden sofort von Neusiedlern bezogen, oftmals als Untermieter der umgesiedelten Hüttenbesitzer. Die Lösung wurde daraufhin in Programmen des Sozialen Wohnungsbaus gesucht, die vor allem in den 60er Jahren in großem Stil in allen Staaten Lateinamerikas initiiert wurden. Die Bezeichnung als "Sozialer Wohnungsbau" ist jedoch nicht ganz korrekt, da die vom Staat zur Verfügung gestellten Mittel durchaus auch einkommensstärkeren Schichten zugute kommen. In Kolumbien z.B. entfielen 1966 nur 18,6 % der vom Staat in den Wohnungsbau investierten Mittel auf Wohnungen der Arbeiterklasse, der obere Mittelstand und die Oberschicht dagegen beanspruchten 64,1 % der öffentlichen Gelder.

Die Siedlungen des Sozialen Wohnungsbaus gleichen sich in allen Städten Lateinamerikas. Ursprünglich wurden in stärkerem Maße Reihenhäuser errichtet, wobei die engen Gassen zwischen den Langgebäuden oft noch an das "conventillo-Milieu" erinnern. Teilweise wurde auch versucht, die ehemalige "rancho-Bevölkerung" in "superbloques", d.h. in Etagenwohnungen großer Wohnblocks unterzubringen. Mehr und mehr setzten sich in den 70er Jahren dann aber doch die freistehenden Einzel- oder Doppelhäuser durch, die dem Wohnideal der lateinamerikanischen Bevölkerung mehr entsprachen. Dabei entstanden jene endlos und eintönig anmutenden "poblaciones" oder "urbanizaciones", die neben den Hüttenvierteln den Stadtrand jeder lateinamerikanischen Mittel- und Großstadt prägen. In viel zu dicht verbauten Vierteln steht dort Haus an Haus, manchmal nimmt nur der unterschiedliche Anstrich der Gebäude den Siedlungen die trostlose Eintönigkeit. Immer aber sind diese Viertel in sich geschlossen. Sie entstehen als urbane Zellen am Stadtrand, ihre Geschlossenheit macht Erweiterungen entweder ganz unmöglich oder erschwert sie doch wenigstens.

Während in der wissenschaftlichen Literatur ein Umdenkprozeß gegenüber den wildwachsenden Hüttenvierteln unverkennbar ist, sind von den Praktikern in den Stadtplanungsämtern und den Politikern in Lateinamerika die Chancen zur Lösung des Wohnungsbauproblems durch die Marginalviertel selbst noch nicht erkannt worden. Es zeigt sich nämlich immer deutlicher, daß die Marginalviertel in vielen Fällen einem relativ raschen Wandel ihrer physiognomischen und sozialen Strukturmerkmale unterworfen sind. Nach einer anfänglichen, durch Rechtsunsicherheit, Provisorien, bitterste Armut und Kinderreichtum geprägten Pionierphase beginnen einzelne Siedler, denen es geglückt ist, zu einem bescheidenen Einkommen zu gelangen, ihre Behausungen auszubauen, oftmals bereits mit festen Baustoffen, wie Ziegelsteinen oder Beton. Häufig ist zu beobachten, daß diejenigen Schrittmacher dieser Entwicklung sind, die in der Siedlung einen kleinen Laden oder einen Alkoholausschank betreiben, der ihnen einerseits ein besseres Einkommen sichert, sie andererseits aber auch zu Meinungsmultiplikatoren macht. Nach Jahren ist festzustellen, daß bereits die Mehrzahl der Gebäude bautechnisch verbessert oder erweitert wurde und Holz und Wellblech höherwertigen Baustoffen gewichen sind. Derartige "mejoras", wie diese Siedlungen z.B. in Chile genannt werden (von "mejorar": verbessern) besitzen zumeist andere soziale und demographische Merkmale als die primitiven Hüttenviertel im ersten existentiellen Stadium. In den "mejoras" leben im wesentlichen Personen mittleren Alters, deren Kinder den elterlichen Haushalt bereits verlassen haben oder als junge Erwerbstätige schon zum Lebensunterhalt beitragen können. Da der Wohnraum inzwischen erheblich erweitert wurde, können Zimmer an "compadres" oder Zugezogene vom Lande, die als "inquilinos" eine monatliche Miete zahlen, untervermietet werden.

Man hat versucht, die unterschiedlichen Erscheinungsformen der Marginalviertel definitorisch zu trennen in "barrios der Verzweiflung" und "barrios der Hoffnung", wobei zur ersten Gruppe auch die innerstädtischen Verfallsgebiete gezählt werden. Durch die Untersuchungen von Borcherdt (1979) und Pachner (1982) in Venezuela, Brücher und Mertins (1978) in Kolumbien sowie Bähr (1976) in Chile ist aber deutlich geworden, daß hier kein prinzipieller Unterschied besteht, allenfalls ein gradueller. Mit dieser erstaunlichen Feststellung nähert man sich auch einer Neubewertung der sogenannten "Elendsviertel-Problematik" in Lateinamerika. So gesehen beinhalten viele Marginalviertel eigene Mechanismen, die Marginalität zu überwinden und allmählich urbane Lebensqualitäten zu erreichen, ganz im Sinne der von Pachner (1982) postulierten linearen Entwicklungsrichtung von der Marginalität zur Urbanität. Selbst wenn die Marginalsiedlungen als solche unverändert bleiben, kann doch die ursprüngliche Bevölkerung durch Umzug in höherwertige Viertel an dem Akkulturationszyklus teilhaben. Die Gedanken Guldagers (1983), der auf die Werte der marginalen Kultur und Architektur verwies und deren Transformationsfähigkeit im Rahmen des Akkulturationsprozesses der dort lebenden Bevölkerung betont hat, gipfeln in der Aufforderung an die mit dem Wohnungsbau in der Dritten Welt betrauten Architekten, die Hüttenviertel zu studieren, um von deren Sozialgefüge, Selbsthilfemechanismen, Konstruktionsmerkmalen und Baupreis-Wohnwert-Relationen zu lernen.

Die Lösung des zweiten großen Problemkomplexes der Stadtplanung, die Erstellung der urbanen Infrastruktur in den neuen Wohnvierteln, gestaltet sich noch schwieriger als der Wohnungsbau. In Belo Horizonte z.B. besitzen nur 30 % der Haushalte einen Trinkwasseranschluß, völlig unzureichend ist das Kanalisationsnetz, ferner bleiben viele Straßen ungeteert, und der Kollektivverkehr weist große Lücken auf. In fast allen Städten Lateinamerikas ist die Situation ähnlich. Aber auch in den Innenstädten ist die Verkehrssituation alarmierend. In São Paulo erreicht der Linienbusverkehr nur eine Durchschnittsgeschwindigkeit von 8 km pro Stunde.

Stadtentwicklungspläne, wie sie in den zurückliegenden 20 Jahren für fast jede Stadt verabschiedet worden sind, werden der Dynamik des Städtewachstums in keiner Weise gerecht. Sehr bald stellen sich die ersten Konflikte ein, wenn auf für andere Nutzungen vorgesehenen Flächen Okkupanten ihre Hütten errichten. In Einzelfällen - etwa in Bogotá -

wird der offene Konflikt mit der Stadtverwaltung dadurch vermieden, daß - sozusagen halblegal - Makler die Vorbereitung der Urbanisierung vornehmen und damit allzu starke Flächennutzungskonkurrenzen vermeiden.

Die Stadtentwicklungspläne vernachlässigen in der Regel die dynamische Komponente. Dies kann an den Beispielen Valdivia (Chile) und Curitiba (Brasilien) gut verdeutlicht werden: in beiden Fällen haben die Planer zugunsten einer ästhetisch befriedigenden, abgerundeten Stadtstruktur das Areal der Städte viel zu eng bemessen. Curitiba ist mit einem jährlichen Wachstum von 5,8 % im Zeitraum 1970-80 aber die am schnellsten wachsende Metropolitanregion Brasiliens, und auch in der chilenischen Mittelstadt ist die Flächenexpansion längst über den "Master-Plan" aus den 70er Jahren hinweggegangen. Der "Plano Pilôto" von Brasília stellt wohl das anschaulichste Beispiel dar, wie ein zu enges Konzept von der tatsächlichen Entwicklungsgeschwindigkeit überrollt wird. Im "Plano Pilôto" leben heute 411 000 E. der insgesamt bereits 1,18 Mio. E. Brasílias. Die Mehrheit der Bürger wohnt schon heute in den meist aus Marginalvierteln bestehenden Satellitenstädten der brasilianischen Hauptstadt.

In dieser Situation gewinnen Überlegungen an Gewicht, der Expansion der Städte durch eine offene Konzeption zu begegnen, den Städten also Wachstumsrichtungen vorzugeben, ohne sie durch Ringe zu knebeln. Solche dynamischen Planungsmodelle sind von Hennings u.a. (1980) und von Pötzsch (1972) vorgelegt worden. Ich habe mehrfach dargelegt (BORSDORF 1976, 1983; WILHELMY/BORSDORF 1984), warum dem Bandstadtmodell der Vorzug einzuräumen ist: An einer vorgegebenen Linie, z.B. einer Ausfallstraße oder Eisenbahnlinie, sind Flächen für Industrie, dichte und lockere Wohnbebauung vorgegeben. Die Infrastruktur folgt dieser linearen Richtung, ohne sich netzartig verzweigen zu müssen, die Verkehrsanbindung ist einfach und preiswert zu erstellen, die Allokation von Versorgungseinrichtungen erscheint problemlos.

In jüngster Zeit sieht sich nun die lateinamerikanische Stadtplanung vor eine neue Herausforderung gestellt: die Lösung der Umweltprobleme. Der krasseste Fall lebensbedrohenden Wohnens ist aus der Peripherie der Santos-Agglomeration in Brasilien bekannt geworden: dort stoßen die petrochemischen Werke von Cubatão pro Tag etwa 58 kg giftiger Gase pro Einwohner aus. Augen- und Nierenschädigungen sind die Folge, die Kindersterblichkeit übertrifft die jeder anderen Metropole. Aber auch in

São Paulo selbst sind die Folgen einer ungebundenen Schadstoffemission der Industrie unübersehbar: die Schaumberge auf dem Rio Tietê sind nicht selten einige Meter hoch und die Rundfunksender geben täglich den Luftverschmutzungsgrad der einzelnen Stadtteile durch. Kurzschlußhandlungen der Stadtverwaltung, wie die kurzfristige Schließung von 16 Industriebetrieben in Cubatão im Jahre 1984 können das Problem ursächlich nicht lösen. Neben der Durchsetzung strenger Umweltschutzbestimmungen muß die Stadtplanung durch Dezentralisierung der Industrien dafür Sorge tragen, daß die Umweltbelastung wenigstens nicht noch zunimmt.

Hier berühren sich die Strategien der Stadtplanung mit denen der Regionalplanung. Anders als die Stadtplanung ist die Regionalplanung in Lateinamerika sehr jung. Und anders als die Stadtplanung, der es bis heute an theoretisch durchdachten Konzepten mangelt, ist die Regionalplanung von Anfang an von einer lebhaft geführten theoretischen Diskussion um die Grundlagen und Strategien der Planung begleitet worden.

Der mit der Phase der importsubstituierenden Industrialisierung, die in den lateinamerikanischen Ländern zu unterschiedlichen Zeitpunkten, meist aber nach 1930, einsetzte, verbundene planerische Impetus wurde bis in die 60er Jahre ausschließlich von Ökonomen getragen, deren Schwerpunkte naturgemäß auf sektoralen Planungsüberlegungen lagen. So nimmt es nicht Wunder, daß derart sektoral geplante Investitionen in erster Linie in den bereits bestehenden Ballungsräumen erfolgten und somit deren akzeleriertes Wachstum verstärkten.

In den 50er Jahren wurde in zunehmendem Maße erkannt, daß diese ballungsorientierten Investitionsplanungen nur die Attraktion der großstädtischen Räume für die Landbevölkerung verstärkten, letztlich also als Motor der Landflucht wirkten. Jeder Ansatz weitschauender räumlicher Entwicklungsplanung mußte dabei im Meer der arbeits- und wohnungssuchenden Zuwanderer ertrinken. Die Verstädterung Lateinamerikas ist daher nicht Ausdruck der wirtschaftlichen Dynamik agglomerationsorientierter Wirtschaftszweige, sondern eine Armutswanderung vom Lande in die Stadt und daher als Konzentrationsprozeß der Armut zu werten.

Wenn auch ein Impuls der Migrationsbewegung mit der ballungsorientierten Industrieplanung und der von ihr ausgehenden trügerischen Hoffnung auf Arbeitsplätze durchaus städtisch angelegt ist, so darf doch nicht übersehen werden, daß ein zweiter wichtiger Ursachenkomplex der Verstädterung auf dem Lande zu suchen ist: in der archaischen Agrarverfassung und im Fehlen von Entwicklungsschwerpunkten auf dem Lande.

Während die Entwicklung und die Strategien der Regionalplanung von Chile (BORSDORF 1978), Peru (WALLER 1971), Brasilien (KOHLHEPP 1983) und Costa Rica (SANDNER/NUHN 1971) andernorts anschaulich dargestellt wurden, soll im folgenden kurz der Stand der ecuadorianischen Regionalplanung dargelegt werden. Auch die Planungsentwicklung Ecuadors und die dort eingeschlagenen Taktiken können als exemplarisch für die lateinamerikanische Regionalplanung gelten.

In Ecuador entstanden die ersten Ansätze räumlich differenzierter Planung Ende der 50er Jahre als Antwort auf Naturkatastrophen oder wirtschaftliche Rückschläge in einzelnen Provinzen. So wurde 1958 das "Centro de Reconversión Económica del Azuay-Cañar y Morona Santiago (CREA)" geschaffen, um der Absatzkrise bei Panamahüten zu begegnen, die zu einer großen Arbeitslosigkeit im Handwerk der Region geführt hatte. In ähnlicher Weise entstanden 1962 das "Centro de Rehabilitación de Manabí (CRM)" nach einer Dürre in der ecuadorianischen Küstenregion, 1965 die "Comisión de Estudios para el Desarrollo de la Cuenca del Río Guayas (CEDEGE)" und schließlich 1971 das "Programa de Desarrollo del Sur (PREDESUR)". Zwar stand in allen Institutionen der regionale Gesichtspunkt im Vordergrund, doch wirkten die einzelnen Pläne und Maßnahmen wegen der fehlenden Abstimmung mit anderen Regionen und der nicht abschätzbaren Wirkung auf diese letztlich desintegrativ. Erst der nationale Entwicklungsplan 1980-84 hat diese vereinzelten Anstrengungen zu einem Gesamtkonzept der nationalen Integration zusammengefaßt.

Bei näherem Hinsehen entpuppt sich dieses Konzept als dem Gedanken polarisierter Entwicklung verpflichtet. Ibarra, Riobamba und Cuenca werden mit Industrieparks ausgestattet und zu Entwicklungspolen für die Hochlandregion erklärt. In gleicher Weise sollen Esmeraldas, Manta, Salinas und Machala Funktionen als Entlastungsorte für Guayaquil erfüllen und neue Entwicklungsfoken an der Küste bilden.

Auch Ecuador, das mit den Guayanaländern und Uruguay zu den kleinsten Staaten Südamerikas zählt, setzt damit auf die Theorie räumlich polarisierter Entwicklung, die trotz der Diskussion um dependenztheoretisch begründete Strategien große Popularität unter den lateinamerikanischen Planern besitzt. Die These, die industrielle Entwicklung möglichst auf mittlere Zentren bis zur Halbmillionengrenze zu übertragen, wird gestützt durch eine Studie des Internationalen Arbeitsamtes in Genf, wonach die Einwohnerzahl der Städte in Entwicklungsländern möglichst eine Grenze von 600 000 E. nicht überschreiten sollte (BAIROCH 1977). Oberhalb dieser Marke wögen die negativen Faktoren der Urbanisierung stärker als die positiven. Diese Ergebnisse decken sich mit einer Untersuchung des brasilianischen Finanzministeriums, wonach die Infrastrukturkosten in Millionenstädten pro E. doppelt so hoch sind wie in mittleren Zentren (WILHELMY/BORSDORF 1985, 194). So gesehen kann die Entwicklungspolstrategie der räumlichen Entwicklung durch die Entlastung der Metropolen wohl positive Impulse verleihen. Bislang fehlt es jedoch an eindeutigen Belegen, daß die von den Vertretern dieser Theorie ebenfalls postulierten positiven Impulse auf das Umland der Städte wirklich meßbar sind.

*****

Literatur

ADELMAN, J.: Urban planning and reality in Republican Brazil: Belo Horizonte, 1890-1930. Phil. Diss. Bloomington, Ind. 1974

ARIZABALETA DE GARCIA, M.T.: Urbanización y planificación en Colombia. El caso de Cali. Cali 1976

ARTIGAS, J. u. R. VAZ: "Planejamento urbano: o caso brasileiro". In: Revista de Cultura, 67, 3, Petrópolis 1973, S. 5-20

BÄHR, J.: "Siedlungsentwicklung und Bevölkerungsdynamik an der Peripherie der chilenischen Metropole Groß-Santiago, am Beispiel des Stadtteils La Granja". In: Erdkunde, 30, 1976, 2, S. 126-143

BARAT, J.: "El financiamiento del desarrollo urbano en Brasil: el caso del área metropolitano de São Paulo". In: Revista Latinoamericana de Estudios Urbano-Regionales (EURE), 9, 25, Santiago 1982, S. 31-50

BAIROCH, P.: "Emploi et taille de villes". In: World Employment Programme (WEP), 2-19, Genf 1977, S. 35-61

BOISIER, S.: "Hacia una dimensión social y política del desarrollo regional". In: Revista CEPAL, 13, Santiago 1981, S. 97-128

BORCHERDT, C.: "Einige neuere Phänomene der Urbanisation in Venezuela". In: Festschrift für W. Meckelein. Stuttgart 1979 (Stuttgarter Geogr. Studien, 93), S. 289-305

BORSDORF, A.: Valdivia und Osorno. Strukturelle Disparitäten in chilenischen Mittelstädten. Tübingen 1976 (Tübinger Geographische Studien, 69)

-: "Neuere Tendenzen der Raumplanung in Lateinamerika". In: Raumforschung und Raumordnung, 38, 1978, 1-2, S. 26-31

-: "Conceptions of regional planning in Latin America". In: Applied Geography and Development, 15, Tübingen 1980, 1, S. 28-40

-: "Neuere Tendenzen der Raumplanung in Lateinamerika". In: Raumforschung und Raumordnung, 38, Bonn 1980, 1-2, S. 26-31

-: "Probleme und Chancen lateinamerikanischer Mittelstädte". In: Stadtprobleme in der Dritten Welt. Stuttgart 1983 (Materialien zum Internationalen Kulturaustausch, 18), S. 143-153

- u.a.: Entwicklungsprobleme in der Dritten Welt. Stuttgart 1982, 2 Bände

BRÜCHER, W. u. G. MERTINS: "Intraurbane Mobilität unterer sozialer Schichten, randstädtische Elendsviertel und sozialer Wohnungsbau in Bogotá/Kolumbien". In: MERTINS, G. (Hg.): Zum Verstädterungsprozeß im nördlichen Südamerika. Marburg 1978 (Marburger Geographische Schriften 77), S. 1-130

CASTRO, I.E. de: "Housing projects - Widening the controversy surrounding the removal of "favelas"". In: Revista Geográfica, 97, 1983, S. 56-69

COLLIN DELAVAUD, A. u.a.: Atlas del Ecuador. o.O. 1982

CORNELY, S.A. u. D.N. SANTOS: "La evolución de la planificación urbana y local en el Brasil". In: Revista Interamericana de Planificación, 10, México D.F. 1976, 38, S. 58-71

DELSON, R.M.: Town planning in colonial Brazil. Phil. Diss. Columbia University, Ann Arbor, Mich. 1979

Ensayos sobre planificación regional del desarrollo. In: ILPES, México D.F. 1976

Experiencias y problemas de la planificación en América Latina. In: ILPES, México D.F. 1974

FRIEDMANN, J.: Urbanization, planning and national development. Beverly Hills 1973

GULDAGER, R.: "Planen wir an den Bedürfnissen der Dritten Welt vorbei? Probleme der Verstädterung". In: Stadtprobleme in der Dritten Welt. Stuttgart 1983 (Materialien zum Internationalen Kulturaustausch 18), S. 14-28

HAGENBROCK, T. u.a.: Aufgaben und Chancen von Regionalentwicklungsprojekten in Entwicklungsländern. Erfahrungen und Ergebnisse aus Südminas, einer Schlüsselregion für die Dezentralisierungspolitik Brasiliens. Belo Horizonte 1979

HEIDEMANN, C. u. H.O. RIES: Regional and urban development. A methodological framework. Eschborn 1978

HENNINGS, G. u.a.: "Dezentralisierung von Metropolen in Entwicklungsländern. Elemente einer Strategie zur Förderung von Entlastungsorten". Dortmund 1978 (Dortmunder Beitr. z. Raumplanung IRPUD 10)

HENNINGS, G.; B. JENSSEN u. K.R. KUNZMANN: "Dezentralisierung von Metropolen in Entwicklungsländern". In: Raumforschung und Raumordnung, 38, 1980, 1-2, S. 12-26

JUNTA NACIONAL DE PLANIFICACION: El desarrollo urbano del Ecuador. Quito 1974

KOHLHEPP, G.: "Strategien zur Raumerschließung und Regionalentwicklung im Amazonasgebiet. Zur Analyse ihrer entwicklungspolitischen Auswirkungen". In: BUISSON, I. u. M. MOLS (Hgg.): Entwicklungsstrategien in Lateinamerika in Vergangenheit und Gegenwart. Paderborn 1983, S. 175-193

PAVIANI, A.: "Urban development in Brasília: From the Plano Pilôto to a multinucleated city". In: IGU, Latin Amer. Reg. Conf. 1, Rio de Janeiro 1982, S. 165-178

PACHNER, H.: Hüttenviertel und Hochhausquartiere als Typen neuer Siedlungszellen der venezolanischen Stadt. Sozialgeographische Studien zur Urbanisierung in Lateinamerika als Entwicklungsprozeß von der Marginalität zur Urbanität. Stuttgart 1982 (Stuttgarter Geographische Studien, 99)

PÖTZSCH, R.: Stadtentwicklungsplanung und Flächennutzungsmodelle für Entwicklungsländer. Berlin 1972 (Schriftenreihe zur Industrie- und Entwicklungspolitik, 9)

RAMON, A. de u. J.M. LARRAIN: "Urban renewal, rehabilitation, and remodelling of Santiago, Chile". In: BORAH, W. u.a. (Hgg.): Urbanization in the Americas, Ottawa 1980, S. 97-104

SANDNER, G.: "Wachstumspole und regionale Polarisierung der Entwicklung im Wirtschaftsraum. Ein Bericht über lateinamerikanische Erfahrungen". In: Der Wirtschaftsraum. Festschrift für E. Otremba. Wiesbaden 1975 (Geographische Zeitschrift, Beiheft Erdkundliches Wissen, 41), S. 78-90

-: "Notas críticas acerca de los problemas de conceptualización e información y la planificación". In: Revista Interamericana de Planificación, 16, 1982, 62, S. 54-61

- u. H. NUHN: Das nördliche Tiefland von Costa Rica. Geographische Regionalanalyse als Grundlage für die Entwicklungsplanung. Hamburg 1971 (Abhandlungen aus dem Gebiet der Auslandskunde, 72, Reihe C 21)

SASSENFELD, H.: Kausalfaktoren räumlich differenzierter Entwicklung und regionalpolitische Lösungsansätze am Beispiel Chiles (1964-1973). Diss. Bonn 1977

UMMENHOFER, S.M.: Ecuador - Industrialisierungsbestrebungen eines kleinen Agrarstaates. Saarbrücken 1983 (Sozialwissenschaftliche Studien, 78)

VILLAVICENCIO, G. u. R. OQUENDO: "La planificación urbano-regional, teoría y experiencias en el Ecuador". In: Revista Interamericana de Planificación, 9, Bogotá 1975, S. 84-99

WALLER, P.P.: "Probleme und Strategien der Raumplanung in Entwicklungsländern. Dargestellt am Beispiel Peru". In: Raumforschung und Raumordnung, 29, Bonn 1971, 3, S. 97-111

WILHELMY, H.: Südamerika im Spiegel seiner Städte. Hamburg 1952

-: "Probleme der Planung und Entwicklung südamerikanischer Kolonialstädte". In: Raumordnung in Renaissance und Merkantilismus. Forschungen und Sitzungsberichte der Akademie für Raumforschung und Landesplanung, 21, Hannover 1963, S. 17-30

- u. A. BORSDORF: Die Städte Südamerikas. Teil 1: Wesen und Wandel. Teil 2: Die urbanen Zentren und ihre Regionen. Berlin-Stuttgart 1984-1985. (Urbanisierung der Erde, Bd. 3/1-3/2)

ECUADOR: EIN LAND MIT ZWEI METROPOLEN
Carlos Moncayo Albán (Quito)

Ausgehend von einer Studie über demographische Daten aus den fünfziger Jahren stellte Kingley Davis von der Universität Berkeley fest, daß der "Primat der Stadt" in Lateinamerika einen hohen Grad erreicht habe, und errechnete für die gesamte Region einen durchschnittlichen Index der Verstädterung von 2,93. Die höchste Verstädterung findet man in den Ländern Lateinamerikas, deren Hauptstadt an der Küste liegt, den besten Hafen besitzt und die Voraussetzungen vereint, die zur Beherrschung der am dichtesten besiedelten Regionen des Binnenlands notwendig sind. Dies gilt für die Hauptstädte von Argentinien, Uruguay, Peru, Kuba, Haiti, Jamaica und Puerto Rico. Der durchschnittliche Index der Verstädterung erreicht in diesen Ländern 4,8, in den übrigen Ländern Lateinamerikas hingegen nur 2,96. Mit einem Index von 0,92 gehört Ecuador zur zweiten Gruppe.

Ecuador nimmt insgesamt eine Sonderstellung ein, die durch folgende Faktoren gekennzeichnet ist: die Hauptstadt Quito ist nicht die wichtigste Stadt, sie hat keinen Hafen, ihre Lage in den Anden bringt erhebliche Verkehrsprobleme mit sich, schließlich konnte sich die Stadt wirtschaftlich nicht durchsetzen. Dennoch blieb Quito dank seiner politischen Kraft die Hauptstadt des Landes. Überdies beherrschte die Stadt den größten Teil der zentralen Region, die bis 1970 die am dichtesten besiedelte Ecuadors war. In Ecuador teilen sich zwei Städte den städtischen Primat: der Haupthafen Guayaquil und die Hauptstadt Quito. Ecuador ist deshalb ein Land mit zwei Metropolen oder zwei "Köpfen".

In einem zur Zeit laufenden Forschungsprojekt will ich über die rein räumliche Betrachtung dieser "Doppelköpfigkeit" hinausgelangen und sie als Ergebnis sozialer Prozesse verstehen; es ist dies die einzige Perspektive, die es erlaubt, das Phänomen zu erklären. Außerdem verstehe ich die "Doppelköpfigkeit" nicht als statische Kategorie, sondern als eine dynamische Realität, die sich in den verschiedenen historischen Entwicklungsstadien der ecuadorianischen Gesellschaft unterschiedlich ausgewirkt hat. Ich will in diesem Forschungsprojekt die ecuadorianische "Doppelköpfigkeit" definieren, ihre Ursachen und die historische Entwicklung herausarbeiten und damit die Grundlage für eine Zukunftsprognose schaffen: wird diese "Doppelköpfigkeit" mittelfristig abgelöst werden oder sich im Gegenteil konsolidieren?

Bei den Ursachen gehe ich von der Hypothese aus, daß die "Doppelköpfigkeit" in Ecuador auf folgende Tatsachen zurückzuführen ist.

a) Der ökologische Gegensatz von Küste und Gebirge hat zu einer unterschiedlichen Spezialisierung in der Produktion geführt.

b) Diese Spezialisierung hat nicht zum Entstehen zweier unterschiedlicher Stadtformationen, sondern zu einer einzigen Formation mit zwei Haupt-Orten geführt.

c) Diese Besonderheit ist darin begründet, daß die beiden vorherrschenden Produktionsformen durch die Entwicklung einer einzigen Wirtschaftsform - der Marktwirtschaft - und ein einziges politisches System miteinander verbunden und verflochten sind.

Obwohl die beiden Städte also prinzipiell gleiche Strukturen aufweisen, sind sie dem äußeren Anschein nach räumlich und sozio-kulturell verschieden.

Am Ende der Kolonialzeit, als die Gesamtbevölkerung Ecuadors 450 000 Einwohner erreichte, war das Binnenland durch zehn städtische Zentren strukturiert, die Sitz der staatlichen und kirchlichen Verwaltung waren und in denen sich das Handwerk und ein rudimentärer Handel konzentrierten. Diese Zentren waren noch kaum hierarchisiert und zählten insgesamt etwa 80 000 Einwohner. Sie bildeten ein System von halbparasitären Städten entlang den Andentälern, deren Hauptaufgabe mehr als zwei Jahrhunderte hindurch in der Verwaltung der ländlichen Gebiete mit dem Ziel bestand, aus ihnen die überschüssige Produktion herauszuholen.

In diesem noch kaum hierarchisierten System nahm Quito eine herausragende Stellung ein, die politisch und kulturell begründet war. Quito war das politische Zentrum, in dem die Klasse der Grundbesitzer ideologisch und faktisch ihre Macht zum Ausdruck brachte; kulturell war Quito zu einem Zentrum geworden, das auf den ganzen Subkontinent ausstrahlte; Malerei und Bildhauerei (Schule von Quito) wurden überall geschätzt. 1780 kamen nach Quito mit 24 939 Einwohnern Cuenca (18 919 E.), Riobamba (7 500 E.) und Guayaquil (6 000 E.). Guayaquil war also die einzige bedeutende Stadt an der Küste. Alle anderen Städte lagen in der Senke zwischen den Andenketten. Diese Verteilung bezeugt eine ungleiche Nutzung des Raums.

In den letzten Jahren der Kolonialzeit und zu Beginn der Republik ändert sich diese Verteilung sehr schnell. Dank der Dampfschiffahrt entsteht eine Reihe von Städten, die direkt mit Guayaquil verbunden ist: Daule, Babahoyo, Milagro, Machala; dazu kommen die weniger bedeutenden Häfen im mittleren und nördlichen Ecuador, die Rohstoffe aus der Forstwirtschaft exportieren: Manta, Bahia, Esmeraldas. Diese städtischen Zentren waren unter sich nur schwach hierarchisiert. Eine Ausnahme davon machte Guayaquil, das die Küstenstädte beherrschte. Über Guayaquil lief der Export von Agrarprodukten, der am Weltmarkt orientiert war. Die Stadt lag im Zentrum des neuen Wirtschaftsraums; sie wurde zum Schwerpunkt der Akkumulation des Kapitals der Region und zum Verbindungsglied mit dem Ausland. Über Jahrzehnte hinweg war Guayaquil das einzige Finanzzentrum und der einzige Import-Export-Hafen erster Ordnung an der südamerikanischen Pazifikküste. Die Stadt wuchs so schnell wie nie zuvor: 1830 verdrängte es Cuenca vom zweiten Platz, und in den achtziger Jahren überrundete es sogar Quito. Zwischen 1870 und 1936 stieg die Einwohnerzahl von 12 000 auf 216 027.

Die Kakaoproduktion für die europäischen Märkte stieg von einem Jahresdurchschnitt von 6 233 t in der Anfangsphase (1850-1859) auf einen Durchschnitt von 41 076 t in der Blütezeit und fiel in den Jahren der Weltwirtschaftskrise (1930-1939) wieder auf 17 579 t.

Die Einführung des Modells der Agrarexporte löste eine Binnenwanderung aus, deren Ziel vor allem die Plantagen im Guayas-Becken waren. Die Migranten dieser ersten Phase kamen vor allem aus dem zentralen

Hochland, dem Süden von Manabi und Santa Elena sowie dem nördlichen Peru.

Die zweite Migrationsphase fällt mit der Exportkrise zusammen und ist in der plötzlichen Verringerung von Arbeitsplätzen und dem Rückgang der Löhne begründet. Die Migration ist in dieser zweiten Phase auf das Guayas-Becken ausgerichtet und hat in Guayaquil zum sogenannten "suburbio" (Vorstadt) geführt, der unkontrollierten Besetzung der Sumpf- und Überschwemmungsgebiete in der unmittelbaren Umgebung der Stadt. Seit 1930 wächst diese "Vorstadt" ununterbrochen; 1971 zählte sie bereits 40 % der Stadtbevölkerung.

Die beginnende Spezialisierung in der Produktion hat einen Modernisierungsschub ausgelöst. Der Wandel im wirtschaftlichen und sozialen Bereich hat zur Folge, daß der nationale Wirtschaftsraum allmählich in den Weltmarkt der Rohstoffe eingegliedert wird. Die wirtschaftliche Dynamik des Guayas-Beckens wirkt sich indirekt und in weniger dramatischer Form dank der Entwicklung des Verkehrswesens und der Entstehung eines Binnenmarktes auch auf das zentrale Hochland aus.

Im letzten Drittel des 19. Jahrhunderts wird das Verkehrsnetz zügig ausgebaut: die erste Straßenverbindung über die Anden zwischen Quito und Ambato wird eröffnet (1871); die "Via Flores" als Verbindung zwischen den Anden und Babahoyo über Guaranda wird ausgebaut (1890), wodurch die Verbindungen zwischen der Küste und dem Gebirgsland verbessert werden; die Eisenbahn von Guayaquil wird an die Anden-Straße angeschlossen (1897), sie erreicht Riobamba (1905) und schließlich Quito (1908). Auf diese Weise wird eine nationale Achse geschaffen, die Guayaquil mit Quito verbindet und die Entwicklung der an ihr liegenden Städte begünstigt; weiter entfernt liegende Räume werden in eine Randstellung gedrängt. Die Bevölkerung von Cuenca, das nicht auf dieser Achse liegt, verdoppelt sich zwischen 1840 und 1920, während sich die Einwohnerzahl von Quito, Ambato und Riobamba im selben Zeitraum vervierfacht.

Quito übte dabei eine besondere Anziehungskraft aus. Der Zustrom der Migranten hatte zur Folge, daß sich die Fläche der Stadt zwischen 1904 und 1912 vervierfachte. Die Bevölkerung, die zwischen 1857 und 1904 nur um ein Drittel gestiegen war, wuchs zwischen 1904 und 1932 von 48 000 auf 123 000, was eine Steigerung um 156 % bedeutet. Gleichzeitig damit wurde die Infrastruktur der Stadt modernisiert, 1914 wurden zwei Straßenbahnlinien eröffnet.

Infolge dieser Veränderungen entstand ein Binnenmarkt, der sich langsam festigte. Seine wichtigste Auswirkung war das deutliche Anwachsen der Beziehungen zwischen dem Hochland im Gebirge und der Küste. Ein Teil der Weidegebiete in den Anden wurde in das nationale Wirtschaftssystem eingegliedert und lieferte Konsumgüter an die Küste. Die Region der Zentralanden nutzte die bescheidene Entwicklung der Produktionskräfte und die Verstärkung der Handelsbeziehungen und förderte die Vielfalt der einheimischen Produktion. Das Vordringen der Marktwirtschaft in die Zentralanden und schließlich in den Norden (Straße von Quito nach Kolumbien, Eisenbahn nach Ibarra, 1920-30) ließ eine neue Klasse von berufsmäßigen Händlern entstehen; sie vervielfachte die Märkte in den Städten und Landgemeinden, diversifizierte sie zu Großhandels-, Einzelhandels- und Spezialmärkten und verteilte sie schließlich auf verschiedene Wochentage, damit es nicht nur Sonntagsmärkte gab, so wie es seit dem 17. Jahrhundert Brauch gewesen war.

Der zentrale und nördliche Bereich der Anden spezialisierte sich auf Viehwirtschaft und Handwerk. Die Produktion war für den Binnenmarkt, insbesondere die dynamischen Küstengebiete bestimmt. Diese Spezialisierung war eine Folge des Modells der Agrarexporte, das im Guayas-Becken eingeführt worden war.

Die regionale Gliederung und das Entstehen eines Binnenmarktes führte zu einer Hierarchisierung der in den Anden gelegenen Städte. Welchen Platz die einzelne Stadt in dieser Hierarchie einnahm, wurde bestimmt vom Ausmaß der Eingliederung in die nationale Volkswirtschaft und der Dynamik der Produktivkräfte.

Erst spät gelangte Bankenkapital in die Zentralanden. Zwischen 1915 und 1925 bildete sich ein dezentralisiertes Bankennetz in Quito, Riobamba und Ambato; etwa um 1930 erreichte Quito in der Zahl der Banken und der Höhe des Investitionskapitals den Stand von Guayaquil.

Ambato, das an der Kreuzung der Verbindungswege zur Küste gelegen ist, wurde nach 1920 zum Zentrum des Handelsaustausches zwischen den Regionen und zum wichtigsten Agrarmarkt des Landes.

Als Ergebnis können wir festhalten, daß die "doppelköpfige" städtische Struktur Ecuadors sich im ersten Viertel des 20. Jahrhunderts konsolidiert, nicht als Ergebnis zentrifugaler Kräfte, sondern aufgrund der Integrationsmechanismen von Küste und Hochland. Sie wird bestimmt von Einheit bei gleichzeitiger Differenzierung, von Komplementarität und Opposition.

Die Entwicklung des agrarischen Exportmodells ließ in Guayaquil drei mächtige soziale Gruppen entstehen: Plantagenbesitzer, Bankiers und Exporteure. Sie unterstützten die liberalen Bewegungen gegen die politische Vorherrschaft der Großgrundbesitzer in den Anden. Mit ihrer Unterstützung führte Eloy Alfaro die liberale Revolution zum Sieg und legte damit den Grundstein für eine Hegemonie, die von 1895 bis 1925 andauerte.

Die liberale Politik entklerikalisierte die Institutionen, demokratisierte und modernisierte das Land. Dies war möglich, weil die verschiedenen Wirtschaftsgruppen (Banken, Import-Export, Kakaoplantagen, Handel) einen Block bildeten, in dem die Beteiligten von Anfang an durch den gemeinsamen Anteil an den Gewinnen aus den Agrarexporten gemeinsame Interessen hatten und überdies auch verwandtschaftlich miteinander verbunden waren.

Die Krise der Agrarexporte, die in den Jahren des Ersten Weltkriegs fühlbar wurde, führte jedoch zur Spaltung des bürgerlichen Blocks in Guayaquil. Bankiers und Exporteure konnten sich durch Spekulationen mit Staatsgeldern, durch die der Fiskus zu ihrem Schuldner wurde, aus der Krise retten, die Kakaoplantagenbesitzer, die neuen Industriellen und die Importeure wurden hingegen voll von der Krise erfaßt. Auf diese Weise wurden die Bedingungen für ein Bündnis zwischen ihnen und den Großgrundbesitzern der Anden geschaffen. Dieses Bündnis ermöglichte die Aufrechterhaltung des Großgrundbesitzes im Gebirge und an der Küste, im Gebirgsland blieb die Abhängigkeit der Landarbeiter erhalten. Diese Abhängigkeit wurde nur dadurch etwas gemildert, daß 1918 der "concertaje" abgeschafft wurde (eine moderne Form der Leibeigenschaft), wodurch ein Großteil der Arbeitskräfte die Freiheit erhielt und an die Küste wandern konnte.

Auch im politischen Bereich stehen die beiden Städte und ihre Regionen in einer ausgeprägten ideologischen Opposition, während die grundlegenden wirtschaftlichen Interessen gleich sind.

Die hier beschriebene Entwicklung hat Folgen auf den Wirtschaftsraum Ecuadors. Geographisch wird Ecuador durch die von Süden nach Norden verlaufenden Anden bestimmt, die hier zwei Gebirgsketten bilden und das Land in drei "Streifen" aufteilen: die Küste, das Gebirge und den Osten im Tiefland des Amazonas. Schon seit frühester Zeit mußte man die Anden überwinden, um die Kommunikation in west-östlicher Richtung herzustellen; das gilt für wirtschaftliche Produkte ebenso wie für kulturelle Einflüsse.

Durch die Beziehungen zwischen Quito und Guayaquil wurde das geographische Hindernis der Anden überwunden und eine neue, westöstliche Wirtschaftsachse gebildet. Diese Querverbindung ist eine Folge der wirtschaftlichen Spezialisierung der beiden Regionen auf den Export landwirtschaftlicher Produkte und der Produktion für den Binnenmarkt. Die beiden Regionen ergänzen sich somit gegenseitig und sind gleichzeitig aufeinander angewiesen. Diese Achse bringt zwei ökologisch gegensätzliche Regionen miteinander in Kontakt; die Städte wie auch die landwirtschaftlich genutzten Gebiete im Kraftfeld dieser Achse werden aufgewertet, Quito und Guayaquil werden zu Polarisationspunkten. Diese beiden Städte erreichen nationale Bedeutung, weil sie komplementär den sozialen und ökonomischen Bedürfnissen des Landes dienen. Zur gleichen Zeit rivalisieren sie aber auch miteinander.

Diese Rivalität äußert sich ganz konkret in dem Bestreben, einen Vorteil in der räumlichen Polarisierung zu erhalten. Das zentrale und nördliche Hochland orientierte sich in der hier betrachteten Zeit nach Quito, neuerdings auch die nördliche Küste; die Küste und neuerdings auch das südliche Hochland orientierten sich nach Guayaquil. Der eine Pol - die Region von Guayaquil - ist jetzt dichter besiedelt und ist zu einem Verkehrsknotenpunkt geworden; der andere Pol - die Region um Quito - hat auch den Osten Ecuadors mit seinen tropischen Regenwäldern unter seinen Einfluß gebracht. Die "doppelköpfige" städtische Struktur Ecuadors realisiert sich somit auch im geographischen Raum.

Der ökologische Kontrast zwischen Hochland und Tiefebene führte nicht nur zu einer entgegengesetzten wirtschaftlichen Spezialisierung, sondern auch zu tiefgreifenden kulturellen Unterschieden. Über diesem Gegensatz dürfen jedoch die anderen kulturellen Unterschiede nicht vernachlässigt werden, die aus der Verschiedenheit der Volksstämme und Kulturen resultieren: Unterschiede in den Grundhaltungen, dem Verhalten, den Institutionen und den Wertsystemen.

Die Menschen im Guayas-Becken stellen ihren Werten die Freiheit voran, sie waren in allen Kämpfen dabei, wenn es galt, die Freiheit zu erringen oder zu festigen. Die Menschen des Hochlands hingegen betonen die Autorität und paternalistische Verhaltensmuster. Im Hochland folgt die Familie den gesetzlichen und religiösen Vorschriften, Untreue zerstört sie; an der Küste herrschen hingegen nicht legalisierte Verbindungen vor, der Mann gründet so viele Familien, wie es sich bei seinen aufeinanderfolgenden Migrationen ergibt. Im übrigen ist an der Küste die Prostitution auch unter der Landbevölkerung verbreitet.

Lohn- und Arbeitsverhältnisse im modernen Sinn haben sich in Guayaquil und Umgebung früher, leichter und gründlicher durchgesetzt, wodurch schon früh (1908) eine embryonale Arbeiterklasse entstand, die von Kakaoarbeitern, Arbeitern des öffentlichen Dienstes und Arbeitern der wenigen Manufakturen gebildet wurde. Damit begannen auch die gewerkschaftlichen Arbeitskämpfe, die den sozialen Konflikten oft dramatische Akzente gaben.

Die auf Guayaquil gerichteten Migrationsströme traten früher auf und waren umfangreicher als im Fall Quitos. Der größte Teil der Migranten fand auf den Plantagen Arbeit. Sie gründeten die "suburbios" ("Vorstädte", Elendsquartiere) in den Sumpfgebieten, in denen sich eine sehr zahlreiche Bevölkerung konzentriert, die durch Entwurzelung und absolute Abhängigkeit von den prekären Bedingungen des städtischen Umfeldes gekennzeichnet wird.

In Quito hingegen kann man vor allem zeitlich begrenzte Migrationsströme beobachten. Normalerweise handelt es sich um Familienväter aus

Landgemeinden, in denen die genossenschaftliche Kooperation noch lebendig ist. Diese Migranten bleiben weiterhin in ihrer Heimat verwurzelt, wo sie nicht nur ihre Familie, sondern auch einen bescheidenen landwirtschaftlichen Besitz haben, den "minifundio", der aber den Unterhalt des Familienverbandes nicht mehr alleine sichern kann. Sie arbeiten im Baugewerbe oder in anderen Bereichen, die keine qualifizierten Arbeitskräfte benötigen, um damit das Einkommen zu erreichen, das den Unterhalt der Familie sichert. In Wirklichkeit kämpfen sie dafür, weiterhin Bauern zu bleiben, und dies gelingt ihnen auch in den Fällen, in denen sie mit ihren Ersparnissen ihren landwirtschaftlichen Betrieb erweitern können. Sie sind also nicht nur nicht entwurzelt, sondern wollen vielmehr ihre Verwurzelung auf dem Land noch festigen. Nur wenn dieses Ziel nicht erreicht wird, wandern alle männlichen Mitglieder der Familie in die Stadt. Schließlich kommen auch die Ehefrau und die Mädchen nach, wodurch die Migration endgültig wird. Damit ist zugleich das Ende eines allmählichen Anpassungsprozesses an das städtische Umfeld erreicht.

In Guayaquil wie in Quito stehen die Migranten vor Wohnungsproblemen, die Lösung ist jedoch in beiden Städten verschieden. In Quito werden die entsprechenden Viertel (zur Zeit 87) illegal auf legal erworbenem Grund erbaut. Spekulanten kaufen den Boden auf den steilen Berghängen in der unmittelbaren Umgebung auf und verkaufen ihn an die Migranten weiter, ohne auch nur für eine elementare Infrastruktur zu sorgen. Die Lösung der Probleme wird der Stadt überlassen. In Guayaquil wird der Boden mit Gewalt besetzt; dies ist möglich, weil sich die Besetzer organisieren und von irgendeiner politischen Partei unterstützt werden. Das günstige Klima erlaubt es, zunächst nur eine rudimentäre Unterkunft zu bauen, die später aber oft zu einem Haus ausgebaut wird.

Die halbe Million Bewohner der "suburbios" von Guayaquil konnten zwar keine unabhängige politische Kraft zur Verteidigung der eigenen Interessen bilden; aber sie sind ein großes Wählerpotential, das alle politischen Parteien für sich zu gewinnen suchen. Die Bewohner der "suburbios" können sich nicht im Hinblick auf mittel- oder langfristige Ziele politisch organisieren, sie verfolgen vielmehr unmittelbare Ziele, und die dazu notwendige Organisation zerfällt, sobald die Ziele erreicht sind. Sie bieten politischen Parteien und den örtlichen Behörden ihre Stimme oder Unterstützung an, um einen unmittelbaren Nutzen wie das

Auffüllen von Sümpfen, Wasserleitungen, sanitäre Einrichtungen, Schulen etc. zu erhalten.

Die Bewohner der "barrios periféricos" (Elendsquartiere im Umkreis der Stadt) von Quito stellen nicht in gleichem Maße eine Klientel für Politiker dar wie die der "suburbios" von Guayaquil. Die Politiker erreichen sie über die "comités barriales" (gewählte Vertretung der einzelnen Viertel), die manchmal einer Partei angehören oder mit ihr sympathisieren.

Zum Schluß möchte ich noch darauf hinweisen, daß ich hier die vorläufigen Ergebnisse eines Forschungsprojekts vorgetragen habe, das sich noch auf halbem Weg befindet. Ich bin bis jetzt noch nicht über die Analyse des Systems der Agrarexporte hinausgekommen; zu leisten bleibt vor allem die Analyse des Systems der Importsubstitution, das in der Gegenwart Ecuador bestimmt.

2. WIRTSCHAFT, INDUSTRIE UND HANDEL ALS FAKTOREN DER STADTENTWICKLUNG

DAS STÄDTISCH-INDUSTRIELLE ENTWICKLUNGSMODELL BRASILIENS (1)
Louis Baeck (Leuven)

I. Ein Entwicklungsgigant

Brasilien ist eines der faszinierendsten Entwicklungsländer der Welt. Verglichen mit den europäischen Ländern ist Brasilien ein Gigant. Bis heute werden nur etwa 7 % der Bodenfläche vom Menschen bearbeitet. Die Bevölkerung beläuft sich auf 130 Millionen Einwohner, von denen die Hälfte heute jünger als zwanzig Jahre ist. Am Ende dieses Jahrhunderts wird die Bevölkerung aller Wahrscheinlichkeit nach 180 Millionen Einwohner betragen.

Die Bevölkerung des Landes lebt stark konzentriert im Küstengebiet und in einigen städtischen Metropolen. Die Bevölkerung der Millionenstädte verteilt sich wie folgt: São Paulo 13 Millionen Einwohner, Rio de Janeiro 9 Millionen, Belo Horizonte 2,5 Millionen, Recife 2,3 Millionen, Porto Alegre 2,2 Millionen, Salvador 1,8 Millionen, Fortaleza 1,6 Millionen, Curitiba 1,4 Millionen, Belém 1 Million, insgesamt rund 35 Millionen in den neun größten Städten des Landes. Die restlichen immerhin noch 95 Millionen Einwohner Brasiliens sind in zahllosen Ortschaften über das ganze Land verstreut.

Das jährliche Wachstum der Bevölkerung betrug während der Periode 1960-70 ungefähr 2,9 % pro Jahr. In der Periode 1970-80 sank die Wachstumsrate auf 2,5 %, danach auf 2,3 %.

Die Konzentration der Bevölkerung in städtischen Zentren ist sehr intensiv. Aus Tabelle 1 läßt sich anhand einiger vergleichender Zahlen ersehen, daß Brasilien in bezug auf den Grad der Verstädterung eine Position zwischen den Entwicklungs- und den Industrieländern einnimmt.

Tabelle 1: Grad der Verstädterung

	1960	1980
Brasilien	45 %	64 %
Entwicklungsländer (mittlere Kategorie)	33 %	45 %
Industrieländer	68 %	78 %

Die Prozentzahlen geben den Anteil der städtischen Bevölkerung an der Gesamtbevölkerung an.

Das Wachstum der Metropole São Paulo wurde zwischen 1960 und 1980 zu einem Drittel vom natürlichen Zuwachs und zu zwei Dritteln vom Zuzug aus ländlichen Gebieten gespeist. Auch in den übrigen Städten überwiegt der Zuwachs aufgrund des Zuzugs vom Lande.

Nach seiner Entdeckung im 16. Jahrhundert wurde das Land in einigen Teilen von den Portugiesen, den Niederländern (Pernambuco) und den Franzosen kolonisiert. Nur die Portugiesen sind geblieben. Nach der Besetzung Portugals durch Napoleon trennte sich Brasilien vom Mutterland und erklärte seine Unabhängigkeit. Mehr als ein Jahrhundert lang entwickelte sich das Land wie im Halbschlaf. Brasilien blieb agrarisch und lebte vom Rohstoffexport. Die große Wirtschaftskrise der dreißiger Jahre, die vor allem die Rohstoffländer traf, verursachte einen sozialen, politischen und wirtschaftlichen Schock. Neue gesellschaftliche Kräfte übernahmen die Macht von der Rohstoff-Oligarchie und traten für den Aufbau einer nationalen Industrie ein.

Diese neue soziale und politische Koalition, die "populismo" genannt wurde, sollte Brasilien unter der Führung einiger großer Präsidenten, wie zum Beispiel Getúlio Vargas und Jucelino Kubitschek, in die Entwicklungsströmung des 20. Jahrhunderts integrieren.

II. Das brasilianische Wachstumsmodell

Anfang der sechziger Jahre war Brasilien in voller Modernisierung und wirtschaftlicher Entwicklung begriffen. Diese intensive Entwicklung führte jedoch zu Spannungen und Konflikten bei der Verteilung des wachsenden nationalen Wohlstands unter die verschiedenen sozialen Klassen, zwischen Stadt und Land, zwischen Nationalisten, die für einen eigenen Kurs eintraten, und Internationalisten, die eher die Ansiedlung multinationaler Betriebe befürworteten, zwischen Progressiven, die die soziale Struktur schnell modernisieren wollten, und Konservativen.

In der brasilianischen Kirche wirkten sich die Neuerungen, die vom 2. Vatikanischen Konzil ausgingen, einschneidend aus. Der "populismo", d.h. die sozialpolitische Koalition, die das Land seit den dreißiger Jahren regiert hatte, kam durch die ungleiche soziale und regionale Entwicklung der sechziger Jahre in Mißkredit. Das Land erlebte eine äußerst starke Modernisierungswelle. Diese Entwicklung wurde verstärkt durch neue pastorale Formen, neue Auffassungen über die gesellschaftliche und politische Demokratisierung und das Erwachen der ländlichen Bevölkerung.

1964 erreichten die sozialen Spannungen ihren Höhepunkt. Die Armee griff in stillschweigendem Einverständnis mit den konservativen Gruppen in das politische Geschehen ein, um eine "law-and-order"-Regierung einzusetzen. Die Armee, die von altersher eine versteckte Vermittlerrolle ("poder moderador") zwischen den rivalisierenden politischen Parteien gespielt hatte, übernahm die Macht und forcierte ein neues Entwicklungsmodell (BAECK 1976).

Die Literatur, die sich mit der raschen Verbreitung autoritärer Regime in den sechziger Jahren in Lateinamerika auseinandersetzt, bietet hierfür verschiedene Erklärungsmodelle an.

Die soziokulturelle Theorie behauptet, daß die lateinamerikanischen Gesellschaften mit ihrer oligarchischen Vergangenheit von Natur aus auf eine autoritäre Gesellschaftsordnung hinsteuern. Die Erklärungen aus ökonomischer Sicht gehen von der Vorstellung aus, daß die jungen Industrieländer die Kapitalbildung und die Einführung moderner Technologien bei einer strengen Beschränkung der gesellschaftlichen und gewerkschaftlichen Emanzipationsbewegungen schneller realisieren können. Die durch das autoritäre Regime gesicherte soziale Disziplin garantiert nach dieser Auffassung ein starkes Wirtschaftswachstum. Seitdem die Wirtschaftskrise auch in Brasilien, Argentinien und Chile deutlich spürbar ist, hat diese Auffassung stark an Popularität verloren.

Die Theorie der "segurança nacional" oder der nationalen Sicherheit schließlich geht davon aus, daß eine rasche und intensive wirtschaftliche Entwicklung interne Spannungen in der sozialpolitischen Struktur hervorruft, denen die jungen Demokratien nicht gewachsen sind. Nur eine strenge Kontrolle der Protestbewegungen und der Opposition kann vor ihrer ideologischen Radikalisierung schützen. Diese Theorie der "inneren Sicherheit" inspiriert sich an der Dominotheorie der sechziger Jahre. Danach sind die nationalen Grenzen weniger ein Problem der äußeren als der inneren Sicherheit, da sie den inneren sozialen und ideologischen Druck auffangen müssen, der durch die rasche wirtschaftliche und gesellschaftliche Entwicklung verursacht wird. Diese Denkschule betrachtet das Militär nicht als Organ zur Sicherung der Landesgrenzen, sondern als "poder moderador", d.h. als obersten Vermittler zwischen den miteinander in Konflikt geratenen Gruppen im eigenen Land.

Die Entwicklungsstrategie der Militärjunta bestand aus folgenden Elementen:

1. Aufhebung der parlamentarischen Demokratie und Einsetzen einer autoritären Regierung.

2. Kontrolle aller emanzipatorischen Strömungen in der Gesellschaft durch Verbannung oder Sprechverbot für ihre Führer.

3. Drastische Lohn- und Einkommensbeschränkung für die Massen, Vergünstigungen für die Mittelklasse und vor allem für die höheren Einkommensschichten.

4. Ausrichtung aller gesellschaftlichen Energie auf eine schnelle Modernisierung des Produktionsapparates. Die Mitarbeit und Niederlassung multinationaler Unternehmen wird gefördert. Brasilien wird für die multinationalen Industrieunternehmen ein sicherer und billiger Standort.

5. Starke internationale Verflechtung der brasilianischen Wirtschaft mit den westlichen Kernländern durch beschleunigte Kredit- und Kapitalaufnahme.

6. Gemäßigte Haltung im Nord-Süd-Dialog.

Die brasilianische Wirtschaft wurde mit den multinationalen Industrien der USA, Westeuropas und Japans verflochten und ging auf den Export von Industriegütern über. 1965 stellte der Export von Industriegütern kaum 10 % des gesamten Exports dar; zu Beginn der achtziger Jahre betrug ihr Anteil bereits 60 %. Die multinationale Industrie dynamisierte auch die nationale Industrie. Die Konkurrenz der nationalen und multinationalen Industrien rief jedoch auch Interessenkonflikte hervor, wobei die nationale Industrie darauf achtete, daß sie an dem erarbeiteten Sozialprodukt angemessen beteiligt war. Auch der städtische Mittelstand profitierte von der wachsenden Industrialisierung.

Im exuberanten Klima internationalen Wirtschaftswachstums, das die westlichen Ökonomien zum damaligen Zeitpunkt kennzeichnete, zeigte der von der Militärjunta gewählte Weg der Industrialisierung deutliche Erfolge. Das Militär sorgte für Ordnung und innere Sicherheit und dekretierte niedrige Löhne für die Masse der Bevölkerung. Die Industrie konnte Niedrigpreisprodukte an die Mittelschicht und die höheren Einkommensgruppen des brasilianischen Marktes liefern. Die restliche Produktion wurde in steigendem Maße auf den internationalen Markt exportiert. Die westlichen multinationalen Industriebetriebe transferierten durch ihre Ansiedlung technisches Know-how; die westlichen Banken entdeckten Brasilien als geldhungrigen Kreditnehmer. Das Regime förderte den allgemeinen Unterricht und die Ausbildung von Führungskräften. 1984 besuchte die beeindruckende Zahl von 1 420 000 Studenten die brasilianischen Universitäten.

Von 1965 bis 1975 wuchs das Bruttosozialprodukt Brasiliens im Rekordtempo. Es wurde hierin allein von Japan übertroffen. Das von der Militärjunta erfolgreich angekurbelte Wirtschaftswachstum wurde von der Weltpresse als "milagre brasileiro", als brasilianisches Wirtschaftswunder, gefeiert. Die Masse der ländlichen Bevölkerung und der Minderbegünstigten in den Städten dachte darüber jedoch anders. Selbst Präsident Medici gab 1974 bei seinem Ausscheiden aus dem Amt zu, daß es der brasilianischen Wirtschaft wohl gut gehe, weit weniger gut jedoch dem brasilianischen Volk. General Golbery da Costa, der mehr als zehn Jahre der ideologische Wegbereiter des Regimes gewesen war und als der mächtigste Mann hinter den Kulissen galt, ließ einmal durchblicken, daß er ein Monstrum zum Leben erweckt habe, wandelte sich zu einem Befürworter der "abertura", der "demokratischen Öffnung".

Auch die brasilianische Kirche, in der sich seit dem 2. Vatikanischen Konzil der Wunsch nach tiefgreifender Erneuerung in einer Seelsorge manifestierte, die ein mündiges Volk zum Ziel hatte, konnte das Leid der Massen nicht länger ohne Widerspruch hinnehmen. Einige inspirierte kirchliche Führer, Priester und Laien äußerten ihren Unmut über die "linha dura", den harten Kurs des Regimes. Durch ihre gut ausgebauten Strukturen und die Basisgemeinden ("comunidades de base") vermochte die Kirche intensive Entwicklungsarbeit zu leisten, die im weltweiten Vergleich standhalten konnte.

Das Ende der siebziger Jahre brachte einen Wendepunkt für das autoritäre Regime. Die Ölpreisschocks und die sich daraus ergebende Wirtschaftskrise in den westlichen Kernländern brachen auch in Brasilien den Wachstumselan, das brasilianische Wirtschaftswunder verlor seinen Glanz. Da das Nationaleinkommen jetzt langsamer wuchs, wurde die soziale Ungerechtigkeit des brasilianischen Entwicklungsmodells schärfer sichtbar, was zur Folge hatte, daß es nun viele als ungerecht und inakzeptabel ansahen.

Die folgende Statistik illustriert den Wandel in der Verteilung des Nationaleinkommens auf die verschiedenen sozialen Gruppen:

Tabelle 2: Verteilung des Nationaleinkommens

Einkommensschicht	Anteil am Volkseinkommen	
	1960	1980
a. die Ärmsten 50 %	17,7 %	12,6 %
b. die folgenden 45 %	54,7 %	49,5 %
c. die 5 % Wohlhabenden	27,6 %	37,9 %
- hiervon die 1 % Reichsten	12,1 %	16,9 %
insgesamt	100,0 %	100,0 %

Um die heutigen sozialen Spannungen zu verstehen, muß man wissen, daß sich das Nationaleinkommen Brasiliens während der betrachteten Periode verdreifacht hat, also ein starkes Wirtschaftswachstum erfolgt ist. Die genannten Zahlen illustrieren jedoch deutlich, daß sich die Verteilung auf die verschiedenen Einkommensschichten sehr ungleich entwickelt hat: die große Masse hat von dieser Steigerung weniger profitiert, während die höheren Einkommensschichten bis 1980 prozentual ihren Anteil am Volkseinkommen weiter erhöhten.

Zwischen 1980 und 1984 hat Brasilien versucht, seine Wirtschaftskrise mit Scheinmanövern zu bekämpfen, indem es immer höhere Kredite auf den Kapitalmärkten Europas und Amerikas aufnahm. Im Augenblick ist Brasilien mit der gigantischen Summe von ca. 90 Milliarden Dollar bei den multilateralen Organisationen und vor allem den Privatbanken der westlichen Welt verschuldet.

Das langsamere Wirtschaftswachstum, die Erhöhung der Schulden und die sozial ungleiche Verteilung des Nationaleinkommens haben die politische und soziale Legitimation der Militärregierung seit 1980 allmählich untergraben. Unter dem Druck des Volkes (dem neugestalteten Parteiwesen, der Kirche und ihren Basisgemeinden, der gebildeten Mittelschicht etc.) hat die Militärregierung einen vorsichtigen Demokratisierungskurs eingeschlagen. Die Pressezensur wurde aufgehoben, die aus politischen Gründen Verbannten konnten aus dem Ausland zurückkehren, und im November 1982 wurden freie Wahlen auf der Basis eines Mehrparteiensystems abgehalten.

III. Das Versagen der Militärregierung

Von 1965 bis 1975 verlief die von der Militärregierung eingeleitete Entwicklung programmgemäß. Die Regierung war zwar nicht durch demokratische Wahlen legitimiert, konnte aber greifbare Ergebnisse vorweisen: das Abklingen pararevolutionärer Strömungen, die Aufrechterhaltung der Ordnung, ein rasches Wirtschaftswachstum, ein steigendes Ansehen im internationalen Kräftefeld, was dem Nationalstolz schmeichelte etc.

Ende der siebziger Jahre nahmen jedoch die kritischen Stimmen zu. Die Gewerkschaftsorganisationen lancierten einige Warnstreiks, um ihrem Protest gegenüber der strengen Sozialpolitik Ausdruck zu geben. Die nationalistischen Parteigruppierungen hatten sich nach jahrelanger Ausschaltung aus dem öffentlichen Leben regeneriert und erzwangen die Wiederherstellung eines Mehrparteiensystems. Die ersten freien Wahlen (1982) brachten zwar keinen politischen Erdrutsch, wohl aber gelang den demokratischen Parteien der politische Durchbruch. Die Militärjunta sah sich durch die offensichtliche Verringerung ihrer Gefolgschaft zu einer politischen Öffnung ("abertura") gezwungen.

Der politische Druck in Richtung Demokratie, der von den Gewerkschaften und den Parteigruppierungen ausging, ist nur im nationalen und internationalen Kontext voll verständlich. Hierbei hat auch die Führung der nationalen brasilianischen Industrie eine erhebliche Rolle gespielt. Das autoritäre brasilianische Wachstumsmodell funktionierte ja aufgrund des institutionalisierten Konsenses zwischen den drei Grundpfeilern der Wirtschaft: dem öffentlichen Sektor, den nationalen wirtschaftlichen Interessen und dem multinationalen Sektor.

Die Zivilbevölkerung (in Handel, Bankwesen und Industrie) stand dem raschen Hineinwachsen der nationalen Wirtschaft in das multinationale Produktions- und Verteilungsgefüge, aufgrund negativer Erfahrungen, mißtrauisch gegenüber. Auch die nationalistischen Kräfte der Wirtschaft beobachteten mit großer Skepsis, wie sich der Staat auf dem internationalen Geld- und Kapitalmarkt stark verschuldete, um seinen eigenen Finanzbedarf zu decken und den Ausbau der multinationalen Industrie voranzutreiben (CERQUEIRA/BOSHI 1979). Sie klagten darüber, daß sie bei der Verteilung der internationalen Kredite nicht ausreichend berücksichtigt wurden. Aus dieser Perspektive erschien das Militär in seiner Rolle als Vermittler nicht mehr glaubwürdig, die Junta verlor ihre Legitimation.

1. Die nationale Industrie ging davon aus, daß eine demokratische Regierung ihre nationalen Interessen besser verteidigen würde.

2. Auch die nationalistische Zivilbevölkerung forderte eine demokratische Öffnung der Politik ("abertura").

Heute, da die Auslandsschulden ein dramatisches Ausmaß erreicht haben und der Internationale Währungsfonds ebenso wie die internationalen Banken eine schnelle Sanierung der Staatsfinanzen fordern, ist von seiten der nationalen Wirtschaftskräfte offene und radikale Kritik an der von der Militärjunta und den multinationalen Interessengruppen geführten Politik geübt worden. Die heutigen Bemühungen der Regierung um eine Umschuldung werden von den nationalistischen Kräften als eine Bevorzugung der Interessen des internationalen Kapitals angesehen. Die einheimische Zivilbevölkerung beschuldigt das Regime nicht nur der finanziellen und ökonomischen Mißwirtschaft, sondern beklagt sich auch offen darüber, daß sie nun für die Tilgung der Schulden aufkommen muß.

Schließlich ist noch zu erwähnen, daß das autoritäre Militärregime auch im Volk die Legitimation verliert (BÜNDEL 1982). Auch in den brasilianischen Unterschichten und ihren aktiven sozialen Bewegungen manifestiert sich der Wille zur Demokratisierung. Die katholische Kirche hat hierbei seit Jahren eine Schlüsselrolle gespielt. Nach dem 2. Vatikanischen Konzil hat die vordem regimekonforme Kirche gegenüber dem Staatsapparat und den ihn stützenden Ideologien einen freieren und kritischeren Standpunkt eingenommen. Nach heftigen Auseinandersetzungen zwischen den konservativen Strömungen und den zukunftsorientierten Kräften hat sie sich entschieden, der Entmündigung des Volkes entgegenzuwirken. Zentrale Elemente bilden hierbei:

1. eine soziale und volksorientierte Evangelisation, die sich gegen Unterdrückung und Unrecht wendet.

2. eine eigenständige Theologie der Befreiung, mit deren Hilfe die brasilianische Kirche den Kampf für die gesellschaftliche Emanzipation aufnimmt. Zugleich strebt sie danach, sich der intellektuellen Bevormundung durch die westeuropäische und nordamerikanische Theologie zu entziehen. Die Vertreter der Theologie der Befreiung betrachten die Theologie Westeuropas und Nordamerikas, die ihnen zu nationalistisch erscheint, im Kontext der historisch-kulturellen Gegebenheiten der brasilianischen Gesellschaft als inadäquat. Es handelt sich demnach um eine "Brasilianisierung" der Theologie, um eine Abwehr von importierten Formen der Seelsorge und des Glaubens.

3. die Schaffung eines weitverzweigten Netzes von Basisgemeinden, die von Laien getragen werden. Die Basisgemeinden sind ein entscheidender Faktor für die Realisierung des neuen emanzipatorischen Kurses.

Die Kirche ist im brasilianischen Gesellschaftsleben tiefer verwurzelt als jede andere gesellschaftliche Organisation, seien es politische Parteien, Gewerkschaften oder sonstige Interessengruppen. Sie setzt Theologie, Seelsorge und institutionelle Einrichtungen, mit denen sie auch die untersten Schichten der Gesellschaft erreicht, dafür ein, die Protestbewegungen des Volkes so zu kanalisieren, daß sie politisch und sozial wirksam werden können (MOREIVA ALVEZ 1979).

Als die "linha dura" jeden gesellschaftlichen und politischen Protest gewaltsam unterdrückte, prangerte die Kirche soziales Unrecht und Verletzungen der Menschenrechte offen an. Hierdurch hat sie sich ein Ansehen erworben, das sie zu einem vom Volk angesehenen, dem herrschenden Regime aber gefürchteten Gesprächspartner in Fragen der "abertura" macht. Manche stellen sich die Frage, ob sich die brasilianische Kirche damit politisch nicht zu stark engagiert hat. Gerät die Kirche dadurch nicht umgekehrt in die Gefahr eines "sozial progressiven Klerikalismus"? Oder wird sie weise genug sein, sich wieder auf ihre eigentlichen pastoralen Aufgaben zu konzentrieren, wenn das Militär eines Tages unter demokratischem Druck seine politische Machtposition aufgeben sollte?

IV. Welche Zukunft hat Brasilien?

Die Wahlen vom November 1982 zeigten deutlich die Unzufriedenheit der Bevölkerung mit der autoritären Regierungsform.

1. Die Oppositionsparteien, die die Bildung einer Zivilregierung befürworten (mit einem Programm, das die jetzt im Land vorherrschenden sozialpolitischen Strömungen berücksichtigt), erhielten 10 von 23 Gouverneursposten, 23 von 69 Senatssitzen und 244 von 279 Parlamentssitzen.

2. Bedeutender ist jedoch der unterschiedliche Ausgang der Wahlen in den verschiedenen Bundesstaaten (FILHO GONÇALVEZ 1983). Brasilien ist ein Bundesstaat, in dem die sozialökonomische Entwicklung der verschiedenen Bundesstaaten sehr unterschiedlich verlaufen ist: zwei Drittel der Industrieproduktion kommen aus den wirtschaftlich entwickelten Bundesstaaten São Paulo, Minas Gerais, Rio de Janeiro und Paraná. Aus den Wahlergebnissen vom November 1982 läßt sich ersehen, daß die Oppositionsparteien gerade in diesen sozialökonomisch führenden Bundesstaaten die Mehrheit erhalten haben.

Die Bundesstaaten, in denen die Oppositionsparteien die Mehrheit der Parlamentssitze oder den Gouverneursposten eroberten, repräsentieren zusammen 74 % des Bruttosozialprodukts. Das bedeutet, daß die Regierungsparteien nur in den weniger entwickelten Staaten der Föderation als Wahlsieger hervorgingen, während die Bevölkerung der am stärksten entwickelten Staaten für eine Kursänderung votierte. Die Militärjunta, die den Präsidenten ernennt, die Regierung zusammenstellt und die Entwicklungsstrategie bestimmt, hatte von diesem Zeitpunkt an für alle sichtbar ihre Legitimation eingebüßt. Seit diesen Wahlen hat die Forderung nach direkten, demokratischen Wahlen an Kraft gewonnen.

Im März 1985 endet die Mandatszeit von Präsident Figueiredo. Im Frühjahr 1984 fanden in den großen Städten Massendemonstrationen unter dem Motto "direitas já" (endlich Direktwahlen) statt. Es waren friedliche Volksdemonstrationen, doch die Botschaft war deutlich. Millionen Menschen forderten eine stärkere Demokratisierung der Regierung und einen Regierungskurs, der den Wünschen der Mehrheit des Volkes entspricht.

Ein Teil der Armee ist bereit, hierauf einzugehen, um das Entstehen einer weniger friedlichen Opposition, z.B. einer städtischen und ländlichen Guerilla, wie sie in anderen Ländern Lateinamerikas existiert, zu vermeiden. Der harte Kern der Armee hingegen will die Demokratisierung noch bis zu den allgemeinen Wahlen im Jahr 1988 aufschieben. Brasilien lebt somit in einer politischen Krise, die durch die Krise der Wirtschaft zusätzlich verschärft wird.

Das Volk erwartet nach zwanzig Jahren Militärdiktatur und einer Politik der "linha dura" sozialpolitische Verbesserungen. Es wäre schon schwierig genug, den dazu nötigen Kurswechsel in einem freundlichen wirtschaftlichen Klima durchzuführen. Aber die gigantischen Schulden, die die Militärjunta bei den westlichen Banken aufgenommen hat, belasten die soziale und wirtschaftliche Erholung des Landes. Zwar konnte 1983 Brasilien unter starkem Sanierungsdruck von außen durch drastische Einschränkung des eigenen Verbrauchs einen bedeutenden Exportüberschuß erzielen. Aber Brasiliens Export stößt auf den zunehmenden Protektionismus der westlichen Länder.

Seit einem Jahr steht Brasilien unter der Vormundschaft des Internationalen Währungsfonds, der einen kurzfristigen Plan zur Rückzahlung der Schuldenlast ausgearbeitet hat: eine drastische Abwertung der Währung, die einschneidende Senkung der Löhne und Gehälter (vor allem für die Masse der Bevölkerung), starke Importbeschränkungen und eine Stimulierung des Exports, um die Schulden durch Exportüberschüsse zu tilgen.

Es ist sehr fraglich, ob diese harten wirtschaftlichen Stabilisierungsmaßnahmen, die vor allem die Ärmsten und die Mittelschicht treffen, nicht allmählich die gesellschaftliche Stabilität gefährden werden, indem sie eine Radikalisierung des politischen Widerstands provozieren. Dies würde die Entwicklung in Richtung auf eine demokratischere und sozial ausgeglichenere Gesellschaft über Jahre hinaus blockieren. Viel hängt von der Art und Weise ab, in der die Militärjunta ihre wirtschaftliche Krisenpolitik führen wird. Die Militärjunta hat im Gegensatz zu der Argentiniens und Chiles immer eine fähige und kompetente Regierungsmannschaft bilden können. Es wäre schade, wenn der Übergang eines der größten Entwicklungsländer zur Demokratie aufgrund der Wirtschaftskrise und der enormen Schuldenlast scheitern sollte.

V. Unsere Verantwortung

Bei der Bekämpfung der Wirtschaftskrise, und vor allem bei der Tilgung der gigantischen Schuldenlast, können die Banken und Kreditgeber Westeuropas und der Vereinigten Staaten eine positive wie eine negative Rolle spielen, je nachdem, ob sie die sofortige Rückzahlung der brasilianischen Schulden fordern oder aber einen Zahlungsaufschub zugestehen.

Die westlichen Banken sollten einen mittelfristigen Plan ausarbeiten, der Brasilien einen Zahlungsaufschub einräumt. Eine übereilte Rückforderung erscheint politisch und wirtschaftlich undurchführbar. Sie würde Brasilien zu politisch äußerst gefährlichen sozialen und wirtschaftlichen Maßnahmen zwingen und den Prozeß der Demokratisierung gefährden. Schließlich hat die bereitwillige Vergabe von Krediten an Brasilien in den Jahren zwischen 1978 und 1983 es den westlichen Industrieländern ermöglicht, für Milliardenbeträge Investitionsgüter nach Brasilien zu exportieren, wodurch in diesen Ländern der Rückgang des Wachstums und die Arbeitslosigkeit gemildert werden konnten. Deshalb erwartet Brasilien jetzt mit einem gewissen Recht von seiten der westlichen Banken die Bereitschaft zu einer angemessenen Umschuldung, die Brasilien die nötige Zeit läßt, seine politische und wirtschaftliche Lage zu normalisieren.

Aufgrund der Tatsache, daß die großen Städte stärker als das Land von der staatlichen Entwicklungsstrategie profitiert haben, habe ich das brasilianische Entwicklungsmodell als ein Modell städtisch-industrieller Entwicklung bezeichnet. Außerdem haben die am stärksten urbanisierten Bundesstaaten Brasiliens gegen das Militärregime protestiert. Es war die breite städtische Bevölkerung der Großstädte, die für die Demokratisierung und damit für eine stärkere Volksbeteiligung an der Regierung und für eine gerechtere Verteilung des wirtschaftlichen Wachstums gestimmt hat.

*****

Anmerkung

(1) Der folgende Beitrag analysiert die politische und wirtschaftliche Situation Brasiliens, so wie sie sich Mitte 1984 dargestellt hat. Inzwischen ist durch die Wahl des Kandidaten der Opposition, Tancredo Neves, zum neuen Staatspräsidenten die Demokratisierung ein gutes Stück vorangekommen. Ungeachtet dessen halte ich die Analyse der wirtschaftlichen und sozialen Situation Brasiliens prinzipiell weiterhin für gültig.

*****

Literatur

BAECK, L.: Staat Brazilie model? Leuven 1976

CERQUEIRA, D. u. E. BOSHI: "Empresariado Nacional e Estado no Brasil." IN: LESSA, C.: A Estrategia de Desenvolvimento: Sonho e Fracasso. Rio de Janeiro 1979

FILHO GONÇALVEZ, M.: "As Eleições e o Equilibrio Federativo." In: Revista Brasileira de Estudos Politicos, Belo Horizonte, Juli 1983

MOREIVA ALVEZ, M.: A Igreja e a Política no Brasil. São Paulo 1979. Problèmes d'Amérique Latine. Paris 1982

INDUSTRIEANSIEDLUNG UND STADTENTWICKLUNG AM BEISPIEL VON MANNESMANN IN BELO HORIZONTE
Peter Dauch (Belo Horizonte)

I. Vorbemerkungen

1. Das Thema war für uns eine willkommene Gelegenheit zur Bestimmung des eigenen Standortes.

Eine systematische Betrachtung darüber, welche Ausstrahlung das Mannesmann-Werk in Belo Horizonte auf die örtlichen Lebensumstände sowie auf das regionale Wirtschaftsleben gehabt hat, ist bisher noch nicht angestellt worden. Wir haben jetzt erstmals dieses Thema in einem interdisziplinären Arbeitskreis unseres Hauses bearbeitet, wobei wir von seiten der Stadt und der Universitäten in Belo Horizonte sowie privater Heimatforscher wertvolle und dankenswerte Unterstützung gefunden haben.

2. Ich möchte keinen wissenschaftlichen, theoretischen oder sozialkritischen Beitrag zur Diskussion über die Urbanisierung leisten, sondern werde nur über die Tatsachen, die sich im Laufe der 32jährigen Entwicklung unseres Werkes ergeben haben, und ihren Einfluß auf die Stadtentwicklung berichten.

3. Dem Thema entsprechend haben wir unsere Untersuchungen überwiegend auf den Stadtteil Barreiro konzentriert, wo unser Haupt- und Stammwerk liegt.

4. Es scheint mir auch wesentlich klarzustellen, daß die Wahl des Standortes durch das Unternehmen von Rohstoffen, Energien und Absatzmärkten bestimmt war. Zu keinem Zeitpunkt haben Gesichtspunkte der Entwicklungshilfe das Handeln und die Investitionspolitik des Mannesmann-Konzerns geleitet.

II. Einleitung

Brasilien war bis zum Zweiten Weltkrieg ein Agrarland; 1940 wohnten noch 69 % der Bevölkerung auf dem Lande. Der mit der Industrialisierung eintretende Verstädterungsprozeß führte zu folgendem Wachstum der städtischen Bevölkerung Brasiliens:

Volks-zählung	gesamt	Brasilianische Bevölkerung Stadt	%	Land	%
1940	41 235 315	12 880 182	31	28 355 133	69
1950	52 034 397	18 872 981	36	33 161 506	64
1960	70 070 457	31 303 034	45	38 767 423	55
1970	93 139 037	52 084 984	56	41 054 053	44
1980	119 098 993	80 479 195	68	38 619 797	32

Das Jahr 1970 weist bereits mehr Stadt- als Landbewohner auf. Im Jahre 1980 hat die Landbevölkerung, die in den vorherigen Jahrzehnten noch immer eine - wenn auch geringere - Wachstumsrate aufwies, sich zum ersten Mal in ihrer absoluten Zahl um 6 % verringert. Sie machte nur noch weniger als 1/3 der Gesamtbevölkerung aus. Zu diesem Zeitpunkt - 1980 - konzentrierten sich in den neun Metropolen mit über 1 Million Einwohner 25 % der brasilianischen Gesamtbevölkerung und über 45 % der Stadtbevölkerung.

Brasilianische Großstädte	Bevölkerung 1970	1980	Wachstum %
São Paulo	8 137 421	12 588 439	54,70
Rio de Janeiro	7 082 404	9 018 637	27,34
Belo Horizonte	1 605 553	2 541 788	58,30
Recife	1 792 688	2 348 362	31,00
Porto Alegre	1 531 168	2 232 370	45,80
Salvador	1 148 828	1 772 018	54,25
Fortaleza	1 038 041	1 581 588	52,36
Curitiba	820 766	1 441 743	75,66
Belém	656 351	1 000 349	52,41
gesamt	23 813 330	34 525 294	44,98

Unter den Großstädten wies Curitiba, die aufblühende Hauptstadt des Südstaates Paraná, mit über 75 % in 10 Jahren, die größte Zuwachsrate auf. Als zweite folgte Belo Horizonte mit über 58 %. Belo Horizonte hat heute über 3 Millionen Einwohner und ist nach São Paulo und Rio de Janeiro die drittgrößte Stadt Brasiliens.

III. Die Entstehung und Entwicklung von Belo Horizonte

Groß-Belo Horizonte umfaßt 14 Gemeinden bzw. Satellitenstädte und nimmt eine Fläche von 3670 km² ein, das entspricht etwa 60 km im Quadrat. Dabei umfaßt die eigentliche Stadtgrenze von Belo Horizonte nur 335 km², das sind etwa 18 km im Quadrat. Die Hauptstadt des Bundesstaates Minas Gerais ist mit außergewöhnlicher Schnelligkeit zu ihrer heutigen Größe angewachsen und weist alle Merkmale auf, die mit einer raschen Industrialisierung und Großstadtbildung verbunden sind.

Es gibt zwei Universitäten: die Bundesuniversität mit über 16 000 und die katholische Universität mit rd. 10 000 immatrikulierten Studenten.

Von 1721 bis 1897 war Ouro Preto die Hauptstadt des Staates Minas Gerais gewesen und hatte in dieser Zeit als Zentrum der Goldsuche eine wirtschaftliche und kulturelle Blütezeit erlebt. Sie ist heute zu einer Studenten- und Touristenstadt geworden und steht unter dem Denkmalschutz der UNESCO.

Wegen der günstigen topographischen und guten klimatischen Bedingungen wurde die zentral gelegene Farm Curral del Rey im Jahre 1892 zum Standort der neuen Hauptstadt bestimmt. Eine Baukommission wurde eingesetzt, der Stadtplan entworfen und die Ausführung in Angriff genommen. 5 Jahre später, im Jahre 1897, wurde die Hauptstadt verlegt; sie erhielt den Namen Belo Horizonte.

In der Folge möchte ich die wichtigsten Etappen der Entwicklung von Belo Horizonte schildern:

1918 ist die Zeit der Aufbauphase der Stadt. Man zählt etwa 50 000 Einwohner. Da der durch den Verkehrsring Avenida do Contorno umschlossene Stadtkern nur für die Landesverwaltung, den Beamtenstab, die bürgerliche Bevölkerungsschicht, den Handel und das Gewerbe geplant worden war, lassen sich die kleinen Angestellten und Arbeiter außerhalb in der eigentlich für die Landwirtschaft bestimmten Zone nieder und bilden dort sogenannte Kolonien.

Obgleich die Ausdehnung der Stadt ursprünglich in Nordrichtung vorgesehen war, wächst sie entgegen dieser Planung von Anfang an entlang des Arrudas-Flusses und der Eisenbahn nach Westen. Im Südwesten, 20 km vom Stadtkern entfernt, entsteht eine landwirtschaftliche Siedlung von Einwanderern, die Colonia Vargem Grande, die die Stadtbevölkerung mit landwirtschaftlichen Produkten versorgt. Hier bildet sich später der Stadtteil Barreiro, in dem sich Mannesmann 35 Jahre später niederlassen wird.

1935 hat sich die Stadt von einem Verwaltungs- in ein Wirtschafts-, Finanz-, Kultur- und Gesundheitszentrum mit rd. 200 000 Einwohnern entwickelt. Die Stadt dehnt sich nach allen Richtungen aus, insbesondere jedoch nach Westen, wo sich nunmehr auch die ersten Kleinbetriebe niederlassen. Der Immobilienmarkt floriert. Es wird eine weitere Eisenbahnlinie in südwestlicher Richtung gebaut, mit einer Station in der Nähe der landwirtschaftlichen Siedlung Vargem Grande.

1950 zeigen sich die Auswirkungen der bedeutungsvollen Entwicklungen während der Amtszeit von Juscelino Kubitschek als Bürgermeister der Stadt. Er schafft die Voraussetzung für die Entwicklung von Belo Horizonte zur Großstadt. Die Stadt hat jetzt rd. 350 000 Einwohner. Breite Straßen werden in den Tälern angelegt, alle wichtigen Straßen asphaltiert. Die Avenida Amazonas wird als große Ausfallstraße Richtung São Paulo ausgebaut. Sie führte durch das als Industrieviertel vorgesehene Gebiet, die erste geplante "Cidade Industrial" ihrer Art in Brasilien.

Kubitschek zieht namhafte Architekten wie Oscar Niemeyer, der am späteren Aufbau der Bundeshauptstadt Brasília maßgeblich beteiligt sein sollte, und Landschaftsgestalter wie den weltberühmten Burle Marx für wesentliche Bauten und Anlagen in der Stadt heran. An der nördlichen Ausfallstraße werden im Stadtteil Pampulha der erste große Flugplatz, ein großer Stausee mit Grünanlagen, der zoologische Garten und das Gelände für die zukünftige Bundesuniversität angelegt.

1967 zählt Belo Horizonte ca. 700 000 Einwohner und hat den ersten Industrialisierungsboom hinter sich. Mannesmann hat inzwischen das Werk aufgebaut und beschäftigt rd. 3 500 Mitarbeiter. Viele Industriebetriebe haben sich in der "Cidade Industrial" niedergelassen. Die zweite Universität, die Universidade Católica, wird gegründet.

Die ununterbrochene Zuwanderung von Bewohnern aus dem Landesinnern führt dazu, daß sich die Stadt weit über die Gemeindegrenzen nach Norden und Westen ausdehnt. Neue Arbeiterviertel entstehen an der Stadtperipherie, daneben aber auch "favelas".

1977 zählt Groß-Belo Horizonte über 2 Millionen Einwohner und steht in der zweiten Industrialisierungsphase. Unternehmen wie die Autofabrik Fiat mit über 10 000 Beschäftigten sowie Krupp haben ihre Werke in der benachbarten Gemeinde Betim aufgebaut. Hier hat auch die staatliche Ölgesellschaft Petrobrás eine große Raffinerie installiert. Unsere Maschinenfabrik Demag wird im Industriebezirk der benachbarten Gemeinde Vespasiano errichtet. Neue Gebiete werden für zukünftige Industrieviertel abgesteckt. Mannesmann beschäftigt jetzt bereits rd. 9 000 Mitarbeiter.

Die Infrastruktur wird ständig verbessert. Die Strom-, Wasser-, Abfluß- und Telefonnetze werden ausgebaut, desgleichen die Hauptausfall- und Umgehungsstraßen der Stadt. Die Markthallen und der große Omnibusbahnhof entstehen. Alle diese Maßnahmen bleiben jedoch hinter dem Wachstum zurück.

Belo Horizonte hat sich in 90 Jahren von der Rinderfarm Curral del Rey zur drittgrößten Stadt und zum zweitgrößten Industriezentrum Brasiliens entwickelt.

IV. Das Mannesmann-Werk im Stadtteil Barreiro

Die Mannesmann-Aktivitäten in Südamerika begannen um die Jahrhundertwende und hatten zunächst nur die Form von Handelsvertretungen. Als die Mannesmann-Röhrenwerke in Deutschland zu Beginn des Zweiten Weltkrieges auf ein 50jähriges Bestehen zurückblickten, bestand in Südamerika ein Handelsnetz von über 30 eigenen Niederlassungen. Der Zweite Weltkrieg brachte jegliche Geschäftstätigkeit in Übersee zum Erliegen.

Aber schon im Jahre 1948 begann Mannesmann mit dem Wiederaufbau des Handelsnetzes in Südamerika.

Etwa zur gleichen Zeit erhielt die Erdölförderung in Lateinamerika Vorrang. In Bahia war man bereits fündig geworden. Man wollte den zur Förderung des Erdöls notwendigen Bedarf an Rohren aus nationaler Herstellung decken. Im Zuge dieser Entwicklung vereinbarte Mannesmann mit der brasilianischen Regierung sowie Banken, ein Hütten- und Röhrenwerk aufzubauen. So kam es im Februar 1952 zur Gründung der Companhia Siderúrgica Mannesmann in Brasilien, mit dem Sitz des Werkes in Belo Horizonte. Mannesmann war das erste deutsche Unternehmen, das sich – noch selbst zerbombt und unter alliierter Entflechtungsgesetzgebung stehend – zu einer großen Investition in Brasilien entschloß.

Für die Standortwahl sprachen damals die Energie- und Eisenerzressourcen sowie die zentrale Lage zwischen den Hauptabsatzmärkten der Mannesmann-Erzeugnisse, den Ölfeldern Bahias und der in der Industrialisierung befindlichen Stadt São Paulo. Im August 1954 wurde das Werk von Bundespräsident Getúlio Vargas und Staatsgouverneur Juscelino Kubitschek feierlich eingeweiht und das erste nahtlose Mannesmann-Rohr auf brasilianischem Boden hergestellt.

Mannesmann sah sich beim Werksaufbau vor riesige grundsätzliche Probleme gestellt. Am Standort existierte keinerlei Infrastruktur. Es gab keine Wasser- und Stromversorgung, keine Kanalisation und keine Straßen. In der Nähe befand sich lediglich eine kleine Ansiedlung an einer Eisenbahnstation mit rund 400 Bewohnern.

Im Staate Minas Gerais gab es zwar bereits seit dem 18. Jahrhundert infolge der großen Eisenerzvorkommen viele kleine Verhüttungsbetriebe; diese wurden jedoch mehr handwerklich betrieben und waren technisch zurückgeblieben. Abgesehen von einigen kleinen Fabriken der Textil- und Holzbranche gab es daher in Belo Horizonte keinerlei Zuliefer- und Dienstleistungsbetriebe, wie sie ein moderner Industriebetrieb benötigt. Dementsprechend gab es auch kein industriell erfahrenes Personal und erst recht keine Fachkräfte aus der Stahlbranche. Deshalb mußten anfangs über 300 Fachkräfte zum Aufbau aus Deutschland herangezogen werden. Mannesmann mußte selbst für die notwendigen infrastrukturellen Einrichtungen wie Straßen, Wasser- und Stromversorgung, Abwassersysteme, aber auch Transport- und Wohnmöglichkeiten für die Belegschaft unter Einschaltung der zuständigen Amtsstellen Sorge tragen. Unter dem Druck der durch Mannesmann geschaffenen Situation begannen die Behörden, im Stadtteil Barreiro die ersten Maßnahmen zur Schaffung einer städtischen Infrastruktur zu ergreifen. Weiterhin oblag Mannesmann die schwierige Aufgabe, das hauptsächlich aus ehemaligen Landarbeitern zusammengestellte Personal von Grund auf auszubilden und an die industriellen Arbeitsvorgänge anzupassen. Im Jahre 1956 war die Belegschaft bereits auf ca. 2 000 Mann angewachsen.

Heute steht auf dem 3 km² großen Gelände im Stadtteil Barreiro ein vollintegriertes Hüttenwerk für Edelstahl und nahtlose Rohre mit einer Kapazität von 800 000 Jato. Die Rohstofferzeugung erfolgt in der 35 km entfernt liegenden eigenen Mine, die Versorgung mit Holzkohle zunehmend aus eigenen Eukalyptusplantagen, die bis zu 600 km entfernt liegen. Mit diesen Eukalyptusplantagen wurde ein großer Beitrag zur Erschließung des Hinterlandes geleistet.

Ausgehend von dem Stammwerk Barreiro in Belo Horizonte entstand durch Wachstum, Gründung oder Kauf von Zweigwerken und durch Fusionen die Mannesmann-Gruppe in Brasilien. Der Gesamtabsatz der Mannesmann S.A. ist im Laufe der Jahre bis auf über 700 000 Tonnen Stahl und Röhren angestiegen.

Der Personalbestand entwickelte sich im Laufe der drei Jahrzehnte bis auf 10 000 Mitarbeiter. Heute beschäftigt Mannesmann im Werk Barreiro rund 8 400 Mitarbeiter, davon 6 600 Arbeiter, 1 700 Angestellte und 100 Lehrlinge. Die 320 bzw. 4 % weiblichen Mitarbeiter sind hauptsächlich in der Verwaltung tätig. Das Durchschnittsalter der Belegschaft beträgt 34 Jahre. 80 % sind verheiratet und haben durchschnittlich 3 Kinder. Das Werk beschäftigt zur Zeit 128 Ausländer, aus Deutschland nur noch 5 Angestellte mit Zeitverträgen für Brasilien. Die durchschnittliche Betriebsangehörigkeit beträgt 10,3 Jahre. Nur 1 000 bzw. 12 % sind weniger als 5 Jahre im Werk, 3 500 bzw. 42 % von 5 bis 9 Jahren, 2 000 bzw. 24 % von 10 bis 14 Jahren, 1 100 bzw. 13 % von 15 bis 19 Jahren und 800 bzw. 9 % über 20 Jahre.

Einige weitere Zahlen sollen den Bildungsgrad und die berufliche Qualifikation der Belegschaft verdeutlichen. 4 Mitarbeiter sind Analphabeten, 5 653 bzw. 61 % haben die fünfjährige Grundschule nicht abgeschlossen, und 477 bzw. 5 % haben Hochschulbildung. Von den 6 600 Arbeitern sind 18 % Facharbeiter, 55 % angelernte und 26 % ungelernte Kräfte.

Der von der Regierung festgesetzte Mindestlohn betrug in den letzten Jahren im Durchschnitt etwa DM 150. Da der Warenkorb jedoch hier in Brasilien ganz anders als in Deutschland zusammengesetzt und auch die Kaufkraft des Cruzeiros im Inland nicht unmittelbar vergleichbar ist, läßt sich ein direkter Währungsvergleich kaum anstellen. Der geringste Lohn, der von Mannesmann gezahlt wird (z.B. für einen Laufjungen), liegt etwa 50 % über dem gesetzlichen Mindestlohn. Ein Schlosser mit etwa 10 Jahren Betriebsangehörigkeit verdient rund 6 Mindestlöhne. Ein Meister verdient bei Mannesmann durchschnittlich etwa 10 Mindestlöhne. Zum Vergleich: Ein Grundschullehrer bezieht monatlich 2 und ein Universitätsprofessor 12 Mindestlöhne.

Die gesetzlichen Sozialleistungen bestehen aus der Kranken- und Altersversorgung, einem Arbeitnehmerfonds und einer Abgabe von 1/2 % des Umsatzes. Darüber hinaus bestehen bei Mannesmann eine Anzahl von bedeutenden freiwilligen Leistungen, die nicht nur den Mitarbeitern, sondern auch deren Familienangehörigen und auch der Gemeinde zugute kommen. Diese freiwilligen Leistungen sind in ihrer Zusammensetzung und Wirkungsweise nur dadurch zu verstehen, daß die staatlichen Leistungen hinter den Bedürfnissen der Stadtbewohner zurückgeblieben sind, so daß das Unternehmen teils aus Eigeninteresse, teils aus der Fürsorge für die Mitarbeiter Lücken geschlossen hat.

Die Werkskantinen sind allen Mitarbeitern zugänglich. Es werden täglich ca. 5 400 Essen verabreicht bzw. rd. 1,6 Millionen pro Jahr. Es nehmen daran fast alle Werksangehörigen teil, soweit sie nicht wegen Schichtwechsel zu Hause geblieben oder gerade in Ferien sind. Die Speisekarte wird von Ernährungsfachleuten sorgfältig zusammengestellt. Das Unternehmen trägt etwa 80 % der Kosten, so daß der Mitarbeiter nur einen Bruchteil dessen zu zahlen hat, was er außerhalb des Werkes ausgeben würde.

Allen Mitarbeitern stellt das Unternehmen einen Omnibus-Service zum Transport zwischen Wohnung und Arbeitsplatz zur Verfügung. Es werden zur Zeit 30 komfortable Busse eingesetzt, die in rd. 1 000 Fahrten pro Woche 12 Strecken mehrmals täglich in beiden Richtungen zurücklegen. Auch hier übernimmt das Werk einen großen Anteil der Kosten; der Werksangehörige zahlt nur 40 % des Fahrpreises der öffentlichen Verkehrsmittel. Das Werk hat dadurch den Vorteil der praktisch hundertprozentigen Pünktlichkeit aller Mitarbeiter auch im Schichtbetrieb.

In der Aus- und Weiterbildung ist Mannesmann seit der Gründung zwangsläufig besonders engagiert. Die ersten Arbeiter mußten zunächst mit der ihnen völlig fremden Industriewelt vertraut gemacht werden, auch mit dem Zeitplan, wie er sich aus den im Hüttenwesen notwendigen Nachtschichten und der Wochenendarbeit ergibt. Da die meisten Arbeiter vom Land stammten, mußten sie sich erst an den neuen Rhythmus gewöhnen. Manch einer hat beim Anblick des flüssigen roten Stahls die Fabrikhallen fluchtartig verlassen und ist nie wiedergekommen.

Bereits 1955 wurde eine Lehrwerkstatt eingerichtet, wobei den Angehörigen von Mitarbeitern und Bewohnern der Umgebung der Vorzug gegeben wurde. Seitdem werden jährlich über 50 Lehrlinge ausgebildet, die nach Abschluß einer zweijährigen Ausbildung vom Werk übernommen werden oder leicht eine Anstellung in anderen Fabriken der Umgebung finden.

Sehr früh setzte auch die Zusammenarbeit mit dem vom Staat und der Industrie getragenen Ausbildungsdienst für Industriearbeiter (SENAI) ein. Mannesmann war und ist maßgeblich am technischen Inhalt dieses Unterrichts beteiligt, während der SENAI die Lehrmethoden entwickelt. Vor dem Bestehen von Mannesmann war dieser Dienst in Belo Horizonte nur auf die Textil- und Holzbranche ausgerichtet; heute werden die Lehrlinge vorwiegend als Schlosser, Dreher und Elektriker ausgebildet.

Auch auf dem Gebiet der innerbetrieblichen Erwachsenen-Aus- und Weiterbildung hat sich das Unternehmen seit seiner Gründung eingesetzt, außerdem stellen wir jährlich rund 150 bezahlte Praktikantenstellen im Betrieb für Studenten von Fachschulen, Fachhochschulen und Universitäten zur Verfügung.

Ab 1963 unterhielt Mannesmann auf dem Werksgelände eine Grundschule, in der bis 1 300 Kinder von durchschnittlich 35 Lehrkräften unterrichtet wurden. Auf Grund gesetzlicher Bestimmungen wurde 1975 – zum großen Bedauern der Gemeinde – der Schulbetrieb von öffentlichen Schulen übernommen. Statt dessen hat das Unternehmen jetzt einen Schulbeitrag an das Kultusministerium zu leisten. In einem Außenbezirk von Barreiro unterhält unsere Erzbergbau-Tochtergesellschaft jedoch noch eine Grundschule, deren Schülerzahl inzwischen auf 133 angewachsen ist.

In Anbetracht des noch immer unzulänglichen staatlichen Gesundheitsdienstes, zu dem Arbeitgeber und Arbeitnehmer Pflichtbeiträge leisten, hat Mannesmann unabhängig und zu vollen Lasten des Unternehmens einen Gesundheitsdienst geschaffen, der sich in Belo Horizonte und darüber hinaus einen guten Ruf erworben hat. Außer 18 eigenen Ärzten sind Krankenhäuser, Kliniken, Laboratorien und freie Ärzte in den Dienst eingeschlossen. Im vergangenen Jahr haben in diesem Rahmen über 90 000 Besuche und Behandlungen stattgefunden. Von diesem Krankendienst können nicht nur die Mitarbeiter, sondern auch deren Familienangehörige vollen Gebrauch machen. Er besteht überall dort, wo unsere Mitarbeiter wohnen. Sobald das Unternehmen an einem neuen Ort seine Tätigkeit entfaltet oder Mitarbeiter sich niederlassen, wird von vornherein für die lokale ärztliche Betreuung gesorgt. So dehnt sich dieser private Gesundheitsdienst weit über die Grenzen von Belo Horizonte hinaus aus und umfaßt z.B. auch die Familien der rund 2 500 Mitarbeiter der Mannesmann-Aufforstungsgesellschaft im Innern von Minas Gerais, in einer Entfernung bis zu 600 km von Belo Horizonte.

Der hier beschriebene Gesundheitsdienst wird von einer Stiftung getragen, voll vom Unternehmen bezahlt und durch unsere Mitarbeiter selbst verwaltet.

Grundlage für all diese Leistungen war eine gesunde wirtschaftliche Entwicklung des Unternehmens, die diese finanziellen Zusatzleistungen zuließ.

V. Die Entstehung und Entwicklung des Stadtteils Barreiro unter dem Einfluß des Mannesmann-Werks

Der Bezirk Barreiro umfaßt 55 km² bzw. 1/6 des Stadtgebiets von Belo Horizonte und zählte 1952 in verschiedenen Ansiedlungen zusammen rd. 2 000 Menschen, von denen der Großteil in der Landwirtschaft tätig war. Das Gebiet gehörte ursprünglich zu einer rd. 22 km² großen Farm, von der 1906 rd. 10 km² von der neu ins Leben gerufenen Stadtverwaltung von Belo Horizonte zu Siedlungszwecken gekauft wurden. Hier siedelten sich italienische, portugiesische und auch einige deutsche Einwanderer an, um - wie bereits erwähnt wurde - mit landwirtschaftlichen Produkten die Ernährung der Stadtbevölkerung zu sichern. Die im Familienbesitz verbleibende Farm betrieb Milchwirtschaft und Apfelsinenplantagen. Sie kam für einen Großteil der Milchversorgung von Belo Horizonte auf.

1919 wurde am Fluß Arrudas entlang die erste Eisenbahnlinie gelegt, und in dem klimatisch günstigen Gebiet der nahe liegenden Anhöhen wurde ein Sommersitz für den Gouverneur gebaut. Anfang der 40er Jahre entstand an der Bahnstation eine Ziegelei mit 80 Arbeitskräften, und eine kleine Kapelle wurde eingeweiht; Ende des Jahrzehnts errichtete die Eisenbahngesellschaft dort eine Werkstatt und siedelte die Arbeiter in der Umgebung an.

Um 1950 wurde die erste kleine Volksschule errichtet, ein Kino eröffnet und die erste Omnibuslinie in Betrieb genommen. Die Ortschaft wurde vorübergehend zur Satellitenstadt erklärt und bekam einen eigenen Bürgermeister. Inzwischen hatten sich in der benachbarten "Cidade Industrial" rund 10 kleine und mittelgroße Betriebe niedergelassen. Große Probleme stellten jedoch die mangelhafte Straßenerschließung und die sich immer wieder verzögernde Versorgung mit Elektrizität dar. Der damalige Oberbürgermeister von Belo Horizonte, Juscelino Kubitschek, der oft in Barreiro bei seinen Freunden weilte, versprach ihnen, ein Großunternehmen in ihrer Gemeinde anzusiedeln, um das Gebiet wirtschaftlich zu erschließen und der Gemeinde eine wichtige Steuerquelle zu sichern.

Dieses Versprechen löste Juscelino Kubitschek durch die Zusammenarbeit mit Mannesmann ein. Grundvoraussetzung hierzu war die Lieferung der erforderlichen zusätzlichen Elektrizität, die dem gesamten Strombedarf der Stadt Belo Horizonte entsprach. Mit Unterstützung der Bundesregierung wurden dann große Stauseen angelegt und Wasserkraftwerke gebaut. Im Schlepptau dieser Entwicklung konnten viele neue Stadtviertel, u.a. auch Barreiro, mit Strom beliefert werden.

In den ersten Jahren entnahm Mannesmann das Kühlwasser den kleinen Flüssen Barreiro und Arrudas sowie im Werksgelände gebohrten Tiefbrunnen. Die Bevölkerung versorgte sich weitgehend mit eigenen Brunnen. Infolge des anwachsenden Wasserbedarfs, insbesondere von Mannesmann, baute das städtische Wasserwerk das Versorgungsnetz in Barreiro aus. Durch das Anlegen eines Stausees - Serra Azul - mit einer Kapazität von 7 Mio. m^3 steht heute jedem Einwohner von Barreiro ausreichend Wasser zur Verfügung. In fast allen Außenbezirken sind Wasserleitungen vorhanden.

Mit der Gründung von Mannesmann begann ein Bevölkerungszufluß, der bis heute nicht aufgehört hat. Zugleich steigerte sich die Nachfrage nach Baugrundstücken und Wohnmöglichkeiten. Mannesmann setzte sich deshalb mit Siedlungsgesellschaften in Verbindung, um Wohnungen für die Arbeiter zu bauen. Das Unternehmen unterstützte seine Mitarbeiter bei der Finanzierung durch die staatliche Wohnungsbaubank und förderte die Teilnahme an Wohnungsbaugenossenschaften. Viele Werksangehörige konnten inzwischen ihre Häuser bzw. Eigentumswohnungen mit Hilfe der Mannesmann-Stiftung und Mannesmann-Kreditgenossenschaft erwerben.

1954 entstehen die ersten Asphaltstraßen. Kirchen und Schulen werden gebaut, darunter 1955 das erste Gymnasium mit 9 Schuljahren.

1960 zählt Barreiro bereits 15 000 Einwohner; das Mannesmann-Werk beschäftigt zur gleichen Zeit 3 000 Arbeitnehmer. Barreiro erhält Straßenbeleuchtung, die Omnibusgesellschaften bauen ihr Verkehrsnetz aus. Handel und freie Berufe lassen sich in wachsendem Maße nieder.

1966 zählt Barreiro bereits über 30 000 Einwohner. Somit hat sich die Einwohnerzahl innerhalb von 10 Jahren verdreifacht.

Durch Fluß und Eisenbahnlinie war Barreiro verkehrsmäßig stark isoliert. Mannesmann stellte das Gelände zum Bau eines Viadukts über Fluß und Eisenbahnlinie zur Verfügung, wodurch das Zentrum von Barreiro durch eine breite doppelbahnige Straße mit dem Zentrum der benachbarten Cidade Industrial und dadurch mit allen Stadtbezirken verbunden wurde (s. Abb. 1). Im Laufe der letzten Jahre wurde das Straßennetz in den Wohngegenden in Werksnähe asphaltiert, wozu Mannesmann mit Sachleistungen beitrug.

Über 1 500 Lastwagen, 800 Personenwagen und 50 Omnibusse fahren täglich im Werk ein und aus. Da die Ansiedlungen entlang der Zufahrtsstraßen inzwischen bis dicht vor die Werkstore reichen, führte der gesamte Verkehr durch dichtbesiedelte Wohngebiete. Die Regierung baute deshalb vor kurzem auf der Südseite des Werksgeländes eine Umgehungsstraße. Damit wird der Verkehr weitgehend aus den Wohnbezirken ferngehalten. Werksgelände mußte hierfür enteignet werden, und Mannesmann spendete das Feineisenerz für den Straßenbau einschließlich der Transportkosten.

Im Hinblick auf den Umweltschutz bestand bei Gründung des Werkes nur die Auflage, sich westlich der Stadt niederzulassen, damit die ständigen Ostwinde den Rauch in unbewohnte Gebiete abblasen sollten. Leider konnten weder Mannesmann noch die Behörden die ungeordnete Ansiedlung aufhalten, die sich wie ein Ring rund um das Werk bildete (s. Abb. 2). Sogar Schulen und Krankenhäuser wurden trotz Einsprüchen von seiten des Werks ausgerechnet in Richtung der Rauchfahnen gebaut.

Nach Aufkommen des Umweltschutzbewußtseins und dem Erlaß der entsprechenden Bestimmungen war Mannesmann eines der ersten Unternehmen, das 1977 Verträge mit den zuständigen Behörden abschloß, um Entstaubungsanlagen zu installieren. Von 1977 bis 1983 wurden insgesamt über 30 Millionen DM investiert, und die Staubemission ging von 9000 auf 200 Tonnen pro Jahr zurück.

Der Stadtteil Barreiro zählt heute rd. 200 000 Einwohner. Die Wachstumsrate lag in den letzten 10 Jahren bei über 8 % jährlich. Altersmäßig setzt sich die Bevölkerung wie folgt zusammen:

Kinder unter 6 Jahren	20 %
von 7 bis 14 Jahren	19 %
von 15 bis 19 Jahren	12 %
d.h. gesamt unter 20 Jahren	51 %

von 20 bis 24 Jahren   11 %

von 25 bis 49 Jahren   30 %
von 50 bis 65 Jahren   5 %
und über 65 Jahre   3 %

Im durchschnittlichen Familieneinkommen liegt Gesamt-Barreiro weit über den Nachbarbezirken. Während in diesen der Durchschnitt bei 2 bis 3 Mindestgehältern liegt, weist Barreiro einen Durchschnitt von 4 bis 5 Mindestgehältern auf. Der höchste Durchschnitt von über 6 Mindestgehältern liegt infolge des Einflusses von Mannesmann in den dichtbesiedelten Stadtvierteln von Barreiro de Baixo und Tirol.

Heute gibt es in Barreiro außer 29 öffentlichen Schulen auch einige Privatschulen (s. Abb. 3); es gibt 4 Krankenhäuser und 7 Gesundheitszentren. Im benachbarten Stadtbezirk, der offiziell nicht mehr zu Barreiro gehört, aber nur 500 m vom Werksgelände entfernt ist, liegen zwei weitere Krankenhäuser (s. Abb. 4).

Der Westen von Belo Horizonte weist verkehrsmäßig zwei Konzentrationsgebiete auf: das Zentrum der schon erwähnten benachbarten Cidade Industrial und das Zentrum von Barreiro de Baixo. Sie sind durch interne Hauptstraßen miteinander verbunden und an das regionale und überregionale Straßensystem angeschlossen. An diesen Hauptstraßen haben sich Handel, Banken und Dienstleistungsbetriebe, wie z.B. Werkstätten, Tankstellen und Gaststätten, niedergelassen (s. Abb. 1).

Das schnelle und unkontrollierte Anwachsen der Bevölkerung stellt jedoch Aufgaben, denen die vorhandene Infrastruktur nicht gewachsen ist. Das in unmittelbarer Nähe des Mannesmann-Werks entstandene Stadtzentrum als einziger Konzentrationspunkt von Handel und Gewerbe ist überlastet. Durch den bereits in Angriff genommenen Ausbau von Hauptverkehrsstraßen und öffentlichen Verkehrsmitteln wird versucht, neue kleinere Handels- und Gewerbezentren in den Peripheriebezirken entstehen zu lassen. Beachtenswert ist jedoch, daß es in Barreiro praktisch keine "favelas" gibt. Die industrielle Leistung hat die größte Armut besiegt, was dazu geführt hat, daß die Identifikation des Stadtteils Barreiro mit dem Unternehmen in der Bevölkerung tief verwurzelt ist.

VI. Schlußfolgerungen

Das Beispiel Mannesmann zeigt, wie durch die Industrialisierung städtische Probleme einerseits neu geschaffen, andererseits gelöst werden. Ein Unternehmen ist der Öffentlichkeit gegenüber auf vielerlei Weise verbunden. Wir werden beurteilt von der Presse, die ein mächtiger Faktor in der brasilianischen Gesellschaft geworden ist, durch das Image, das wir in der Bevölkerung haben, in unserer Attraktivität als Arbeitgeber, von unserer Bedeutung als Kunde und Lieferant, durch den Kurs unserer Aktien an den Börsen in Rio, São Paulo und Belo Horizonte.

Zwischen einem Unternehmen und der Gesellschaft, in der es tätig ist, besteht ein wechselseitiges Geben und Nehmen. Exakte Zahlen können wir nur über das vorlegen, was wir der Gesellschaft geben, auf welche Weise und an wen. Hierzu möchte ich Ihnen eine typische Leistungsbilanz unseres Unternehmens vorstellen:

Leistungsbilanz Mannesmann S.A.
DM 553,0 Mio.

Mitarbeiter
DM 231,5 Mio.

Löhne und Gehälter
DM 168,0 Mio.

Anteilseigner
DM 23,7 Mio.
Inland DM 7,1 Mio.
Ausland DM 16,6 Mio.

Gesetzl. Sozialabgaben
DM 58,5 Mio.

Freiwillige
Sozialleistungen
DM 5,0 Mio.

Unternehmen
DM 109,8 Mio.

Staat
DM 188,0 Mio.

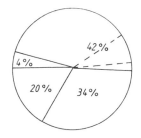

Bei Zurechnung von Aufwendungen wie Essens- und Transportzuschüssen, Aus- und Weiterbildung, usw. erreichen die freiwilligen Sozialleistungen einen Betrag von DM 5,0 Mio. bzw. 3 % der Gesamtleistung.

Ich habe in der Einleitung gesagt, daß Mannesmann seine Investitionen in Brasilien nie unter dem Gesichtspunkt der Entwicklungshilfe, sondern als Fortsetzung unternehmerischer Tradition betrieben hat. Wenn Sie aber diese Zahlen sehen und bewerten, so werden Sie mit mir zu dem Schluß kommen, daß im Ergebnis unsere unternehmerische Tätigkeit in der Tat eine Hilfe zur Entwicklung ist; und Sie werden verstehen, daß der Vorwurf der Ausbeutung durch die Multis, der mehr hier als drüben erhoben wird, nicht nur verletzend, sondern auch töricht ist.

Ich komme zum Schluß. Ich habe am Beispiel Mannesmann gezeigt, wie die Industrialisierung zu unkontrolliertem Wachstum und zu zeitweiligen Versorgungsschwierigkeiten geführt hat. Qualitativ ähnliche Probleme hat es nicht nur in den anderen Staaten Lateinamerikas gegeben, sondern im vergangenen Jahrhundert auch in Europa und Nordamerika. Ich erwähne beispielhaft das Ruhrgebiet der Gründerzeit. Wenn ich davon ausgehe, daß heute noch 50 % der brasilianischen Bevölkerung unterbeschäftigt und unterversorgt sind und daß jedes Jahr 3 Mio. neue Brasilianer heranwachsen, so ist ganz sicher, daß das Land dringend die Rückkehr zu hohen Wachstumsraten der Produktion braucht, und zwar sowohl im ländlich-landwirtschaftlichen als auch im städtisch-industriellen Bereich.

Wir haben es in der Hand, diesen Prozeß konfliktfreier als bisher ablaufen zu lassen, wenn wir bereit sind, aus der Vergangenheit zu lernen. Alle am Entwicklungsprozeß Beteiligten: Politiker, Verwaltungsfachleute, Unternehmer, Städteplaner, Ingenieure und Erzieher bedürfen einer Orientierung für die Herausforderungen des letzten Abschnittes dieses Jahrhunderts.

Abb. 1

Abb. 2

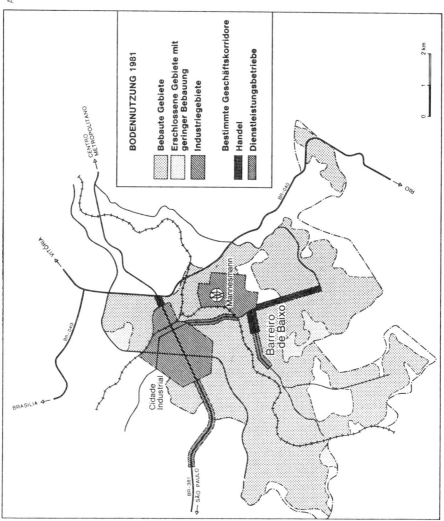

Abb. 3

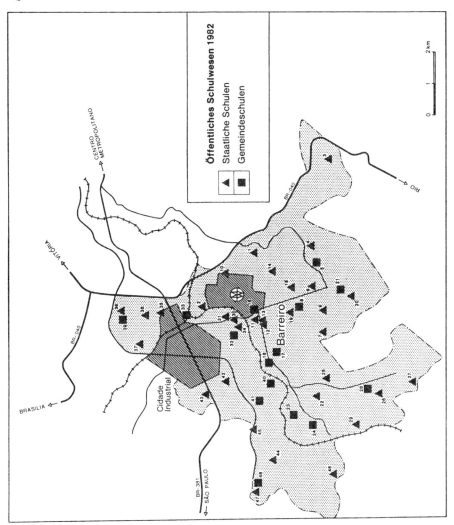

Abb. 4

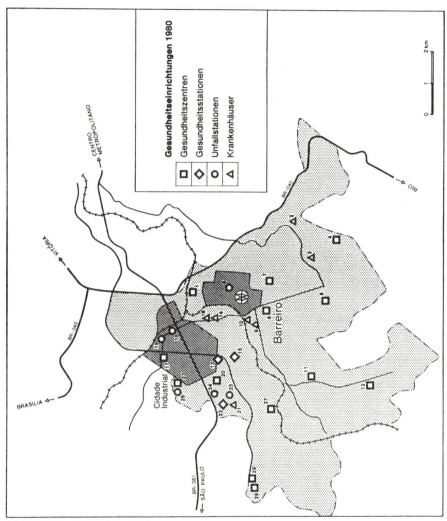

DIE ROLLE DER MARKTORTE BEI DER URBANISIERUNG DES LÄNDLICHEN RAUMES. DAS BEISPIEL DES STAATES PUEBLA/MEXIKO

Konrad Tyrakowski (Eichstätt)

I. Problemstellung

Im Jahre 1980 lebten im Ballungsraum von Mexiko-Stadt 14 Mio. Einwohner. Dies bedeutet, daß jeder 5. Mexikaner im Zentrum des Landes lebte. Ein gutes Viertel der Gesamtbevölkerung konzentriert sich in den drei Agglomerationsräumen von Mexiko-Stadt, Guadalajara und Monterrey. Berechnungen lassen erwarten, daß es im Jahre 2000 zwischen 100 und 106 Mio. Mexikaner geben wird (Datos básicos 1981). Das metropolitane Zentrum dürfte dann möglicherweise 23 Mio. Einwohner zählen. Angesichts dieser Perspektive ist es verständlich, daß die Problematik dieses auf wenige Pole gerichteten Migrations- und Urbanisierungsprozesses bevorzugtes Thema wissenschaftlicher Bearbeitung ist (z.B. MONTAÑO 1976, ARIZPE 1978, UNIKEL 1978, CORNELIUS 1980, MUÑOZ/DE OLIVEIRA/STERN 1981). Allerdings darf die Untersuchung des Urbanisierungsvorgangs außerhalb der Metropolen nicht vernachlässigt werden. Verdient doch die Verstädterung des ländlichen Raumes umso mehr Beachtung, als hierdurch die Migration in wenige Ballungszentren gebremst, Bevölkerung dezentralisiert und neue Entwicklungsschwerpunkte gebildet werden müssen.

Urbanisierungsprozeß heißt in diesem Zusammenhang nicht nur Zunahme des Anteils urbaner Bevölkerung an der Gesamtbevölkerung. Zum Kriterium des reinen Bevölkerungswachstums und der Bevölkerungskonzentration muß vielmehr auch die funktionale und infrastrukturelle Veränderung kommen. Objekt der Untersuchung dürfen daher nicht nur die großen Agglomerationsräume sein, sondern auch jene Zentren, die im Anfangsprozeß urbaner Gestaltung stehen. Dies sind im Vorfeld der

Metropolen die ländlichen Klein- und Mittelstädte sowie auf der unteren zentralörtlichen Ebene die Marktorte.

Den folgenden Beitrag (1) sollen zwei Fragen als rote Fäden durchziehen:

a) Welche Stellung nimmt die Funktion "Marktort" in der zentralörtlichen und damit urbanen Hierarchie ein?

b) In welcher Weise können marktabhaltende Orte urbane Strukturen ausbilden und mobilisieren, um Bevölkerung zu binden?

Der Terminus "urban" hat hierbei einen primär qualitativen Charakter. Er bedeutet eine spezifische Infrastruktur, eine Eigendynamik im sekundären und tertiären Sektor, Möglichkeit des Handelns, dadurch Anreiz zu vielseitiger Produktion und Kapitalbildung und schließlich Zunahme von Bevölkerung. Durch den Ausbau von urbanen Zentren unterschiedlicher Stufe dürfte ein Beitrag zur Lösung des Problems räumlicher Disparitäten und zentripetaler Strukturen erwartet werden.

Als "urban" unter dem ausschließlichen Aspekt der Bevölkerungsmenge bezeichnet die mexikanische Statistik alle Siedlungen mit mind. 2 500 Einwohnern (Crecimiento 1970, 8). Da diese Schwelle aber offensichtlich viel zu niedrig ist, differenziert Cornelius (1980, 29) städtische Siedlungen in "urbana sencilla" (= 2 501-20 000 Einwohner) und "urbana compleja" (= 20 001-500 000 Einwohner). Für Unikel (1978, 52) beginnt die städtische Siedlung bei 15 000 Einwohnern, wobei er Kleinstädte (= 15 000-49 999 E.), Mittelstädte (50 000-99 999 E.) und Großstädte (= 100 000 und mehr E.) unterscheidet.

Kompliziert wird die Definition der urbanen Bevölkerung noch dadurch, daß der einfache Ortswechsel von einem Dorf in eine Stadt den Migranten nicht schon zum Städter im engeren Sinn werden läßt. Hierauf haben z. B. Arizpe (1978) und Kemper (1976) verwiesen. Umso berechtigter ist es daher, den Aspekt urbaner Infrastruktur im Auge zu behalten.

Es sollen nun folgende Arbeitsschritte behandelt werden:

- Beschreibung des Verteilungsmusters und der Hierarchie der Marktorte
- Vergleich des Marktortmusters mit dem zentralörtlichen System
- Bevölkerungsentwicklung und "demographisches Speichervermögen" der Marktorte
- Entwicklungspotential und Urbanisierungsmöglichkeiten der Marktorte.

Beim Untersuchungsraum handelt es sich im wesentlichen um die Mitte und den Süden des Staates Puebla, wo ich in Zusammenarbeit mit E. Seele von der Universität Osnabrück, Abt. Vechta, in den Jahren 1978-79 Marktuntersuchungen durchführen konnte.

II. Das Muster der zentralen Orte im Staat Puebla

1. Räumliche Verteilung und Hierarchie der Marktorte (Abb. 1)

Die Verteilung der Marktorte in Puebla (wie auch in Tlaxcala) ist historisch bedingt. Ihre Wurzeln liegen in vorspanischer Zeit und ihre Bedeutung für die Landbevölkerung ist bis heute weithin erhalten geblieben. Eine Reduzierung erfuhr das Netz der Märkte in jüngerer Zeit durch die Revolution von 1910-17, eine ungleiche Entwicklung in jüngster Zeit durch den Ausbau der Verkehrsmöglichkeiten und durch die damit ermöglichten räumlichen Bevölkerungsbewegungen sowie die Zunahme der Arbeitslosigkeit. Hierdurch entwickelten sich vehement die in zentraler Verkehrslage befindlichen Märkte, während die peripher an den Vulkanhängen von Popocatépetl, Ixtaccihuatl und Malinche oder in der trockenen Mixteca gelegenen Märkte stagnieren (SEELE/TYRAKOWSKI/WOLF 1983, 66 f., 248-251).

Abb. 1

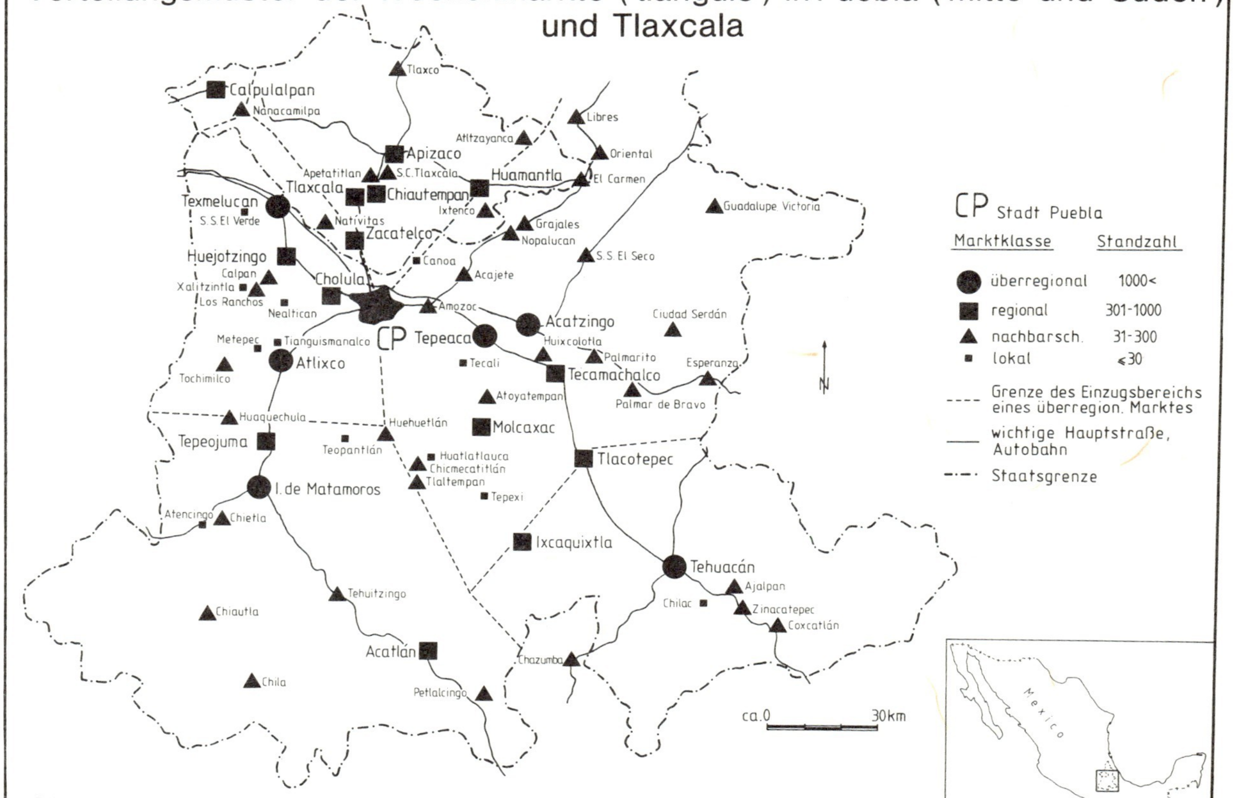

Verteilungsmuster der Wochenmärkte (tianguis) in Puebla (Mitte und Süden) und Tlaxcala

Entwurf nach eigenen Untersuchungen 1978/79: K. Tyrakowski 1984

Die Hierarchie der Marktorte läßt sich mit einer aus der Empirie gewonnenen vierstufigen Skala beschreiben:

Tabelle 1: Hierarchie der Märkte

Rang		Standzahl
überregional	umfaßt verschiedene geographische Großeinheiten	über 1000
regional	eine geographische Großeinheit (z.B. die Ebene von Cholula, die Hänge der Ixtaccinuatl)	301-1000
nachbarschaftlich	einige Nachbarsiedlungen eines beschränkten Raumes	31- 300
lokal	eine einzige Ortschaft	bis 30

Die untersuchten Märkte aus Puebla-Mitte und Puebla-Süden (2) verteilen sich folgendermaßen auf die Rangstufen:

Überregionale Märkte:
6 (Acatzingo, Atlixco, Izucar de Matamoros, San Martín Texmelucan, Tehuacán, Tepeaca)

Regionale Märkte:
8 (Acatlán, Cholula, Huejotzingo, Ixcaquixtla, Molcaxac, Tecamachalco, Tepeojuma, Tlacotepec)

Nachbarschaftsmärkte:
29 (z.B. Oriental, Nativitas, Huaquechula, Ajalpan)

Lokale Märkte:
12 (z.B. Xalitzintla, Metepec, Chilac, Canoa)

Die Spitze der Markthierarchie nimmt Tepeaca (1980: 12 595 E.) ein, das auf einem kleinen Paßrücken im Übergang des ca. 2 200 m hoch gelegenen Beckens von Puebla ("tierra fría") zum Tal von Tehuacán ("tierra templada") liegt. Der Wochenmarkt wird am Freitag abgehalten und gilt als der größte im Hochland zwischen Mexiko-Stadt und Oaxaca (CA-

STELLANOS 1978, 23; SEELE/TYRAKOWSKI/WOLF 1983, 230, 236). Der "tianguis" von Tepeaca findet seine Ergänzung durch den des nahe gelegenen Acatzingo, der am Dienstag abgehalten wird.

2. Das zentralörtliche System nach dem Plan Estatal del Desarrollo Urbano (Abb. 2)

Die größte Bevölkerungsagglomeration östlich der Sierra Nevada ist die Stadt Puebla, ca. 120 km von Mexiko-Stadt entfernt. Als Metropole nimmt sie (1980) in der Hierarchie hinter Mexiko-Stadt (14,4 Mio. E.), Guadalajara (2,8 Mio. E.) und Monterrey (2,1 Mio. E.) mit 1,2 Mio. E. den 4. Platz ein. Für das Jahr 2000 werden zwischen 2,1 und 2,8 Mio. metropolitane Bewohner erwartet (PLAN DIRECTOR URBANO 1981, 122).

Die Bevölkerung des engeren Stadtgebietes von Puebla (1980: 772 908 E.) hat sich seit 1940 versechsfacht, während jene des Staates Puebla sich nur knapp verdreifachte. Um das weitere Wachstum dieses Ballungsraumes in geordnete Bahnen zu lenken, wurde Ende der 70er Jahre der Plan Director konzipiert, der jene Teile der Staaten Puebla und Tlaxcala betrifft, die von der Metropole Puebla umfaßt werden.

1979 wurden zusätzlich 8 Munizipien Pueblas zur Zona Conurbana de la Ciudad de Puebla erklärt. Hierdurch sollen kurz- bis langfristig die menschlichen, wirtschaftlichen und natürlichen Ressourcen koordiniert und zielgerichtet zur Entwicklung dieses verstädterten Raumes eingesetzt werden.

Ebenfalls 1979 wurde der Plan de Desarrollo Urbano del Estado de Puebla verabschiedet. Er legt die zentralörtliche Gliederung fest, welche an den folgenden vier Grundprinzipien orientiert ist:

I. Racionalizar la distribución territorial de la población y de las actividades económicas en función de las áreas geográficas de mayor potencial de desarrollo.

II. Promover el desarrollo urbano integral y equilibrado en los centros de población.

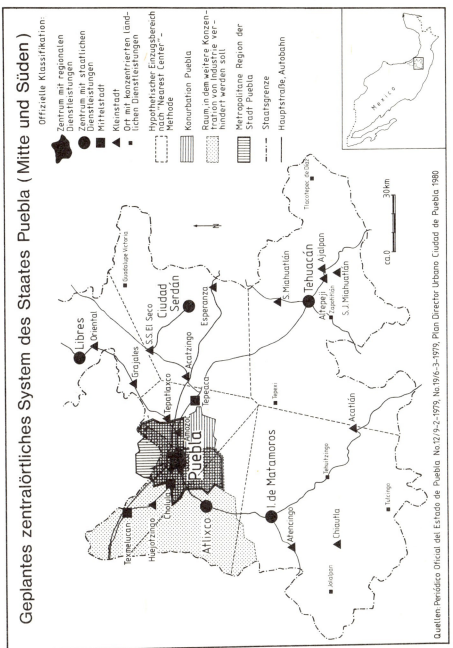

Abb. 2: Geplantes zentralörtliches System des Staates Puebla (Mitte und Süden)

Quellen: Periódico Oficial del Estado de Puebla No.12/9-2-1979, No.19/6-3-1979, Plan Director Urbano Ciudad de Puebla 1980

III. Propiciar condiciones favorables para que la población pueda satisfacer sus necesidades de vivienda, servicios públicos, infraestructura y equipamiento urbano.

IV. Preservar y mejorar el medio ambiente de los centros de población.
(Periódico Oficial No. 12/9-2-1979, 10-11)

Um diese Ziele zu verwirklichen, wurde eine Hierarchie der zentralen Orte festgelegt, die vom "centro de servicios regionales" (Puebla) und "centro de servicios estatales" über die "ciudad media" zur "ciudad intermedia" und der "localidad con servicios rurales concentrados" - so die offizielle Planungsterminologie - abgestuft ist. Die räumliche Verteilung dieser Zentren zeigt die Abb. 2.

Im gleichen Jahr wurde für die gesamten Vereinigten Staaten von Mexiko ein Dekret erlassen, welches ein Programm unter dem Titel "Programa de Estímulos para la Desconcentración Territorial de las Actividades Industriales" durchsetzen soll. Ziel dieses Vorhabens ist es, eine weitere Konzentration der Industrie auf wenige Räume zu verhindern und den Ausbau anderer industrieller Schwerpunkte wie etwa die Hafenindustrien in Guerrero, Michoacán, Oaxaca, Tamaulipas und Veracruz zu fördern. Indirekt dürfte dieses Dekret für die Urbanisierung des Staates Puebla insofern von Interesse und Folgen sein, als das Dreieck Atlixco-Puebla-Texmelucan in jene Zone III fällt, deren weitere industrielle Entwicklung durch Neuansiedlung von Fabriken unerwünscht ist.:

> No se otorgarán estímulos fiscales, apoyos crediticios, precios diferenciales de energéticos y productos petroquímicos básicos, tarifas preferenciales de servicios públicos o cualquier otro estímulo a las nuevas empresas industriales que se establezcan en la Zona III. (Periódico Oficial No. 19/6-3-1979, 7)

Gebremste Industrieansiedlung bedeutet möglicherweise für diesen Raum des Staates Puebla auch gebremste Urbanisierung. Außerdem ergeben sich hieraus auch Schwierigkeiten bei der Erneuerung des Industriesektors im ehemaligen Textilindustriezentrum Atlixco.

3. Die Integration der Marktorte in das geplante zentralörtliche System (Abb. 3)

Vergleicht man die beiden zentralörtlichen Systeme der Marktorte (3) und der Städte nach der offiziellen Einstufung, so sind folgende Feststellungen von Bedeutung:

- Nur relativ wenige Marktorte weisen eine adäquate Position im zentralörtlichen System auf. Von den 55 Marktorten sind dies nur 13 (= 24 %). Hieraus ergibt sich klar, daß zwei relativ unabhängige Systeme nebeneinander existieren und daß im häufigeren Fall - insbesondere bei den Marktorten unterer Stufe - die Marktfunktion die einzige zentralörtliche Funktion darstellt (sieht man von der Verwaltungsfunktion als munizipales Zentrum ab). Ein in dieser Hinsicht interessanter Fall ist Tepeaca, das in der Markthierarchie die Spitze einnimmt, im zentralörtlichen System aber nur als "ciudad media" eingeplant ist.
- Eine etwas höhere Übereinstimmung ist bei den überregionalen und regionalen Marktorten festzustellen, wo von 14 Orten vier (= 29 %) eine in beiden Systemen gleichrangige Position inne haben.
- Auffällig ist, daß alle "centros con servicios estatales" und alle "ciudades medias" insgesamt etwa so viele Bewohner zählen wie alle überregionalen und regionalen Marktorte zusammen. Allerdings verteilen sich diese im geplanten zentralörtlichen System auf 8 Orte, während es innerhalb des Marktortsystems 14 Siedlungen sind. Letzteres entspricht damit der Forderung nach einer dezentralen Bevölkerungsverteilung mehr als das zentralörtliche Konzept.

Die zentralörtliche Gliederung geht klar vom Programm der Entwicklungspole aus und berücksichtigt jene Städte bevorzugt, die bereits eine gewisse Bevölkerungsmenge gebunden haben (Tehuacán 1980: 79 547 E., Atlixco: 53 207 E., Izucar de Matamoros: 27 714 E., Cholula: 26 748 E.) oder deren differenzierte Wirtschaftsstruktur (Tehuacán, San Martín Texmelucan) ein Entwicklungspotential darstellt.

Der Süden des Staates Puebla soll von den beiden Polen Izucar de Matamoros und Tehuacán dominiert werden. Weite Räume im Süden weisen keinerlei zentrale Orte auf. Die Stufe der "ciudad media" fehlt hier völlig. Die Häufung von "ciudades intermedias" im unmittelbaren Nahbereich Tehuacáns erscheint nicht verständlich. Wichtige regionale Marktor-

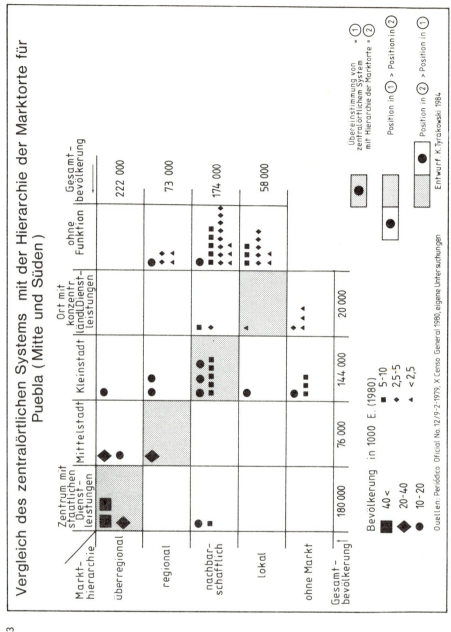

Abb. 3 Vergleich des zentralörtlichen Systems mit der Hierarchie der Marktorte für Puebla (Mitte und Süden)

te wie Tecamachalco, Tlacotepec oder Ixcaquixtla, die in der verkehrstechnisch schlecht erschlossenen Mixteca von Bedeutung sind, werden nicht in das formelle System der zentralen Orte übernommen.

Das bedeutet, daß der Emigrationsraum der Mixteca Poblana unter die beiden genannten Oberzentren aufgeteilt wird. Die breite Basis des informellen Systems der zentralen Orte, nämlich die Marktorte unterer Stufe, bleiben unberücksichtigt. Und gerade diese Siedlungen sind in ihrer Bedeutung so wichtig: in relativer Nähe des Wohnortes kann die ländliche Bevölkerung sich mit den elementarsten Grundnahrungsmitteln, Kleidung, Haushalts- und Arbeitsgeräten versorgen.

Das Dilemma der Planung wird offensichtlich: begrenzte Mittel sollen so eingesetzt werden, daß Räume mit vorhandener Eigendynamik gefördert werden. Dies erfordert die Begrenzung der Ressourcen auf größere städtische Zentren. Dadurch erfahren die Menschen außerhalb dieser Zentren keinerlei Unterstützung.

III. Die "demographische Speichermöglichkeit" der Marktorte

Hinsichtlich der Verteilung der Bevölkerung im Staat Puebla läßt sich für die Zeit von 1970 bis 1980 folgende Entwicklung feststellen (Abb. 4):

- Der Konzentrationsgrad der Bevölkerung im staatlichen Territorium nimmt zu. 1980 verteilten sich so ca. 55 % der Bevölkerung des Staates Puebla auf nur 10 % der 217 Munizipien; 1970 waren es ca. 52 % auf gleichem Flächenanteil.
- Damit geht eine langsame relative Ausdünnung der Bevölkerung in den ländlichen Gemeinden einher. Es ist hierfür unmaßgeblich, ob man die Grenze zwischen ländlicher und städtischer Siedlung bei 5 000, 10 000 oder 20 000 Einwohnern festlegt.
- Absolut gesehen nimmt zwar die Zahl der städtischen Siedlungen zu, ohne daß dies bisher aber die fortschreitende Metropolisierung gebremst hätte.

Abb. 4

Bevölkerungsverteilung im Staat Puebla 1970 und 1980
(Lorenz - Kurven)

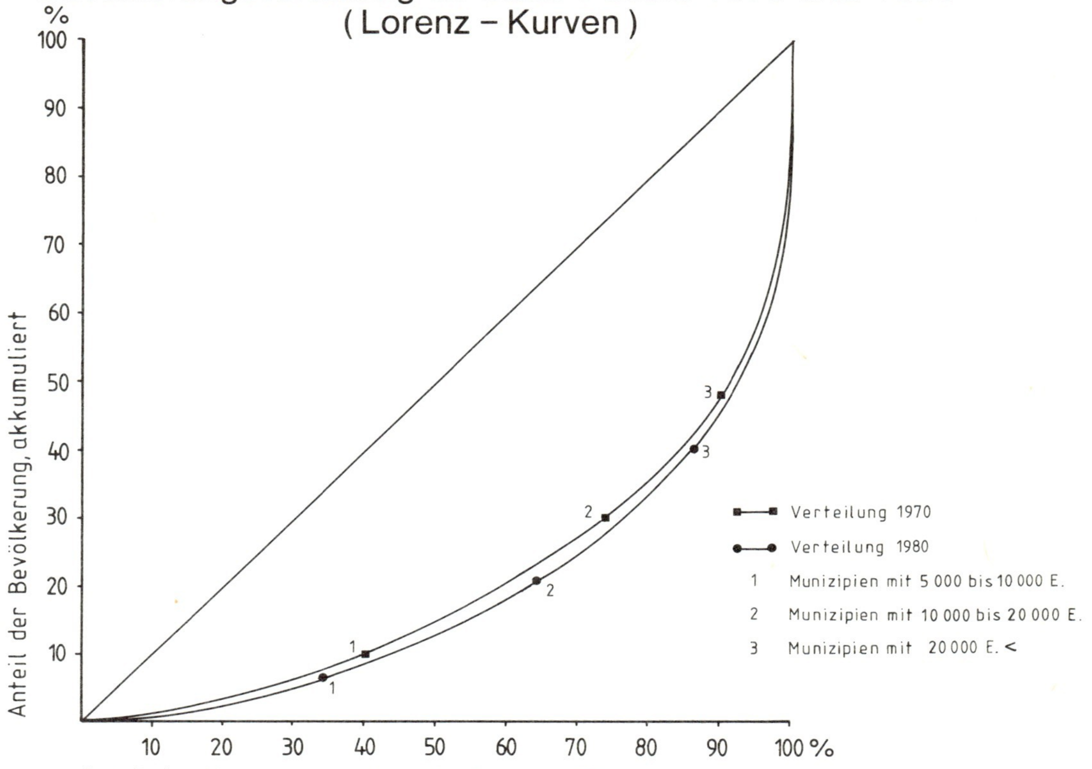
%
100
90
80
70
60
50
40
30
20
10
Anteil der Bevölkerung, akkumuliert
10
20
30
40
50
60
70
80
90
100 %
Anteil der Munizipien, akkumuliert
n = 217
Verteilung 1970
Verteilung 1980
1 Munizipien mit 5 000 bis 10 000 E.
2 Munizipien mit 10 000 bis 20 000 E.
3 Munizipien mit 20 000 E. <

Quellen: IX Censo General 1970, X Censo General 1980 Berechnung: K. Tyrakowski 1984

Die Zunahme der Bevölkerung der Stadt Puebla hängt dabei von folgenden Faktoren ab:

- Vom natürlichen Wachstum, das zwischen 1970 und 1980 eine jährliche Rate von 2,6 % ausmachte und damit um 0,7 % hinter dem Landesdurchschnitt zurückblieb (Datos básicos 1981, 28, 70).
- Zwar sind zwischen 1976 und 1980 nur 92 000 Personen von anderen Staaten dem Staat Puebla zugewandert - die interstaatliche Wanderungsbilanz weist einen schwach negativen Saldo auf (Datos básicos 1981, 70) -, von diesen strömten aber etwa 45 % (= 41 000 Personen) allein in das Munizip Puebla (X Censo General, Vol. II, Tomo 21, Cuadro 141).
- Hinsichtlich der innerstaatlichen Wanderung und deren Größenordnung können aus dem Zensus keine Angaben direkt entnommen werden. Berücksichtigt man aber eine jährliche natürliche Zuwachsrate von 2,6 % und eine jährliche Zuwanderung aus anderen Bundesstaaten von 8 000 Personen, so müssen jährlich zwischen 14 000 und 15 000 Personen aus dem eigenen Staat nach Puebla zugezogen sein (4).

Die Interpretation der Bevölkerungsentwicklung der kleineren Marktorte läßt die Abwanderung deutlich werden (Abb. 5): Es ist charakteristisch für die Marktorte lokaler oder nachbarschaftlicher Bedeutung, daß sie stagnieren oder nur eine ganz schwache positive Bevölkerungsentwicklung aufweisen. Häufig ist der Fall, daß Orte dieser Kategorien 1970 oder noch 1980 kaum mehr Einwohner hatten als zu Beginn dieses Jahrhunderts. Ausnahmen können in ihrer Entwicklung erklärt werden: So liegt Amozoc im metropolitanen Randbereich der Stadt Puebla und erfährt durch diese Lage seinen Zuwachs. Metepec ist eine alte Fabriksiedlung aus der Gründerzeit der Industrialisierung in und um Atlixco mit eigenständiger demographischer Entwicklung (POPP/TYRAKOWSKI 1976, 33-36).

Hieraus wird ersichtlich, daß die Orte mit lokaler und nachbarschaftlicher Marktbedeutung eine sowohl demographisch wie ökonomisch geringe Attraktivität aufweisen und bis auf wenige Ausnahmen geringe "Speicherkapazität" hinsichtlich der Migration besitzen.

Anders verhält es sich mit den überregional und regional bedeutsamen Marktorten (Abb. 6). Hier zeigt sich in den meisten Fällen eine ausge-

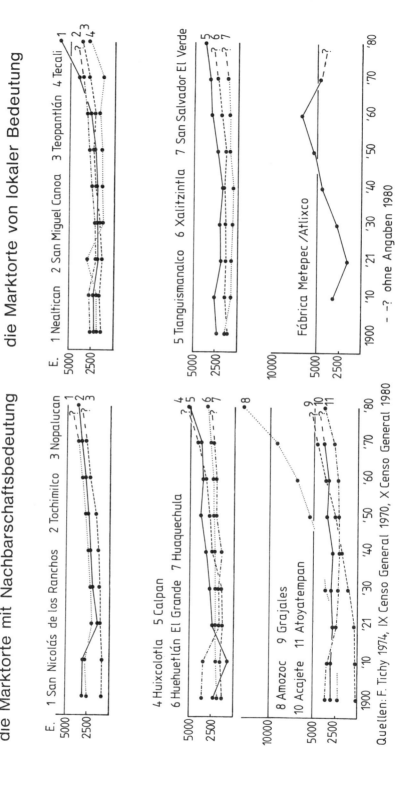

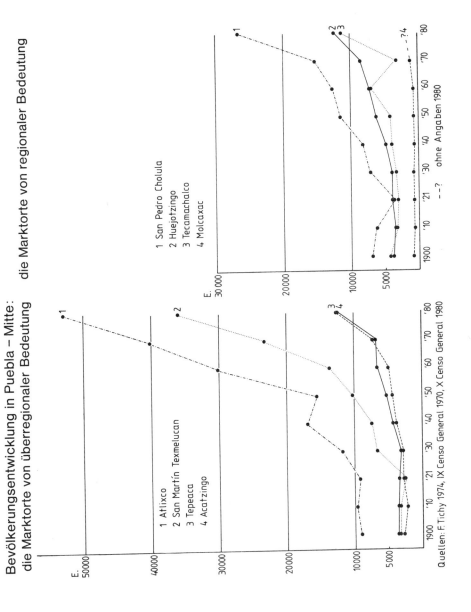

Abb. 6 Bevölkerungsentwicklung in Puebla – Mitte: die Marktorte von überregionaler Bedeutung / die Marktorte von regionaler Bedeutung

prägte demographische Dynamik. Nur in zwei Fällen ist dies mit einem höheren Industrialisierungsgrad in Zusammenhang zu bringen (Tehuacán, San Martín Texmelucan) oder aus der Nähe zum Industriezentrum Puebla zu erklären (San Pedro Cholula) (5) (Tab. 2). Alle anderen Orte sind agrarisch geprägt oder haben einen weiteren Schwerpunkt im tertiären Sektor, der die Bedeutung als Marktort funktional erweitert. Die Marktorte dieser Kategorien binden also dezentral einen beachtlichen Bevölkerungsanteil, der noch im Wachsen ist.

IV. Das Potential der Marktorte zur Ausbildung urbaner Qualitäten

Ungeachtet der Tatsache, daß in verschiedenen Entwicklungsprojekten die Strategie der von oben geplanten Entwicklungspole nur sehr begrenzte Ausstrahlungseffekte, dafür aber verstärkt Entzugseffekte gezeigt hat (BOHLE 1981, 151; MANERO MIGUEL 1979) basiert die Politik demographischer Dezentralisierung im Staat Puebla auf dem Konzept der Entwicklungspole. Bei stärkerer Beachtung der Marktorte könnte jedoch ein flächendeckenderes Netz zentraler Orte, die historisch von unten gewachsen und im Bewußtsein der Landbevölkerung verankert sind, geschaffen werden.

Folgende Funktionen dieser Marktorte könnten ein Potential zu dezentraler Urbanisierung darstellen:

1. Die Bedeutung als Versorgungszentrum der ländlichen Bevölkerung

Die Versorgung mit Gütern des täglichen Bedarfs ist außerhalb der städtischen Zentren schlecht. Der stationäre Einzelhandel ist schwach ausgebaut. Hinzu kommen nur begrenzte Möglichkeiten der Lagerhaltung, der Kühlung, der Belieferung etc., da die Infrastruktur mangelhaft ist. Diese spürbaren Lücken füllen die Wochenmärkte mit ihrem Angebot, deren Bedeutung die Regierung auch z.T. erkannt hat: sie ließ in den letzten Jahren verstärkt neue Markthallen bauen in der Hoffnung, daß auch an Wochentagen, die nicht Markttage sind, sich Händler zur Versorgung der Bevölkerung einfinden.

Tabelle 2: Struktur der Wirtschaftszweige nach Munizipien (1980)

Munizip mit überregionalem Markt:	Tehuacán	Texmelucan	Atlixco	Izucar de Matamoros	Tepeaca	Acatzingo
Munizipbevölkerung:	113 107	79 504	91 660	57 941	36 549	23 956
Erwerbspersonen:	36 668	24 179	28 996	17 458	10 603	7 571
	%	%	%	%	%	%
Landwirtschaft, Viehhaltung:	14,0	25,7	34,8	37,5	44,3	42,2
Handwerk, Industrie:	19,2	19,5	10,7	5,4	5,5	6,0
Bausektor:	6,5	3,7	5,1	3,8	6,3	6,6
Groß- und Kleinhandel:	11,5	11,2	11,9	8,9	8,5	7,8
Verkehr, Nachrichtendienst:	3,9	3,2	3,0	3,0	2,7	2,9
Öffentlicher Dienst:	14,0	10,3	11,8	10,0	8,8	9,9
Ungenügend spezifizierte Aktivitäten:	29,7	25,0	21,5	29,5	23,2	24,0

Munizip mit regionalem Markt:	Cholula	Huejotzingo	Tecamachalco	Acatlán	Tlacotepec	Tepeojuma	Ixcaquixtla	Molcaxac
Munizipbevölkerung:	57 498	31 997	31 330	27 027	23 985	7 229	5 807	5 490
Erwerbspersonen:	16 875	10 350	8 794	8 038	7 107	2 450	1 597	1 806
	%	%	%	%	%	%	%	%
Landwirtschaft, Viehhaltung:	24,0	49,4	50,3	46,1	69,6	57,3	50,7	65,7
Handwerk, Industrie:	24,1	9,2	3,6	5,6	2,3	9,9	2,7	3,4
Bausektor:	3,9	4,1	4,4	4,4	2,5	1,5	2,2	2,0
Groß- und Kleinhandel:	7,4	7,4	5,1	5,7	3,9	2,7	5,7	1,9
Verkehr, Nachrichtendienst:	3,9	2,3	2,6	1,7	1,9	0,8	1,6	1,6
Öffentlicher Dienst:	9,9	7,2	6,3	10,1	2,8	4,7	9,7	2,8
Ungenügend spezifizierte Aktivitäten:	25,5	20,0	26,0	24,8	16,7	22,8	27,2	22,2

Quelle: X CENSO GENERAL, Vol. I, Tomo 21, Cuadro 10

Schließlich ermöglichen die Wochenmärkte auch den einfachen sozialen Schichten eine Versorgung z.T. im Tauschhandel. Es muß hierbei betont werden, daß der Tauschhandel kein Zeichen von Traditionalität oder den Rest eines archaischen Verhaltens darstellt, sondern ein kostenminimierender rationaler Vorgang innerhalb spezifischer aktueller ökonomischer Rahmenbedingungen ist (SEELE/TYRAKOWSKI/WOLF 1983, 162-167).

2. Die Rolle als Vermarktungsinstrument

Vermarkten kann nur, wer etwas produzieren kann. Die Masse der ländlichen Bevölkerung produziert jedoch keine oder nur solche agraren Überschüsse, die quantitativ und qualitativ ohne Bedeutung sind. Allein die "campesinos" der Bewässerungsgebiete produzieren im spezialisierten Gartenbau marktorientierte Produkte. Für sie sind die ländlichen Wochenmärkte wichtige Gegengewichte zu den von Großhändlern dominierten städtischen Großmärkten. Von einiger Bedeutung sind die Märkte auch für das ländliche Handwerk.

Die Masse der Verkäufer auf den Wochenmärkten sind Zwischenhändler. Von 5 161 befragten Händlern verkauften nur 27,3 % Waren aus eigener Ernte oder Produktion (SEELE/TYRAKOWSKI/WOLF 1983, 224). Dies führt zur nächsten Marktfunktion:

3. Wochenmärkte bieten Arbeitsplätze und Einkommen

Aufgrund der hohen Arbeitslosigkeit weichen viele Arbeitslose in den tertiären Sektor aus. Dieses Phänomen findet man in der Stadt Puebla (Diagnóstico 1980, Fig. 24) ebenso wie in den ländlichen Marktorten. Der Konkurrenzdruck der Händler in den Metropolen ist schon so groß, daß ein Teil von ihnen in die Zentren niederer Stufe ausweicht: so kommen Händler aus Mexiko-Stadt nach Puebla (Diagnóstico 1980, 81-82), Händler aus Puebla gehen in die überregionalen und regionalen Marktorte (SEELE/TYRAKOWSKI/WOLF 1983, 235).

Allerdings wird auf diese Weise die Kette der Zwischenhändler verlängert. Die Kosten hierfür zahlt der Endverbraucher.

4. Die Rolle als Innovationszentrum

Besonders amerikanische Anthropologen haben die Märkte als verlängerten Arm der Stadt gesehen. Diskin und Cook (1975, 48) urteilen für Oaxaca:

> La asistencia a la plaza es funcionalmente equivalente a un viaje a la ciudad. En medida significativa, en el Valle de Oaxaca la ciudad viene al interior mediante el sistema de plazas.

Die Verbreitung städtischer Innovationen durch den Marktort ist für den Staat Puebla noch als gering zu veranschlagen. Um innovatorisch tätig zu sein, bedarf es des massiven Zulaufs der Bevölkerung, der nur in Marktorten oberer Stufe gegeben ist und z.B. des öffentlichen Dienstes, der hier aufklärende Bildungsarbeit ansetzen könnte. Genutzt wird diese Möglichkeit bisher kaum. Die städtische Kultur diffundiert in die Märkte insbesondere in Form industrieller Billigprodukte. Allerdings haben die politischen Parteien die Bevölkerungsballungen an Markttagen als Ziele ihrer politischen Agitation erkannt.

5. Gemeindliche Finanzbeschaffung für den Ausbau der Infrastruktur

Die Einnahmen aus Marktgebühren können eine große Rolle bei der Finanzierung der gemeindlichen Infrastruktur spielen. Aus dieser Quelle hat der Marktort Tepeaca sich Mittel für den Straßenbau, die Kanalisation, die Betonierung des "zócalo" etc. verschafft. Dieses Kapital könnte noch größer sein, wenn sich nicht ein Teil davon privat angeeignet würde. Berechnungen haben ergeben, daß 1978 ca. 25-30 % aller Einnahmen aus Marktsteuern in Tepeaca privat angeeignet und damit zweckentfremdet wurden (Abb. 7). Es gibt berechtigte Hinweise, daß ähnliches in Acatzingo, Izucar de Matamoros und Atlixco geschieht (SEELE/TYRAKOWSKI/WOLF 1983, 119-123). Hinzu kommen die durch die Polizei erpreßten Gelder und die von den Steuereinnehmern erhobenen Schmiergelder (6).

Die potente Gruppe der Kleiderhändler kommt überwiegend aus Mexiko-Stadt, viele Groß- und Kleinhändler kommen aus Puebla. Alle diese genannten heimlichen oder offiziellen Mitverdiener ziehen Kapital aus dem

Abb. 7

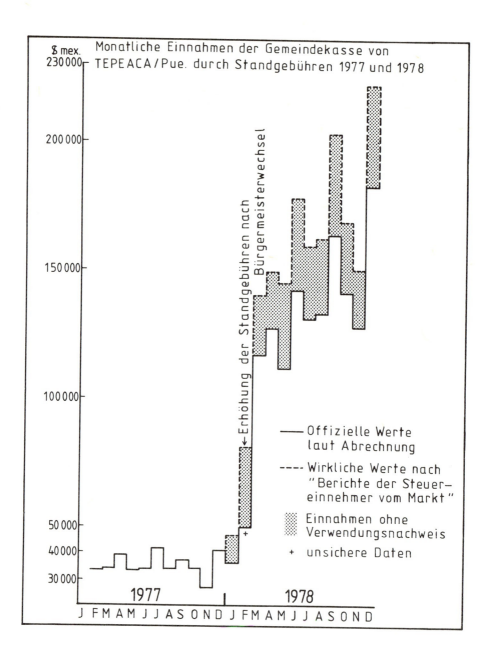

ländlichen Raum ab. D.h. statt Entwicklungsimpulse aus den großstädtischen Zentren zu erhalten, sind die Marktorte höherer Stufe Zentren monetärer Abschöpfung, die als Verlust der Kapitalmasse der ländlichen Bevölkerung aufzufassen ist. Auf diese Weise erhält die Stadt Entwicklungsimpulse aus der ländlichen Peripherie.

V. Resultate

Für den größten Teil des Staates Puebla lassen sich zwei zentralörtliche Systeme nachweisen: ein staatlich geplantes formelles System, das auf wenigen Entwicklungspolen beruht, und ein informelles System gewachsener Marktorte, das differenzierter und flächendeckender ist.

Im formalen System dominiert das metropolitane Zentrum der Stadt Puebla, das Teile der Staaten Puebla und Tlaxcala besetzt. Zur Entlastung dieses Ballungsraumes sollen dezentral Bevölkerungsschwerpunkte in der Peripherie gefördert werden.

An der Spitze des Systems der Marktorte stehen die überregionalen Märkte mit dem bedeutendsten ländlichen Markt in Tepeaca, der mit dem Komplementärmarkt von Acatzingo den ländlichen Raum der Region beherrscht.

Beide Systeme existieren nebeneinander jeweils mit eigenen Reichweiten, Rangstufen und Häufigkeitsverteilungen. Positionsübereinstimmungen ergeben sich nur teilweise in den oberen Rängen. Für die Marktorte ist überwiegend die Versorgungsfunktion durch den Markt zwar die einzige zentralörtliche Funktion von Bedeutung. Diese ist aber eine für die Landbevölkerung lebenswichtige Funktion. Ohne Marktnetz wäre der Sog der großen Städte auf die ländliche Bevölkerung wohl noch größer.

Die kleinen und kleinsten Marktorte weisen keine besondere Möglichkeit auf, Bevölkerung zu binden; sie unterliegen der allgemeinen Abwanderungstendenz. Die Orte mit überregionalem und regionalem Markt dagegen weisen überwiegend beachtliche Einwohnerzahlen auf, was nur zum Teil mit ihren differenzierteren nicht-agrarischen Wirtschaftssektoren erklärt werden kann.

Anerkannte günstige Verkehrslage, gewachsene informelle Einzugsbereiche und im Bewußtsein verankerte Zentralität könnten bei zusätzlicher staatlicher Förderung ein Potential sein, das der Urbanisierung außerhalb der Metropole dienstbar gemacht werden könnte. Das Ziel, Bevölkerung im staatlichen Territorium dezentralisiert zu binden, wäre damit eher zu verwirklichen als mit wenigen geplanten Bevölkerungsmassierungen, die sich die ländliche Peripherie aufteilen und dort weiterhin Entzugseffekte bewirken. Die Lagequalität der Marktorte zu den Wohnstandorten der Bevölkerung und damit die bessere Erreichbarkeit dieser informellen Zentren sollte deshalb im Entwicklungskonzept stärker berücksichtigt werden.

*****

Anmerkungen

(1) Herrn E. SEELE danke ich für die Durchsicht des Manuskriptes.

(2) Nicht untersucht und nicht berücksichtigt sind die lokalen Märkte Panzacola bei Zacatelco sowie Piaxtla und Ahuatempan in der Mixteca.

(3) Einschränkend muß darauf hingewiesen werden, daß die Orte mit nur lokal bedeutsamen Märkten per definitionem nicht als zentrale Orte ausgewiesen werden können. Ihr Vergleich mit dem zentralörtlichen System geschieht daher nur unter dem Gesichtspunkt des formalen Ranges, nicht unter jenem einer zentralörtlichen Position. Ein möglicher Ausbau zu einem zentralen Ort mit Hinterland bleibt davon aber unberührt.

(4) Nach Presseberichten (EL SOL DE PUEBLA 19-4-1980) weist die Stadt Puebla hinter dem Distrito Federal den höchsten Metropolisierungsgrad mit einem Bevölkerungswachstum von 5,3 % jährlich auf.
Mitte der 70er Jahre nahm man für Mexiko-Stadt eine tägliche Zuwandererzahl von 2000 Personen an (EXCELSIOR 4-3-1976).

(5) Industriebeschäftigte pro 1 000 Einwohner nach Munizipien:
San Pedro Cholula: 70,9
Tehuacán: 62,1
San Martín Temelucan: 59,3
zum Vergleich: Puebla: 74,4

(6) Das System der Korruption ist in Mexiko ubiquitär. Dies hat sogar der mexikanische Staatspräsident 1979 in seinem 3. Regierungsbericht zugegeben "... infortunadamente la corrupción invade a todos los sectores" (LOPEZ PORTILLO 1979, 7).

*****

Literatur

"Acaparan y especulan con terrenos. Un 70 % de población marginada para lograr casa propia". In: El Sol de Puebla, 19-4-1980

"Acuerdo mediante el cual se aprueba el Plan del Desarrollo Urbano del Estado de Puebla". In: Periódico Oficial, Puebla 9-2-1979, Nr. 12, S. 10-14

ARIZPE, L.: Migración, etnicismo y cambio económico (un estudio sobre migrantes campesinos a la ciudad de México). México D.F. 1978

BARBAROVIC, I.: "Development poles and rural marginality in Brazil: toward a definition of regional poling". In: Geisse, G. u. J.E. Hardoy (Hgg.): Latin American Urban Research, 2, Beverly Hills-London 1972, S. 101-124

BOHLE, H.-G.: "Beobachtungen zum südindischen ländlichen Wochenmarkt". In: Erdkunde 35, 1981, S. 140-153

CASTELLANOS, R.C.: "El mercado de Tlaxiaco (un bosquejo interpretativo). En memoria de Alejandro Marroquín". In: Bol. Esc. Ciencia Antrop. Univers. Yucatán, 5, 1978, 30, S. 2-47

IX Censo General de Población 1970. Vol. 3, México D.F. 1973

X Censo General de Población y Vivienda. Estado de Puebla. Vol. 1 u. 2, México D.F. 1983

CORNELIUS, W.A.: Los inmigrantes pobres en la ciudad de México y la política. México D.F. 1980

Crecimiento de la población urbana y rural del mundo, 1920-2000. Nueva York, Naciones Unidas 1970

Datos básicos sobre la población de México 1980-2000. S.P.P. México D.F. 1981

DE LA MADRID, H.M.: Los grandes retos de la ciudad de México. México D.F. 1982

Diagnóstico del ambulantismo en la ciudad de Puebla y sus posibles soluciones. Puebla 1980

"Declaratoria de Conurbación de la Ciudad de Puebla". In: Periódico Oficial, Puebla 9-2-1979, Nr. 12, S. 14-16

"Decreto por el que se establecen zonas geográficas para la ejecución del Programa de Estímulos para la Desconcentración Territorial de las Actividades Industriales, previsto en el Plan Nacional de Desarrollo Urbano". In: Periódico Oficial, Puebla 6-3-1979, Nr. 19, S. 1-8

DISKIN, M. u. S. COOK: Mercados de Oaxaca. México D.F., INI 1975

KEMPER, R.V.: Campesinos en la ciudad. México D.F., Sepsetentas 270, 1976

LOPEZ PORTILLO, J.: Tercer Informe de Gobierno. México 1979

"La macrocefalía del DF se resolvería con ciudades regionales ..." In: Excelsior, México 4-3-1976

MANERO MIGUEL, F.: "Valoración de las recientes alternativas para el desarrollo regional en España". In: Estudios Geográficos, Madrid, S. 191-211

MONTAÑO, J.: Los pobres de la ciudad en los asentamientos espontáneos. México D.F. 1976

MUÑOZ, H., O. DE OLIVEIRA u. C. STERN: Migración y desigualdad social en la ciudad de México. México D.F. 1981

Plan Director Urbano Ciudad de Puebla. Puebla 1980

POPP, K. u. K. TYRAKOWSKI: "El caserío Metepec/Atlixco. Sobre el desarrollo de una temprana instalación industrial en México". In: Comunicaciones Proyecto Puebla-Tlaxcala 13, S. 33-36

SEELE, E., K. TYRAKOWSKI u. F. WOLF: Mercados semanales en la región de Puebla-Tlaxcala/México. Puebla 1983

STERN, C.: Las migraciones rural-urbanas. Cuadernos del CES, Nr. 2, México 1979

TICHY, F.: Siedlung und Bevölkerung 1900-1970. Zentralgebiet Puebla-Tlaxcala in Tabellen zusammengestellt. Erlangen 1974

TYRAKOWSKI, K.: "Demographische und räumliche Strukturen der Bevölkerung in México 1980". In: Zeitschrift für Wirtschaftsgeographie 28, 1984, S. 31-36

UNIKEL, L.: El desarrollo urbano de México: diagnóstico e implicaciones futuras. México D.F. 1978^2

3. MIGRATION UND MIGRATIONSVERHALTEN

INNERSTÄDTISCHE WANDERUNGSBEWEGUNGEN UNTERER
SOZIALSCHICHTEN UND PERIPHERES WACHSTUM LATEIN-
AMERIKANISCHER METROPOLEN (MIT BEISPIELEN
AUS SANTIAGO DE CHILE UND LIMA)

Jürgen Bähr (Kiel)

Als eine der auffälligsten Begleiterscheinungen von Landflucht und Verstädterung in Lateinamerika ist immer wieder die Entstehung und das Wachstum randstädtischer Hüttenviertel herausgestellt worden, denn die Zahl der Menschen, die in solchen, oft über Nacht errichteten Siedlungen leben, nahm in den letzten zwei Jahrzehnten noch weit schneller zu als die Stadtbevölkerung insgesamt (WARD 1982a, 3). Es ist daher nicht verwunderlich, daß lange Zeit ein direkter Zusammenhang zwischen Zuwanderung und Ausdehnung der Hüttenviertel postuliert wurde. Erst genauere, mit Befragungen verbundene Untersuchungen führten zu einer Modifizierung dieser Ansicht und zur These eines lediglich indirekten Zusammenhangs.

I. Hypothesen zum Verlauf innerstädtischer Wanderungen unterer Sozialschichten

In Abb. 1 sind verschiedene Hypothesen zu den Beziehungen zwischen Wanderungsbewegungen und randstädtischen Hüttenvierteln schematisch dargestellt. Hypothese A ist besonders in den 50er und 60er Jahren, gelegentlich auch noch später vertreten worden. Danach haben die überwiegend aus dem ländlichen Raum stammenden Migranten zunächst große Mühe, in der Stadt Arbeit und eine Wohnung zu finden. Ihnen bleibt somit keine andere Wahl, als sich auf illegal besetzten Ländereien am Stadtrand niederzulassen und sich dort eine behelfsmäßige Hütte zu errichten. Erst später gelingt es einigen von ihnen, in andere Wohnquartiere, darunter vor allem in Viertel des sozialen Wohnungsbaus, umzuziehen.

Abb. 1: Hypothesen zu den Beziehungen zwischen Wanderungsbewegungen und Entstehung randstädtischer Hüttenviertel (Quelle: eigener Entwurf)

Hypothesen zu innerstädtischen Wanderungsbewegungen unterer Sozialschichten

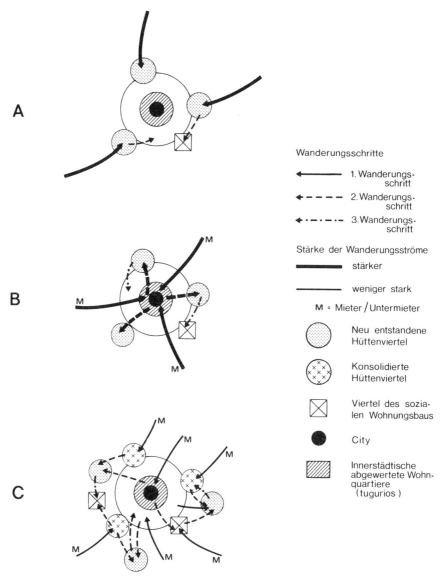

Die Auffassung von der spontanen Entstehung der Hüttensiedlungen spiegelt sich auch in einzelnen Lokalbezeichnungen wider. So werden sie beispielsweise in Chile, abgeleitet vom Ketschua-Wort für Pilz, "callampas" genannt, um damit anzudeuten, daß sie wie Pilze über Nacht aus dem Boden schießen (WILHELMY/BORSDORF 1984, 149).

Seit Mitte der 60er Jahre konnte empirisch nachgewiesen werden, daß zumindest in den großen Metropolen die randstädtischen Hüttenviertel nur in geringem Umfang die Funktion als erste Auffangquartiere für Zuwanderer unterer sozialer Schichten haben, sondern die stärksten Wanderungsströme auf abgewertete Wohnquartiere in innenstadtnahen Bereichen gerichtet sind. Dazu zählen insbesondere ehemalige Wohnviertel der Ober- und Mittelschicht sowie ältere, z.T. schon aus dem vorigen Jahrhundert stammende Massenquartiere für Arbeiter. In Peru werden sie in Abgrenzung zu den überwiegend randlich gelegenen Hüttenvierteln der "barriadas" zusammenfassend als "tugurios" bezeichnet. Die Wanderung von dort an den Stadtrand erfolgt erst in einer späteren Lebensphase, wenn eine gewisse Vertrautheit mit der neuen städtischen Umgebung erworben ist (Hypothese B in Abb. 1).

Der theoretische Rahmen für dieses zweiphasige Wanderungsmodell geht vor allem auf Turner (z.B. 1968) und seine in Lima gewonnenen Erfahrungen zurück. Seine Ableitungen stützen sich darauf, daß sich Wohnungswünsche und damit auch die Anforderungen an den Wohnstandort im Laufe der Zeit ändern können (Abb. 2). Nach Turner lassen sich jedem Wohnstandort drei grundlegende Eigenschaften zuordnen: location (Lage), tenure (Besitzart) und amenity (Wohnwert). Die Bewertung dieser Eigenschaften durch wohnungssuchende Einzelpersonen oder Haushalte hängt sowohl von ihrer sozio-ökonomischen Position als auch von ihrer Stellung im Lebenszyklus ab. Für neu in die Stadt gekommene Migranten spielt die Lage des Wohnstandortes zu möglichen Arbeitsstätten die entscheidende Rolle. Als "Brückenkopf" in der Stadt werden daher bevorzugt Unterkünfte als Mieter bzw. Untermieter ("inquilinos") in den "tugurios" am Rande der City gewählt. Erst wenn ein einigermaßen sicherer Arbeitsplatz mit regelmäßigen, wenngleich noch immer niedrigen Einkünften gefunden ist, kann der Wunsch nach einer eigenen Wohnung erneut eine Wanderungsentscheidung auslösen. Dieser Motivationsbereich verstärkt sich vor allem nach der Familiengründung und der Geburt von Kindern. Um dieses Ziel verwirklichen zu können, wird sogar in Kauf

Abb. 2: Schematische Darstellung von Wohnungswünschen und Anforderungen an den Wohnstandort für untere Sozialschichten nach TURNER (Quelle: DWYER 1975)

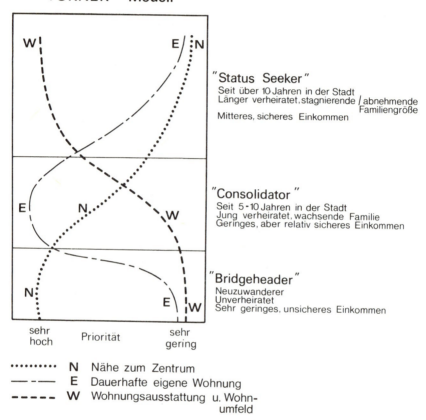

genommen, zunächst in einer behelfsmäßigen Hütte zu leben, die man unter Einsatz der eigenen Arbeitskraft allmählich in ein stabileres Haus umgestaltet. Aus den "bridgeheaders" sind damit "consolidators" geworden. Von diesen dürfte allerdings nur ein kleiner Teil den weiteren Sprung zum "status seeker" schaffen, mit dem z.T. ein erneuter Umzug verbunden ist (z.B. in eine Siedlung des sozialen Wohnungsbaus).

Das Turner-Modell hat die Stadtentwicklungsplanung in Lateinamerika entscheidend beeinflußt, denn daraus läßt sich die Forderung nach einer stärkeren Unterstützung von "self-help housing"-Projekten ableiten. Diese Sicht kommt beispielsweise im Titel eines Aufsatzes von Mangin (1967) klar zum Ausdruck: "Latin American Squatter Settlements: A Problem and a Solution". Die interne Entwicklungsdynamik dieser Viertel hat auch Willems (1980) herausgestellt, der sie als "städtische frontier" bezeichnet. In ähnlicher Weise betont Pachner (1982) den Entwicklungsprozeß von der "Marginalität zur Urbanität".

Die Umsetzung dieser Auffassung in die Planungspraxis zeigt sich vor allem darin, daß seit den 60er Jahren im sozialen Wohnungsbau vermehrt unkonventionelle Lösungen erprobt werden. Dazu zählen z.B. die "operación sitio" in Chile oder die Vergabe von "lotes tizados" in Peru, wobei letztere Bezeichnung, die von "tiza" (Kreide) abgeleitet ist, auf das dahinterstehende Konzept hinweist. Das Bauland wird lediglich in einfachster Weise erschlossen, parzelliert und anschließend an die Berechtigten vergeben, die sich dort in Eigenkonstruktion eine erste Behausung errichten und diese im Laufe der Zeit - z.T. durch kostenlose Kollektivhilfe unterstützt - weiter ausbauen. (Genaue Informationen zur Art und zum Umfang der Verbesserungen sind z.B. den Befragungen von Strassmann (1980) in Cartagena und den Angaben von Arellano 1983 für Santiago de Chile zu entnehmen.)

Auch internationale Organisationen, wie die Weltbank, fördern schon seit längerem, besonders aber seit der Habitat-Konferenz in Vancouver (1976), derartige Strategien und finanzieren neben "site and service"-Projekten auch "squatter upgrading"-Programme, um die Verbesserung von Bausubstanz und Infrastruktur zu erleichtern und zu beschleunigen (vgl. MERTINS 1984). Kritik kommt vor allem von denjenigen Politikern und Wissenschaftlern, die in erster Linie grundsätzliche gesellschaftliche Veränderungen anstreben. Aus dieser Sicht tragen Selbsthilfeprogramme nur dazu bei, den status quo zu erhalten und so die notwendigen Reformen zu verhindern, oder, wie es Janssen (1979, 76) ausgedrückt hat, "self-help programs serve to manipulate rather than to emanzipate" (vgl. dazu BURGESS 1977 u. 1978, CONWAY 1982 sowie die Diskussion in WARD 1982a).

Trotz dieser unterschiedlichen Bewertung wurde das Turner-Modell zum Ausgangspunkt einer intensiveren Beschäftigung mit innerstädtischen Wanderungsbewegungen unterer Sozialschichten. Die dabei erzielten Ergebnisse decken sich allerdings nur zum Teil mit den Grundaussagen Turners. Dafür sei nur ein Beispiel gegeben. Für Bogotá konnten Brücher und Mertins (1978) eine relativ gleichmäßige Verteilung der Zuwanderer über das Stadtgebiet nachweisen. Das steht im Widerspruch zu der von Turner postulierten Rolle des Stadtzentrums als "Brückenkopf" (vgl. auch DAVIES u.a. 1972, VAUGHN und FEINDT 1973 sowie WARD 1976 für verschiedene mexikanische Beispiele). Vielmehr haben alle Wohnbereiche der Unterschicht die Funktion von Auffangquartieren für Neuzuwanderer übernommen, darunter auch ältere konsolidierte Hüttenviertel sowie Siedlungen des sozialen Wohnungsbaus. Ähnliches gilt heute nicht nur in den schneller wachsenden Großstadtregionen, sondern zunehmend auch in noch stärker traditionell geprägten Metropolen, wie z.T. La Paz (HOENDERDOS u.a. 1983).

Hypothese C der Abb. 1 faßt diesen Erkenntnisstand schematisch zusammen und berücksichtigt gleichzeitig, daß nicht alle "squatters" erfolgreiche "consolidators" werden und daher auch Rückwanderungen in ältere Stadtviertel vorkommen (vgl. WARD 1982b). Zudem sind an den innerstädtischen Wanderungen nicht nur Immigranten, sondern in steigendem Maße auch in der Stadt selbst geborene Personen beteiligt. Das räumliche Muster wird demnach nicht mehr von einigen wenigen, stark dominierenden Bewegungen bestimmt, sondern von einer Vielzahl unterschiedlich gerichteter Ströme, die sich nur z.T. in ein zentral-peripheres Ordnungsprinzip einfügen. Aufgrund des Vorherrschens informeller Kontakte sind Wanderungen über vergleichsweise kurze Distanzen, z.B. in benachbarte Viertel, recht häufig (vgl. HOENDERDOS u.a. 1983).

Bei aller Kritik an den Turnerschen Vorstellungen darf nicht übersehen werden, daß Turner sein Modell lediglich für eine bestimmte Phase im städtischen Entwicklungsprozeß postulierte und einräumte, daß bei anhaltender Zuwanderung und weiterem schnellen Wachstum der Städte die zentrumsnahen Wohnquartiere ihre Rolle als erste Auffangstelle der Migranten verlieren können (TURNER 1968).

Dieser Gedanke ist von Conway und Brown (1980) aufgegriffen worden. Die Autoren versuchen, die verschiedenen Modellvorstellungen miteinander zu verknüpfen: Aus dem räumlichen Nebeneinander wird so ein zeitliches Nacheinander (Abb. 3). Nur in einer frühen Phase der Verstädterung sind die wichtigsten Zuwanderungsströme auf zentrumsnahe Bereiche gerichtet (Phase I in Abb. 3). Cityausdehnung, Sanierungsmaßnahmen sowie eine langfristige Blockierung der Wohnungen sorgen dafür, daß die Bedeutung der "tugurios" als "Drehscheibe" innerstädtischer Wanderungen abnimmt. Ihre Funktion übernehmen größtenteils ältere "squatter"-Siedlungen, die mittlerweile konsolidiert, verkehrsmäßig besser erschlossen und damit möglichen Arbeitsstätten nähergerückt sind. Gleichzeitig bieten diese Viertel auch selbst gewisse Beschäftigungsgelegenheiten im Handel oder kleineren Handwerks- und Industriebetrieben.

Bei der Auswahl des ersten Wohnstandortes spielen verwandtschaftliche Beziehungen eine entscheidende Rolle. Vor allem in den konsolidierten Hüttenvierteln werden vielfach zunächst Verwandte und Bekannte als "alojados" aufgenommen, im Laufe der Zeit kommen auch Untermieter ("inquilinos") hinzu. Beide Gruppen leiten später mit der illegalen oder semilegalen Inbesitznahme (vgl. dazu BÄHR u. MERTINS 1981) von noch unbebauten Ländereien am Stadtrand einen neuen Migrationszyklus ein (Phase II in Abb. 3).

Diese Entwicklung kann so weit gehen, daß die Verdichtung in allen älteren Wohnbereichen der Unterschicht, einschließlich der bereits seit längerem konsolidierten und in das städtische System integrierten Hüttenviertel, soweit fortgeschritten ist, daß kaum noch eine Aufnahmefähigkeit für Neuzuwanderer besteht. Damit aber verlagern sich die Hauptzuwanderungsströme immer stärker an die Peripherie (Phase III in Abb. 3).

Conway und Brown (1980) fanden diese Entwicklungsstufen in México-Ciudad und Port of Spain/Trinidad weitgehend bestätigt. Für beide

Abb. 3: Veränderungen innerstädtischer Wanderungsmuster unterer Sozialschichten im Verlaufe des Verstädterungsprozesses nach CONWAY/BROWN (Quelle: eigener Entwurf)

Entwicklungsstufen der innerstädtischen Wanderungsbewegungen unterer Sozialschichten

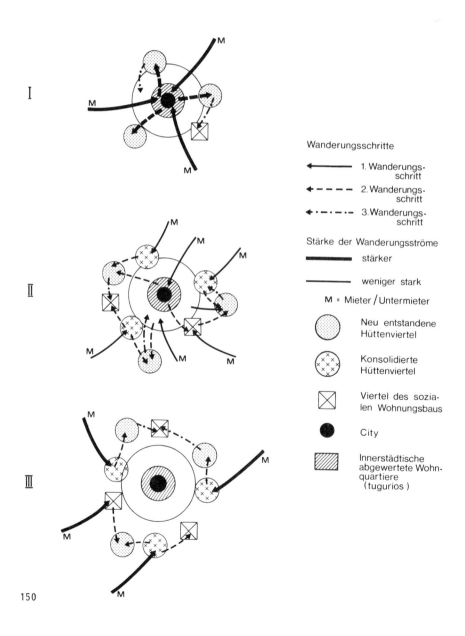

Städte ließ sich eine von innen nach außen fortschreitende Verlagerung der wichtigsten Aufnahmestellen von Neuzuwanderern begleitet von einer "consolidation without relocation" in den jeweils älteren Zielgebieten nachweisen. In ähnlicher Weise lassen sich auch die Ergebnisse von Hoenderdos u.a. (1983, Tab. 3) für Ciudad Juárez/México deuten.

Dagegen bezweifeln Gilbert und Ward (1982a), daß der Wanderungsablauf vorwiegend als Funktion eines unterschiedlich weit fortgeschrittenen Verstädterungsprozesses angesehen werden kann. Ihrer Meinung nach widerspricht bereits das von Conway und Brown genannte Beispiel Port of Spain dieser These, denn dort ist schon sehr früh eine weitgehende Übereinstimmung mit der dritten Entwicklungsstufe zu erkennen. Als weiteren Beleg führen sie die Ergebnisse eigener Untersuchungen in Valencia/Venezuela an. Hier ist der direkte Zuzug an den Stadtrand ungefähr viermal so hoch wie in México-Ciudad und Bogotá, die doch eher in eine fortgeschrittene Phase des Verstädterungsprozesses einzuordnen sind.

II. Handlungsspielraum und innerstädtische Wanderungsbewegungen

Daraus leitet sich die Frage ab, welche anderen Faktoren die Ausbildung der innerstädtischen Wanderungssysteme beeinflussen und steuern. Bei Turner und anderen entscheidungstheoretischen Ansätzen werden vor allem die sich mit wachsender Aufenthaltsdauer in der Stadt und der Stellung im Lebenszyklus wandelnden Präferenzen betont. Weniger beachtet wird hingegen, inwieweit überhaupt ein Handlungsspielraum besteht und wodurch dieser eingeschränkt ist. Konkret gesprochen setzt der von Turner, aber auch von Conway und Brown postulierte Wanderungsverlauf zumindest voraus, daß entweder illegale Landbesetzungen von staatlichen Stellen weitgehend geduldet werden bzw. die Behörden selbst Grundstücke in Art der "lotes tizados" zur Verfügung stellen oder aber daß für Parzellierungszwecke geeignete Ländereien in ausreichendem Umfang zum Verkauf angeboten werden und dabei die Grundstückspreise und Abzahlungsbedingungen auch für ärmere Bevölkerungsgruppen tragbar sind. Ist dies nicht der Fall, werden sich Richtung und Stärke der innerstädtischen Wanderungsströme ändern.

Abb. 4: Konzept des Handlungsspielraums (Quelle: KLINGBEIL 1978, verändert)

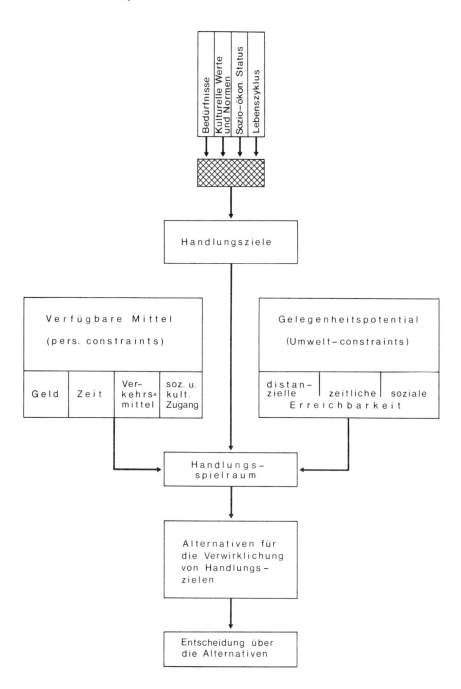

Mit dem Konzept des Handlungsspielraums (Abb. 4) wird zum Ausdruck gebracht, daß zwar die Handlungsziele einzelner Personen von den Bedürfnissen, den kulturellen Werten und Normen sowie dem sozio-ökonomischen Status bestimmt werden und sich auch in den einzelnen Lebensabschnitten ändern können, daß jedoch die sich ergebenden Alternativen für ihre Verwirklichung sowohl von externen Begrenzungen als auch durch die individuelle Mittelverfügung eingeschränkt werden. Beide Komponenten zusammen - die "personal constraints" und die "Umwelt-constraints" - definieren den Handlungsspielraum eines Individuums oder eines Haushaltes (KLINGBEIL 1978). Menschliches Handeln wird somit nicht mehr nur aus den Motiven der handelnden Personen begründet, sondern aus der Analyse des zeit- und raumgebundenen Rahmens der jeweiligen Handlungssituation (vgl. WIRTH 1984).

Dieser für Industriegesellschaften entwickelte Ansatz läßt sich auch auf Entwicklungsländer anwenden, nur daß in diesem Falle den einzelnen Faktoren ein anderes Gewicht zukommt (vgl. dazu POPP 1983). Im Rahmen der hier verfolgten Fragestellung kann als Handlungsziel die Suche nach einer geeigneten Unterkunft angenommen werden (Abb. 5). Zu den "personal constraints" zählen vor allem die finanziellen Gegebenheiten (z.B. die Fähigkeit zum Ankauf einer Parzelle), die verfügbare Zeit (z.B. zum Ausbau einer Hütte), der (meist fehlende) Besitz eines Verkehrsmittels (insbesondere für den Weg zur Arbeit) und der soziale und kulturelle Zugang (z.B. die Vertrautheit im Umgang mit Behörden). Die schon dadurch gegebene recht weitgehende Einengung des Handlungsspielraums, die sich z.B. darin ausdrückt, daß die einkommensschwachen Schichten im allgemeinen keinen Zugang zum normalen Wohnungsmarkt und meist auch nicht zu aufwendigeren Projekten des sozialen Wohnungsbaus haben, verstärkt sich durch verschiedene "Umwelt-constraints". Besondere Bedeutung kommt dabei den "authority constraints" zu, d.h. den verschiedenen Arten staatlicher Einflußnahme und Reglementierung (vgl. GILBERT und WARD 1982b).

Die wichtigsten "Umwelt-constraints" sind in Abb. 5 zusammengestellt. Sie reichen von der Verfügbarkeit von geeignetem Land für Besetzungen und Parzellierungen über das Ausmaß der Duldung illegaler bzw. semilegaler Hüttenviertel, die Höhe der Mieten und die Mieterschutzbestimmungen bis zu Art und Umfang des sozialen Wohnungsbaus und der mehr oder weniger hohen Subventionierung des innerstädtischen Verkehrssy-

Abb. 5: Handlungsspielraum und Alternativen bei der Wohnungssuche für untere Sozialschichten in lateinamerikanischen Metropolen (Quelle: eigener Entwurf)

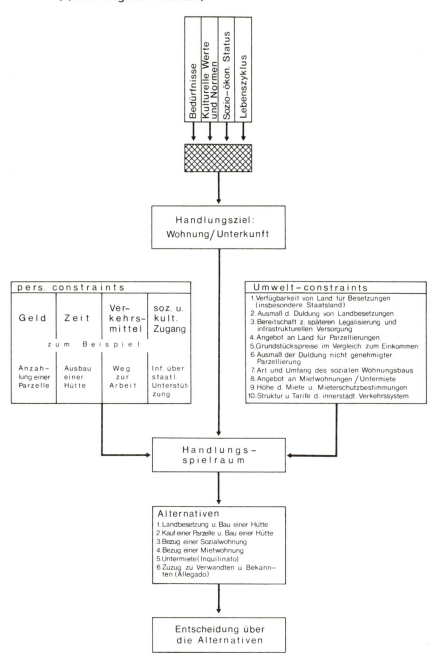

stems. Das Zusammenwirken aller "constraints" führt häufig dazu, daß sich die in Abb. 5 genannten Alternativen auf nur ein oder zwei Möglichkeiten reduzieren. So erklärt sich u.a., daß es in einzelnen Städten nahezu ausschließlich semilegale Hüttenviertel gibt, während sie in anderen fast überhaupt nicht vorkommen und daß die Vermietung und Untervermietung eine sehr unterschiedliche Rolle spielt (vgl. z.B. die Gegenüberstellung von Bogotá und Valencia in GILBERT 1981). Selbst die enge Bindung der innerstädtischen Wanderungen an bestimmte Phasen im Lebenszyklus kann unter bestimmten Bedingungen aufgehoben werden, wie Edwards (1982 u. 1983) für Bucaranga in Kolumbien nachweisen konnte. Zwar ist auch hier der Wunsch nach einer eigenen Wohnung gerade unter den allerärmsten Bevölkerungsgruppen weit verbreitet, die wenigsten können diesen Wunsch jedoch in die Tat umsetzen. Das liegt daran, daß illegale Landbesetzungen und damit die einzige Möglichkeit, ohne jede Kosten zu einem kleinen Grundstück zu kommen, von den Behörden weitgehend verhindert werden und sich nur die wenigsten den Kauf bzw. die Anzahlung einer Parzelle leisten können. Vielen Familien gelingt es selbst nach einem längeren Aufenthalt in der Stadt nicht, dafür genügend Geld anzusparen, und sie kommen so über das von Turner nur als vorübergehend angesehene Mieter-/Untermieter-Stadium nie hinaus. Andere werden erst in fortgeschrittenem Lebensalter zum "consolidator" und ziehen in semilegale Parzellierungen am Stadtrand. Angesichts steigender Bodenpreise und abnehmender Landreserven ist auch in vielen anderen Städten "the easy transition from renter to owner, from bridgeheader to consolidator ... a phenomenon of the past" (GILBERT 1983, 468), und der Anteil der Mieter und Untermieter ist im Steigen begriffen.

Aus diesen und anderen Beispielen ziehen Gilbert und Ward (1982a) den Schluß, daß die Ausbildung innerstädtischer Wanderungsmuster weniger von den Entscheidungen der Wohnungssuchenden, sondern in erster Linie von den verschiedenen "constraints" bestimmt wird. Nicht unterschiedliche Präferenzen in Verbindung mit einem mehr oder weniger weit fortgeschrittenen Verstädterungsprozeß - und somit die Nachfrageseite -, sondern unterschiedliche politische und wirtschaftliche Strukturen, verknüpft mit einem unterschiedlichen Grundstücks- und Wohnungsmarkt - und somit die Angebotsseite - sind demnach für die Unterschiede zwischen verschiedenen Städten maßgebend.

An zwei Beispielen soll dieser Gedankengang fortgeführt und konkretisiert werden. Zunächst wird am Beispiel Lima danach gefragt, ob die Entwicklungsabläufe, wie sie Turner in den 60er Jahren beobachtete und die die Grundlage für sein Modell bildeten, auch heute noch wirksam sind und inwieweit sich das auf seine Ideen zurückgehende Konzept des "self-help housing" bewährt hat. Näher betrachtet wird dazu die Entstehung und weitere Entwicklung der staatlich geplanten "barriada" Villa El Salvador.

Am zweiten Beispiel, Santiago de Chile, läßt sich verdeutlichen, welche Folgen ein grundlegender Wandel im politischen, wirtschaftlichen und sozialen Bereich auf das räumliche Städtewachstum und damit auch auf die innerstädtischen Wanderungsbewegungen haben kann.

III. Entwicklung und Bevölkerungszusammensetzung der staatlich geplanten Barriada Villa El Salvador/Lima

Beginnen wir mit einer kurzen Charakterisierung der für die Stadtentwicklung maßgeblichen politisch-juristischen Rahmenbedingungen, wie sie in Peru zu Beginn der 70er Jahre gegeben waren, um dadurch den Handlungsspielraum einkommensschwacher Personen bei der Wohnungssuche abschätzen zu können. Dabei wird in erster Linie auf die in Abb. 5 angeführten "Umwelt-constraints" Bezug genommen.

1. Geeignetes Gelände für Landbesetzungen zu finden, stellt in Lima kein größeres Problem dar. Das Stadtgebiet grenzt fast überall an landwirtschaftlich nicht nutzbare, sich überwiegend in Staatsbesitz befindliche Flächen wüstenhaften Charakters.

2. Die staatlichen Stellen haben die schon seit den 40er Jahren üblichen Landbesetzungen meist toleriert, gelegentlich sogar bewußt initiiert und gelenkt.

3. Die Bewohner konnten im nachhinein fast immer eine Legalisierung durchsetzen und - häufig allerdings erst nach längerer Wartezeit - eine Verbesserung der Infrastruktur erreichen.

4. Die auf untere Einkommensgruppen ausgerichteten Programme des sozialen Wohnungsbaus beruhen wesentlich auf dem Konzept des "self-help housing". Dazu zählen die Vergabe von "lotes tizados" (Parzellen ohne Infrastruktur), "lotes con servicios" (Parzellen mit Wasser- und Lichtanschluß) oder "núcleos básicos" (Parzellen mit erweiterungsfähigen Basishäusern).

5. Der Ring abgewerteter Wohnquartiere ("tugurios") um die City ist in Lima größer als in anderen Metropolen Lateinamerikas, wenn auch durch Cityausdehnung und einzelne Sanierungsmaßnahmen im Rückgang begriffen.

6. Die Mieten in den Altbauquartieren sind seit längerem "eingefroren" bzw. unzureichend an die Preisentwicklung angepaßt worden (1982 z.B. 4-5 US-Dollars pro Monat in den "tugurios").

Daraus folgt:

1. Semilegale Parzellierungen spielen in Lima keine Rolle, da die Möglichkeiten, ohne Kosten bzw. gegen eine geringe Bezahlung an den Staat eine Parzelle zu erhalten, vergleichsweise gut sind.

2. Nicht alle Neuzuwanderer können in den "tugurios" eine erste Bleibe finden, zumal die Mobilität der hier lebenden Menschen - mitbedingt durch die Mietgesetzgebung - nur gering ist. Als Ersatz stehen aber ältere, ebenfalls noch günstig zum Zentrum gelegene und inzwischen konsolidierte "barriadas" zur Verfügung.

Es ist daher zu erwarten, daß die innerstädtischen Wanderungsbewegungen mit gewissen Modifizierungen dem von Turner postulierten Ablauf entsprechen. Das Beispiel Villa El Salvador kann diese Thesen stützen, zugleich aber auch Probleme des damit verknüpften schnellen Flächenwachstums der Stadt aufzeigen (vgl. dazu ausführlicher BÄHR u. KLÜCKMANN 1984).

Villa El Salvador liegt am südöstlichen Stadtrand von Lima, ca. 18 km vom Zentrum entfernt (Abb. 6). Die Anfänge dieses staatlich geplanten Hüttenviertels gehen auf die Umsiedlung von ca. 25 000-30 000 Landbesetzern im Gebiet von Pamplona zurück. Die Anlage der insgesamt

Abb. 6: Die "barriadas" in der Area Metropolitana von Lima
(Quelle: BÄHR/KLÜCKMANN 1984)

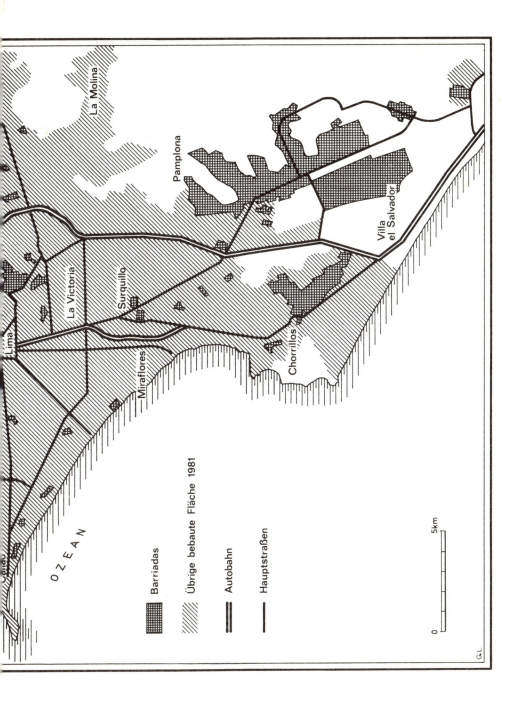

1320 ha großen Siedlung erfolgte völlig schematisch. Das Gelände wurde planiert und in einfachster Weise abgesteckt, um die Parzellen anschließend sofort zu verteilen ("lotes tizados"). Während die Behausungen von den Besitzern selbst errichtet werden sollten, verpflichtete sich der Staat, für die Erstellung und Unterhaltung öffentlicher Einrichtungen und der Infrastruktur Sorge zu tragen. Außerdem sagte man eine schnelle Übereignung der Grundstücke zu.

Über die Herkunft und Zusammensetzung der Siedler sind wir durch mehrere Erhebungen gut informiert. Der größte Teil der Bewohner ist außerhalb der Metropole geboren (77 % der über 15jährigen) und stammt aus der strukturschwachen, als "mancha india" bezeichneten Südsierra sowie aus dem Nahbereich der Hauptstadt (je 31 %). Meist kamen die Zuwanderer jedoch nicht direkt aus der Provinz nach Villa El Salvador, sondern über eine oder mehrere Zwischenetappen in anderen Stadtvierteln. Als erste Bleibe dienten vor allem die innerstädtischen Massenquartiere sowie ältere, bereits konsolidierte "barriadas" (Abb. 7). Die Wohndauer in der Metropole vor der Übersiedlung betrug in 43 % der Fälle weniger als 2, in 27 % mehr als 5 Jahre.

Die Wohnsituation in Villa El Salvador wurde zwei Jahre nach der Gründung überwiegend als zufriedenstellend bis gut beurteilt, obwohl damals noch mehr als die Hälfte der Bewohner in Hütten aus Schilfmatten ("estera") lebte. Diese positive Einschätzung trotz objektiv unzureichender Lebensbedingungen ist nur vor dem Hintergrund der bisherigen, sehr beengten Wohnverhältnisse als "alojados" und "inquilinos" verständlich, die 80 % als schlechter bezeichneten. Als Vorteile des neuen Standortes wurde vor allem der Besitz einer Parzelle bzw. eines Hauses genannt.

Auch die Beziehung zwischen Wanderungen an den Stadtrand und Stellung im Lebenszyklus läßt sich am Beispiel von Villa El Salvador nachweisen. Der Vergleich der Alters- und Haushaltsstruktur von Villa El Salvador und Lima belegt den überdurchschnittlich hohen Anteil der Altersgruppe unter 15 J., der 30- bis 40jährigen sowie der Haushalte mit 6 und mehr Personen (Abb. 8).

Die meisten Haushaltungsvorstände gehen hier, wie auch in anderen "barriadas", einer Beschäftigung nach, und die Arbeitslosigkeit ist nicht

Abb. 7: Voriger Wohnsitz der Bewohner von Villa El Salvador (Quelle: SINAMOS Informe No 034-73-XR/OP, Lima 1973)

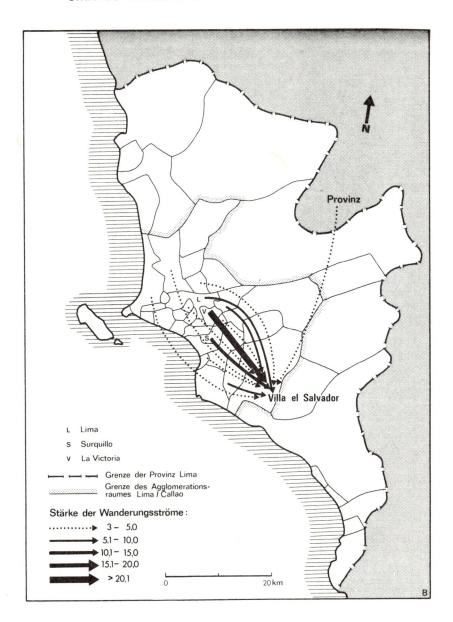

Abb. 8: Alters- und Haushaltsstruktur in Villa El Salvador im Vergleich zu Lima/Callao (Quelle: BÄHR/KLÜCKMANN 1984)

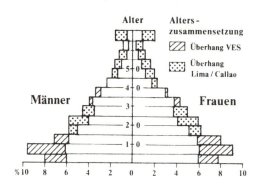

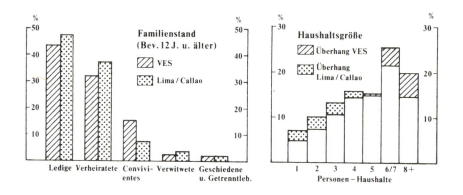

wesentlich höher als in den anderen Stadtteilen. In der Zusammensetzung der Erwerbstätigen nach Berufsgruppen bzw. Stellung im Beruf spiegelt sich allerdings eine weit verbreitete Unterbeschäftigung wider (Abb. 9). Im Vergleich zu Lima/Callao fällt nicht nur der hohe Arbeiter- und geringe Angestelltenanteil auf, sondern auch die große und ständig wachsende Zahl der auf eigene Rechnung arbeitenden "independientes" bzw. der Händler, die überwiegend dem informellen Sektor zuzuordnen sind.

Daß sich die Siedlung mit zunehmender baulicher Konsolidierung allmählich zu einer Auffangstelle für Neuzuwanderer entwickelt hat, ist einmal der schon 1975 festgestellten hohen Quote von Zuzügen aus der Provinz zu entnehmen, zum anderen einer Aufschlüsselung der Haushalte nach Typen auf der Basis der Zensusergebnisse von 1981 für den Distrikt María del Triunfo, zu dem Villa El Salvador gehört (Abb. 10). Danach entfallen zwar noch ungefähr 60 % aller Haushalte auf Kernfamilien, jedoch bereits 20 % auf erweiterte, andere Angehörige einschließende Familien und 15 % auf zusammengesetzte, auch Nicht-Verwandte umfassende Haushalte. Den Rest stellen Einpersonenhaushalte, überwiegend als Zweithaushalte in einer Wohnung.

Insoweit entspricht die Charakterisierung der Bewohner von Villa El Salvador weitgehend dem Typ des "consolidators" nach Turner. Daß dennoch das von der Regierung durch beachtliche Verbesserungen der Infrastruktur unterstützte "self-help housing-Projekt" wenig erfolgreich war, geht schon aus der Entwicklung der Einwohnerzahlen hervor. Zwar stieg die Zahl der Bewohner von 73 000 (1972) auf 136 000 (1981), die ursprünglich vorgesehene Größe von 250 000-300 000 E. wurde jedoch bei weitem nicht erreicht. 1981 war lediglich etwa die Hälfte des geplanten Gebietes bewohnt. Für das Scheitern des Projektes spricht ebenfalls, daß es trotz des hier vorhandenen Grundstücksangebotes erneut zu Landbesetzungen gekommen ist und die Anstrengungen der Regierung, diese Familien nach Villa El Salvador umzusiedeln, fehlschlugen. Selbst von den ursprünglichen Siedlern sind viele später wieder abgewandert.

Die Gründe für diese Entwicklung lassen sich in zwei Punkten zusammenfassen:

1. Villa El Salvador und die "barriadas" der Umgebung sind reine "Schlafstädte" geblieben. Die ursprünglich angestrebte Ansiedlung von Industrie- und Gewerbebetrieben ist nicht gelungen. Die dafür vorgesehenen Flächen stehen weitgehend leer oder sind entgegen dem Bebauungsplan besetzt und parzelliert worden. Nach dem letzten peruanischen Industriezensus von 1979 gab es im Distrikt Villa María del Triunfo nur 644 industrielle Arbeitsplätze bei mehr als 300 000 E.

2. Die Anbindung von Villa El Salvador an das innerstädtische Verkehrsnetz und die Verkehrserschließung innerhalb der Siedlungen sind nach wie vor mangelhaft. So fahren die Busse der staatlichen Gesellschaft nur bis zum Rand der Gemeinde. Zur Weiterfahrt muß in Kleinbusse und

Abb. 9: Berufsgruppen und Stellung im Beruf für die erwerbstätige Bevölkerung in Villa El Salvador im Vergleich zu Lima/Callao (Quelle: BÄHR/KLÜCKMANN 1984)

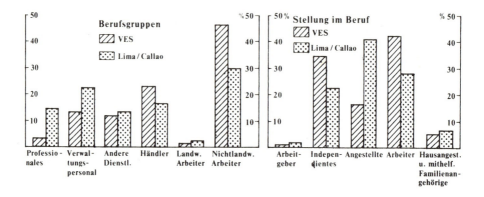

Sammeltaxis umgestiegen werden. Lange Fahrtzeiten zur Arbeit - im Durchschnitt für den einfachen Weg 90 Min. - und hohe Transportkosten sind die Folge.

Daß die Standortnachteile von Villa El Salvador von den Betroffenen heute sehr viel bewußter gesehen werden als in der Entstehungsphase der Siedlung, geht daraus hervor, daß die "pobladores" ihre Wohnsituation längst nicht mehr so positiv wie früher einschätzen und unter den vordringlichsten Verbesserungswünschen die Schaffung von Arbeitsplätzen und andere Dienstleistungen nennen.

Die in Villa El Salvador gewonnenen Erfahrungen sprechen für ein Überdenken der bisherigen Selbsthilfeprogramme, denn es hat sich gezeigt, daß ausschließlich auf die Schaffung von Wohnraum und die Verbesserung der Infrastruktur abzielende Konzepte ("soluciones viviendísticas") auf längere Sicht keinen Erfolg haben werden. Je weiter die Stadt nach außen wächst, desto stärker werden sich die Standortnachteile der Siedlungen bemerkbar machen und auch zur Umlenkung der innerstädtischen Wanderungsströme verbunden mit einer "tuguricación" in älteren "barriadas" führen, sofern man nicht zu integrierten Projekten übergeht, die Veränderungen in anderen lebenswichtigen Bereichen ein-

Abb. 10: Haushaltsstruktur im Distrikt Villa María del Triunfo (Villa El Salvador und andere Hüttensiedlungen) 1981 (Quelle: Censo de Población 1981)

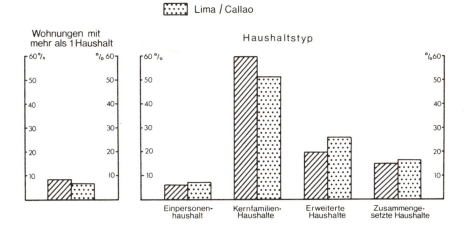

schließen. Das bedeutet keine grundsätzliche Ablehnung von Selbsthilfeprogrammen - wer sich dafür ausspricht, müßte nicht nur theoretisch argumentieren, sondern konkrete Alternativen nennen -, wohl aber ihre Weiterentwicklung entsprechend den gewandelten Rahmenbedingungen.

IV. Der Einfluß gewandelter Rahmenbedingungen auf die räumliche Entwicklung Groß-Santiagos

Die Stadtentwicklung Santiagos verlief zu Beginn der 70er Jahre ganz ähnlich wie in Lima. Zu dieser Zeit ging ein großer Teil des räumlichen Wachstums auf die rasche Ausweitung von Hüttenvierteln zurück. Dabei handelte es sich fast ausschließlich um die Besetzung von Ländereien, sowohl am Stadtrand als auch auf Freiflächen innerhalb des bebauten Gebietes. Diese liefen jedoch nur selten vollkommen spontan ab, sondern waren meist vorher genau geplant und organisiert. Zwar haben die Behörden zu diesem Zeitpunkt - anders als in Peru - keine Parzellen in Art der "lotes tizados" vergeben, die Landbesetzungen sind jedoch häufig von Partei- oder Regierungsstellen bewußt gefördert worden. In den meisten Fällen konnten es daher die Besetzer erreichen, daß ihnen später das Eigentumsrecht übertragen und die Aktion somit im nachhinein legalisiert wurde. Aus den ersten behelfsmäßigen Behausungen entwickelten sich in Selbsthilfe allmählich stabilere, je nach den wirtschaftlichen Verhältnissen unterschiedliche Eigenkonstruktionen. Mit der baulichen Konsolidierung ging eine zunehmende Vermietung einzelner Räume einher, in denen häufig Neuzuwanderer eine erste Unterkunft fanden, so daß von hier aus ein neuer Migrationszyklus seinen Ausgang nehmen konnte.

Die Auswertung des Bevölkerungszensus von 1970 für verschieden alte Siedlungen unterer Sozialschichten an der südlichen Peripherie Santiagos ("comuna" La Granja) spiegelt diese Regelhaftigkeiten wider (vgl. BÄHR 1976). Abb. 11 zeigt, daß nur ein geringer Teil der in den neu entstandenen "callampas" dieses Bereichs lebenden Menschen in Santiago geboren ist, sondern vorwiegend aus der Zentralzone und dem Süden zuwanderte. Zugleich wird aus der Gegenüberstellung von Geburtsort und Wohnsitz im Jahre 1965 deutlich, daß die Übersiedlung an die Peripherie der Landeshauptstadt in vielen Fällen über die Zwischenetappe eines anderen Wohnviertels von Groß-Santiago erfolgte. Die Alterspyramide der Abb. 12 läßt den Schluß zu, daß die Umzüge an den Stadtrand mit der Lebenszyklusphase der Familiengründung und Geburt von Kindern zu parallelisieren sind. Im Vergleich dazu zeigt eine etwa 10- bzw. 30jährige Siedlung der gleichen "comuna" eine stärker zu den älteren Jahrgangsgruppen verschobene Bevölkerungszusammensetzung und einen zunehmenden Anteil von Untermietern und nicht zur engeren Familie zu zählenden Personen.

Dieser idealtypische Entwicklungsablauf ist mit dem Umsturz des Jahres 1973 unterbrochen worden. Der damals einsetzende grundlegende Wandel im politischen, wirtschaftlichen und sozialen Bereich hatte auch für das räumliche Wachstum der Stadt und die damit verknüpften Wanderungsbewegungen entscheidende Konsequenzen. Im Hinblick auf die Wohnbereiche unterer Sozialschichten sind hier vor allem zwei Entscheidungen der Regierung zu nennen:

1. Illegale Landbesetzungen wurden nicht mehr geduldet. Die bestehenden Viertel dieser Art sind zwar weitgehend legalisiert und mit einer sanitären Mindestausstattung versehen bzw. die dort lebenden Menschen in andere Wohnquartiere umgesiedelt worden, in Zukunft sollte sich jedoch die Bebauung nur noch im Rahmen des offiziellen Grundstücks- und Wohnungsmarktes vollziehen.

Abb. 11: Geburtsregion und Wohnsitz 1965 der Haushaltungsvorstände in neu entstandenen Hüttenvierteln am Südrand von Groß-Santiago ("comuna" La Granja) 1970 (Quelle: BÄHR 1976)

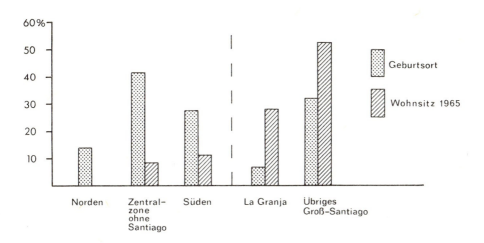

2. Im Rahmen einer liberalen Wirtschaftspolitik erfolgte 1979 unter dem Schlagwort "el suelo urbano no es un recurso escaso" eine erhebliche Ausweitung des Baulandes. Durch diese Erhöhung des Grundstücksangebotes hoffte man, den Preisanstieg für Grund und Boden zu bremsen und so auch ärmere Bevölkerungsgruppen in die Lage zu versetzen, eine Parzelle zu erwerben und sich darauf mit staatlicher Unterstützung oder in Eigeninitiative ein einfaches Haus zu errichten.

Dieses Ziel konnte jedoch nicht erreicht werden. Eher war das Gegenteil der Fall: Aufgrund von Bodenspekulationen kam es zu einem schnellen Anstieg der Preise, der sich erst durch die Mitte 1981 einsetzende Rezession abschwächte. In nur 12 Monaten, von Mai 1980 bis Mai 1981, erhöhten sich die realen Bodenpreise in Santiago je nach Größenklasse der Grundstücke zwischen 50 und 74 % und das trotz einer Angebotsvermehrung um 76 bzw. 209 % (SABATINI 1981). Diese Entwicklung hatte für die ärmere Bevölkerung besonders nachteilige Konsequenzen, bedeutete sie doch, daß eine Verbesserung ihrer Wohnsituation aus eigener Kraft kaum noch möglich war, denn im Unterschied zu den Baukosten lassen sich die Grundstückskosten nicht durch Eigenleistungen reduzie-

Abb. 12: Alterspyramiden für Wohnviertel unterer Sozialschichten verschiedener Entstehungszeiten am Südrand von Groß-Santiago ("comuna" La Granja) 1970 (Quelle: BÄHR 1976)

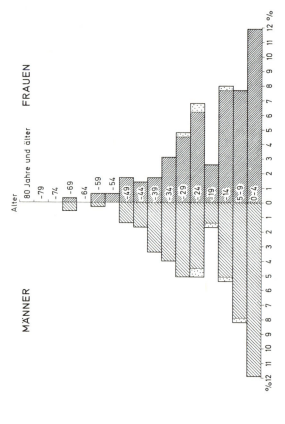

Neu entstandene Hüttensiedlung

Etwa 10 Jahre alte, konsolidierte Hüttensiedlung   Etwa 30 Jahre alte, einfache Stadtrandsiedlung ren. Erschwerend kam hinzu, daß für den Erwerb von Grund und Boden keine staatliche Unterstützung gewährt wurde, sondern lediglich für die Wohnung bzw. das Haus selbst. Die entsprechenden Programme erreichten daher die in äußerster Armut lebenden Menschen immer weniger (Abb. 13).

Gleichzeitig hatten sich auch alle anderen Möglichkeiten zur Lösung des Wohnungsproblems erheblich verschlechtert. Die Mieten waren nach Aufhebung aller Restriktionen ebenfalls stark angestiegen, und das "Ventil" der Landbesetzungen fehlte schon seit 1973. Eine Anpassung der Wohnverhältnisse an einen Wechsel im Familienlebenszyklus entsprechend dem Turnerschen Modell wurde dadurch weitgehend verhindert. Die innerstädtischen Wanderungsbewegungen gingen zurück, statt dessen erfolgte eine Verdichtung im bereits bebauten Gebiet. Viele Menschen waren gezwungen, selbst dann noch als "allegados" ("allegar": hinzufügen) in anderen Haushalten zu leben, wenn sie eine eigene Familie gegründet hatten. Auf das ganze Land bezogen, schätzt Arellano (1982), daß etwa ein Drittel derjenigen Familien, die sich im Jahrzehnt von 1970 bis 1980

Abb. 13: Zuteilung des "subsidio habitacional" nach Einkommensverhältnissen der Begünstigten um 1980 (Quelle: TRIVELLI 1981)

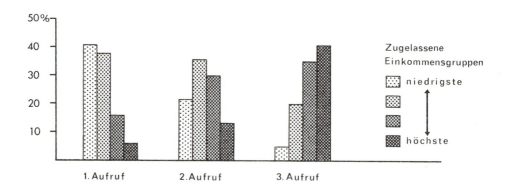

neu bildeten, keine eigene Wohnung erhalten konnte. Das Wohnungsdefizit hat sich dadurch von knapp 250 000 Einheiten im Jahre 1970 auf über 700 000 im Jahre 1981 fast verdreifacht.

In einer um 1960 aus einer "operación sitio" hervorgegangenen Siedlung konnte diese Entwicklung an einem Vergleich der Zensusergebnisse von 1970 und 1982 genauer belegt werden (Abb. 14). Die für 1970 gezeichnete Alterspyramide ist in Abb. 12 schon vorgestellt worden. Daraus ist zu entnehmen, daß die meisten der hier lebenden Familien zu diesem Zeitpunkt einem Abschnitt im Lebenszyklus zugerechnet werden konnten, in dem die Kinder schon größer waren, aber in den wenigsten Fällen bereits das Elternhaus verlassen hatten.

Die Altersgliederung des Jahres 1982 entspricht ziemlich genau derjenigen, die man durch Fortschreibung der für 1970 registrierten Werte erhalten würde. Entsprechend haben sich die am stärksten besetzten Klassen von den 5- bis 14jährigen auf die 15- bis 24jährigen verschoben. Das kann als Hinweis dafür gewertet werden, daß die meisten der 1970 hier lebenden Menschen ihren Wohnstandort nicht gewechselt haben, selbst wenn sie inzwischen geheiratet und Kinder bekommen hatten.

Diese Schlußfolgerung bestätigt sich, wenn man die prozentuale Zusammensetzung eines Durchschnittshaushaltes für die Jahre 1970 und 1982 vergleicht (Abb. 15). Dabei tritt vor allem die Verschiebung von der Gruppe der "Kinder" zu den Gruppen "Enkelkinder" sowie "Andere Verwandte" und "Nicht-Verwandte" deutlich in Erscheinung. Daraus läßt sich ableiten, daß einerseits die Mehrgenerationenhaushalte zugenommen haben, weil viele der neu gegründeten Familien keine eigene Wohnung finden konnten, und daß andererseits die durch Fortzüge von Kindern "freigewordenen Plätze" von nicht zur engeren Familie gehörenden Personen eingenommen wurden.

Der hohe Anteil von Personen im Alter um 20 Jahre (Abb. 14) läßt eine weitere Verschärfung des Wohnungsproblems erwarten, entspricht dieses Alter doch einer Phase im Lebenszyklus, in der die Kinder gewöhnlich das Elternhaus verlassen. Nach den Erfahrungen der letzten Jahre ist zu erwarten, daß nur ein geringer Teil der in naher Zukunft eine Wohnung suchenden Menschen dabei erfolgreich sein wird und die meisten sich damit abfinden müssen, weiterhin unter sehr beengten

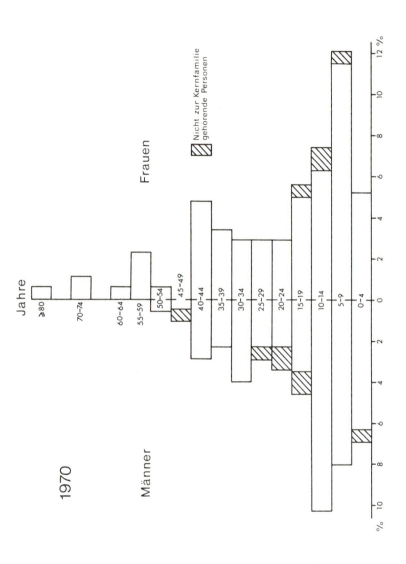

Abb. 14: Alterspyramide für eine Wohnstraße in einer "operación sitio-Siedlung" am Südrand von Groß-Santiago ("comuna" La Granja) 1970 und 1982 (Quelle: Unveröffentlichte Ergebnisse des Censo de Población 1970 und 1982)

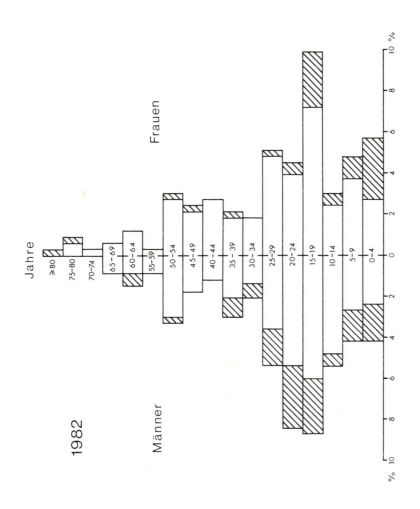

Abb. 15: Zusammensetzung eines Durchschnittshaushaltes für eine Wohnstraße in einer "operación sitio-Siedlung" am Südrand von Groß-Santiago ("comuna" La Granja) 1970 und 1982 (Quelle: Unveröffentlichte Ergebnisse des Censo de Población 1970 und 1982)

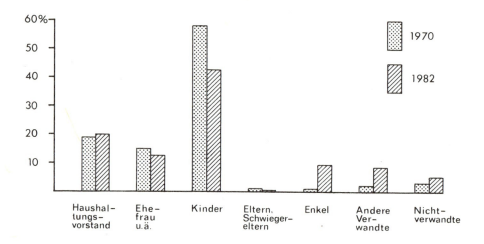

Verhältnissen als "allegados" in anderen Haushalten zu leben. Schon heute wird dieser Personenkreis allein in Santiago auf 135 000 bis 190 000 Familien geschätzt.

Die Regierung ist sich dieses Problems durchaus bewußt und hat verschiedene Lösungsvorschläge erarbeitet, die von einer (allerdings sehr umstrittenen) Umsiedlung in andere Provinzen bis zur Vergabe von Parzellen mit einer minimalen Infrastruktur ("lotes con servicios") bzw. mit ausbaufähigen "viviendas básicas" reichen (EL MERCURIO vom 02.09. 1984). Die Dringlichkeit von Hilfsmaßnahmen wird dadurch noch unterstrichen, daß es trotz aller Verbote ziemlich genau 10 Jahre nach der Machtübernahme durch die Militärs in Santiago erstmals wieder zu Landbesetzungen in größerem Stil gekommen ist, die von verschiedenen "allegado-Gruppen" getragen wurden, ein Beweis dafür, daß sich mit Zwangsmaßnahmen allein die Wohnungsprobleme der ärmeren Bevölkerung allenfalls aufschieben, jedoch nicht lösen lassen.

Literatur

ARRELLANO, J.P.: "Políticas de vivienda popular: Lecciones de la experiencia chilena". In: Colección Estudios Cieplan, 9, Santiago 1982, S. 41-73

-: "Políticas de vivienda 1975-1981: Financiamiento y subsidios". In: Revista Eure, 10, Santiago 1983, S. 9-24

BÄHR, J.: "Siedlungsentwicklung und Bevölkerungsdynamik an der Peripherie der chilenischen Metropole Groß-Santiago. Das Beispiel des Stadtteils La Granja". In: Erdkunde, 30, 1976, S. 126-143

- u. G. KLÜCKMANN: "Staatlich geplante Barriadas in Peru. Dargestellt am Beispiel von Villa El Salvador (Lima)". In: Geogr. Rundschau, 36, 1984, S. 452-459

- u. G. MERTINS: "Idealschema der sozialräumlichen Differenzierung lateinamerikanischer Großstädte". In: Geogr. Zeitschrift, 69, 1981, S. 1-33

BRÜCHER, W. u. G. MERTINS: "Intraurbane Mobilität unterer sozialer Schichten, randstädtische Elendsviertel und sozialer Wohnungsbau in Bogotá/Kolumbien". In: Marburger Geogr. Schriften, 77, Marburg 1978, S. 1-130

BURGESS, R.: "Self-Help Housing: A New Imperialist Strategy? A Critique of the Turner School". In: Antipode, 9, 1977, S. 50-59

-: "Petty Commodity Housing or Dweller Control? A Critique of John Turner's Views on Housing Policy". In: World Development, 6, 1978, S. 1105-1134

CONWAY, D.: "Self-Help Housing, the Commodity Nature of Housing and Amelioration of the Housing Deficit: Continuing the Turner-Burgess Debate". In: Antipode, 14, 1982, S. 40-46

- u. J. BROWN: "Intraurban Relocation and Structure: Low-Income Migrants in Latin America and the Caribbean". In: Latin American Research Review, 15, 1980, S. 95-125

DAVIES, S., R. BLOOD u. M. ALBAUM: "The Settlement Pattern of Newly-Arrived Migrants in Guadalajara". In: Revista Geográfica, 77, México, D.F. 1972, S. 114-121

DWYER, D.J.: People and Housing in Third World Cities. Perspectives on the Problem of Spontaneous Settlements. London-New York 1975

EDWARDS, M.: "The Political Economy of Low-Income Housing: New Evidence from Urban Colombia". In: Bulletin of Latin American Research, 1, 1982, S. 45-61

-:"Residential Mobility in a Changing Housing Market: The Case of Bucaramanga, Colombia". In: Urban Studies, 20, 1983, S. 131-145

GILBERT, A.: "Pirates and Invaders: Land Acquisition in Urban Colombia and Venezuela". In: World Development, 9, 1981, S. 657-678

-:"The Tenants of Self-Help Housing: Choice and Constraints in the Housing Markets of Less Developed Countries". In: Development and Change, 14, 1983, S. 449-477

- u. P.M. WARD: "Residential Movement among the Poor: The Constraints on Housing Choice in Latin American Cities". In: Trans. Inst. British Geographers, New Series, 7, 1982, S. 129-149 (1982a)

-: "Low-Income Housing and the State". In: GILBERT, A. u.a. (Hg.): Urbanization in Contemporary Latin America. Chichester 1982, S. 79-127 (1982b)

HOENDERDOS, W., P. VAN LINDERT u. O. VERKOREN: "Residential Mobility, Occupational Changes and Self-Help Housing in Latin American Cities: First Impressions from a Current Research-Programme". In: Tijdschrift voor Econ. en Soc. Geografie, 74, 1983, S. 376-386

JANSSEN, R.: "Some Ideological Aspects of Urban Planning in Latin America: A Critique of the Turner Model of Self-Help Housing, with Special Reference to Bogotá". In: Boletín de Estudios Latinoamericanos y del Caribe, 27, 1979, S. 69-76

KLINGBEIL, D.: Aktionsräume im Verdichtungsraum. Zeitpotentiale und ihre räumliche Nutzung. Kallmünz/Regensburg 1978 (Münchener Geogr. Hefte, 41)

MANGIN, W.: "Latin American Squatter Settlements: A Problem and a Solution". In: Latin American Research Review, 2, 1967, S. 65-98

MERTINS, G.: "Marginalsiedlungen in Großstädten der Dritten Welt". In: Geogr. Rundschau, 36, 1984, S. 434-442

PACHNER, H.: Hüttenviertel und Hochhausquartiere als Typen neuer Siedlungszellen der venezolanischen Stadt. Sozialgeographische Studien zur Urbanisierung in Lateinamerika als Entwicklungsprozeß von der Marginalität zur Urbanität. Stuttgart 1982 (Stuttg. Geogr. Studien, 99)

POPP, H.: Moderne Bewässerungslandwirtschaft in Marokko. Staatliche und individuelle Entscheidungen in sozialgeographischer Sicht. Erlangen 1983 (Erlanger Geogr. Arb., Sonderband 15)

SABATINI, F.: "El alza de los precios del suelo urbano en la América Latina y su relación con el precio de la vivienda". In: Rev. Interamericana de Planificación, 15, México, D.F. 1981, S. 90-106

STRASSMANN, W.P.: "Housing Improvement in an Opportune Setting: Cartagena, Colombia". In: Land Economics, 56, 1980, S. 155-168

TRIVELLI, P.: "Elementos teóricos para el análisis de una nueva política de desarrollo urbano: Santiago de Chile". In: Rev. Interamericana de Planificación, 15, México, D.F. 1981, S. 44-69

TURNER, J.: "Housing Priorities, Settlement Patterns, and Urban Development in Modernizing Countries". In: Journal Amer. Inst. of Planners, 34, 1968, S. 354-363

VAUGHN, D.R. u. W. FEINDT: "Initial Settlement and Intra-Urban Movement of Migrants in Monterrey, México". In: Journal Amer. Inst. of Planners, 39, 1973, S. 388-401

WARD, P.M.: "Intra-City Migration to Squatter Settlements in Mexico City". In: Geoforum, 7, 1976, S. 369-382

- (Hg.): Self-Help Housing. A critique. London 1982 (1982a)

-: "The Practice and Potential of Self-Help Housing in Mexico-City". In: WARD, P.M. (Hg.): Self-Help Housing. A Critique. London 1982, S. 175-208 (1982b)

WILHELMY, H. u. A. BORSDORF: Die Städte Südamerikas. Teil 1: Wesen und Wandel. Teil 2: Die urbanen Zentren und ihre Regionen. Berlin-Stuttgart 1984 (Urbanisierung der Erde, 3/1-3/2)

WILLEMS, E.: "Die Barackensiedlungen Lateinamerikas als städtische Frontier". In: Kölner Zeitschrift für Soziologie und Sozialpsychologie, 32, 1980, S. 181-195

WIRTH, E.: "Geographie als moderne theorieorientierte Sozialwissenschaft?" In: Erdkunde, 38, 1984, S. 73-79

MIGRATIONSVERHALTEN UND SYSTEME WIRTSCHAFTLICHER UND SOZIALER INTEGRATION DER BEVÖLKERUNG MIT MITTLEREM UND HOHEM SOZIALSTATUS IN LA PAZ (BOLIVIEN)

Gerrit Köster (Aachen)

1. Einführung

In allen lateinamerikanischen Ländern hat in den letzten vier Jahrzehnten ein intensiver Verstädterungsprozeß stattgefunden, der den Anteil der urbanen Bevölkerung gemessen an der Gesamteinwohnerzahl der einzelnen Länder rapide hat ansteigen lassen (KLEINPENNING 1984; WILHELMY/BORSDORF 1984).

Bei der Untersuchung der diesen Prozeß begleitenden Verdichtung bzw. Expansion der Städte stand bisher sowohl in der geographischen als auch in der soziologischen Forschung die Masse der Migranten mit niedrigen Einkommen im Vordergrund des Interesses (1). Insbesondere werden die Verhaltensweisen dieser als "marginal" bezeichneten Bevölkerungskreise untersucht und ihre Raumwirksamkeit im Verlauf des Integrationsprozesses verfolgt. Der daraus abgeleitete Begriff der "marginalen Verhaltensweisen" wurde also im wesentlichen von der Seite der Marginalen selbst her auf der Basis der in diesen Vierteln herrschenden Verhältnisse definiert. Dagegen blieb die "Gegenseite" weitgehend von der Betrachtung ausgeschlossen.

Es soll hier nun ein Projekt vorgestellt werden, das seit 1982 in La Paz, Bolivien, durchgeführt wird und im Gegensatz zu den bisherigen Arbeiten vorrangig die Verhaltensweisen der Bevölkerung mit mittlerem und hohem Sozialstatus innerhalb des Verstädterungsprozesses zum Gegenstand hat (2). Dabei wird das Ziel verfolgt, im Vergleich der eigenen mit den bisher durchgeführten Untersuchungen die für beide Seiten - arm und reich - typischen Verhaltensmuster herauszustellen.

Die Stadt La Paz bot sich für eine derartige Analyse der Bevölkerung mit mittlerem und hohem Sozialstatus in besonderem Maße an. Denn hier wurde in den Jahren 1979 und 1980 in zwei detaillierten Arbeiten bereits die Bevölkerung mit niedrigem Einkommen untersucht. In beiden Fällen wurden jeweils knapp 1 500 Familien befragt, wobei in der einen Untersuchung das interregionale (ORMACHEA/PABON 1981; MALETTA/PABON 1981), in der anderen das innerstädtische Migrationsverhalten (VAN LINDERT/VERKOREN 1981 u. 1983) schwerpunktmäßig Berücksichtigung fand. Damit ergibt sich erstmalig die Möglichkeit, auf statistisch gesicherter Grundlage marginales gegen nicht-marginales Verhalten abzugrenzen.

2. Zur Methodik der Datenerhebung
2.1 Die sozio-ökonomische Gliederung der Stadt La Paz

Die zu der eigenen Untersuchung notwendigen Daten wurden im Rahmen einer Fragebogenaktion erhoben. Um eine geeignete Auswahl der zu befragenden Familien mit mittlerem und hohem Sozialstatus vornehmen zu können, mußte zunächst einmal eine sozio-ökonomische Gliederung des Stadtgebietes von La Paz durchgeführt werden. Diese Gliederung erfolgte mit Hilfe einer Korrelationsanalyse nach Spearman (vgl. BAHRENBERG/ GIESE 1975, 152), wobei als Grundlage die Ergebnisse der Volkszählung von 1976 dienten, die als Individualdaten zur Verfügung standen (3).

Das Ergebnis der sozio-ökonomischen Gliederung ist in Abb. 1 in verallgemeinerter Form wiedergegeben (4). Danach lebt die Bevölkerung mit hohem Sozialstatus (+0,9 und +0,8) in einem Gebiet, das bandförmig die Stadt in einem Bogen von Südosten nach Norden durchzieht. Es folgt damit dem Rio Orko Jahuira als einem der beiden Quellflüsse des Rio La Paz sowie seinen linken Nebenflüssen Rio Irpavi und Rio Achumani. Das Band ist umgeben von einem gelegentlich durchbrochenen Gürtel, in dem die Bevölkerung mit einem niedrigeren sozio-ökonomischen Status ansässig ist. Und schließlich folgt ein Ring, in dem ausschließlich negative Korrelationskoeffizienten auftreten. Die niedrigsten Werte werden in einem Bereich westlich des Zentrums erreicht.

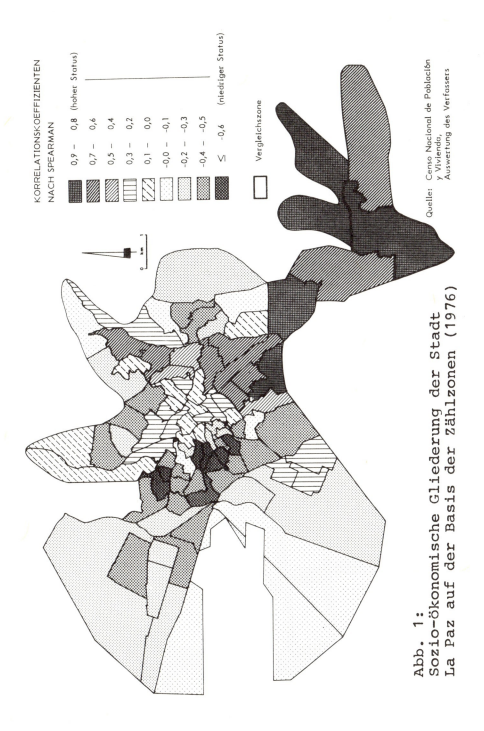

Abb. 1:
Sozio-ökonomische Gliederung der Stadt
La Paz auf der Basis der Zählzonen (1976)

Diese Abfolge spiegelt die morphologischen und klimatischen Gegebenheiten in La Paz wider. Innerhalb des Stadtgebietes herrscht eine Höhendifferenz von rund 800 m, von 3 300 m im Osten (Calacoto) auf 4 100 m auf dem Altiplano im Westen. Dementsprechend liegen die Temperaturen im Stadtteil "El Alto" im Mittel um 5° C niedriger als in Calacoto. Weiterhin ist der Talkessel von La Paz in seiner Form gekennzeichnet durch die relativ flachen Flußterrassen des Rio de la Paz und seiner Quell- und Nebenflüsse sowie die fast tischebene Fläche des Altiplano auf der einen Seite und die steilen und stark zerrunsenen Wände des Kesselrandes auf der anderen, die bei dem Vorherrschen der nur wenig verfestigten Beckenfüllung zu starken Rutschungen neigt.

Die Bevölkerung mit hohem Sozialstatus bevorzugt nun die flachen und klimatisch begünstigten tiefer gelegenen Zonen der Stadt. Mit zunehmender Meereshöhe sinkt generell der Status der dort ansässigen Bevölkerung, und zwar um so mehr, je steiler das Gelände wird. Die unterste Sozialschicht lebt dementsprechend in den besonders steilen Kesselrandlagen, wohingegen den Altiplano selbst trotz der extrem niedrigen Temperaturen und der intensiven Winde größtenteils eine etwas besser gestellte Bevölkerung bewohnt.

Kennzeichnend ist weiterhin die relativ niedrige sozio-ökonomische Einstufung der Altstadt von La Paz. Sie zeigt, daß auch in La Paz eine Degradierung des Zentrums mit der Abwanderung der gehobenen Sozialschicht einhergegangen ist. Damit wiederholt sich in La Paz diese aus allen anderen lateinamerikanischen Städten bekannte Erscheinung.

2.2 Die Auswahl der zu untersuchenden Zählsektoren

In Anlehnung an die Volkszählung von 1976 wurden die eigenen Erhebungen auf der Basis der 978 Zählsektoren durchgeführt. Dabei erfolgte die Auswahl der Sektoren, die bei der Befragungsaktion berücksichtigt werden sollten, mit Hilfe einer Häufigkeitsverteilung der Zählbezirke mit gleichem Korrelationskoeffizienten (Abb. 2). Für die Befragung wurden dem markanten Sprung in der Häufigkeitsverteilung entsprechend alle Sektoren ausgewählt, die mindestens einen Korrelationskoeffizienten von +0,3 aufweisen. Zusätzlich wurden zur Kontrolle auch Befragungen in einzelnen Sektoren mit einem Koeffizienten von +0,2 durchgeführt. Daß diese Viertel jedoch nicht mehr einem gehobenen Sozialstatus zugehören, läßt sich z.B. anhand der infrastrukturellen Ausstattung der Häuser in diesen Sektoren erkennen. So verfügen nur 19 % der Häuser über einen eigenen Wasseranschluß, wohingegen der Anteil in der nächsten Gruppe sprunghaft auf 67 % ansteigt.

Aus der Gesamtheit der Zählbezirke mit einem Korrelationskoeffizienten ≥ +0,3 wurde jeder dritte Sektor ausgewählt und nach einer Zählung aller in einem Sektor vorhandenen Haushalte jeder 10. Haushalt befragt. Insgesamt wurden 1 100 Familien mit rund 4 400 Personen erfaßt. Das entspricht einer geschichteten, systematischen Stichprobe von 3,3 % der Teilgesamtheit.

3. Das interregionale Migrationsverhalten

Im folgenden sollen nun erste Ergebnisse vorgestellt werden, die zum einen Aspekte der interregionalen, zum anderen der innerstädtischen Migration zum Gegenstand haben und die Auswertungsmöglichkeiten der erhaltenen Daten aufzeigen sollen.

3.1 Die Struktur der interregionalen Migration

Insgesamt wurden im Rahmen der Befragung 822 Haushaltsvorstände gezählt, die im Laufe ihres Lebens gewandert sind (Abb. 3). Das entspricht einem Anteil von 78 %. Diese 822 Haushaltsvorstände wurden nun sieben Gruppen zugeteilt. Sie entsprechen den Sektoren mit gleichem Korrelationskoeffizienten, d.h. in der Gruppe 3 sind alle Personen, die in Sektoren mit dem Korrelationskoeffizienten +0,3 wohnen, zusammengefaßt. Somit ist es möglich, auch innerhalb der Mittel- und Oberschicht Unterschiede im Migrationsverhalten je nach dem sozialen Status herauszuarbeiten.

Nehmen wir als erstes Beispiel die Anzahl der Migrationsschritte, so läßt sich feststellen, daß die Zahl der Etappen - wie zu erwarten - auch innerhalb der Mittel- und Oberschicht mit steigendem Sozialstatus zunimmt. Bis zur letzten Ankunft in La Paz steigt sie von 3,5 auf 5,8 Schritte an. Dabei sind die Zwischenstationen in den Gruppen 3 bis 7 zu

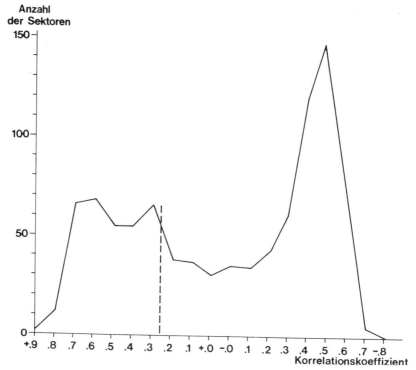

Abb. 2: Häufigkeitsverteilung der Sektoren nach ihrem Korrelationskoeffizienten

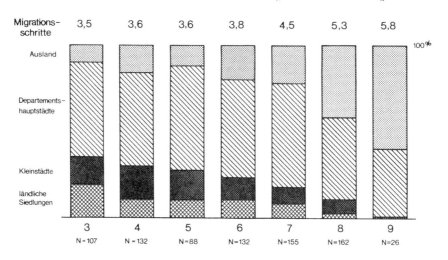

Abb. 3: Struktur der interregionalen Migration

rund 60 % eine der neun bolivianischen Departementshauptstädte. Bei Gruppe 3 entfallen aber noch rund 20 % der Etappen auf Siedlungen bis etwa 2 000 Einwohner, die bei den Gruppen 4 bis 7 nur noch rund 10 % ausmachen. Dagegen steigt der Anteil der Auslandsaufenthalte. Dies gilt insbesondere für die Gruppen 8 und 9, denen wegen ihrer häufigen Auslandsaufenthalte im interregionalen Migrationsverhalten eine Sonderstellung zukommt. In den meisten Fällen handelt es sich dabei um Studienaufenthalte.

Insgesamt sind die Migrationsbewegungen der Bevölkerung mit mittlerem und hohem Sozialstatus ihrem Ausbildungsniveau entsprechend also auf die größeren Städte des Landes sowie auf das Ausland beschränkt. Ländliche Herkunfts- oder Zielgebiete spielen dagegen zumindest in den höchsten Gruppen praktisch keine Rolle. Selbst bei den Etappen innerhalb des Departements La Paz handelt es sich zu etwa 70 % um größere Siedlungen.

3.2 Interregionale Migration und sozio-ökonomische Bewegung

Interessant ist in diesem Zusammenhang die Beziehung zwischen interregionaler Migration und sozio-ökonomischer Bewegung. Im Mittel findet nämlich bei rund 70 % der Migrationsschritte, die während der wirtschaftlich aktiven Zeit durchgeführt werden, keinerlei sozialer Auf- oder Abstieg statt (Abb. 4). Die geringste Mobilität zeigen dabei die unterste sowie die oberste Gruppe. Im einen Fall scheint eine soziale Veränderung nur schwer möglich, im anderen nicht nötig zu sein.

In etwa 20-25 % der Migrationsschritte ist dagegen die Wanderung mit einem wirtschaftlichen oder sozialen Aufstieg verbunden (Abb. 5) (5). Eine Ausnahme bildet die Gruppe mit dem höchsten Sozialstatus, in der der Prozentsatz nur knapp die Hälfte erreicht. Dagegen ist in den Gruppen 4 bis 9 die Migration in 5-10 % der Etappenwechsel an einen sozio-ökonomischen Abstieg gekoppelt. Davon sind lediglich die unterste Gruppe sowie auch die Vertreter der Gruppe 2 nicht erfaßt. Hierin dürfte eine in Bolivien weit verbreitete Erscheinung zum Ausdruck kommen, die mit den politischen Verhältnissen sowie den Mechanismen der Arbeitsplatzbeschaffung in Zusammenhang gebracht werden kann. Die häufigen Regierungswechsel - in Bolivien seit der Unabhängigkeit 1825 im

Abb. 4:
Sozio-ökonomische Bewegung bei internationaler
und innerstädtischer Migration

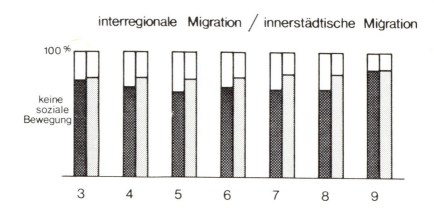

Abb. 5:
Struktur der sozio-ökonomischen Bewegung
bei der internationalen Migration

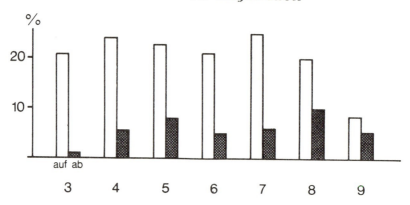

Mittel alle 9 Monate - sowie die Sitte, seinen (politischen) Freunden und Verwandten einen gehobenen Arbeitsplatz - insbesondere in der Verwaltung - zu besorgen, führen dazu, daß bei vielen Machtwechseln auf nationaler oder regionaler Ebene die einmal erhaltenen Posten wieder zur Verfügung gestellt werden müssen. Diese Rückstufungen und eine damit verbundene interregionale Migration scheinen eine typische Erscheinung gerade der besser gestellten Bevölkerung in Bolivien zu sein.

3.3 Die Migration ethnischer Gruppen

Im Rahmen der interregionalen Wanderungsbewegungen, die innerhalb des bolivianischen Staates abgelaufen sind, ist auf die besondere Lage von La Paz in bezug auf die sprachräumliche Gliederung des Landes einzugehen. Wie Abb. 6 zeigt, vereinigt La Paz die bolivianische Bevölkerung in ihrer größten Vielfalt. Nicht nur das Aymara-Sprachgebiet, in dem La Paz liegt, sondern auch die quechuasprechende Region sowie der spanischsprachige Raum des Tieflandes und der größeren Zentren liegen im Einzugsgebiet der Stadt. Das ist insofern interessant, als in traditionellen Gesellschaftsstrukturen die Zugehörigkeit zu ethnischen Einheiten oder auch zu Religionsgemeinschaften für die soziale Stellung von großer Bedeutung ist.

Es soll nun gezeigt werden, wie in dieser in der Übergangsphase von traditioneller zu industrieller Gesellschaftsstruktur befindlichen Stadt das ethnische Substrat in den einzelnen Gruppen der Bevölkerung mit mittlerem und hohem Sozialstatus in Erscheinung tritt. Das soll anhand der Sprachkenntnisse geschehen, über welche die einzelnen Gruppen verfügen.

Bezüglich der Spanischkenntnisse läßt sich zwischen den Gruppen kein Unterschied erkennen; spanisch wird von allen Befragten gesprochen. Hierin kommt zum Ausdruck, daß das Spanische als Amtssprache für die gesamte in der Stadt lebende Bevölkerung unbedingte Voraussetzung ist. Sehr viel interessanter sind in diesem Zusammenhang jedoch die Kenntnisse der im Hochland verbreiteten Indianersprachen (Abb. 7). Der Lage der Stadt innerhalb des Aymara-Sprachraumes entsprechend ist das Aymara auch in der Mittel- und Oberschicht noch relativ stark vertreten. Deutliche Absätze sind zu erkennen bei den Gruppen 6 und

Abb. 6:
Sprachräumliche Gliederung Boliviens und
Wanderung nach La Paz (1976)

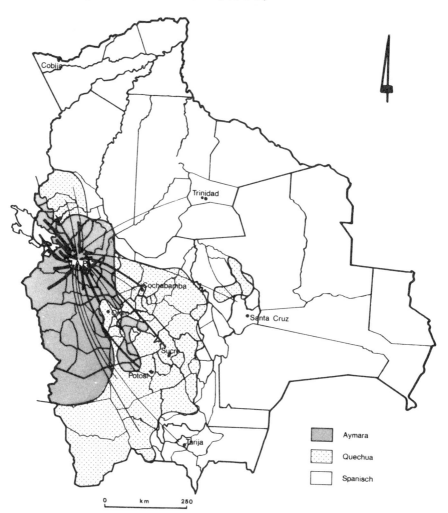

7, ein weiterer erfolgt zu den Gruppen 8 und 9. Im Vergleich mit der Gesamtbevölkerung von La Paz, die zu 44 % Aymara spricht, ist das Aymara in der Mittel- und Oberschicht jedoch mit durchschnittlich 12 % ausgesprochen unterrepräsentiert.

Anders verhält es sich mit den Quechua-Kenntnissen. Während in La Paz im Mittel 7 % der Bevölkerung Quechua sprechen können, ist diese Sprache in den Gruppen 3 bis 6 mit rund 10 % leicht überrepräsentiert, in den Gruppen 7 und 8 entspricht der Anteil dem städtischen Durchschnitt, und erst in der Gruppe mit dem höchsten Sozialstatus tritt auch das Quechua stark in den Hintergrund.

Im Gegensatz dazu nehmen die Kenntnisse ausländischer Sprachen, insbesondere des Englischen, mit zunehmendem Sozialstatus zu, wobei von der Gruppe 7 zu den Gruppen 8 und 9, bedingt durch die Auslandsaufenthalte, ein markanter Sprung zu erkennen ist.

Hieraus läßt sich die soziale Stellung der einzelnen ethnischen Gruppen in La Paz ablesen. An oberster Stelle stehen die Personen, die neben dem Spanischen auch über die Kenntnis einer ausländischen Sprache verfügen, d.h. die Ausländer bzw. Bolivianer, die sich im Ausland aufgehalten haben. Es folgt die Bevölkerung mit Quechua-Kenntnissen, die mit den Gruppen 3 bis 6 eindeutig in einer mittleren Stellung vorherrschend ist. Dagegen ist das Aymara in der Mittel- und Oberschicht unterrepräsentiert und damit in La Paz als Charaktersprache der unteren Sozialschicht anzusehen.

Diese Abfolge erklärt auch die geringen Werte des Aymara und Quechua und den hohen Wert für das Englische innerhalb der Gruppe 2. Sie sind als das Bestreben dieser Gruppe zu werten, sozial höher eingestuft zu werden, als es ihren tatsächlichen Verhältnissen entspricht. Derartigen Fehlermöglichkeiten ist bei der Interpretation der erhaltenen Daten stets Rechnung zu tragen.

Abb. 7: Aymara-, Quechua- und Englischkenntnisse der Bevölkerung mit mittlerem und hohem Sozialstatus

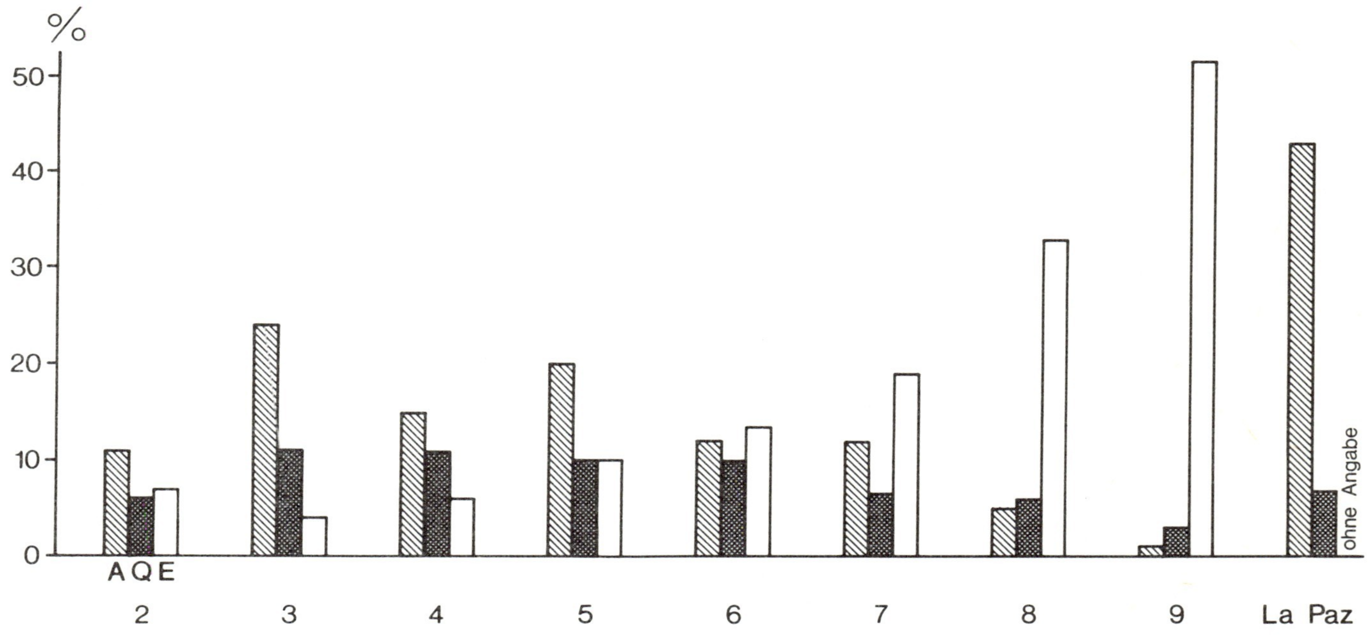

4. Aspekte der innerstädtischen Migration

Im folgenden sollen nun an zwei Beispielen einige Aspekte der innerstädtischen Migration vorgestellt werden. Zunächst soll die Frage weiter verfolgt werden, in welchem Maße auch innerhalb der Stadt soziale Mobilität und räumliche Mobilität miteinander verknüpft sind. Um die Ergebnisse mit denjenigen der interregionalen Migration vergleichen zu können, wurde innerhalb der Stadt zwischen den (interregionalen) Migranten und den Nicht-Migranten, die also ihr ganzes Leben in der Stadt gewohnt haben, unterschieden.

4.1 Räumliche und soziale Mobilität interregionaler Migranten

Ein Vergleich der Anzahl der Migrationsschritte zeigt, daß bei den interregionalen Migranten zwischen den einzelnen Gruppen der Mittel- und Oberschicht praktisch keine Unterschiede bestehen (Tab. 1). In allen Gruppen schwankt die mittlere Anzahl der Migrationsschritte zwischen 1,2 und 1,6. Diese Werte unterscheiden sich damit in zweierlei Hinsicht von denen der interregionalen Migration (Abb. 3 und Tab. 1):

Tabelle 1: Räumliche und soziale Mobilität der interregionalen Migranten nach ihrer Ankunft in La Paz

	Gruppe						
	3	4	5	6	7	8	9
Mittlere Anzahl der Migrationsschritte in La Paz	1,4	1,2	1,6	1,5	1,5	1,6	1,5
Mittlere Anzahl aller sozio-ökonomischer Änderungen je Umzug	0,5	1,0	1,0	0,5	0,4	0,3	0,3
Anzahl der Haushaltsvorstände Abs.	107	132	88	132	155	167	26
%	13,2	16,3	10,9	16,4	19,2	20,7	3,2

1. Im Mittel liegt die Anzahl der innerstädtischen Migrationsschritte um 2,9 Schritte unter denen der interregionalen Migration.

2. Eine Zunahme der räumlichen Mobilität mit dem Sozialstatus, wie sie für die interregionale Migration typisch war, ist in der Stadt nicht mehr zu verzeichnen.

Die Migranten lassen in La Paz also eine sehr viel geringere räumliche Mobilität erkennen. Es stellt sich damit die Frage, inwieweit diese vielleicht durch eine intensivere soziale Mobilität ausgeglichen wird.

Wie Abb. 4 zeigt, sind die wenigen Migrationsschritte, welche die interregionalen Migranten innerhalb der Stadt durchführen, jedoch in erstaunlich wenigen Fällen direkt mit einer sozialen Mobilität verbunden. Rund 80 % der Umzüge der wirtschaftlich aktiven Bevölkerung erfolgen ohne soziale Veränderungen. Das sind etwa 10 % mehr als bei der interregionalen Migration.

Dieses Bild gibt jedoch in nur unzureichendem Maß die tatsächlich vorhandene soziale Mobilität wieder, da die Bewegungen, die unabhängig von einem Ortswechsel in La Paz stattgefunden haben, noch nicht berücksichtigt worden sind (6). Bei Einbezug dieser "ortsfesten" Veränderungen zeigt sich nun, daß bei den interregionalen Migranten die Anzahl aller sozialen Veränderungen durchweg geringer ist als die Anzahl der Umzüge, in Tabelle 1 also die mittlere Anzahl aller sozio-ökonomischen Veränderungen je Umzug kleiner 1 bleiben. Als besonders rege treten die Gruppen 4 und 5 in Erscheinung, die mit einer sozialen Bewegung je Umzug deutlich über dem Durchschnitt liegen.

Insgesamt erweisen sich die interregionalen Migranten, sobald sie sich einmal in La Paz niedergelassen haben, als äußerst stabil, und zwar sowohl im Hinblick auf ihre räumliche als auch auf ihre soziale Mobilität. Bei einer mittleren Umzugshäufigkeit von 1,5 Umzügen wechseln die nach La Paz zugewanderten Angehörigen der Mittel- und Oberschicht offensichtlich - nach einer ersten Orientierungsphase - gleich in ein Viertel, das ihren Ansprüchen entspricht. Dabei haben sie soziale Stellungen erreicht, die bedeutende Aufstiege nicht mehr notwendig machen. Gleichzeitig können die etwa durch die jeweiligen politischen Verhältnisse hervorgerufenen Schwankungen in der Beschäftigung in La Paz einfacher durch äquivalente Tätigkeiten ausgeglichen werden, so daß sie als soziale oder räumliche Mobilität nicht zum Ausdruck kommen.

4.2 Die ortsansässige Bevölkerung

Bei einem Vergleich der ortsansässigen Bevölkerung mit den interregionalen Migranten zeigen erstere einige sehr markante Charakteristika (Tabelle 2):

Tabelle 2: Räumliche und soziale Mobilität der ortsansässigen Bevölkerung von La Paz						
	G r u p p e					
	3	4	5	6	7	8
Mittlere Anzahl der Migrationsschritte in La Paz	1,9	1,8	1,8	2,4	2,3	2,8
Mittlere Anzahl aller sozio-ökonomischer Änderungen je Umzug	1,5	7,5	13,7	6,0	1,7	1,5
Anzahl der Haushaltsvorstände Abs.	38	42	47	49	24	20
%	17,3	19,1	21,4	22,2	10,9	9,1

1. Die Anzahl der Migrationsschritte liegt zwar über derjenigen der Migranten, doch sind die Differenzen trotz der durchschnittlich längeren Verweildauer unerwartet gering. Das gilt insbesondere für die Gruppen 3 bis 5, bei denen sie im Mittel bei nur 0,4 Schritten liegen. Erst in den Gruppen 6 bis 8 steigen sie auf den Wert 1.

2. Bei den Ortsansässigen fehlt die sich über alle Teilgruppen erstreckende Zunahme der Migrationsschritte mit steigendem Sozialstatus, wie sie für die interregionalen Migranten vor ihrer Ankunft in La Paz typisch war (vgl. Abb. 3). Eine derartige Tendenz ist ansatzweise lediglich in den Gruppen 6 bis 8 zu erkennen, wohingegen die Gruppen 3 bis 5 diesen Trend nicht mitmachen.

3. Dafür liegen bei den Ortsansässigen die sozio-ökonomischen Bewegungen, die unabhängig von einem Ortswechsel erfolgen, z.T. weit über den Werten der interregionalen Migranten. Insbesondere in den Gruppen 3 bis 5 ist eine enorme Steigerung dieser Bewegungen mit einem extremen Höhepunkt in der Gruppe 5 zu verzeichnen.

Die sehr unterschiedliche Ausprägung der genannten Merkmale deutet an, daß die ortsansässige Bevölkerung in sich viel uneinheitlicher ist, als das bei den Migranten der Fall war. Vielmehr erscheinen die Gruppen 3 bis 5 als ein Block, die Gruppen 6 bis 8 als ein zweiter mit unterschiedlichem sozio-ökonomischem Verhalten.

Die Angehörigen der Gruppen 3 bis 5 sind als räumlich extrem unbeweglich zu bezeichnen. Das deutet an, wie schwer es ist, den ersten Migrationsschritt zu tun, zumal die von Geburt an tradierte Kenntnis der bestehenden Strukturen innerhalb der Stadt dem Betreffenden einen Umzug oft unnötig erscheinen läßt. Dagegen zeigen die Angehörigen der Gruppen 3 bis 5 mit zunehmendem Sozialstatus eine äußerst intensive sozio-ökonomische Bewegung. Diese reicht offensichtlich jedoch nicht aus, um sie auch in eine räumliche Bewegung umzusetzen. Darin ähneln die Gruppen 4 und 5 der interregionalen Migranten - wenn auch in sehr viel geringerem Ausmaß - der ortsansässigen Bevölkerung. Der Schritt zur räumlichen Bewegung wird erst durch die Angehörigen der Gruppen 6 bis 8 getan, wodurch hier dann die mittlere Anzahl aller sozio-ökonomischen Änderungen je Umzug sprunghaft abnimmt.

Die insgesamt geringere Flexibilität der ortsansässigen Bevölkerung drückt sich auch in der Verteilung von interregionalen Migranten und Nicht-Migranten auf die einzelnen Gruppen innerhalb der Bevölkerung mit mittlerem und hohem Sozialstatus aus. Bei den Migranten liegt der Schwerpunkt in den Gruppen 7 und 8, bei den Nicht-Migranten in den Gruppen 5 und 6. Die Gruppe 9 ist bei den Nicht-Migranten gar nicht vertreten. Danach zeigt sich, daß auch in La Paz - wie allgemein bekannt - den Migranten oft eine sozial höhere Stellung zukommen kann als den Nicht-Migranten.

4.3 Die Lage der Erstzuwanderungsgebiete und ihre Veränderung

Einen wichtigen Problemkreis bei der Untersuchung der Migrationsbewegungen innerhalb der lateinamerikanischen Stadt stellt besonders auch wieder in der letzten Zeit die Frage dar, in welchen Bereichen der Stadt sich die zugewanderte Bevölkerung zuerst niederläßt und wie sich die Lage der die Migranten zuerst aufnehmenden Stadtviertel im Laufe der Zeit ändert (vgl. MERTINS 1984).

Für die Bevölkerung mit niedrigem Einkommen liegen eine Reihe von Untersuchungen vor, die diesen raum-zeitlichen Prozeß beleuchten. In La Paz sind die beiden holländischen Geographen van Lindert und Verkoren 1980 dieser Fragestellung nachgegangen (VAN LINDERT/VERKOREN 1981, 34 ff.). Im Vergleich mit den eigenen Untersuchungen kann deshalb am Beispiel dieser Stadt dargestellt werden, inwieweit in diesem Zusammenhang Unterschiede zwischen den Angehörigen der unteren Sozialschicht auf der einen Seite und der Bevölkerung mit gehobenem Status auf der anderen Seite bestehen.

Grundlage für diesen Vergleich bildet die Untergliederung der Stadt in die folgenden Teilräume:

1. Historische Altstadt
2. Innerer Ring (Bebauung bis 1955)
3. Ehemalige Peripherie (Bebauung zwischen 1955 und 1964)
4. Aktuelle Peripherie (Bebauung seit 1965)

Als eigene Teilräume wurden zusätzlich die ehemalige und aktuelle Peripherie des Stadtteils "El Alto" ausgegliedert, der lange Zeit keinen Anschluß an die Baumasse des Zentrums hatte, funktional diesem aber unbedingt zuzuordnen ist. Weiterhin wurde die in der eigenen Untersuchung befragte Bevölkerung nicht nach ihrer sozialen Stellung gemäß der Korrelationskoeffizienten, sondern in vier zeitliche Gruppen je nach Ankunftsjahr in La Paz untergliedert.

Das Ergebnis beider Untersuchungen ist in Abb. 8 wiedergegeben, welche die Lage der ersten Unterkünfte der Zuwanderer bei ihrer Ankunft in La Paz darstellt. Als zeitliche Schnitte wurden in Analogie zu den Expansionsphasen die Zuwanderung vor 1955, zwischen 1955 und

1964, zwischen 1965 und 1974 und nach 1974 gewählt. Die Dreiecke stellen Relativwerte dar, die sich zeilenweise zu 100 % ergänzen.

Betrachten wir zunächst die Zuwanderung vor 1955, so lassen sich deutliche Unterschiede zwischen der Ober- und Unterschicht erkennen. Der Schwerpunkt der Zuwanderung liegt bei der Oberschicht in der Altstadt selbst. Das entspricht der traditionellen Struktur der lateinamerikanischen Stadt mit dem bekannten sozialen Gefälle vom Zentrum zur Peripherie, die sich hier also auch in der Erstzuwanderung widerspiegelt. Die unteren Bevölkerungsschichten siedeln sich dagegen zunächst vor allem außerhalb der Altstadt im Bereich des inneren Ringes an. Bei der ebenfalls noch in der Altstadt erfolgenden Erstzuwanderung einfacher Bevölkerungskreise handelt es sich im wesentlichen um die Randgebiete des historischen Kerns, die in der traditionellen Stadt die Wohnquartiere der indianischen Bevölkerung waren. Auf der anderen Seite ist jedoch in beiden Sozialgruppen auch eine Erstzuwanderung in die zu dieser Zeit noch nicht bebaute ehemalige Peripherie zu erkennen. Damit übernehmen beide Sozialgruppen in dieser Zeit bereits eine gewisse "Pionierarbeit".

Die Ursachen für diese nach außen gerichtete Bewegung lassen sich aus dem zweiten zeitlichen Schnitt ableiten. Er ist gekennzeichnet durch eine Minderung der "Attraktivität" der Altstadt als Ziel der ersten Zuwanderung sowohl für die Angehörigen der Oberschicht als auch für diejenigen der unteren Sozialschicht. Dafür sind zwei Gründe zu nennen:

1. Es hat eine soziale Degradierung des Zentrums eingesetzt, die durch die Abwanderung der Oberschicht sowie das Nachrücken einfacher Bevölkerungskreise verursacht wird. Diese Degradierung ließ sich ja bereits an der heutigen, sozio-ökonomischen Gliederung von La Paz erkennen.

2. Die Tatsache, daß auch die untere Sozialschicht in geringerem Maße die Altstadt als Erstzuwanderungsgebiet aufsucht, obwohl durch das Abwandern der Oberschicht potentieller neuer Wohnraum geschaffen wurde, läßt sich nur dadurch erklären, daß der zur Verfügung stehende Raum im Vergleich zur Anzahl der Neuankömmlinge nicht ausreicht.

Dieser "Schritt nach vorne" sieht bei der bessergestellten und einfachen Bevölkerung wieder unterschiedlich aus, was im wesentlichen mit den lokalen Verhältnissen in La Paz zusammenhängt. So besiedeln die

Abb. 8: Erstzuwanderungsgebiete der Migranten nach Ankunftsepochen

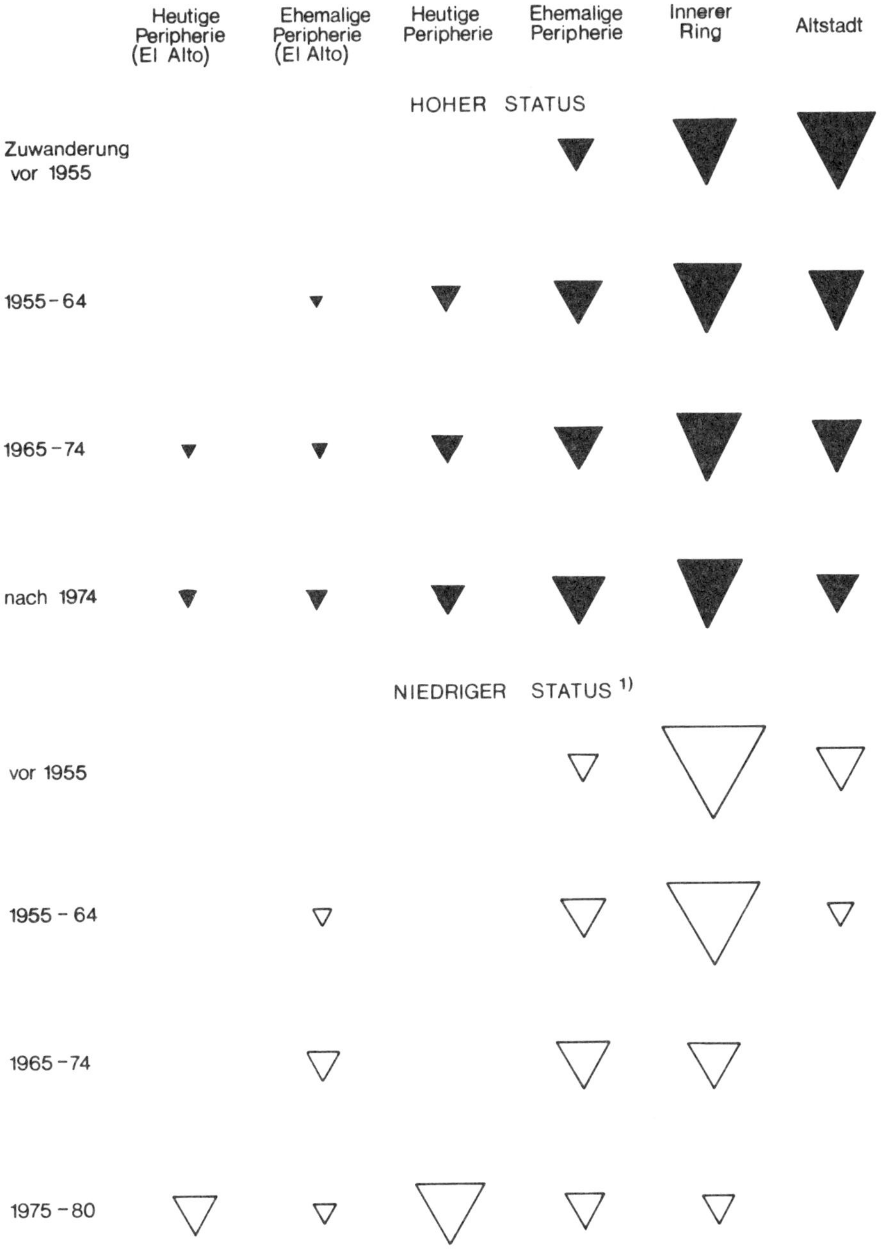

	Heutige Peripherie (El Alto)	Ehemalige Peripherie (El Alto)	Heutige Peripherie	Ehemalige Peripherie	Innerer Ring	Altstadt
			HOHER STATUS			
Zuwanderung vor 1955				▼	▼	▼
1955-64		▾	▼	▼	▼	▼
1965-74	▾	▾	▼	▼	▼	▼
nach 1974	▾	▾	▼	▼	▼	▼
			NIEDRIGER STATUS [1]			
vor 1955				▽	▽	▽
1955-64		▽		▽	▽	▽
1965-74		▽		▽	▽	
1975-80	▽	▽	▽	▽	▽	

[1] P. VAN LINDERT und O. VERKOREN, 1981

Angehörigen der gehobenen Schicht die heutige Peripherie, welches die flachen, weit vom Zentrum entfernt liegenden Bereiche in Obrajes und Calacoto im Südosten der Stadt sind. In der Nähe des Zentrums wird die heutige Peripherie dagegen durch die Steilwände des Kesselrandes gebildet. Die Angehörigen der Unterschicht meiden diese Bereiche und ziehen es vor, den Sprung auf den Altiplano zu wagen. Daß hier auch Angehörige der Mittelschicht siedeln, liegt an einigen staatlich getragenen Wohnungsbauprojekten, die zu Beginn der 60er Jahre am südlichen Altiplano-Rand durchgeführt wurden.

Eine besondere Erscheinung stellen auch die Verhältnisse innerhalb des inneren Ringes dar. Während bei der sozialen Grundgruppe die Attraktivität relativ nachläßt, bleibt diese für die gehobene Bevölkerung konstant. Die Abnahme ist mit den auch hier nur beschränkten Aufnahmekapazitäten für die Masse der zuströmenden Migranten der unteren Sozialschicht zu erklären. Dagegen dürfte die gleichbleibende Attraktivität des inneren Ringes bei der Mittel- und Oberschicht darauf zurückzuführen sein, daß hier in den ursprünglich noch locker bebauten Zonen in dieser Zeit noch eine Verdichtung des Baubestandes möglich war.

Im nächsten Zeitabschnitt setzen sich die begonnenen Tendenzen weiter fort. Für neu ankommende Angehörige der Grundgruppe steht die Altstadt als erster Wohnraum nicht mehr zur Verfügung und auch die Oberschicht findet hier weniger Aufnahmemöglichkeiten. Für beide Gruppen dürfte in dieser Zeit schon die Umgestaltung des historischen Stadtkerns wirksam werden. Denn der Ersatz der alten Wohnhäuser durch neue Hochhäuser mit vorrangigen Verwaltungsfunktionen beschränkt hier die Aufnahmekapazitäten. Dementsprechend nimmt die Attraktivität der Peripherien zu. Die Zuwanderer mit geringem Sozialstatus kommen weiterhin in der ehemaligen Peripherie des Talkessels und des Alto unter. In dieser Zeit beginnt die ehemalige Peripherie sogar die bis dahin vorherrschende Bedeutung des inneren Ringes zu übernehmen. Für die Bevölkerung mit höherem Status wird ein weiteres Gebiet in der heutigen Peripherie des Alto durch den staatlichen sozialen Wohnungsbau erschlossen. Stärkstes Erstzuwanderungs-Gebiet ist aber immer noch der innere Ring.

Diese konstant bleibende Attraktivität des inneren Ringes für Erstzuwanderer der Mittel- und Oberschicht, die sich auch in unveränderter

Form noch im letzten zeitlichen Schnitt, d.h. nach 1974, zeigt, ist ein besonderes Kennzeichen dieser Gruppe. Dafür sind zwei Erklärungsmöglichkeiten anzuführen:

1. In dem südlich an das Zentrum anschließenden Bereich des inneren Ringes ist in den letzten Jahren ein ausgedehntes Hochhausviertel an die Stelle der alten Patriziervillen getreten, die im Gegensatz zu den Hochhäusern der Altstadt vorwiegend Appartements enthalten. Dadurch wird der Wohnraum, wenn auch nicht in der Horizontalen, so doch in der Vertikalen weiter verdichtet.

2. Es stellt sich darüber hinaus die Frage, inwieweit hier nicht – spezifisch für eine gehobene Sozialschicht – auch in Zukunft ein Maximum oder zumindest ein besonders hoher Wert bleiben wird. Dieser könnte dann nämlich verursacht sein durch die große Zahl von Hotels und Pensionen in diesem zentrumsnahen Bereich, die häufig gerade den Angehörigen der Mittel- und Oberschicht als erste Anlaufstätte dienen. Damit wird gleichzeitig die Frage nach der Art der Zuwanderung, insbesondere im Hinblick auf die Familienstruktur, bei der Erstzuwanderung aufgeworfen. Denn es ist leichter (und billiger), als Einzelperson in einem Hotel unterzukommen als mit der ganzen Familie. Es wird also zu prüfen sein, inwieweit die Familienstruktur bei der Zuwanderung die Lage der Aufnahmegebiete innerhalb der Stadt beeinflußt.

In der Unterschicht zeigt diese jüngste Phase, d.h. die Zeit nach 1974, einige zusätzliche Veränderungen. Sowohl die ehemalige Peripherie des Talkessels als auch diejenige des Alto weisen im Vergleich zu der vorherigen Phase, in der noch eine Expansion festzustellen war, wieder eine Verringerung ihrer Attraktivität auf. Sie scheinen aufgesiedelt bzw. der Wohnraum in einem so hohen Maß ausgelastet zu sein, daß auch eine zusätzliche Vermietung nicht mehr in Frage kommt. Statt dessen wird nun ebenfalls von der einfachen Bevölkerung die bis dahin ausgesparte heutige Peripherie des Talkessels sowie diejenige auf dem Alto besiedelt und als Erstquartier gewählt. Die Steilhänge des Kesselrandes sind sogar zum bedeutendsten Auffanggebiet für die Zuwanderer geworden, und auch die heutige Peripherie auf dem Alto hat den älteren dort liegenden Siedlungskern bereits überflügelt.

Betrachtet man diese Entwicklung insgesamt, so lassen sich für den Beobachtungszeitraum die folgenden generellen Tendenzen ableiten:

1. Zu Beginn der Entwicklung liegt der Schwerpunkt der Zuwanderung bei der Oberschicht im historischen Stadtzentrum, bei der Unterschicht im Bereich des ersten Ringes.

2. Der Bereich der Altstadt wird sowohl für die gehobene als auch für die Bevölkerung mit niedrigem Sozialstatus im Laufe der Zeit unattraktiver.

3. Der innere Ring behält in allen Zeitabschnitten seine Attraktivität für die Bevölkerung mit mittlerem und hohem Sozialstatus bei und wird ab der Phase 1955-1964 zum bedeutendsten Auffangquartier dieser Gruppe.

4. Für die untere Sozialgruppe nimmt die Bedeutung des zweiten Ringes dagegen ab. Ab der Phase 1965-1974 verliert er sogar die Vorrangstellung an die Peripherien.

5. Für die Bevölkerung mit hohem Sozialstatus gewinnen die Peripherien Bedeutung:

a) proportional zum Baualter, d.h. je älter eine Siedlung ist, desto häufiger fungiert sie als Erstzuwanderungsgebiet;
b) umgekehrt proportional zur Entfernung zum Zentrum, d.h. je näher die Siedlung zum Stadtzentrum liegt, desto häufiger nimmt sie Erstzuwanderer auf.

6. Für die Bevölkerung mit niedrigem Sozialstatus zeigt sich auch innerhalb der Peripherie ein Wechsel zwischen Zu- und Abnahme der Attraktivität, wobei die jüngeren Peripherien auf Kosten der älteren Peripherien an Attraktivität gewinnen.

Ein Vergleich zwischen dem räumlichen Verhalten der sozialen Oberschicht und demjenigen der Bevölkerung mit niedrigem Einkommen zeigt nun, daß in beiden Gruppen, also unabhängig vom Sozialstatus, eine Verlagerung der Hauptzuzugsgebiete vom Zentrum zur Peripherie stattfindet. In beiden Gruppen erfolgte die Verlagerung nach einem Modell, das sich in zwei Abschnitte gliedern läßt:

1. Es kommt zu einer tatsächlichen Verlagerung des Maximums.

2. Es kommt zu einer relativen Verlagerung um ein räumlich konstantes Maximum derart, daß die Gebiete der einen Seite des Maximums zugunsten derjenigen auf der anderen Seite an Bedeutung gewinnen.

Im zur Verfügung stehenden Beobachtungszeitraum sind beide Abschnitte auch in beiden Sozialgruppen vertreten. In der Oberschicht erfolgt die tatsächliche Verlagerung nur einmal im Übergang von Zeitabschnitt 1 zu Zeitabschnitt 2. In der Unterschicht tritt sie dagegen zweimal auf, und zwar zwischen den Abschnitten 2 und 3 sowie 3 und 4. In den übrigen Zeitabschnitten kommt es lediglich zu Gewichtsverlagerungen um ein konstantes Maximum.

Beide Abschnitte dieses räumlich-zeitlichen Modells sind als Phasen ein und desselben Prozesses anzusehen, der - sozialgruppenspezifisch verschoben - die zur Peripherie hin gerichtete Expansion der Stadt begleitet. Die Entfernung des Maximums vom Zentrum gibt dabei einen Hinweis auf die Dynamik dieses Prozesses, der in seiner Geschwindigkeit in hohem Maße von der Größe der jeweiligen Gruppe beeinflußt wird. Im Falle von La Paz heißt das, daß er für die Oberschicht recht langsam vor sich geht. Die relativ geringe Zahl der neu eintreffenden Mitglieder dieser Gruppe zusammen mit der Abwertung des Zentrums hat in La Paz bisher lediglich zu einer Schwerpunktverlagerung aus der Altstadt in den inneren Ring geführt, ohne daß die Altstadt ihre Funktion als Aufnahmequartier bisher völlig eingebüßt hat. Dagegen hat die große Zahl der Neuankömmlinge mit niedrigem Sozialstatus, denen in den zentraler gelegenen Stadtvierteln, räumlich oder auch materiell gesehen, nicht genügend Platz zur Verfügung steht, ein rascheres Nach-Außen-Driften der Erstzuwanderungsschwerpunkte bewirkt.

Die räumliche Verlagerung der Erstzuwanderungsschwerpunkte läuft also sowohl für die Angehörigen der Unterschicht als auch für die Mitglieder der Oberschicht nach demselben Modell ab. Es handelt sich dabei um zwei Wellenbewegungen, die übereinander gelagert sind und sich in unterschiedlicher Geschwindigkeit vom Zentrum zur Peripherie hin fortpflanzen. Ist die Welle einmal nach außen durchgelaufen, so ist ein Neubeginn wieder in zentralen Bereichen nach einer entsprechenden Umbewertung dieser Räume denkbar.

Innerhalb dieses Modells treten bisher lediglich zwei sozialgruppenspezifische Unterschiede auf.

1. Für die Oberschicht beginnt der Prozeß in der Altstadt, für die untere Sozialschicht in dem an die Altstadt angrenzenden inneren Ring.

2. Unabhängig von der nach außen gerichteten Wellenbewegung scheint sich für die Oberschicht in einem zentrumsnahen Bereich - in La Paz innerhalb des inneren Ringes - ein zusätzlicher Bereich großer Attraktivität für die Erstzuwanderung abzuzeichnen, der seine Lage nicht ändert.

Inwieweit hier ein Kausalzusammenhang mit dem Vorhandensein des Hotelgewerbes besteht, wird die zukünftige Auswertung der Daten erweisen.

*****

Anmerkungen

(1) NICKEL 1973; BUTTERWORTH/CHANCE 1981; VAN LINDERT/VERKOREN 1981, 1982, 1983; MERTINS 1984; BÄHR/KLÜCKMANN 1984; ALBO 1981, 1982, 1983; VAN LINDERT u.a. 1984

(2) Der Deutschen Forschungsgesellschaft möchte ich an dieser Stelle für die großzügige Unterstützung des Projektes danken.

(3) Dem Instituto Nacional de Estadística möchte ich für die Überlassung der Magnetbänder danken.

(4) Die Bezugsbasis bilden hier die 90 Zählzonen der Stadt La Paz.

(5) Bei der interregionalen Migration wurde lediglich die wichtigste Tätigkeit an jedem Wohnort registriert. Damit läßt sich zwar jede sozio-ökonomische Änderung zwischen zwei Wohnorten erfassen, nicht jedoch der genaue Zeitpunkt der Veränderung.

(6) Im Gegensatz zu der interregionalen Migration wurde bei der innerstädtischen Wanderung über jeden Wohnort hinaus auch jede sozio-ökonomische Änderung an jedem Wohnort registriert.

*****

Literatur

ALBO, J. u.a.: CHUKIYAWU - La cara aymara de la Paz. La Paz 1981-1983, 3 Bände

BÄHR, J. u. G. KLÜCKMANN: "Staatlich geplante Barriadas in Peru". In: Geogr. Rundschau, 9, 1984, S. 452-459

BAHRENBERG, G. u. E. GIESE: Statistische Methoden und ihre Anwendung in der Geographie. Stuttgart 1975 (Teubner Studienbücher Geographie)

BUTTERWORTH, D. u. J.K. CHANCE: Latin American Urbanization. Cambridge 1981

KLEINPENNING, J.M.G.: "Entwicklungs- und Stadtentwicklungsprozesse in Lateinamerika". In: KOHUT, K. (Hg.): "Die Metropolen in Lateinamerika - Hoffnung und Bedrohung für den Menschen". Regensburg 1986

LINDERT, P. VAN u. O. VERKOREN: Movilidad intra-urbana y autoconstrucción en la ciudad de La Paz, Bolivia. Diagnóstico preliminar. Utrecht 1981

LINDERT, P. VAN u.a.: Movilidad intra-urbana y autoconstrucción en la ciudad de La Paz, Bolivia. Análisis de la zona de Alto Tejar. Utrecht 1982

LINDERT, P. VAN u.a.: "Residential mobility, occupational changes and self-help housing in Latin American cities". In: Tijdschrift voor Econ. en Soc. Geografie, 74, 1983, 5, S. 367-386

LINDERT, P. VAN u.a.: Movilidad intra-urbana y autoconstrucción en la ciudad de La Paz, Bolivia. Villa Esperanza: un experimento en autoconstrucción asistida. La Paz, CERES, 1984

MALETTA, H. u. S. PABON: La Paz 1980: Población, migraciones y empleo. Resultados preliminares. La Paz 1981 (Ministerio de Trabajo y Desarrollo Laboral, Proyecto Migraciones y Empleo Rural y Urbano BOL/78/P03. Serie Resultados 1)

MERTINS, G.: "Marginalsiedlungen in Großstädten der Dritten Welt". In: Geogr. Rundschau, 9, 1984, S. 434-442

NICKEL, H.: Unterentwicklung und Marginalität in Latein-Amerika. Einführung und Bibliographie zu einem lateinamerikanischen Thema. München 1973

ORMACHEA, E. u. S. PABON: Encuesta urbana de migración y empleo en las ciudades de La Paz y Santa Cruz. Aspectos Metodológicos. La Paz 1981 (Ministerio de Trabajo y Desarrollo Laboral. Proyecto de migraciones y empleo rural y urbano BOL/78/P03. Documento de Trabajo Nr. 7)

WILHELMY, H. u. A. BORSDORF: Die Städte Südamerikas. Berlin/Stuttgart 1984-1985, 2 Bände

4. STADTERNEUERUNG UND WOHNBAUPROGRAMME

INTERESSENKONFLIKTE BEI DER STADTERNEUERUNG LATEINAMERIKANISCHER KOLONIALSTÄDTE
Erdmann Gormsen (Mainz)

Die Problematik der Verstädterung in den Ländern der Dritten Welt wird bisher in erster Linie unter dem Gesichtspunkt der Wohnraumbeschaffung und, allgemein, der Versorgung der rapide zunehmenden Bevölkerung unterer sozialer Schichten betrachtet; zweifellos ein berechtigter Ansatz, der auch in mehreren Vorträgen dieses Symposiums zum Ausdruck kommt. Demgegenüber gibt es nur wenige Untersuchungen über die außerordentlichen Strukturveränderungen der vorindustriellen Stadtkerne, obwohl die hierbei zu beobachtenden Konsequenzen in städtebaulicher, sozio-ökonomischer und ökologischer Hinsicht ebenso gravierend erscheinen wie in den Stadtrandgebieten und darüber hinaus mit denjenigen in den Altstädten Europas vergleichbar sind.

Diese Erkenntnis trifft in hohem Maße für die baugeschichtlich bedeutsamen Städte der spanischen und portugiesischen Kolonialzeit in Lateinamerika zu. Unter den Einflüssen der Industrialisierung vollzog sich ein oft parasitärer Verstädterungsprozeß, wobei die traditionellen Bauformen mehr und mehr durch die jeweils herrschenden Stilrichtungen Europas und später Nordamerikas verdrängt wurden. Doch diese Änderungen des äußeren Erscheinungsbildes sind lediglich eine Folge funktionaler Wandlungen, d.h. meist ökonomisch bestimmter Standortentscheidungen, die sich mit einer gewissen Phasenverschiebung ganz ähnlich vollzogen haben wie in den Städten der Industrieländer.

Das Ziel dieses Beitrages besteht darin, die Determinanten der heutigen konfliktgeladenen Altstadtproblematik aufzudecken und nach Ansätzen zu ihrer Lösung zu fragen. Dies geschieht in drei Schritten: einer Analyse der abgelaufenen Prozesse, einer Diagnose der aktuellen Situation und einigen Überlegungen zur Therapie.

I. Analyse der Stadtentwicklungsprozesse

Ausgangspunkt der Betrachtungen ist ein Modell der vorindustriellen Kleinstadt, wie es bis weit in das 19. Jahrhundert hinein in Lateinamerika, aber auch in anderen Kontinenten vorherrschte und wie es auch heute noch in zahlreichen Ländern zu beobachten ist. Ein solches Modell wurde für die europäische Stadt bereits 1841 von Johann Georg Kohl in glänzender Weise dargestellt. Es zeigt ein zentral-peripheres Gefälle in jeder Hinsicht, von der Bausubstanz und der Stockwerkzahl über die funktionale Differenzierung bis zur Sozialstruktur (Abb. 1 u. 2; vgl. WHITEFORD 1964). Im spanischen Herrschaftsbereich basiert es bekanntlich auf den Planungsrichtlinien der königlichen Kolonialverwaltung, läßt sich aber auch mit ökonomischen und politisch-sozialen Standortbedingungen erklären (WILHELMY/BORSDORF 1984).

Die einzelnen Schritte, die zur heutigen Situation geführt haben, sind weitgehend bekannt und sollen hier nur zur Erinnerung aufgelistet werden:

- Zunehmende Weltmarktverknüpfungen, Ansätze zur Industrialisierung und der damit verbundene Bau erster Eisenbahnlinien im 19. Jahrhundert haben auch in Lateinamerika, trotz politischer Unsicherheit, wirtschaftliche Entwicklungen und eine erhöhte Nachfrage nach Gütern und Dienstleistungen eingeleitet und damit eine Stärkung der städtischen Zentren mit sich gebracht.
- Dies bedeutet nicht nur eine Ausdehnung an den Stadträndern, sondern auch einen wachsenden Flächenanspruch für Geschäftsräume in zentraler Lage, der in den kolonialspanischen Patiohäusern häufig durch eine Überdachung des offenen Innenhofes befriedigt werden kann (vgl. GORMSEN 1966).
- Damit wird der verfügbare Wohnraum vermindert bis zum Auszug der eingesessenen Bürger in neu entstehende Villengebiete am jeweiligen Stadtrand (vgl. AMATO 1970; BÄHR 1976).
- Die Erweiterung der wirtschaftlichen Nutzung führt schließlich zum Abbruch der alten Häuser und zum Neubau von größeren Geschäftsgebäuden, in jüngster Zeit oft von Hochhäusern.
- Dieser wirtschaftlich-administrative Konzentrationsprozeß vollzieht sich, ausgehend von der "plaza mayor", nicht gleichmäßig flächenhaft ringförmig, sondern überwiegend in einer Hauptrichtung, wie das in vielen

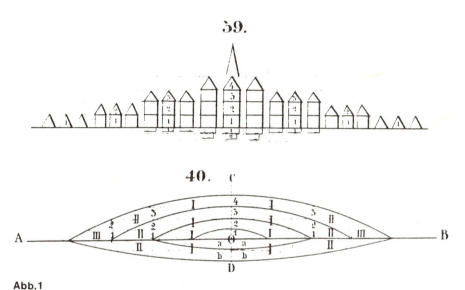

Abb.1

Abb. 1: Modell der vorindustriellen Stadt in Europa nach J.G. Kohl 1841 (Tafel V). Die Abb. 39 des Werkes von Kohl zeigt den generalisierten Querschnitt durch die Bausubstanz einer Stadt, deren Grundriß in konzentrische Ringe gegliedert ist. Die Abb. 40 stellt das zugehörige Modell sozio-ökonomischer Differenzierung dar. Im Stadtzentrum (Ring I) nimmt der Handel das Erdgeschoß (1) ein; die "vornehme Welt" wohnt im ersten Obergeschoß (2), der "bel étage"; mit den höheren Geschossen nimmt der soziale Status der Bewohner ebenso ab wie mit der Entfernung vom Zentrum gegen die Peripherie. So wohnen im Erdgeschoß von II wie im Stockwerk 3 von I "die mittleren Beamten, die minder reichen ... Handwerker usw."; doch "die armen Handwerker, Künstler ... und die am schlechtesten besoldeten Beamten haben nur eine Wahl, entweder drei Treppen hoch nach 4 in I zu steigen oder ... nach 1 und 2 in III zu laufen" (KOHL 1841, S. 186).

Städten (z.B. Bogotá, Caracas, Lima, México, Puebla, Quito) zu beobachten ist und in entsprechender Weise für viele europäische Städte gilt.

- Dabei dehnt sich früher oder später dieser City-Bereich über die koloniale Stadtgrenze aus, die oft durch eine Grünzone ("paseo") markiert ist.
- Diese neue Geschäftsachse wird schließlich zum Schwerpunkt des Einzelhandels und des privaten Dienstleistungssektors, während die zentrale öffentliche Verwaltung (Rathaus, Regierungspalast), z.T. auch die Stammhäuser der Banken, ihre überkommenen Standorte in repräsentativen Gebäuden in der Umgebung der "plaza mayor" beibehalten.
- Die weitere Konzentration der Wirtschaft im Zentrum führt in Verbindung mit der rapide zunehmenden Motorisierung des Straßenverkehrs zur Verlagerung des gesellschaftlichen Lebens in die Außenbezirke und zum Auszug der letzten Bourgeoisie-Familien auch aus den Bereichen "jenseits" der "plaza mayor".
- Die von diesen verlassenen, teilweise palais-artigen Familienhäuser, oft mit kunsthistorisch wertvollen Fassaden, werden in zahlreiche Kleinwohnungen für untere Schichten aufgeteilt und verkommen allmählich zu Slums.
- Folgerichtig geht das Niveau des Einzelhandels in der Altstadt zurück. Viele gute Geschäfte ziehen in das neue Zentrum oder in moderne Shopping Centers nach amerikanischem Muster an den Stadtrand oder richten dort ihre besser ausgestatteten Filialen ein. Als Beispiel können die beiden großen Kaufhäuser "El Palacio de Hierro" und "El Puerto de Liverpool" in Mexiko dienen. Sie wurden um 1900 im "Casco Colonial" als großartige Beispiele der Jugendstil-Architektur errichtet, bauten um 1960 moderne Kaufhäuser mit Parkgaragen in den damals guten Wohngebieten und sind neuerdings zwei Hauptbestandteile des modernen Shopping Centers "Perisur" an der Stadtautobahn im Süden (vgl. u.a. das "Unicentro" in Bogotá; MITTENDORF 1984, 58).
- Dagegen bleiben die traditionellen Marktplätze in vielen Fällen erhalten, ja ihre Aktivitäten weiten sich durch unzählige ambulante Händler des informellen Sektors immer weiter in die benachbarten Straßen aus und verstärken dadurch das Verkehrschaos (vgl. GORMSEN 1966; BROMLEY 1978; MITTENDORF 1984).

Abb. 2

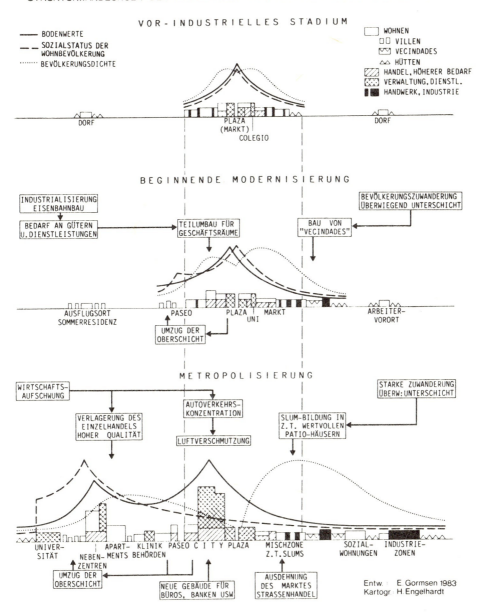

II. Diagnose des heute wirksamen Konfliktpotentials

Als Ergebnis der historisch abgelaufenen Entwicklungsprozesse, deren einzelne Phasen auch heute noch in Städten verschiedener Größe und Bedeutung nebeneinander beobachtet werden können, zeigt sich eine fast völlig veränderte Innenstadt-Struktur. An Stelle einer ringförmigen Abstufung der sozio-ökonomischen Phänomene vom Zentrum zur Peripherie haben wir es jetzt mit einer asymmetrischen Anordnung zu tun. Um den Hauptplatz gruppieren sich nach wie vor die Zentren der kirchlichen, der politischen und der wirtschaftlichen Macht mit Kathedrale, Regierungspalast und Banken, die teilweise in Hochhäusern, nicht nur symbolisch, ihre Vorherrschaft demonstrieren. Hier wie im anschließenden Geschäftsgebiet lassen Bausubstanz und verschiedenste Stilelemente die fortschreitende Umgestaltung erkennen. Außer den Kirchen sind nur noch wenige Baudenkmäler aus der Kolonialzeit vorhanden und gut gepflegt. Die Gebäude werden durchweg von Ladengeschäften und Büros genutzt. Die Einwohnerzahl ist fast gleich Null (Abb. 2 u. 3; vgl. ROJAS LOA 1976).

In krassem Gegensatz dazu zeigt sich die andere Seite der Altstadt, oft nur wenige Schritte von der "plaza mayor" entfernt. Hier sind zwar ganze Straßenzüge im Kolonialstil erhalten und einzelne besonders wertvolle Gebäude dienen als Museum oder Sitz einer Behörde. Doch durch kunstvoll gestaltete Renaissance- oder Barockportale gelangt man häufig in völlig verwahrloste "patios" mit düsteren Werkstätten sowie kreuz und quer hängenden Wäscheleinen. In manchen Straßenblocks werden bei zwei- bis dreistöckiger Bebauung trotz zahlreicher Läden Bevölkerungsdichten von über 600 Einwohnern pro Hektar erreicht. Ähnliche Dichtewerte finden sich am Rande der Altstadt in einstöckigen "vecindades" oder "conventillos", die seit dem 19. Jahrhundert als Mietwohnung für die zuströmende Bevölkerung errichtet wurden. Sie bestehen aus einem schmalen offenen Gang, an dem sich zahlreiche "Wohnungen", d.h. Zimmer mit Kochplatz, aufreihen.

Insgesamt erfüllt dieser Teil der kolonialen Altstadt alle Kriterien, die man in Europa bei der Aufstellung eines Sanierungsprogramms anlegen würde. Alte, z.T. verfallene Bausubstanz, unzulängliche sanitäre Einrichtungen, starke Überbelegung mit Familien der unteren Einkommensgruppen, schlecht belichtete und belüftete Werkstätten und Geschäfts-

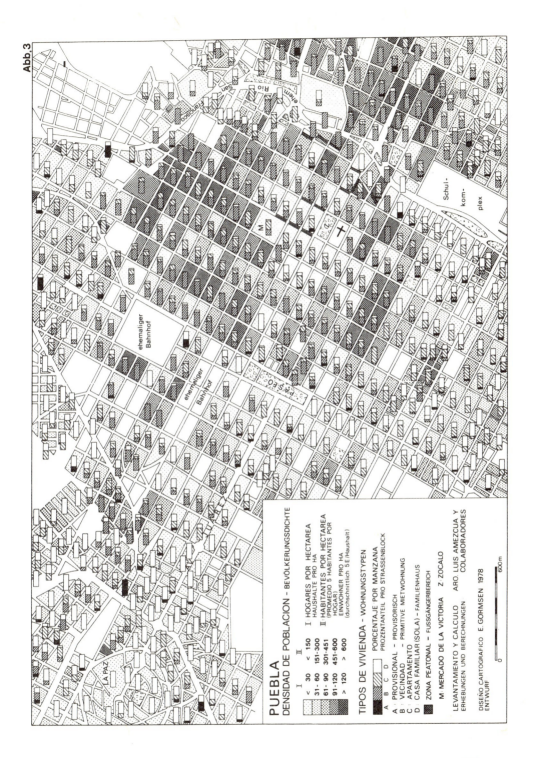

räume, ein hohes Maß an Lärm und Luftverschmutzung und ein fast totaler Mangel an Grünflächen oder anderen Freiräumen im Wohnumfeld. Zwar gab es in den relativ engen schnurgeraden Straßen niemals Bäume, wohl aber in den hinteren Patios, die heute fast durchgehend überbaut sind.

Auf die Frage nach den Hintergründen für diese vielschichtige Problematik wird man schnell eine große Zahl von Faktoren aufzählen können, die im Rahmen eines komplexen Stadtmodells untereinander in einem systemaren Zusammenhang stehen (vgl. VESTER 1976). Bei genauerer Betrachtung lassen sich allerdings fünf dominierende Determinanten identifizieren, die ein erhebliches Konfliktpotential umfassen, das bei zunehmender Stadtgröße immer schärfer zur Geltung kommt: (1) die wirtschaftlichen Funktionen, (2) der Straßenverkehr, (3) das Grundeigentum, (4) die historische Bausubstanz und (5) die Sozialstruktur der Wohnbevölkerung.

1. Der koloniale Stadtkern bildet nach wie vor einen wirtschaftlichen Schwerpunkt der Stadt. Trotz der Verlagerung von zahlreichen Geschäften, Dienstleistungen und Behörden in andere Stadtteile weist er eine außerordentliche Konzentration von formellen und informellen Arbeitsplätzen im tertiären Sektor auf. Ein erheblicher Teil davon betrifft den Einzelhandel im mittleren und unteren Niveau, einschließlich der Marktplätze und der Straßenhändler. Hinzu kommt eine nicht unwesentliche Zahl von Handwerksbetrieben und kleinen Fabriken. In den kunsthistorisch bedeutenden Städten spielen darüber hinaus das Hotel- und Gaststättenwesen und einige Spezialgeschäfte für Touristen eine Rolle. Abgesehen davon stellt die "plaza mayor" noch immer einen Treffpunkt für die städtische Bevölkerung dar.

2. Ungeachtet der Tatsache, daß diese wirtschaftlichen Funktionen in verschiedenen Teilräumen der Altstadt ungleichmäßig verbreitet sind, bildet das Stadtzentrum insgesamt das wichtigste Zielgebiet des innerstädtischen Verkehrs (Abb. 4), sei es auf dem Weg zur Arbeit, zum Behördenbesuch, zum Einkaufen, zum Bummeln oder als Tourist, der Kirchen und andere Sehenswürdigkeiten besichtigt. Daher fahren von allen Stadtteilen zahlreiche Busse ins Zentrum, die sich nicht nur gegenseitig behindern, sondern auch eine Hauptquelle der Luftverschmutzung darstellen (vgl. SANCHEZ DE CARMONA/SOURS 1984; JAUREGUI 1973 u.

Abb. 4

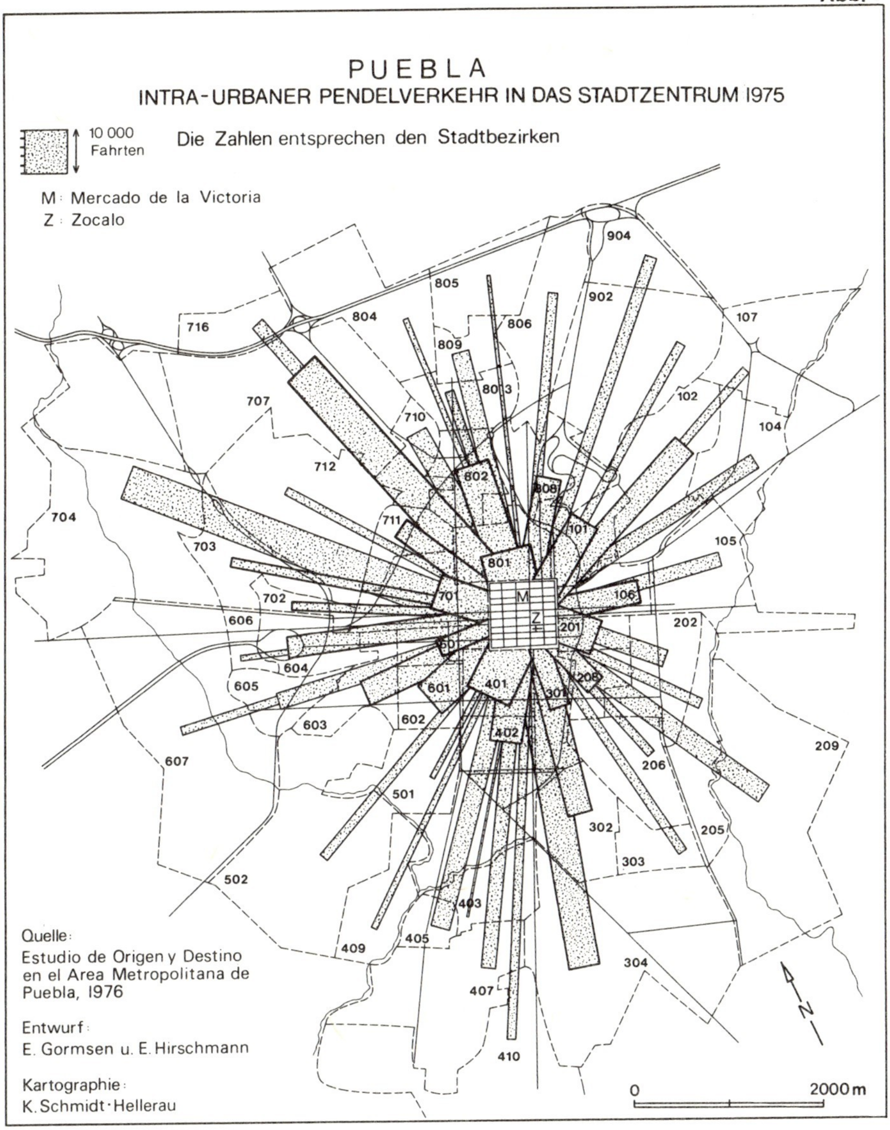

PUEBLA
INTRA-URBANER PENDELVERKEHR IN DAS STADTZENTRUM 1975

10 000 Fahrten   Die Zahlen entsprechen den Stadtbezirken

M: Mercado de la Victoria
Z: Zocalo

Quelle:
Estudio de Origen y Destino
en el Area Metropolitana de
Puebla, 1976

Entwurf:
E. Gormsen u. E. Hirschmann

Kartographie:
K. Schmidt·Hellerau

0   2000 m

1983). Dadurch werden vor allem bei stabilen Wetterlagen in Trockenzeiten Belästigungsgrade erreicht, die in Europa nicht vorstellbar sind. Zu Verkehrsbehinderungen tragen die kaum kontrollierbaren Straßenhändler bei, aber auch die fehlenden Parkplätze für den Individualverkehr, obwohl vorübergehend jedes freie Grundstück, etwa zwischen dem Abbruch und dem Neubau eines Hauses, als provisorische Parkfläche genutzt wird. Dieser Mangel sowie der schlechte Zustand der oft überfüllten öffentlichen Verkehrsmittel sind weitere Gründe dafür, daß Angehörige der oberen Schichten heutzutage möglichst das Zentrum meiden, zumal von ihren Villenvierteln die neuen Shopping Centers viel bequemer erreichbar sind. In dieser Beziehung ist die Anlehnung an nordamerikanische Verhältnisse wesentlich stärker als in Europa, wo die alten Zentren mit Geschäften hoher Qualität nach wie vor dominieren.

Als Zwischenbilanz läßt sich konstatieren, daß die übermäßige Konzentration von Arbeitsstätten und Wohnungen verbunden mit einem entsprechenden intra-urbanen Zielverkehr insgesamt zu einer Abwertung des alten Zentrums führt, auch wenn dieses wegen der Standorte von Banken usw. noch immer zu den Stadtgebieten mit den höchsten Grundstückswerten gehört (vgl. Abb. 5). Übrigens muß betont werden, daß viele Bewohner nicht zu den untersten Schichten gehören, da sie in verschiedenen Handels-, Handwerks- oder Dienstleistungsbetrieben oder auch auf dem Markt arbeiten und ein einigermaßen regelmäßiges Einkommen haben.

3. Es ergibt sich allerdings die Frage, wie sich bei zunehmender Stadtgröße die Relation zwischen den behördlich festgelegten Katasterwerten, die zur Bemessung der Grundsteuern dienen, und den auf dem Grundstücksmarkt erzielbaren Verkehrswerten entwickeln wird. Zuverlässige Angaben zu diesem Aspekt sind nur selten verfügbar (vgl. MITTENDORF 1984). Verständlicherweise sind die Kapitaleigner an möglichst hohen Erträgen aus ihrem Grundbesitz in der Innenstadt interessiert, dessen Wert ja tatsächlich mit der City-Entwicklung enorm gestiegen ist. Doch eine entsprechende Rendite läßt sich nur über hohe Mieten und vor allem über eine hohe Nutzungsdichte erzielen, d.h. über den Bau von Hochhäusern. Daher haben viele Hausbesitzer kein Interesse daran, daß ihr Gebäude unter Denkmalschutz gestellt wird. Eines der extremsten Beispiele für den totalen Umbau einer Kolonialstadt durch Wolkenkratzer stellt Caracas dar, wo nur ein kleiner Bereich um die Plaza Bolívar mit

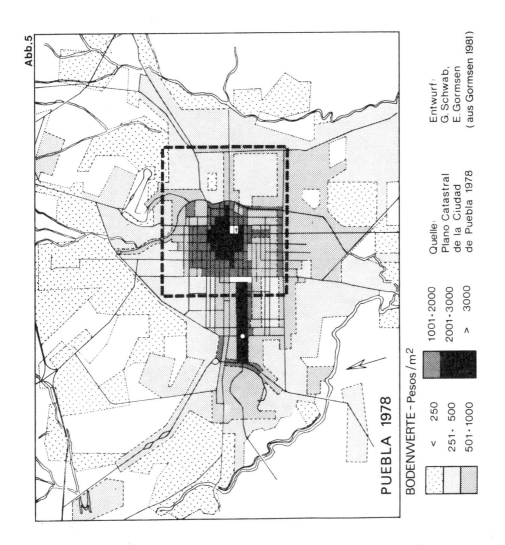

einigen öffentlichen Gebäuden aus dem 19. Jahrhundert erhalten blieb. Doch läßt sich ähnliches in vielen Städten, auch von mittlerer Größe, zeigen.

4. Allerdings gibt es eine ganze Reihe von Städten, in denen derartige Veränderungen noch nicht eingetreten sind, entweder weil die Städte keinen wirtschaftlichen Aufschwung erlebten, oder weil man schon früher eine gewisse Rücksicht auf überkommene Bauformen genommen hat. Dabei sollte darauf hingewiesen werden, daß es z.B. in Mexiko schon in den 40er Jahren eine erste Renaissance kolonialer Baustile gab, die u.a. einige recht merkwürdige Beispiele hervorgebracht hat, darunter als Extremfall eine Tankstelle im Churrigueresco-Stil des 18. Jahrhunderts in Puebla, die inzwischen (leider) abgerissen wurde. Interessanterweise erlebte Bogotá etwa zur gleichen Zeit eine Übertragung perfekt nachempfundener englischer Gotik, in der ganze Wohnviertel gebaut wurden, die aber auch in einigen Exemplaren in der Altstadt zu bewundern ist. In den 50er und 60er Jahren setzte sich fast überall unter nordamerikanischem Einfluß die moderne Architektur durch, die zwar beim Bau von Villen, Universitäten und anderen öffentlichen Gebäuden in den Neubaugebieten ausgezeichnete Leistungen hervorgebracht, in den wirtschaftlich aufstrebenden Teilen der Altstädte aber meist sehr gedankenlos die geschlossenen Straßenfronten aufgerissen hat.

In der ehemals deutschen Siedlungskolonie Blumenau in Südbrasilien wurde in den letzten Jahrzehnten der mitteleuropäische Charakter mehr und mehr durch Hochhäuser verändert. Neuerdings erhält man aber Vergünstigungen, wenn man eine Fassade im "deutschen Stil" gestaltet, worunter meist Fachwerk verstanden wird, das aber in Blumenau früher nicht üblich war. Die Frage, wie "traditionelle Bauweise" zu definieren sei, muß also von Fall zu Fall diskutiert und entschieden werden.

Unter dem Gesichtspunkt der Stadtbildpflege ist es zu begrüßen, daß große Teilbereiche, aber auch ganze Kleinstädte aufgrund weniger günstiger Standortbedingungen von derartigen Modernisierungen verschont blieben, so daß hier noch Plätze und Straßenzüge ihren kolonialzeitlichen Charakter völlig bewahrt haben. Doch gerade sie bilden heute das wesentliche Problem für die Stadterneuerung. Zwar hat das weltweit steigende Verständnis für traditionelle Werte verbunden mit einem teilweise kulturell begründeten Nationalismus zu staatlichen Eingriffen im Sinne des Denkmalschutzes geführt, doch blieben sie zunächst auf touristisch reizvolle Städte beschränkt, beispielsweise Guanajuato, Taxco, San Miguel de Allende (Mexico), Coro (Venezuela), Cartagena (Kolumbien), Cuzco (Peru) oder Ouro Preto (Brasilien) (vgl. TEIXEIRA 1983).

Die drei letztgenannten Beispiele wurden ebenso wie Antigua Guatemala und die Altstadt von Quito als kulturelles Erbe in die Liste der "World Heritage Convention" der UNESCO aufgenommen, wodurch eine internationale Unterstützung bei Erhaltungsarbeiten gewährleistet ist (SLATYER 1984; World Heritage Convention 1984). Doch auch im nationalen Raum gibt es seit einigen Jahren entsprechende Verordnungen. So wurden seit 1974 für mehrere Städte Mexikos durch den Präsidenten der Republik Denkmalzonen festgelegt (GORMSEN 1978; VERGARA 1981). Sie zählen nicht nur alle Baudenkmäler auf, sondern enthalten für die gesamte Altstadt besondere Bauvorschriften, d.h. großenteils Einschränkungen der Gebäudehöhen usw., um einen Ensembleschutz zu gewährleisten. Zu den bisher durchgeführten öffentlichen Maßnahmen gehören außer umfangreichen Planungen das Verlegen von Freiluftkabeln in den Boden sowie neue Pflasterung, gußeiserne Laternen und Blumenkübel in einigen zentralen Straßen. Dazu kommt eine gewisse Unterstützung bei der Gestaltung von Häuserfronten (vgl. auch MITTENDORF 1984).

5. So erfreulich diese Bemühungen für einheimische und auswärtige Besucher der Stadt sein mögen, in den meisten Fällen haben sie bisher an der Situation hinter den Fassaden kaum etwas geändert. In den vom Geschäftszentrum abgewandten Bereichen der Altstadt, wo ein Hochhausbau nicht lohnt oder durch Bauvorschriften verboten ist, versuchen die Hausbesitzer durch Überbelegung mit zahlreichen Mietparteien einerseits und durch einen möglichst geringen Aufwand für die Instandsetzung andererseits auf ihre Kosten zu kommen. So werden weite Bereiche systematisch zu Slums degradiert. In Teilen der Altstadt von Mexiko wurden die Mietpreise eingefroren. Sie haben daher bei der laufenden Inflation nur mehr einen symbolischen Wert. Freilich wird dadurch die Slum-Entwicklung eher noch beschleunigt.

III. Ansätze zu einer Therapie

Die Auseinandersetzung mit dem Kolonialstadt-Problem hat in vielen Details eine weitgehende Übereinstimmung mit den Erkenntnissen der Altstadterneuerung in Europa zutage gebracht. Daraus könnte man folgern, daß abgesehen von einer gewissen Anpassung an die spezifischen Verhältnisse der jeweiligen Stadt, europäische Planungskonzepte ohne weiteres auf Lateinamerika übertragen werden können. Unter rein technischen Gesichtspunkten mag dies zu einem erheblichen Teil zutreffen. Doch die Frage nach Therapie-Möglichkeiten dieses komplexen Problems muß in einem viel umfassenderen Rahmen auch die politischen, die finanziellen und, nicht zuletzt, die bevölkerungsstrukturellen Aspekte einbeziehen.

Ein entscheidender Unterschied besteht darin, daß die Sanierungsprobleme europäischer Altstädte nach dem Wiederaufbau und den großflächigen Stadterweiterungen für den Wohnungsbau der Nachkriegszeit etwa seit 1970 im Mittelpunkt konzentrierter Planungen und staatlicher Unterstützungen standen, begleitet von einer intensiven öffentlichen Diskussion und, wenigstens teilweise, einer Partizipation der betroffenen Bewohner. Dagegen bilden die kolonialen Stadtkerne, deren Bewohner trotz aller Mängel immerhin in festen Häusern mit grundlegender Infrastruktur und in zentraler Lage leben, nur ein Teilproblem gegenüber der völlig unzureichenden Versorgung der Massen in den Hüttenvierteln.

Im technischen Bereich sind Lösungsansätze für einzelne Sektoren durchaus vorhanden. So wurden in den letzten Jahren erhebliche Anstrengungen zur Verbesserung der Verkehrssituation unternommen, vom U-Bahn-Bau (Mexico, Rio, São Paulo, Caracas, Santiago) über die verschiedensten Versuche zur besseren Kanalisierung des Autoverkehrs bis zur Einrichtung von Fußgängerzonen. Letztere nehmen in den Geschäftszentren brasilianischer Metropolen bereits beachtliche Flächen ein. Auch in anderen Ländern bricht sich dieses Prinzip allmählich Bahn, doch bisher ist es nur in wenigen Fällen gelungen, eine zentrale "Plaza" völlig von Autos freizuhalten (z.B. Oaxaca). Um die relativ engen Straßen vom Durchgangsverkehr zu entlasten, versucht man leistungsfähige Altstadt-Tangenten oder Stadtautobahnen anzulegen, wobei teilweise breite Schneisen durch die alte Bausubstanz geschlagen werden. Auch Hoch- und Tiefgaragen werden gebaut. Fast überall entstehen zentrale Omnibusbahnhöfe für die zahlreichen Überlandbusse, deren Stationen früher in der ganzen Innenstadt verstreut lagen. Auch manche Wochenmarktplätze für die ländliche Bevölkerung der Umgebung konnten trotz massiver Widerstände von seiten der Händler an die Stadtränder verlegt werden. Doch alle diese Entlastungen werden durch die Zunahme der Kraftfahrzeuge großenteils wieder aufgewogen.

Handelt es sich beim Straßenbau in jedem Fall um eine Aufgabe der öffentlichen Hand, so trifft dies für die Denkmalpflege nur teilweise zu. Bedeutende Kirchen sowie Paläste in städtischem oder staatlichem Besitz werden schon seit jeher restauriert. Problematisch stellt sich dagegen noch immer die Stadtbildpflege im Sinne einer Ensemble-Erhaltung dar, da gerade hierbei die Interessenkonflikte zwischen dem privaten Streben nach einer möglichst einträglichen Nutzung und dem allgemeinen Wunsch nach einer harmonisch gestalteten Umwelt aufeinandertreffen. Immerhin läßt sich seit einigen Jahren ein zunehmendes Verständnis für kunsthistorische Aspekte aus urbanistischen Studien (z.B. GOZZALO 1972; DIAZ-BERRIO 1977; ORTIZ MACEDO 1979) sowie aus zahlreichen Berichten der Presse ablesen. Hierzu mag indirekt die oben genannte "World Heritage Convention" einen Beitrag geleistet haben. Doch ihr direkter Einfluß bleibt selbstverständlich auf die wenigen ausgewählten "Weltmonumente" beschränkt.

Da unter dieser "Convention" der Schutz von Natur- und Kulturdenkmälern zusammengefaßt wird, ist zu hoffen, daß die Gedanken einer umfassend verstandenen ökologischen Planung (MAB Technical Notes 12, 1979; SANCHEZ DE CARMONA 1983), d.h. der Erhaltung und Verbesserung der Lebensqualität im weitesten Sinne, sich auch bei der Stadterneuerung in Lateinamerika durchsetzen. Dieser Gesichtspunkt steht ja in Europa, nach langen Diskussionen, heute im allgemeinen gleichberechtigt neben dem rein städtebaulichen. Einige Untersuchungen und Planungen, z.B. über die Stadtviertel Pelourinho und Santo Antônio in Salvador de Bahia (AUGEL 1984) sowie über die kolonialzeitlichen Stadtteile in Recife (FIDEM 1977), deuten zwar auf eine stärkere Berücksichtigung menschenwürdiger Lebensverhältnisse im Sinne einer Slum-Sanierung für die angestammten Bewohner hin, doch fehlt es noch an Beispielen für ihre erfolgreiche und nachhaltige Durchführung. Bisher muß man leider mit einer Verdrängung der eingesessenen Bevölkerung rechnen.

Es ist also durchaus noch nicht sichergestellt, daß die sozialstrukturellen Probleme angemessen beachtet oder gar gelöst werden, zumal dies erhebliche finanzielle Mittel erfordern würde. Es wäre aber vorstellbar, daß ehemalige "patio"-Häuser, in denen früher eine wohlhabende Familie mit ihren Dienstboten lebte, während sich heute in fast jedem Raum eine Familie zusammendrängt, zu Appartementhäusern umgestaltet würden. Dabei blieben die äußere Gestalt sowie gemeinsam genutzte Innenhöfe erhalten, aber jede Wohnung mit 3-4 Zimmern wäre in sich abgeschlossen. Die Finanzierung könnte mit Hilfe staatlicher Institutionen im Rahmen des sozialen Wohnungsbaus (z.B. INFONAVIT) erfolgen. In diesem Zusammenhang ist zu bedenken, daß ohne die staatlichen Unterstützungen durch die Baugesetzgebung (ALBERS u.a. 1980) die beachtlichen Erfolge der Stadterneuerung in der Bundesrepublik Deutschland nicht möglich gewesen wären. Und selbst dabei gibt es noch genügend Stimmen, die mit gewissem Recht eine Segregation der angestammten Bevölkerung, d.h. eine Verdrängung unterer Schichten durch eine Klasse von wohlhabenden Bohèmiens, kritisieren. Von einer solchen Entwicklung zu einem gehobenen Wohngebiet scheinen die überfüllten lateinamerikanischen Altstädte noch weit entfernt zu sein.

Dies ist freilich keine Frage der Finanzierung, sondern der Lagepräferenzen. Durch private Initiative wurde nämlich der fast völlige Strukturwandel ehemals ländlicher Vororte bewirkt, die heute exklusive Wohnviertel darstellen. An den mit neuem Kopfsteinpflaster versehenen Straßen werden nicht nur die noch vorhandenen großzügigen Patio-Häuser restauriert, sondern neue "Residenzen" im rustikalen Stil alter Haciendas errichtet, allerdings meist hinter hohen Mauern verborgen. Doch der ländliche Charakter kommt durch die Ruhe und durch die hohen Bäume in den hinteren patios und Gärten zum Ausdruck. Beispiele hierfür bilden San Angel und Coyoacán in Mexico, wo diese Entwicklung bereits in den 20er Jahren durch den Maler Diego Rivera beeinflußt wurde. Er lebte allerdings noch unter der eingesessenen Bevölkerung, die heute mehr und mehr verdrängt wird.

IV. Als Zusammenfassung lassen sich folgende Punkte thesenartig formulieren:

- Die Kolonialstadt hat nach städtebaulichen Kriterien, wie Grundriß und Aufriß, ein durchaus eigenständiges Erscheinungsbild.
- In der jüngsten Entwicklung der Geschäftszentren dominiert mit dem Hochhausbau der nordamerikanische Einfluß.
- Doch die räumliche Anordnung sozio-ökonomischer Strukturmerkmale und ihre Wandlungen in den letzten Jahrzehnten zeigt viele verwandte Züge mit europäischen Städten.
- Angesichts der gesamtgesellschaftlichen und politischen Rahmenbedingungen erscheinen allerdings die Kontraste, vor allem im sozialen Bereich, erheblich schärfer.
- Die Altstadt stellt kein isoliertes Problem dar. Sie muß vielmehr im Kontext der enormen Urbanisierung an den Stadträndern beurteilt werden.
- Neuerdings ist in Medien und Planungsbehörden immerhin ein kritischeres Problembewußtsein für den städtebaulichen Ensemble-Schutz zu beobachten.

*****

Literatur

ALBERS, G. u.a.: Protection and Cultural Animation of Monuments, Sites and Historic Towns in Europe. Bonn 1980 (German Commission for UNESCO)

AMATO, P.W.: "Elitism and Settlement Patterns in the Latin American City". In: Journal of the American Institute of Planners, 36, 1970, S. 96-105

AUGEL, J. u. M.P. AUGEL: "Salvador; historische Größe - schmerzliche Erneuerung". In: ERNST, R.W. (Hg.): Stadt in Afrika, Asien und Lateinamerika. Berlin 1984, S. 93-124

BÄHR, J.: "Neuere Entwicklungstendenzen lateinamerikanischer Großstädte". In: Geographische Rundschau, 28, 1976, S. 125-133

- u. G. MERTINS: "Idealschema der sozialräumlichen Differenzierung lateinamerikanischer Großstädte". In: Geographische Zeitschrift, 69, 1981, S. 1-33

BROMLEY, R.: "Organization, Regulation and Exploitation in the So-Called 'Urban Informal Sector'; The Street Traders of Cali, Colombia". In: World Development, 6, 1978, 9/10, S. 1161-1171

DIAZ-BERRIO, S.: "Revitalización de Monumentos Históricos". In: ICOMOS Mexicano, 4, 1977, S. 918

FIDEM: Fundação de Desenvolvimento da Região Metropolitana do Recife: Plano de Preservação dos Sítios Históricos, Versão Preliminar (Governo do Estado de Pernambuco, Secretaria de Planejamento) 1977

GORMSEN, E.: Barquisimeto, una Ciudad Mercantil en Venezuela. Caracas 1966

-: "La Zonificación Socio-Económica de la Ciudad de Puebla: Cambios por Efecto de Metropolización". In: Comunicaciones, Proyecto Puebla-Tlaxcala, 15, 1978, S. 7-20

-: "Cambios en la Zonificación Socio-Económica de Ciudades Hispano-Americanas con Referencia Especial a los Cascos Coloniales". In: Revista Interamericana de Planificación, 14, 1980, 55/56, S. 144-155

-: "Die Städte im spanischen Amerika; ein zeit-räumliches Entwicklungsmodell der letzten hundert Jahre". In: Erdkunde, 35, 1981, S. 290-303

GOZZALO, P.: La Necesidad de Protección y de Reanimación de las Ciudades Históricas en el Marco del Desarrollo Regional. México (ICOMOS) 1972

JAUREGUI, E.: "The Urban Climate of Mexico City". In: Erdkunde, 27, 1973, S. 298-307

-: "Visibility Trends in Mexico City". In: Erdkunde, 37, 1983, S. 296-299

KOHL, J.G.: Der Verkehr und die Ansiedlungen der Menschen in ihrer Abhängigkeit von der Gestaltung der Erdoberfläche. Dresden-Leipzig 1841

MAB Technical Notes 12: An Integrative Ecological Approach to the Study of Human Settlements. Paris, UNESCO, 1979

MITTENDORF, R.: Das Zentrum von Bogotá; Kennzeichen, Wandlungen und Verlagerungstendenzen des tertiären Sektors. Saarbrücken 1984 (SSIP, Sozialwissenschaftliche Studien zu internationalen Problemen, 89)

ORTIZ MACEDO, L.: "Diez Normas para los Planificadores sobre Conjuntos Históricos". In: Cuadernos de Arquitectura y Conservación del Patrimonio Artístico, México 1979, 4-5, S. 105-109

ROJAS LOA, J.A.: "Población y Vivienda en la Zona Central de la Ciudad de México, 1970". In: Cuadernos de Trabajo, 11, México 1976, S. 58-67 (INAH, Departamento de Investigaciones Históricas)

RODRIGUEZ PIÑA, J.: "Las Vecindades en 1811; una Tipología". In: Cuadernos de Trabajo, 11, México 1976, S. 68-96 (INAH, Departamento de Investigaciones Históricas)

SANCHEZ DE CARMONA, L.: "Medio Ambiente y Ecología en la Planificación Urbana y Regional". In: Revista Interamericana de Planificación, 17, 1983, 67, S. 76-85

- u. E. SOURS: "Mexico City; Ecological-environmental Dimensions of Urban Development and Planning". In: BLAIR, T.L. (Hg.): Urban Innovation Abroad. New York 1984, S. 178-190

SLATYER, R.: "The Origin and Development of the World Heritage Convention". In: Monumentum. Special Issue 1984, S. 3-16

TEIXEIRA, L.G.: "Ouro Preto; Brazil's Monument Town". In: Ambio 1983, 3-4, S. 213-215

VERGARA, S.: La Delimitación del Casco Monumental de la Ciudad de Puebla y su Catalogación. Puebla 1981 (Centro Regional del INAH)

VESTER, F.: Ballungsgebiete in der Krise; eine Anleitung zum Verstehen und Planen menschlicher Lebensräume mit Hilfe der Biokybernetik. Urban Systems in Crisis; Understanding and Planning Human Living Spaces, the Biocybernetic Approach. Stuttgart 1976

WHITEFORD, A.H.: Two Cities of Latin America; A Comparative Description of Social Classes. Garden City, New York 1964

WILHELMY, H. u. A. BORSDORF: Die Städte Südamerikas. Teil 1: Wesen und Wandel. Teil 2: Die urbanen Zentren und ihre Regionen. Berlin-Stuttgart 1984-1985 (Urbanisierung der Erde, Bd. 3/1-3/2)

World Heritage Convention. In: Monumentum. Special Issue 1984

WOHNRAUMVERSORGUNG UND WOHNBAUPROGRAMME FÜR UNTERE
SOZIALSCHICHTEN IN DEN METROPOLEN LATEINAMERIKAS (1)
Günter Mertins (Marburg)

I. Vorbemerkung

Die Wohnraumversorgung unterer Sozialschichten in den Metropolen, aber auch in den Großstädten Lateinamerikas insgesamt, tritt immer mehr in den öffentlichen Blickpunkt. Jene gilt heute in allen lateinamerikanischen Ländern als ein mit dem konventionellen Planungs-, Bau- und Finanzierungsinstrumentarium nicht zu lösendes, damit als ein brisantes, innenpolitisches Hauptproblem.

In diesem Übersichtsbeitrag kann der Bereich der Wohnraumversorgung und der Wohnbauprogramme für untere Sozialschichten, einschließlich der daraus resultierenden Problematik, nur generell-qualitativ angesprochen werden. Dafür gibt es vor allem zwei Gründe:
- das Fehlen bzw. die z.T. großen Ungenauigkeiten entsprechender nationaler wie internationaler Statistiken;
- die uneinheitliche Verwendung von Begriffen und die differierenden Erhebungskriterien mit den daraus wieder sich ergebenden falschen Zuordnungen, was zu erheblichen Verwirrungen führen kann.

II. Begriffsbestimmungen

Zur "unteren Sozialschicht" werden die Personen bzw. Haushalte gerechnet, die aufgrund ihrer Einkünfte nicht in der Lage sind, eine nach konventionellen Methoden erbaute Wohnung/Haus zu kaufen oder zu mieten, auch nicht im staatlich subventionierten sozialen Wohnungsbau.

Sie wohnen entweder in selbsterbauten Hütten/Häusern auf illegal besetzten oder semilegal "erworbenen" Grundstücken oder aber als Mieter bzw. Untermieter in den verschiedensten Unterschichtvierteln, wo allein durch die hohe Wohndichte oft bereits unzumutbare Wohnbedingungen herrschen (2).

Als Minimalanforderung für eine ausreichende Wohnraumversorgung gilt, daß die Wohnung keine Gefährdung für die Gesundheit ihrer Bewohner darstellt, d.h., daß die notwendige Infrastruktur (Wasser, Abwasser, Strom, sanitär-hygienische Einrichtungen) in der Wohnung vorhanden ist und nicht mit den Bewohnern anderer Wohnungen zusammen genutzt werden muß.

III. Problemdimension der Wohnraumversorgung

Die Beurteilung bzw. Einordnung derselben muß zunächst ausgehen von dem rapiden Bevölkerungswachstum der Metropolen oder Agglomerationen im Verhältnis zum Bevölkerungswachstum des jeweiligen Landes: Lateinamerika gilt als die Großregion der Dritten Welt mit dem höchsten Anteil der Großstadtbevölkerung (> 100 000 E.) an der jeweiligen Landesbevölkerung, wobei die hohe Bevölkerungskonzentration in einer oder in wenigen Agglomerationen/Metropolen ein weiteres, signifikantes Kennzeichen ist ("primate city"-Funktion; vgl. Abb. 1).

Die durchschnittliche natürliche jährliche Bevölkerungswachstumsrate betrug in Lateinamerika 1950-1960: 2,8 %, 1960-1970: 2,7 %, 1970-1980: 2,6 %, 1980-1984: 2,1 %, aber 1982-1984 1,8 % (!); in den entsprechenden Dekaden wuchsen die Agglomerationen (> 500 000 E.) um durchschnittlich 5,2 %, 6,2 % bzw. 4,8 %/J., d.h. zu durchschnittlich 46 %, 56 % und 46 % aufgrund von Wanderungsgewinnen (3).

Der hohe, allerdings seit den 70er Jahren vielfach deutlich nachlassende Zuwanderungsstrom (Abb. 2) trägt bereits in geringerem Umfang zur Bevölkerungsexplosion der Agglomerationen bei als das natürliche Bevölkerungswachstum, dessen relative Raten ebenfalls fast überall seit den 70er Jahren rückläufig sind. Absolut nehmen jedoch die Geburtenzahlen in den Agglomerationen zu, - Ausdruck nicht nur der weiterhin verbesserten medizinisch-hygienischen Versorgung, sondern vor allem

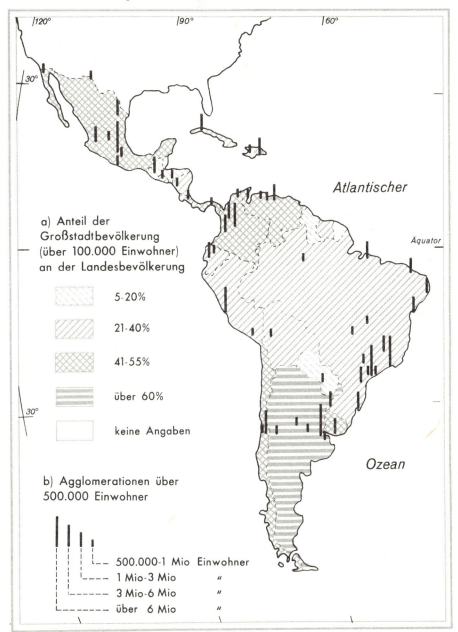

Abb. 1

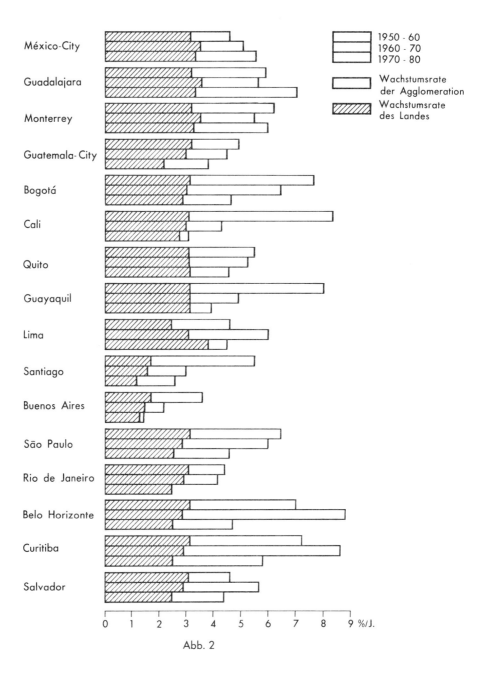

Abb. 2

des seit 1950 durch die Großstadtzuwanderung erheblich gestiegenen jüngeren Bevölkerungsanteils.

Die kurz skizzierte Entwicklung läßt folgende Trendaussage zu: Eine Abschwächung des Agglomerations-/Metropolisierungsprozesses ist noch nicht abzusehen; damit wird auch das Problem der Wohnraumversorgung unterer Sozialschichten noch zunehmen.

Dieser Problembereich muß generell unter zwei Hauptaspekten gesehen werden:
- dem quantitativen, d.h. der Neubedarf an Wohnungen aufgrund des Bevölkerungswachstums und dem Bemühen um die Reduzierung hoher Wohndichten (Personen/Wohnung bzw. Zimmer); dabei ist zu betonen, daß a) das Angebot des sogenannten "sozialen Wohnungsbaus" völlig unzureichend und b) nicht auf die Nachfrage bzw. Kaufkraft der einkommensschwachen Schichten ausgerichtet ist;
- dem qualitativen Aspekt, d.h. Verbesserung von bestehendem, z.T. menschenunwürdigem Wohnraum und die Schaffung bzw. Verbesserung der unabdingbaren Basisinfrastruktur wie Elektrizitäts- und Wasserversorgung, Abwasser- und Müllentsorgung, Straßenbau etc.

Der erforderliche Neu- und Ersatzbedarf bedingt - selbst bei Minimalanforderungen an die Bauausführung ("low-cost-housing") - Investitionskosten, die von keinem Land Lateinamerikas bisher erfüllt worden sind und auch zukünftig nicht annähernd erfüllt werden können (vgl. Abb. 3).

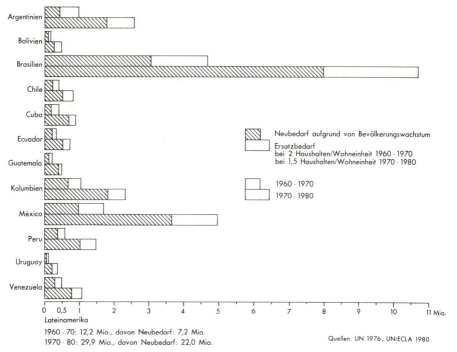

Abb. 3

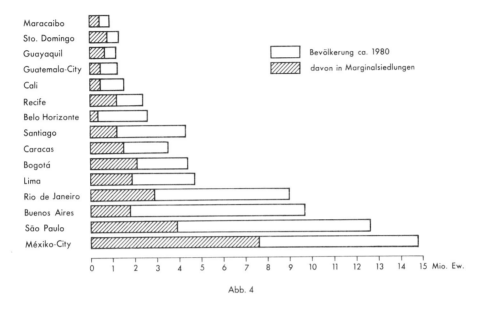

Abb. 4

Das soll an einem Beispiel erläutert werden: Brasilien, das Land mit den absolut umfangreichsten Wohnraumbeschaffungs- und Wohnraumverbesserungsprogrammen für untere Sozialschichten, allerdings auch mit dem höchsten Wohnraumbedarf (1970-1980): 10,8 Mio.; nach anderen Quellen für 1980: 17 Mio. (UN 1976, UN/ECLA 1980), kam trotz erheblicher Anstrengungen 1964-1983 nur auf ca. 1,43 Mio. neue oder verbesserte Wohneinheiten für untere Sozialschichten, wobei davon allein 76,7 % auf den Zeitraum 1976-1982 entfielen, während danach die entsprechenden Wohnbauprogramme aufgrund finanzieller Schwierigkeiten (Inflation, Preissteigerungen) rapide zurückgingen (vgl. Tab. 1). Es sei betont, daß in den genannten Zahlen auch die sogenannten PROFILURB-Programme (Programa de Financiamento de Lotes Urbanizados, d.h. "site and service"-Projekte) enthalten sind, wobei lediglich erschlossene Grundstücke kostengünstig zur Verfügung gestellt werden.

Generell kann das Fazit gezogen werden: Die konventionellen Strategien zur Wohnraumversorgung und -verbesserung für untere Sozialschichten (Wohnblöcke, z.T. auch Hochhäuser in Billigbauweise, Einfachstreihenhäuser etc.) sind gescheitert, da sie quantitativ unzureichend bleiben bzw. die unteren Sozialschichten nicht erreichen.

IV. Wohnraumversorgung unterer Sozialschichten - die Dominanz des Selbsthilfeprinzips

Durchschnittlich 50-60 % der Bevölkerung in den lateinamerikanischen Metropolen leben in Marginalsiedlungen (vgl. generell Abb. 4 und als Länderbeispiel Abb. 5, México). "Marginal" ist dabei im bausubstantiellen und infrastrukturellen Sinne zu verstehen (MERTINS 1984, 435), wobei ein hoher Korrelationsgrad zu sozioökonomischen Merkmalskriterien festzustellen ist: "housing is a highly visible dimension of poverty" (GILBERT/GUGLER 1982, 11).

Alle illegal und semilegal entstandenen Marginalsiedlungen sind in Selbsthilfe erstellt, oft unter Mithilfe von Verwandten, Nachbarn oder Freunden, also im sogenannten informellen, der öffentlichen Aufsicht weitgehend entzogenen Bereich und außerhalb des offiziellen Kapital- und Wohnungsmarktes.

Es muß aber noch einmal deutlich darauf hingewiesen werden, daß die jeweiligen Erhebungsmethoden differieren und daß die verwandten Begriffe oft zu unscharf, zu unklar sind. Die Spannweite derartiger Einschätzungen soll an zwei Beispielen verdeutlicht werden:

a) Nach dem Zensus von 1980 lebten nur 14 % der Bevölkerung des Munizips von Rio de Janeiro in "favelas", nach einer anderen, offiziösen Erhebung 32 % (IBASE 1982, 14). Eine weitere Studie schätzt, daß ca. 70 % der Stadtbevölkerung von Rio in "favelas" oder in vergleichbaren Unterkünften lebt, was sicherlich zu hoch angesetzt ist.

Tab. 1: Staatlich finanzierter Wohnungsbau für untere Sozialschichten in Brasilien 1964-1983

	COHAB (1)	PROMORAR (2)	FICAM (3)	insgesamt
1964	8 618	-	-	8 618
1965	14 716	-	-	14 716
1966	11 299	-	639	11 938
1967	41 332	-	-	41 332
1968	44 516	-	-	44 516
1969	57 746	-	45	57 791
1970	21 846	-	248	22 094
1971	17 951	-	275	18 226
1972	11 961	-	1 596	13 557
1973	17 157	-	-	17 157
1974	7 831	-	970	8 801
1975	44 731	-	3 336	48 067
1976	88 442	-	2 550	90 992
1977	92 740	-	3 732	96 472
1978	199 673	-	12 674	212 347
1979	135 691	3 070	15 907	154 668
1980	115 212	85 966	5 128	206 306
1981	80 064	46 221	10 290	136 575
1982	122 368	51 313	23 249	196 930
1983	16 078	7 519	1 148	24 745
1984 (4)	5 178	-	-	5 178
SUMME	1 155 150	194 089	81 787	1 431 026

Quelle: Banco Nacional da Habitação, Depto. de Planejamento e Análise de Custos; 25.02.1984

Anmerkungen

(1) COHAB: Companhia Habitacional, offizielle Wohnungsbaugesellschaft, auf Bundesstaaten-Ebene organisiert.

(2) PROMORAR: Programa de Erradicação da Subhabitação; Sanierungsprogramm (z.T. upgrading) für Marginalsiedlungen (favelas u.a.).

(3) FICAM: Programa da Financiamento de Construção, Aquisição ou Melhoria da Habitação; Finanzierungsprogramm für Wohnungs-(Haus-)kauf, -bau und -verbesserung für untere Sozialschichten.

(4) Nur Januar 1984.

Wohn-/Hausbauformen nach sozioökonomischen Schichten in México (zona metropolitana), 1970

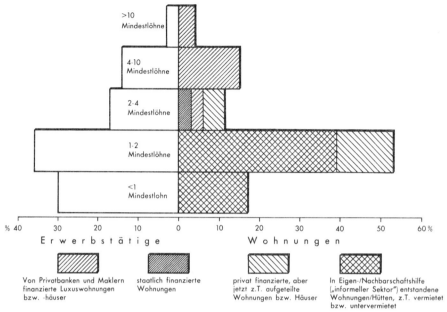

Quelle: COPEVI 1977; nach KRAMER 1980

Abb. 5

Dementsprechend schwanken auch die Angaben über die größte "favela", Rocinha, von 33 000 über 75 000-80 000 bis zu ca. 150 000 Einwohnern (vgl. PFEIFFER 1985).

b) Nach dem offiziellen "Inventario de Zonas Subnormales de Vivienda ..." umfaßten Anfang der 70er Jahre die "barrios subnormales" (illegale wie semilegale) zusammen 6,1 % der Fläche und 10,1 % der Wohnungen Bogotás mit 12,4 % der Hauptstadtbevölkerung (ICT 1976). Nach anderen Untersuchungen betrug zum gleichen Zeitraum allein der Anteil der (semilegalen) "barrios piratas" an der gesamten Fläche 31 %, an den Wohnungen 42,2 % und an der Bevölkerung Bogotás 49,1 % (BRÜCHER/ MERTINS 1978, 36 u. 49)!

Diese stark divergierenden, auseinanderklaffenden Daten weisen nicht nur auf die - aus den unterschiedlichsten Gründen - differierenden Einschätzungen und Erhebungsmethoden hin, sondern auch auf eine Tatsache bzw. auf einen Prozeß, der verkürzt so zu umschreiben ist: die illegal und semilegal entstandenen Hüttenviertel (nicht die Slums!) machen - nicht alle in der gleichen Zeitspanne und mit der gleichen Intensität - einen, wenn auch oft langsamen Entwicklungs-, Verbesserungs- und Konsolidierungsprozeß durch, in dem sie - überwiegend ebenfalls in Selbsthilfe - über den Stand einer Marginalsiedlung allmählich hinauswachsen.

Daraus folgt:
a) In den Angaben über die Marginalviertel können "barrios" enthalten sein, die zwar de jure noch den Status der Illegalität bzw. der Semi- bzw. Scheinlegalität haben, für die aber längst die baulichen wie infrastrukturellen Marginalitätskriterien nicht mehr zutreffen, da sie inzwischen "konsolidiert" sind. Damit wären die jeweiligen Angaben zu hoch und entsprechend zu berichtigen.

b) Andererseits enthalten die Angaben nicht die in den zurückliegenden Jahren legalisierten und konsolidierten Unterschichtviertel, d.h. der Anteil der insgesamt in Selbsthilfe erstellten "barrios" an allen Wohnvierteln in den Metropolen liegt real wesentlich höher. Das sollte bei einer Beurteilung des Umfangs und der Effektivität der Selbsthilfe berücksichtigt werden.

Im Verlauf der Konsolidierungsphase kommt es - ebenfalls in Selbsthilfe - zur Schaffung von neuem, zusätzlichen Wohnraum für Angehörige unterer Sozialschichten in jenen Vierteln, damit dort zu einem oft erheblichen Bevölkerungsanstieg, zu einem Verdichtungsprozeß, wobei zwei Formen vorherrschen (4):

- durch An- oder Umbauten entsteht gewöhnlich neuer Wohnraum, der in den meisten Fällen sofort an neue Großstadtzuwanderer oder an in derselben Stadt geborene Wohnungssuchende aus der gleichen Sozialschicht vermietet wird (damit übernehmen diese Viertel zunehmend die Funktion als Etappenstationen für Großstadtzuwanderer wie für intraurbane Migranten unterer Sozialschichten) (vgl. MERTINS 1985);
- um den Konsolidierungsprozeß und/oder die Abzahlung des für den Grundstückskauf aufgenommenen Kredits zu beschleunigen, wird in semilegal entstandenen Hüttenvierteln oft ein meistens weniger als 80/60 m² großes Grundstücksteil weiterverkauft, worauf der Käufer natürlich sofort eine Hütte oder ein zunächst primitives Haus errichtet.

Zusammenfassend ergibt sich: Das Selbsthilfeprinzip stellt unter den derzeitigen politischen wie wirtschaftlichen Rahmenbedingungen die Basis, die conditio sine qua non dar für die Wohnraumversorgung und -verbesserung unterer Sozialschichten.

V. Die Einbeziehung des Selbsthilfeprinzips in die staatliche Wohnungsbaupolitik

Die Staaten Lateinamerikas haben in den gesamten Prozeß des individuellen Selbsthilfe-Wohnungsbaus ("autoayuda", "autoconstrucción", "self-help housing") meistens nicht eingegriffen, vor allem nicht im sogenannten semilegalen Bereich. Das geschah nicht aus einer Art Laissez-faire-Politik heraus, sondern aus politischen, sozialen, aber auch aus handfesten ökonomischen Erwägungen, da sie - wie bereits betont - gar nicht in der Lage sind, die mit erheblichen verlorenen Zuschüssen verbundenen Kosten für die Behebung des Wohnungsdefizits unterer Sozialschichten aufzubringen.

Aus den angeführten Gründen wurde seit Anfang der 70er Jahre das Selbsthilfekonzept als die Basis für alle Programme zur Wohnraumbeschaffung und -verbesserung unterer Sozialschichten und dafür gewissermaßen als "die ideale Problemlösung" propagiert. Diese Strategie basiert weitgehend auf den Ideen Turners (1976), wurde wesentlicher Bestandteil der HABITAT-Deklaration der Vereinten Nationen (UNO) 1976 in Vancouver und damit gewissermaßen das offiziell anerkannte Konzept zur Lösung der Wohnsituation für untere Sozialschichten. Turner geht dabei vor allem von drei Prinzipien aus, die in den bisherigen Programmen/ Projekten allerdings nicht immer bzw. nur teilweise zugrunde gelegt bzw. angewandt wurden: angemessene, einfache Bautechnologie (einheimische Baustandards, -formen und -materialien), Mitbestimmung der Bewohner bei der Haus-/Siedlungsplanung und Selbstverwaltung bei Arbeitsorganisation, Kreditrückzahlung, Unterhaltungsarbeiten, sozialen Aufgaben etc. (über Genossenschaften oder ähnliche Organisationen).

Die zuerst vertretene Konzeption lautete "site and service" sowie "core-housing"-Programme (vgl. OENARTO u.a. 1980). Als gemeinsame Kennzeichen gelten:

- Bereitstellung von erschlossenen Grundstücken, oft nur 100-150 m² groß, durch öffentliche oder andere Organisationen; bei den "core-housing"-Projekten kommt ein 9-11 m² großer "Kernraum" hinzu ("unidad/vivienda básica", "casa de embrião") oder eine Sanitärzelle oder auch nur eine Installationswand;
- Bereitstellung öffentlicher Infrastruktur- und Dienstleistungseinrichtungen;
- Hütten- und Hausbau sowie spätere Verbesserungen und Erweiterungen geschehen in Selbsthilfe, wobei zinsgünstige Kredite für Materialkauf etc. gewährt werden können;
- die Bewerberauswahl erfolgt nicht nur nach dem Kriterium der Bedürftigkeit, sondern auch nach der Einkommenssituation der jeweiligen Haushalte, um die Rückzahlung der zwar niedrigen Grundstücks- und anteiligen Erschließungskosten sowie der Materialkredite sicherzustellen.

Somit erreichen diese sogenannten Niedrigkostenwohnungsbau-Programme viele der potentiellen Bewerber nicht, sind zudem noch quantitativ unzureichend. Sie setzen eine Zahlungsfähigkeit voraus, die bei den Zielgruppen, den armen Bevölkerungsschichten, kaum oder überhaupt nicht gegeben ist (vgl. u.a. WEGENER 1983).

Aus Gründen der Kostenreduzierung sowohl für die Betroffenen aus den unteren Sozialschichten wie aber auch für die öffentliche Hand begann man mit der Förderung einer anderen, als "upgrading" bezeichneten Maßnahme: bei Akzeptierung bzw. Legalisierung der illegalen und semilegalen Grundbesitzverhältnisse (vgl. das Beispiel Bogotá, Abb. 6) liegt der Schwerpunkt auf der durch günstige Kredite geförderten Verbesserung, einschließlich der An- und Umbauten der bestehenden Hütten und Häuser sowie der Schaffung bzw. Verbesserung einer Basisinfrastruktur.

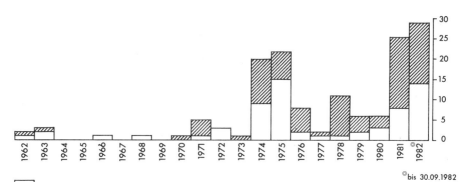

Abb. 6

Hier setzt man also bei den bereits bestehenden Vierteln an und spart die Grundstücks- und Erschließungskosten. Alle Arbeiten an den Hütten und Häusern werden wiederum in Selbst- und/oder Nachbarschaftshilfe durchgeführt, größtenteils auch die Arbeiten zur Schaffung bzw. Verbesserung der öffentlichen Basisinfrastruktur. Letztere bilden jedoch vielfach erst eine Voraussetzung zur Aufnahme in derartige Programme.

Alle diese Maßnahmen sind für die öffentliche Hand mit relativ geringen Kosten verbunden, basieren aber - und das ist oft sehr kritisch angemerkt worden - auf der von ihr organisierten, gelenkten und kontrollierten "vertikalen" Selbsthilfe (TÄNZLER 1984), letztlich auf der für sie fast kostenlosen Mobilisierung oder Aktivierung von "Humankapital", auf der do-it-yourself-Methode.

Ob der in den letzten Jahren verstärkt geförderte integriert-kooperative Ansatz - unter Einbeziehung der Betroffenen in Planung, Entscheidungsfindung, Durchführung und Verwaltung, letztlich über genossenschaftliche Formen oder Nachbarschaftsvereinigungen (vgl. Kap. 4) - die entscheidende Lösung bringt, muß abgewartet werden. Mit einem Fragezeichen zu versehen ist auch der manchmal an diese "horizontal organisierte" Form der Selbsthilfe geknüpfte hohe sozialpädagogische Anspruch einer stärkeren Bewußtseinsbildung und Sozialisierung der Betroffenen (u. a. IBAÑEZ 1980).

VI. Schlußbemerkung

Überblickt man die bisherigen Strategien zur Wohnraumversorgung unterer Sozialschichten in den Metropolen Lateinamerikas, so bleibt als Fazit:
Angemessene Wohnraumversorgung, -gestaltung und infrastrukturelle Ausstattung sind unabdingbare Prämissen für die Integration der Marginalviertel in den metropolitanen, in den städtischen Kontext. Da das Selbsthilfekonzept zur Realisierung jener Vorhaben das einzig Praktikable zu sein scheint, ist es notwendig, die Konditionen hierfür günstig zu gestalten. Entscheidend sind dabei folgende Maßnahmen:
- Legalisierung der Grundstückstitel,
- Bereitstellung günstiger Kredite für Materialkauf etc.
- Schaffung geeigneter juristischer, administrativer und finanzieller Rahmenbedingungen für Selbsthilfeorganisationen.

Ein Punkt sollte jedoch abschließend betont werden: beim Selbsthilfekonzept ist neben der aktiven Mitarbeit der entsprechenden Personen/Familien auch ein gewisser finanzieller Beitrag derselben erforderlich, vor allem für Material-, Facharbeiter-, Planungskosten usw., d.h. die öffentliche Hand oder andere Trägerorganisationen stellen diese Leistungen nicht kostenlos, als Schenkung zur Verfügung. Selbsthilfe bedeutet also nicht Sozial- bzw. Wohlfahrtshilfe, also: kostenlose Wohnungsfürsorge, d.h. große Bevölkerungsteile in den lateinamerikanischen Metropolen werden von den entsprechenden staatlichen Wohnungsbauprogrammen, oder denen anderer, auch karitativer Organisationen, nicht erfaßt.

*****

Anmerkungen

(1) Dieser Beitrag basiert zum Teil auf ersten Ergebnissen des von der Stiftung Volkswagenwerk geförderten Forschungsprojektes "Urbanisierungsprozesse in lateinamerikanischen Großstädten".

(2) Vgl. u.a. BÄHR/KLÜCKMANN 1984, 1985, BÄHR/MERTINS 1981, BRÜCHER/MERTINS 1978, GILBERT/WARD 1978, MERTINS 1984.

(3) Vgl. für ausgewählte Länder: Abb. 2; HARDOY/MOSOVICH 1973, HARDOY 1982, KOHLHEPP 1982, MERTINS 1984.

(4) Vgl. u.a. BÄHR/KLÜCKMANN 1985 für Lima, BÄHR/MERTINS 1985 für Santiago, verschärft allerdings durch die dortigen politischen Rahmenkonditionen, BRÜCHER/MERTINS 1978 für Bogotá, CONWAY/ BROWN 1980 für Mexico-City und andere mexikanische Großstädte, WARD 1978 für Mexico-City.

*****

Literatur

BÄHR, J. u. G. KLÜCKMANN: "Staatlich geplante Barriadas in Peru. Dargestellt am Beispiel von Villa El Salvador (Lima)". In: Geographische Rundschau, 36, Braunschweig 1984, S. 452-459

-: "Sozialräumliche Differenzierung von Wohngebieten unterer Einkommensgruppen in lateinamerikanischen Metropolen. Die Beispiele Lima und Santiago de Chile". In: Ibero-Amerikanisches Archiv, N.F. 11, Berlin 1985 (im Druck)

- u. G. MERTINS: "Idealschema der sozialräumlichen Differenzierung lateinamerikanischer Großstädte". In: Geographische Zeitschrift, 69, Wiesbaden 1981, S. 1-33

BRÜCHER, W. u. G. MERTINS: "Innerstädtische Mobilität, Typen randstädtischer Elendsviertel und des sozialen Wohnungsbaus in Bogotá/Kolumbien". In: Marburger Geographische Schriften, 77, Marburg 1978, S. 1-130

CONWAY, D. u. J. BROWN: "Intraurban relocation and structure: low-income migrants in Latin America and the Caribbean". In: Latin American Research Review, 15, Chapel Hill/N.C. 1980 S. 95-125

DESWOS (Deutsche Entwicklungshilfe für soziales Wohnungs- und Siedlungswesen) (Hg.): Integrated co-operatives for satisfying the basic need of shelter in slum and squatter areas. Results of a workshop. Köln 1981

GILBERT, A. u. J. GUGLER: Cities, poverty and development. Urbanization in the Third World. Oxford 1982

GILBERT, A.P. u. M. WARD: "Housing in Latin American cities". In: JOHNSTON, R.J. u. D. HERBERT (Hgg.): Geography and the urban development. London 1978, S. 285-318

HARDOY, J.E.: "Urban development and planning in Latin America: problems and prospects". In: Regional Development Dialogue, 3, Nagoya 1982, S. 1-23

HARDOY, J. u. D. MOSOVICH: "Un ensayo de interpretación del proceso de urbanización de América Latina". In: Revista Interamericana de Planificación, 17, Bogotá 1973, S. 95-134

IBAÑEZ, A.F.: "Procesos y desarrollo incluídos a través de programas habitacionales en el sector marginal". In: BREUER, B. (Hg.): Planificación, financiamiento y realización de programas de construcción de viviendas en asentamientos marginales de América Latina. Berlin 1980, S. 21-52 (DSE. Deutsche Stiftung für Internationale Entwicklung)

IBASE (Instituto Brasileiro de Análises Sociais e Econômicas): Dados da realidade brasileira. Indicadores sociais. Petrópolis 1982

ICT (Instituto de Crédito Territorial): Inventario de zonas subnormales de vivienda y proyectos de desarrollo progresivo. Bogotá 1976

KOHLHEPP, G.: "Bevölkerungswachstum und Verstädterung in Lateinamerika. Ablauf, Ursachen und Konsequenzen eines problematischen Entwicklungsprozesses". In: WILHELMY, H. (Hg.): Lateinamerika, Stuttgart 1982, S. 20-32 (Landeszentrale für Politische Bildung Baden-Württemberg (Hg.): Der Bürger im Staat, 32/1)

KRAMER, R.: "Selbsthilfeansätze und staatliche Programme in den Elendsvierteln von México-Stadt". In: Lateinamerika-Studien, 6, München 1980, S. 617-642

MERTINS, G.: "Marginalsiedlungen in Großstädten der Dritten Welt". In: Geographische Rundschau, 36, Braunschweig 1984, S. 435-442

-: "Raum-zeitliche Phasen intraurbaner Migrationen unterer Sozialschichten in Großstädten Lateinamerikas". In: Ibero-Amerikanisches Archiv, N.F. 11, Berlin 1985 (im Druck)

OENARTO, J., L. KOPPENHÖFER, D. ZILLER, E. KNAPP: "Verstädterung und Behausung. Die Probleme Südamerikas". In: Neue Heimat, 27, Hamburg 1980, S. 12-33

PFEIFFER, P.: Favela-Politik und politisches Verhalten von Favelados in Rio de Janeiro

TÄNZLER, A.: "Finanzierung von Wohnungsbauprogrammen für untere Einkommensschichten in Lateinamerika. Seminarbericht". In: BREUER, B. (Hg.): Financiamiento del habitat para sectores de bajos ingresos en América Latina. Berlin 1985 (DSE. Deutsche Stiftung für internationale Entwicklung) (im Druck)

TURNER, J.: Housing by people. London 1976 (deutsch: Verelendung durch Architektur. Reinbek 1978)

UN (United Nations) (Hg.): World housing survey 1974. New York 1976

UN/ECLA (Economic Commission for Latin Amerika) (Hg.): Statistical Yearbook for Latin America 1979. Santiago de Chile 1980

WARD, P.M.: "Self-help housing in México-City. Social and economic determinants of success". In: Town Planning Review, 49, Liverpool 1978, S. 38-50

WEGENER, R.: "Financiamiento de programas de vivienda para sectores de bajos recursos en países en vías de desarrollo". In: BREUER, B. (Hg.): Financiamiento del habitat para sectores de bajos ingresos en América Latina. Berlin 1985 (DSE. Deutsche Stiftung für Internationale Entwicklung) (im Druck)

WOHNBAUFÖRDERUNG IN LA PAZ ZUR BERÜCKSICHTIGUNG TRADITIONELLER WOHNBEREICHSSTRUKTUREN BEI LOKALEN WOHNBAUINITIATIVEN
Wolfgang Schoop (Misereor/Aachen)

Die nicht-staatlichen Organisationen der Entwicklungshilfe beschäftigen sich schon seit Jahren mit der Verbesserung der Wohnsituation in lateinamerikanischen Großstädten. Für diese basisnahe und zielgruppenorientierte Arbeit wurde beispielsweise im Hause Misereor eine Reihe von Kriterien festgelegt, mit deren Hilfe ein besonders wirksamer Einsatz der bereitgestellten Mittel erreicht werden soll (vgl. MISEREOR 1983b). Darüber hinaus wurden Überlegungen angestellt, inwieweit die Methoden des Planens, der Materialbeschaffung, der Bauausführung und des Wohnens dem wirtschaftlichen, sozialen und kulturellen Umfeld der begünstigten Siedler angepaßt werden können.

Für die bauliche Gestaltung in den neuen Randstadtvierteln der andinen Großstädte gibt es zahlreiche Lösungsvorschläge. Immer wichtiger werden dabei die Vorhaben des sogenannten "up-gradings", wo es nicht darum geht, neue Siedlungen zu bauen, sondern bestehende bzw. spontan errichtete Bausubstanz zu richten und zu verbessern. Dabei können sich die bereits angesiedelten Bewohner als motivierte und verantwortliche Mitglieder der neuen Wohnbaugemeinschaften betätigen. Bei der baulichen Ausführung finden zahlreiche traditionelle Elemente Verwendung, die sich seit Jahrhunderten bewährt haben. Es seien hier erwähnt die Baumaterialien (wie z.B. Adobe-Lehmbausteine oder Dachziegel), Konstruktionstechniken oder gewisse Proportionen (Größe der Lehmsteine), die den randlichen Neusiedlungen ein vergleichsweise einheitliches Aussehen vermitteln.

In La Paz fällt in den Randsiedlungen, die in der ersten Phase vornehmlich aus Adobe-Material errichtet werden, die gleichförmige und wenig provisorische Bauweise ins Auge (vgl. SCHOOP 1980, 48-71). Diese Siedlungen heben sich damit deutlich von den Randstadtvierteln der tropischen Tieflandstädte ab, bei denen der Elendscharakter sehr viel stärker zum Ausdruck kommt. Die Stadtverwaltung in La Paz rühmt den "indio constructor", der seine Fähigkeit, Wohnraum mit einfachsten Verfahren und Materialien zu schaffen, vom Lande in die Stadt übertragen hat. In der Regel wird hier das Material der Baugrundstücke selbst dazu verwandt, die schützenden Lehmbehausungen zu errichten.

Trotz der klimatischen Sondersituation der Hochgebirgsstädte ist bei der Ausgestaltung der familiären Wohn- und Lebensbereiche in der Regel ein kleiner Hof vorgesehen, der mit einer Mauer gegen Sicht von außen abgeschirmt ist. Diese Innenhöfe sind im städtischen wie im ländlichen Milieu der zentralen Anden als Bestandteil der Wohnbereiche südländisch-mediterranen Ursprungs. Hier kommen Züge einer mehr individuellen Lebensweise zum Ausdruck, die in der ursprünglich indianischen Kultur weniger verbreitet waren. Vielmehr war in der Wohnstruktur der Aymara und Quechua-Indianer wie auch in der Agrarorganisation oder im Rahmen gegenseitiger Hilfe das gemeinschaftliche Element verstärkt ausgeprägt, so wie man es in einigen zurückgezogenen Indianergemeinschaften der Kordillere auch heute noch antreffen kann.

Diese überkommenen Formen von gemeinschaftlicher Aktion und Organisation wurden in ihrer Bedeutung für Entwicklungsmaßnahmen im Basisbereich schon länger erkannt. In zahlreichen nicht-staatlichen Vorhaben in Ecuador, Peru oder Bolivien wird auf diese vorkolonialen und zum Teil auch frühkolonialen Gemeinschaftsformen zurückgegriffen. In den indianischen Dörfern der Anden waren "ayni" und "minca" gebräuchlich, das sind Formen der gegenseitigen Hilfe und der Beteiligung an gemeinschaftlichen Vorhaben, die heute wieder aufleben. Bekannt sind auch die "cofradías" oder "hermandades", Bruderschaften aus der Kolonialzeit, die mit ihren sozialen und wirtschaftlichen Funktionen wieder aktiviert werden. Allerdings ist der Aspekt der Wohngemeinschaft bzw. der gemeinschaftlichen Nutzung von bestimmten Wohnbereichen bisher nur wenig beachtet worden. In der hier vorgestellten Analyse sollen die charakteristischen Gemeinschaftshöfe (die sogenannten "patios comunes"), wie sie für die Dörfer der Kordillere nördlich von La Paz beschrieben werden, auf ihre Eignung hin überprüft werden, wieweit sie das gemein-

schaftliche Element bei der Gestaltung neuer städtischer Wohnviertel
verstärken können.

I. Traditionelle Formen gemeinschaftlicher Wohnbereiche in der Kordillere
von La Paz

Das regelmäßige Schachbrettmuster der spanischen Kolonialstädte
findet sich nicht nur in den Städten der Anden, sondern auch mit
gewissen Veränderungen in zahlreichen ländlichen und bergbaulichen
Orten der Kordillere. Das Ordnungsgefühl des spanischen Renaissance-
menschen, aber auch deutliche Vorteile bei der regelmäßigen Aufteilung
des Geländes haben bei diesem Grundrißtyp zu einer weiten Verbreitung
geführt. Umso überraschender sind indianische Siedlungen, die einen auf
den ersten Blick völlig ungeregelten Grundriß aufweisen (vgl. Abb. 1).
Das ist besonders typisch für das Siedlungsgebiet der Kallawaya-India-
ner, die im Nordosten des Titicaca-Beckens leben (1). Aufgrund der
peripheren Siedlungslage des Kallawaya-Tals wurde der Anschluß an das
Straßennetz hier erst vor wenigen Jahren hergestellt und zahlreiche
Merkmale ursprünglicher Lebensformen wurden bis in die jüngste Zeit
bewahrt.

Zu diesen überkommenen Lebensformen gehört die gemeinschaftliche
Nutzung von "patios comunes", Hofflächen, um die sich die Baulichkeiten
von drei bis fünf Familien legen. Daß derartige Gemeinschaftshöfe bereits
in vorspanischer Zeit üblich waren, belegen Beispiele aus der unmittelbaren Nachbarschaft der Kallawaya-Region (2). Es gibt auch inkaische
Bauanlagen aus dem Urubamba-Tal in Peru und aztekische Bauwerke in
Mexiko, die die Innenhofstruktur zeigen. In all diesen Beispielen haben
verschiedene Familien Zugang zu einer gemeinsam benutzten Hoffläche, in
der das Alltagsleben unter freiem Himmel stattfindet.

Die formalen und funktionalen Merkmale derartiger Gemeinschaftshöfe
lassen sich wie folgt zusammenfassen:
- der Grundriß der Hoffläche ist meist unregelmäßig;
- mehrere Höfe werden durch verwinkelte Gassen miteinander verbunden;
- die einzelnen Häuser sind jeweils zu einem Hof hin erschlossen;
- wichtige tägliche Arbeiten (Kochen, Waschen, Weben) können in enger
  Nachbarschaft verrichtet werden;

Abb. 1:
"Patios comunes" in der Kordillere von La Paz (Gemeinde Amarete).
Kartiert von Waschl, M. 1982

- im Hof finden Gespräche und gegenseitige Hilfe statt;
- eine Sitzbank aus Lehmsteinen rund um den Hof nimmt die Gäste bei Familien- oder Ortsteilfeiern auf;
- Lamas und andere Haustiere (Esel, Schweine, Schafe) werden über Nacht im Gemeinschaftshof eingesperrt.

Bei den Hofnachbarn der untersuchten Gemeinden im Kallawaya-Tal handelt es sich in der Regel nicht um enge Verwandte, deren Wohnungen etwa durch Erbteilung in den letzten Generationen aus einer größeren Einheit hervorgegangen sind. Die Hofnachbarn sind dagegen über eine Gevatternschaft ("compadrazgo") miteinander verbunden. Bezeichnend ist, daß die 8 bis 15 Gemeinschaftshöfe eines Ortsteils jeweils einer Großfamilie, einem "ayllu", zugeordnet werden, das jeweils auch in den dörflichen Leitungsgremien vertreten ist.

In der gleichen Weise wie sich im Kallawaya-Tal seit wenigen Jahren der gemeinschaftliche Besitz und die gemeinschaftliche Nutzung im Agrarsektor aufzulösen beginnen, gibt es auch im Wohnbereich Tendenzen zur Individualisierung. In einzelnen Fällen werden Vordächer gezogen, Schutzmauern errichtet und gelegentlich auch schon Erweiterungsbauten angefügt. Diese Entwicklung ist mit erheblichen Spannungen unter den Beteiligten verbunden, da hier eine individuelle Nutzung in öffentliche Flächen vordringt.

Das seit Jahrhunderten bewährte Prinzip des gemeinschaftlichen Wohnens wird also genau in dem Jahrzehnt aufgegeben, in dem durch erstarkte Außenkontakte und die Einführung des Geldverkehrs eine sozio-ökonomische Differenzierung der Gemeinschaft erfolgt. Die Errichtung einer Grundschule, die Heranziehung der jungen Männer zum Wehrdienst und die zunehmende Wanderarbeit zeigen hier ihre offenbar auch negativen Modernisierungsfolgen. Vor diesem Hintergrund stellt sich die Frage, ob das Konzept der gemeinschaftlichen Wohnflächen in einer modernen Zeit überhaupt Überlebenschancen hat.

II. Die Wohnbausituation am Stadtrand von La Paz

Seit den späten sechziger Jahren sind die Wohnflächen im Talkessel von La Paz knapp geworden. Die gehobenen sozialen Schichten fanden neue Wohngebiete im unteren Talbereich. Die bescheidenen Wohnquartiere der indianischen Zuwanderer, vornehmlich aus dem Titicaca-Becken, dehnten sich vor allem oberhalb der Stadt am Rande des Altiplano aus. Zusätzlich fand im Talkessel selbst eine zunehmende Wohnverdichtung mit Aufstockung der Gebäude statt, die in den Randstadtgebieten der sechziger Jahre zu einer Verdoppelung und Verdreifachung der Einwohnerdichte geführt hat.

Bei dieser kontinuierlichen Veränderung der Bausubstanz werden auch neue Konstruktionselemente und vor allem neue Baumaterialien (wie Tonziegel, Betonpfeiler etc.) verwendet. Unterschiedliche Bebauungsdichte, Bauhöfe und Baumaterialien gestatten nicht zuletzt auch die Altersbestimmung eines solchen Stadtteils und ermöglichen damit häufig auch die sozio-ökonomische Zuordnung dieses Viertels. Eine derartige Entwicklung in Richtung einer physiognomischen und sozio-ökonomischen Konsolidierung kann aber nur dann einsetzen, wenn die Voraussetzungen für einen infrastrukturellen Ausbau gegeben sind.

In den oberen Talschultern von La Paz sind die Wohnbedingungen extrem schlecht. Hier haben sich die steilen Talflanken mit illegalen Siedlern gefüllt. Die Hänge haben zum Teil mehr als hundert Prozent Neigung und sind im höchsten Maße abrutschgefährdet. Zwischen den Häusern tun sich steile Schluchten auf. Ein Anschluß an ein Entsorgungs- und Verkehrsnetz ist hier nur schwer möglich.

Oberhalb der Talschultern erstrecken sich auf dem "Altiplano" (in 4 100 m Höhe) die wichtigsten Ausweitungsflächen der Stadt. Hier haben sich in den letzten zwanzig Jahren mehr als 200 000 Menschen niedergelassen. Trotz der zunehmenden Distanz zur Innenstadt und den damit steigenden Transportkosten besteht hier eine rege Bauaktivität, bei der sich Siedlergruppen unterschiedlicher Größe beteiligen.

III. Entwurf eines Stadtteils mit gemeinschaftlichen Wohnbereichen auf dem "Altiplano" von La Paz (vgl. WASCHL 1982)

Für das Ausweitungsgelände auf dem "Altiplano" von La Paz wurde 1982 ein Stadtteilkonzept vorgelegt, in dem die Struktur der "patios comunes" als Grundlage der Gemeinschaftsbildung verwandt wurde.

Wegen der etwa rechteckigen Begrenzung des Planungsgebietes (von 400 x 500 m) wurden die einzelnen Quartiere und Behausungsparzellen weitgehend rechteckig angelegt. Jeweils drei oder vier Parzellen liegen um einen kleinen Hof, der als öffentliche Fläche ausgewiesen ist und über kleine Fußpfade mit den Höfen der benachbarten Siedlungseinheiten verbunden ist (vgl. Abb. 2).

Nach dem Vorbild der Dörfer im Kallawaya-Tal sind mehrere Nachbarschaftsgemeinschaften zu Quartiergemeinschaften zusammengefaßt worden, die wiederum eine größere Siedlergemeinschaft bilden. Die vorhandene Bausubstanz im Planungsgelände wird bei diesem Vorschlag ohne Schwierigkeiten in das Konzept miteinbezogen. Der individuellen Gestaltung sind nämlich keine Grenzen gesetzt, sofern sich die Altsiedler dem allgemeinen Konzept anschließen.

Der Vorschlag sieht hierbei vor, daß das Adobe-Material aus dem Gemeinschaftshof gewonnen wird, der dadurch vertieft (allerdings über dem Abwasserniveau) angelegt ist und in seiner Begrenzung als Sitzgelegenheit einlädt. Diese Gemeinschaftshöfe bieten die Möglichkeit zu Kommunikation und gegenseitiger Hilfe und lassen so ein Gemeinschaftsgefühl entstehen, das den Familien die Bewältigung der alltäglichen Probleme erleichtert.

IV. Grundsätzliche Überlegungen bei der Beurteilung von Wohnbauprojekten (vgl. MISEREOR 1983a)

Im folgenden wird das Konzept der "patios comunes" vor dem Hintergrund der MISEREOR-Maßnahmen im Bauwesen einmal genauer betrachtet. Im steten Dialog mit den Partnern in Übersee haben sich für die MISEREOR-Arbeit verschiedene Kriterien entwickelt, die zur Beurteilung von Wohnbauprojekten herangezogen werden können. So sind folgende Aspekte von besonderer Wichtigkeit:

1. Die Beteiligung der zukünftigen Bewohner muß sichergestellt sein.
Wohnungsbau betrifft in hohem Maße die Gemeinschaft, aber in noch höherem Maße betrifft Wohnungsbau das Leben der einzelnen Familien. Deshalb ist eine Beteiligung der zukünftigen Bewohner an den Entscheidungen, die ihr neues Obdach betreffen, unabdinglich. Wenn die

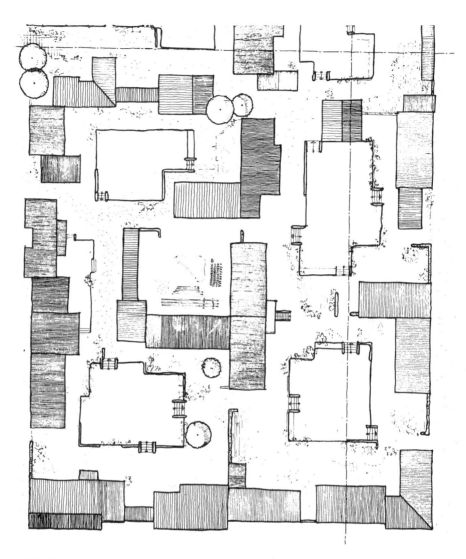

Abb. 2:
"Patios comunes" auf dem Alto von La Paz.
(Stadtteilkonzept von Waschl 1982)

Lösungen der Probleme nur von außenstehenden Fachleuten geplant sind, besteht immer die Gefahr, daß sie nicht der Wirklichkeit der Siedler entsprechen. Denn dann werden Maßstäbe des Wohnens und des Siedelns, die fremden Kulturen und anderen gesellschaftlichen Schichten des Landes entstammen, fast zwangsläufig übertragen.

2. Die **Belastung** für den Wohnungsbau soll sich für die einzelne Familie in tragbarer Höhe bewegen.

Wohnungsbauprojekte als Hilfsmaßnahmen müssen den Familien, deren Einkommen im unteren Bereich der Einkommenspyramide liegen, helfen, ihre Wohnsituation mit den für sie tragbaren Belastungen zu verbessern. Das bedeutet in vielen Fällen maximal 10-15 % des monatlichen Familieneinkommens, die als Rückzahlungsquote für einen Kredit aufgebracht werden können.

3. Durch ein Bauvorhaben dürfen **bestehende soziale Unterschiede** nicht verstärkt werden.

Ein Wohnbauprojekt muß einen Beitrag zum Ausgleich der sozialen Unterschiede, die auch zwischen den Bewohnern eines Elendsviertels bestehen können, leisten.

4. **Gemeinschaftshilfe** soll als Instrument der Gemeinwesenentwicklung wirken.

Gemeinschaftshilfe beim Wohnungsbau trägt dazu bei, die Kosten zu senken und das Solidaritätsgefühl der Nachbarschaft zu verstärken. Es werden Gemeinschaftshilfegruppen gebildet, die in organisierter Form eine qualifizierte Beteiligung der betroffenen Familien an allen Entscheidungen ermöglicht, die das Projekt betreffen. Das ist natürlich das Gegenteil einer totalen Abhängigkeit von staatlichen Instanzen mit ihrer häufig fehlenden Effizienz und ihren bekannten negativen Folgen. Es ist aber auch das Gegenteil eines totalen Individualismus mit seinen ebenso bekannten negativen Begleiterscheinungen.

5. Bei der **Standortwahl** sind die Bedürfnisse der Siedler zu berücksichtigen.

Durch das Projekt darf der Zugang der Siedler zu den Arbeitsmöglichkeiten und zu den öffentlichen Einrichtungen nicht verschlechtert werden. Mit der wachsenden Distanz der neuen Siedlungen zum Stadtzentrum entstehen Schwierigkeiten bei der Beschaffung von Arbeit und besonders von Gelegenheitsarbeiten und beim Zugang zu öffentlichen Einrichtungen. Damit kommen auf diese Siedler zusätzliche Kosten zu.

6. Die durchzuführenden Maßnahmen sollen den **sozialen und kulturellen Bedürfnissen der Siedler** angepaßt sein.
Zu diesem Aspekt ist ein ganzer Maßnahmenkatalog entwickelt worden, der im nächsten Abschnitt näher erläutert wird.

Ein Projektvorschlag, der das Konzept der Gemeinschaftshöfe berücksichtigt, kann der Mehrzahl dieser Kriterien entsprechen. Schon bei der Zusammenstellung der Familien eines Gemeinschaftshofes oder bei der gegenseitigen Absprache für die bauliche Gestaltung um den Hof ist die Beteiligung durch die Siedler (oder Partizipation) notwendig. Dadurch, daß keine individuellen Höfe angelegt werden, kann flächensparend und damit kostengünstiger gebaut werden. Das gemeinschaftliche Vorgehen bei der Anlage und der Nutzung der "patios comunes" läßt soziale Unterschiede in den Hintergrund treten und fördert damit auch das Gruppendenken. Unbedingt notwendig scheint aber eine begleitende und wirksame Sozialarbeit zu sein, die diese Entwicklung intensiv fördert.

V. Angepaßte Methoden des Bauens (vgl. SCHÜTZ 1980)

In der Praxis der nicht-staatlichen Entwicklungshilfe hat sich herausgestellt, daß der nicht gelenkte Wohnungsbau produktiver ist als der kontrollierte. Der Selbsthilfe-Wohnungsbau in Lateinamerika ist in der Tat geeignet, Behausungsprobleme zu lösen, da sich eine Reihe spontaner Lösungswege entwickelt hat. Für eine Hilfsorganisation geht es hierbei lediglich darum, den Siedlern bei ihren Bemühungen um ein Obdach Hilfestellung zu leisten und vor allem ihre Aktivitäten zu kanalisieren.

Ein wichtiges Instrument der Unterstützung der Siedler können kleine Zentren für den Wohnungsbau sein. Im Hause MISEREOR ist auch von Bauhöfen die Rede. Ein großer Teil der Aktivitäten dieser Bauzentren liegt im Bereich der Beratung der Siedler. Diese Aufgabe erfolgt nicht vom Schreib- oder Zeichentisch aus. Das geht nur in direktem Kontakt mit den Siedlern in den Siedlungen und auf den Baustellen. So wie es im Gesundheitswesen Heilpraktiker oder Barfußärzte gibt, ist es denkbar, für das Bauen in Stadtrandsiedlungen eine Alternative zu entwickeln. Der Begriff "Barfußarchitekt" würde dieser Arbeit wohl entsprechen. Einige Mitarbeiter der genannten Bauzentren, die beratende Aufgaben übernehmen, müßten als "Barfußarchitekten" fungieren.

Diese Beratungsstellen sind Mittelpunkt für allgemeine gemeinschaftliche Aktivitäten im Viertel. Ihre Aufgaben sollen im folgenden kurz beschrieben werden:

1. Verkauf von zweckmäßigen und ökonomischen Baumaterialien oder Bauteilen, die den Möglichkeiten, den Fähigkeiten und dem Bedarf der Siedler entsprechen.
2. Fabrikation von Baumaterialien und Bauteilen.
3. Verkauf und Tausch von bereits gebrauchtem Baumaterial.
4. Bereitstellung von Handwerkszeug für den Bau.
5. Beratung der Siedler in technischen Fragen des Planens und Bauens.
6. Beratung der Siedler in rechtlichen und administrativen Angelegenheiten.
7. Unterstützung bei der Gründung und Organisation von Selbsthilfegruppen und Wohnungsbaukooperativen.

Für die Durchführung des vorgestellten Planungskonzeptes auf dem "Altiplano" von La Paz dürften die Punkte fünf bis sieben von besonderer Wichtigkeit sein. Der beratende Fachmann aus dem Bauzentrum wird nach einem Entwurf des Parzellierungsplanes auch einen Vorschlag für die Bauentfaltung der ersten Phase einbringen. Dieser Vorschlag wird für individuelle Abänderungen und vor allem für weitere Ausbauphasen sehr variabel ausfallen. Eine Hilfestellung bei der Bauausführung ist weniger notwendig als die Unterstützung bei Kontakten mit Behörden und Kreditinstitutionen. Ohne einen Fachmann ist es für eine Siedlergruppe nämlich sehr schwer, eine Baugenehmigung zu erhalten oder auch Kredite für den Wohnungsbau zu beantragen. Häufig sind hier erhebliche bürokratische Hürden zu überwinden.

Wohl die wichtigste Aufgabe der Beratungsstelle wird darin bestehen, die Siedlergemeinschaft in den unterschiedlichen Ebenen zu organisieren. Die Siedler müssen das Konzept des "patio comun" zu ihrem eigenen Anliegen machen und von der Notwendigkeit eines Zusammenschlusses auf der mittleren Ebene der Quartiere und der oberen Ebene des ganzen

Stadtviertels überzeugt sein. Nachbarschaftshilfe und gegenseitige Unterstützung von Verwandten sind zwar bekannt, sie müssen aber organisatorisch gefestigt werden. Nur so ist es möglich, in der Startphase finanzielle Unterstützung von seiten des Staates oder einer gemeinnützigen Organisation zu erhalten. Denn wenn die einzelne Familie keine Sicherheit für einen Kredit bieten kann, wird die Gruppe als Bürge angenommen.

Derartige Unternehmungen von Selbsthilfegruppen haben in anderen Andenländern sehr gute Erfolge gezeigt (3). Von Arequipa z.B. wird berichtet, daß es gelungen ist, die Landnahme am äußeren Stadtrand gesetzlich abzusichern. Es wurden Nachbarschafts-Juntas, Jugendgruppen und Mütterclubs gebildet, die mit zahlreichen Versammlungen und Abstimmungen echte demokratische Mitentscheidung erwirken konnten. Seit Mitte der siebziger Jahre beteiligt sich MISEREOR durch die Bereitstellung eines Fonds für Baumaterialien an diesem Programm. Nach zwei Jahren existierten bereits 70 Selbsthilfegruppen von jeweils fünf bis zehn Familien, die mit gutem Erfolg als Bürgengemeinschaften arbeiten (4).

Die erste Stufe beim Bauen umfaßt in der Regel nur einen bewohnbaren Rohbau. Erst nach 3 bis 4 Jahren, d.h. nach Rückzahlung des Kredites, wird das Haus verbessert. Die Wände werden verputzt, der Boden erhält einen Belag, und man kann an Erweiterungen denken. Wohnen ist hier nicht eine statische Angelegenheit, sondern ein lebenswichtiger Prozeß. Die einzelnen Schritte, der Baustandard, die Kosten und die Formen liegen ganz bei den Siedlern. Nichts wird von außen her gesteuert. Alles unterliegt der Selbstbestimmung. Nichts ist geschenkt, alles ist gemeinsam erarbeitet.

Vor dem Hintergrund solcher Erfahrungen mit angepaßten Methoden und Bauinitiativen in andinen Randstadtgebieten hat das Gestaltungs- und Wohnprinzip der "patios comunes" gute Voraussetzungen für eine Realisierung. Allerdings müssen zwei vorrangige Bedingungen erfüllt sein:

1. Die beteiligten Siedler müssen selbst eine Beziehung zum "patio comun" haben. Sie sollen entweder selbst den Vorschlag für eine derartige Wohnstruktur machen oder sich schon in der Frühphase des Planens mit

diesem Konzept identifizieren. Nur so ist eine sich selbst tragende Entwicklung des Konzeptes gewährleistet.

2. Der Planungsentwurf - namentlich die Parzellierung - muß von einer basisnahen Beratungsstelle erarbeitet und betreut werden. Diese kann dann für die Siedlergemeinschaft die nötigen Außenkontakte herstellen und sie gleichzeitig vor fremden Einflüssen bewahren.

Auf diese Weise ist es möglich, einen positiven Beitrag zur baulichen Gestaltung der andinen Städte zu geben. Gleichzeitig werden aber auch im individuellen Bereich bei zahlreichen Familien im Bereich von Obdach und Behausung unmittelbare Grundbedürfnisse befriedigt. Nicht zuletzt erhält bei einer solchen Vorgehensweise die Gemeinwesenentwicklung einen wichtigen Impuls.

*****

Anmerkungen

(1) Diese ethnische Gruppe wurde im Rahmen eines DFG-Forschungsvorhabens "Kallawaya-Bergbevölkerung und Ökosysteme" eingehend studiert. Vgl. die Publikation der Mitglieder der Kulturgeographischen Arbeitsgruppe: L. MAHNKE, W. SCHOOP und M. WASCHL.

(2) Bemerkenswert ist der Grundriß von Inkallajta im Aucapata-Tal.

(3) E.J. SCHÜTZ berichtet von einem Nothilfeprogramm nach einem Erdbeben in den Spontansiedlungen von Arequipa, die von der Britischen Regierung (durch den Architekten John TURNER) und durch MISEREOR unterstützt wurden (SCHÜTZ 1978).

(4) Die Kredite betragen etwa 800,00 DM, die innerhalb von 4 Jahren in monatlichen Raten von ca. 22,00 DM zurückgezahlt werden.

*****

Literatur

BÄHR, J. u. G. KLÜCKMANN: "Staatlich geplante Barriadas in Peru". In: Geographische Rundschau, 9, 1984, S. 452-459

CALDERON, F.: Urbanización y etnicidad. El caso de La Paz. Cochabamba, CERES 1984

MERTINS, G.: "Marginalisierungen in Großstädten der Dritten Welt". In: Geographische Rundschau, 9, 1984, S. 434-442

MINISTERIO DE URBANISMO Y VIVIENDA: Política de vivienda. La Paz 1983

MISEREOR: Wohnbauinitiativen in Slumgebieten. Mit Beiträgen von E.J. SCHÜTZ, S. SASTROHRJONO u. G. MEERPOHL. Aachen 1983 (1983a)

MISEREOR-Jahresbericht 1982: Bericht des Bischöflichen Hilfswerkes MISEREOR und der Zentralstelle für Entwicklungshilfe e.V. Aachen 1983 (1983b)

SCHOOP, W.: Die bolivianischen Departementzentren im Verstädterungsprozeß des Landes. Wiesbaden 1980

-: "Güteraustausch und regionale Mobilität im Kallawaya-Tal (Bolivien)". In: Erdkunde, 36, 1982, S. 254-266

SCHÜTZ, E.J.: "Wie Selbsthilfegruppen in Arequipa (Peru) versuchen, ihre Wohnprobleme zu lösen". In: E. & Z, 5, 1978, S. 13 f.

-: "Von Bauhöfen und Barfußarchitekten in den Spontansiedlungen". In: Bauwelt, 1980, Nr. 21, S. 884 f.

-: "Soziale Mobilisierung durch ko-operative Selbsthilfe beim Wohnbau (Beispiele aus EL SALVADOR)". In: Arbeitspapiere des Fachgebietes Planen und Bauen in Entwicklungsländern, 8, Darmstadt 1983

WASCHL, M.: Stadtteilkonzept für arme Bevölkerungsschichten in La Paz/Bolivien. RWTH-Aachen 1982 (Diplomarbeit)

5. SOZIALE UND PASTORALE PROBLEME

DER ZUSAMMENHALT DES FAMILIENVERBANDS IN DEN METROPOLEN
FALLSTUDIE RIO DE JANEIRO
Thierry Linard de Guertechin (Rio de Janeiro)

Einleitung

Ein wesentliches Merkmal der Bevölkerungsentwicklung Brasiliens ist das rasche Wachstum. Bis zur Weltwirtschaftskrise in den dreißiger Jahren zog Brasilien einen starken Strom von Einwanderern an. Als danach die Zahl der Einwanderer zurückging und fast bedeutungslos wurde, machten sich die Auswirkungen der niedrigen Sterblichkeitsrate bemerkbar, weil die Geburtsrate konstant blieb. Die Folge war ein hohes natürliches Bevölkerungswachstum (3 % jährlich). Man muß dies wissen, wenn man die Binnenwanderungen in Brasilien verstehen will. Auf dem Land entstand dank des Wachstums eine Bevölkerungsreserve, auf die starke Abwanderungskräfte ("push"-Faktoren) einwirkten, besonders im Nordosten mit seinen äußerst schlechten Lebens- und Arbeitsbedingungen; hinzu kamen Anziehungskräfte ("pull"-Faktoren) der Stadtregionen, die ihre Ursache im wirtschaftlichen Entwicklungsmodell Brasiliens hatten, das die Region im Südosten des Landes mit den Metropolen São Paulo und Rio de Janeiro zu einem Anziehungspol mit Arbeitsplätzen und höheren Löhnen machte. Die Zuwanderer aus dem Nordosten bildeten in den Städten eine große Reserve billiger Arbeitskräfte. Die Konzentration der Bevölkerung in den Metropolen entspricht der Konzentration und Expansion des Industriesektors. Der Rückgang der Geburtenrate um 25 % in den siebziger Jahren in ganz Brasilien vermochte den Zustrom zu den Großstädten und Metropolen nicht zu bremsen, so daß die Landbevölkerung Brasiliens in absoluten Zahlen abnahm.

Bei der Volkszählung von 1940 gab die Statistik des brasilianischen Instituts für Geographie und Statistik (IBGE) die Stadtbevölkerung mit 31 % an, das heißt die Einwohner der Kreisstädte und der Hauptstädte der Regierungsbezirke. Bei der Volkszählung von 1980 wohnten bereits 68 % aller Brasilianer in der Stadt. Die Beschleunigung des Verstädterungsprozesses läßt sich an Tabelle 1 ablesen.

Tabelle 1: Gesamt- und Stadtbevölkerung (in 1000), durchschnittliches Jahreswachstum

Jahr	Gesamtbevölkerung	Stadtbevölkerung	Stadtbevölkerung	Durchschnittliches Wachstum	
			Gesamtbevölkerung	Stadtbevölkerung	Gesamtbevölkerung
1940	41 165	12 880	31,2		
				3,84	2,39
1950	51 942	18 783	36,2		
				5,24	2,99
1960	70 070	32 005	45,1		
				5,22	2,89
1970	93 139	52 905	55,9		
				4,45	2,49
1980	119 099	80 436	67,6		

Quelle: IBGE, Volkszählungen

Zwischen 1970 und 1980 nahm die Einwohnerzahl der zweitgrößten Stadt des Landes, Rio de Janeiro, um 1,9 Millionen zu. Das entsprach 8,68 % des Bevölkerungswachstums im ganzen Land, 16,27 % in der Region Südosten, 84,09 % im Bundesstaat Rio de Janeiro. Analysiert man das Wachstum in den verschiedenen Stadtbezirken, so erkennt man, daß die Randgemeinden stärker wachsen als das Zentrum. Dieses Phänomen der "Peripherisierung" hält vor allem wegen der Zuwanderer immer noch an. Von den Zuwanderern in der Region Rio de Janeiro (1,3 Millionen) siedelten sich 38 % (0,5 Millionen) in Rio de Janeiro selbst an.

In der Stadt Rio de Janeiro nimmt die Zahl der "favelas" ebenso zu wie die Zahl der "favela"-Bewohner. Von 1950 bis 1980 hat sich die Einwohnerzahl der Stadt Rio de Janeiro mehr als verdoppelt, während die Bevölkerung in den "favelas" sich mehr als verzehnfachte. 1950 lebte jeder 14. Einwohner der Stadt Rio de Janeiro in einer "favela", 1980 war es bereits jeder dritte Einwohner (IBASE 1982, 63). Das beschleunigte Wachstum der Stadt ist also auf die "favelas" zurückzuführen.

Tabelle 2: Wohnbevölkerung, absolute und relative Schwankungen, mittlere jährliche Wachstumsrate und Bevölkerungsdichte in der Stadt Rio de Janeiro und den Außengemeinden

	Wohnbevölkerung		Absolute Schwankungen	Relative Schwankungen in %	Jährliche Wachstumsrate in %	Bevölkerungsdichte pro ha	
	1970	1980	70/80	70/80	70/80	1970	1980
Rio de Janeiro	4 252 009	5 093 232	841 223	19,78	1,82	36,31	43,49
Nähere Peripherie (1)	2 344 941	3 235 397	890 456	37,97	3,22	14,47	19,97
Weitere Peripherie (2)	485 454	690 008	204 554	42,14	3,52	1,32	1,88
Groß-Rio (insgesamt)	7 082 637	9 018 637	1 936 233	27,34	2,45	10,96	13,95

Quelle: IBGE, Volkszählungen

(1) Stadtgemeinden Duque de Caxias, Nilópolis, Niterói, Nova Iguaçu, São Gonçalo und São João de Meriti.

(2) Stadtgemeinden Itaboraí, Itaguaí, Magé, Mangaratiba, Maricá, Paracambi und Petrópolis.

Tabelle 3: Entwicklung der "favelas" in der Stadt Rio de Janeiro und ihrer Einwohnerzahlen, 1950-1980

	Jahre				durchschnittliche jährliche Wachstumsrate in %		
	1950	1960	1970	1980	1950/60	1960/70	1970/80
Zahl der "favelas"	58	147	230	309	9,3	4,5	3,0
Bevölkerung in den "favelas" (in 1000)	169,3	337,0	757,7	1 740,8	6,9	8,1	8,3
Nicht in "favelas" lebende Bevölkerung (in 1000)	2 208,2	2 910,7	3 494,2	3 662,5	2,8	1,8	0,5
Gesamtbevölkerung (in 1000)	2 377,5	3 247,7	4 751,9	5 403,4	3,1	2,7	2,4

Quelle: FEEMA, 1980; vgl. IBASE, 1982, 63

Wahrscheinlich sind die Schätzungen der Einwohnerzahlen der "favelas" immer noch zu niedrig. Nach laufenden Untersuchungen der RIO-PLAM (Städtische Stiftung für Planung), die sich auf Daten aus verschiedenen, voneinander unabhängigen Quellen stützen, wurde 1981 die Anzahl der "favelas" in der Stadt auf 465 geschätzt, was eine Steigerung von 50 % innerhalb eines einzigen Jahres (von 1980 bis 1981) bedeuten würde (IBASE 1982, 63).

Unsere Problematik

Der Verstädterungsprozeß hängt mit der Migration vom Land in die Städte zusammen. In den Studien über die Migration wird die Rolle der Familie oder des Familienverbandes unterstrichen. Danach spielt der Familienverband bei der Entscheidung, abzuwandern und sich woanders niederzulassen, eine entscheidende Rolle. Man vergleicht die Abwanderung mit einem Modernisierungsprozeß, der durch die Verstädterung und Industrialisierung ausgelöst wird. Die Familie oder der Familienverband würden demzufolge bei dieser geographischen Mobilität, die als soziale Mobilität verstanden wird, ihre Rolle ändern: Aus der traditionellen Gesellschaft mit Großfamilien würde eine moderne Gesellschaft mit Kleinfamilien. Man stellt somit die wirtschaftliche Funktion der Großfamilie, ihre Solidarität bei der Landarbeit, den vielfältigen Funktionen der sogenannten modernen Kleinfamilie gegenüber. Familiensoziologen wie CÂNDIDO (1964) und GOODE (1970) gehen davon aus, daß Großfamilien auf dem Lande sozial wenig organisiert und komplex sind. Es besteht also ein Zusammenhang zwischen Familientyp und dem Ausmaß der Integration der Familie in die gesellschaftlichen Strukturen. Die Klein- oder Kernfamilie wäre die typische Familie der Industriegesellschaften.

Diese Problematik ist der Gegenstand meines Beitrags. Kann man in einem Land wie Brasilien, das erst spät industrialisiert wurde, und insbesondere in der Stadtregion von Rio de Janeiro eine Verkleinerung der Familie und Individualisierung des Familienverbandes beobachten? Ohne weit in die Vergangenheit zurückgehen zu wollen, kann man zunächst fragen, ob die Großfamilie in der Vergangenheit das zahlenmäßig vorherrschende Familienmodell war. Während der Zeit des Kolonialreiches und des Kaiserreiches dominierte in Brasilien politisch und kulturell das Familienmodell der "patriarchalischen" Familie. Diese breitete sich ausgehend von den Ehepartnern aus und beherrschte den sozio-ökonomischen und politischen Raum. Diese Familienverbände stellten in Wirklichkeit eine Minderheit dar, die aber in ihrer Umgebung Abhängigkeitsbeziehungen in Form von Gevatterwirtschaft, Klientelismus etc. schufen. Die Funktion der "Beherrschten" beschränkte sich auf die biologische Vermehrung (der Menschen wie der Nahrungsmittel) (CÂNDIDO 1964).

Es geht hier nicht darum, über die Rolle der Familie in der Vergangenheit oder im Verstädterungsprozeß Brasiliens zu diskutieren. Ich will mich vielmehr in einer noch weitgehend beschreibenden Analyse auf die Familienstruktur konzentrieren und dabei die verwandtschaftlichen Beziehungen innerhalb und/oder außerhalb des Familienverbandes untersuchen. Diese empirische Analyse ist die notwendige Voraussetzung, wenn man die Dichotomie von Klein- und Großfamilie in dem beschleunigten Verstädterungsprozeß lösen will, der in der Stadtregion von Rio de Janeiro zu beobachten war und ist.

Ich stütze meine Arbeit im wesentlichen auf die Daten der Volkszählungen und Mikrozensen (PNDAs, Pesquisas Nacionais por Amostragens de Domicílios), was die Forschung natürlich begrenzt. Für ein tieferes Verständnis sind die Daten der Volkszählungen zu dürftig. Ich erinnere dabei an eine Bemerkung von George Martine über die Untersuchung von Migrationen: "Es besteht eine deutliche Kluft zwischen dem, was man über das Phänomen der Migration untersuchen möchte und dem, was anhand der verfügbaren Daten möglich ist" (MARTINE 1984, 2).

Definitionsprobleme: Familieneinheit und/oder Wohnungseinheit

Selbst wenn es die Verantwortlichen für die Erhebung und Auswertung der Daten bei den Volkszählungen nicht wahrhaben wollen (IBGE 1983), hat dennoch ein Wandel beim Verständnis der Begriffe "Wohnung" und "Familie" stattgefunden. Bei der Volkszählung von 1950 wurde die Familieneinheit mit der Wohnungseinheit gleichgesetzt. Die Zahl der Familien entsprach deshalb der Zahl der ständigen Privathaushalte. Die Wohnungseinheit ist "eine Gesamtheit von Personen, die in ein und demselben Haushalt ständig wohnen" (PRESSAT 1979, 11). Nach der Volkszählung von 1950 umfaßt die Familie "die Gesamtheit der Personen, die durch verwandtschaftliche Beziehungen miteinander verbunden sind oder im Dienstverhältnis zur Familie stehen (...)". Unter Wohnung bzw. Haushalt "versteht man den Ort, an dem eine Person wohnt oder zwei oder mehr Personen zusammen wohnen" (IBGE 1950, XXIV). Im Laufe der Zeit und bei den beiden nachfolgenden Volkszählungen werden die Definitionen von Familieneinheit und Wohnungseinheit allmählich differenziert und nähern sich den Definitionen im "Dictionnaire Démographique Multilingue" der Vereinten Nationen, das von UIESP auf den neuesten Stand gebracht wurde. Bei der Volkszählung 1960 rechnet man bereits mit der Möglichkeit, daß mehrere Familienverbände eine Wohnungseinheit bzw. einen Haushalt bilden können. "Die Personen, die in der Wohnung eines *Familienverbands* lebten, ohne mit ihm verwandt zu sein oder in einem Dienstverhältnis zu stehen, wurden in der Gruppe der Untermieter zusammengefaßt. Davon ausgenommen waren die Fälle, in denen diese ihrerseits mit verwandten oder abhängigen Personen zusammenlebten. Diese Fälle wurden als *weiterer Familienverband* in ein und derselben Wohnung angesehen (zusammenlebende Familien)" (IBGE 1960, XIX). In Wirklichkeit gelangte man bei der Volkszählung 1960 nicht zu einem signifikanten

Unterschied zwischen Familie und Haushalt (etwa 2 %). Dies erklärt sich aus der verengten Definition, die die verwandtschaftlichen Beziehungen und die wirtschaftliche Abhängigkeit aus dem Begriff der Familie ausschließt.

Von der Volkszählung 1970 an unterscheidet man zumindest begrifflich klarer die Familieneinheit einerseits und die Wohnungseinheit andererseits. Dennoch wird die Familieneinheit nicht auf "die Bindungen [beschränkt], in die die Zeugung von Kindern eingeschlossen ist, insbesondere in dem Maße, in dem diese Bindungen durch gesetzliche oder gewohnheitsrechtliche Bestimmungen sozial sanktioniert sind" (DICTIONNAIRE DEMOGRAFIQUE 1981, 22). - "Als Familie betrachtete man eine Gesamtheit von Personen, die durch verwandtschaftliche Beziehungen oder häusliche Abhängigkeit miteinander verbunden waren und die im gleichen Haushalt wohnten, oder eine alleinstehende Person mit einem unabhängigen Haushalt. Ebenso betrachtete man als Familie eine Gruppe von höchstens fünf Personen, die in einem Haushalt wohnten, ohne jedoch durch verwandtschaftliche Bindungen oder häusliche Abhängigkeit miteinander verbunden zu sein" (IBGE 1970, XXXVII). Unter Haushalt versteht man eine "unabhängige Wohnung mit einem oder mehreren Zimmern und separatem Eingang" (IBGE 1970, XXXVIII). Die Zahl der (ständigen oder kurzfristigen) Haushalte ist also gleich der Summe von zwei Posten: den Familien, die allein in einem Haushalt leben, und den "Hauptfamilien" eines Haushalts mit mehreren Familien. Die weiteren, "sekundären" Familien, die in einem Haushalt mit mehreren Familien leben, lassen sich danach unterscheiden, ob sie mit der "Hauptfamilie" verwandt sind oder nicht.

Die Volkszählung 1980 folgt denselben Kriterien wie die von 1970. Aber 1980 ist die Zahl der (ständigen oder kurzfristigen) Haushalte nicht mehr mit der Summe identisch, die aus der Zahl der allein in einem Haushalt lebenden Familien und der "Hauptfamilien" in einem Haushalt mit mehreren Familien gebildet wird. Ana Maria Goldani Altman urteilt in einer Analyse der Volkszählungsdaten, daß "die Unterschiede auf die Erweiterung der Stichprobe zurückzuführen seien, die bei den Familien die gewichteten Merkmale des Familienvorstandes und bei den Wohnungen die gewichteten Merkmale des Haushaltsvorstandes berücksichtige" (ALTMAN 1984, 7). Wegen dieser unterschiedlichen Praxis bei der Datenerhebung erlaubt es die Volkszählung von 1980, die Existenz oder Nichtexistenz verwandtschaftlicher Beziehungen zwischen den Angehörigen eines Haushalts zu rekonstruieren, der von einigen Autoren "Wohnungsfamilie" genannt wird (CASTRO u.a. 1979, 131).

Fassen wir die Diskussion der begrifflichen Problematik zusammen, so finden wir in den Volkszählungen von 1970 und 1980 zwei Typologien, von denen die eine auf den verwandtschaftlichen Beziehungen beruht, die andere auf dem Vorhandensein oder Nichtvorhandensein eines weiteren Familienverbandes in der Wohnung.

Doppelte Klassifizierung der Familien

1. Nach den verwandtschaftlichen Beziehungen:

1.1 "Einpersonen"-Familie: eine Person lebt in der Wohnung.

1.2 Kleinfamilie: der Familienvorstand lebt mit mindestens einem oder mehreren ledigen Kindern in der Wohnung, oder aber die Ehepartner ohne Kinder oder mit einem oder mehreren unverheirateten Kindern.

1.3 Großfamilie: ein weiterer Verwandter (aber nicht Ehepartner oder unverheiratetes Kind) des Familienvorstands wohnt im Haushalt.

1.4 "Zusammengesetzte" Familie: im Haushalt wohnt eine Person, die nicht mit dem Familienvorstand verwandt ist.

Anmerkung: Der/die Hausangestellte werden bei der Feststellung des Familientyps nicht berücksichtigt.

2. Nach der Anzahl der Familienverbände in ein und demselben Haushalt:

2.1 "Einzel"-Familie: nur eine Familie in einem Haushalt.

2.2 "Zusammenlebende" Familien: zwei oder höchstens drei Familienverbände wohnen in einem Haushalt.

2.2.1 "Haupt-Familie": der Familienvorstand einer Familie, die in einem Haushalt mit anderen Familien zusammenlebt, ist zugleich Haushaltsvorstand.

2.2.2 "Sekundär"-Familie/n: der Familienvorstand ist nicht Haushaltsvorstand.

2.2.2.1 "Zusammenlebende, verwandte Sekundär"-Familie/n: der Familienverband/die Familienverbände sind mit dem Haushaltsvorstand verwandt.

2.2.2.2 "Zusammenlebende, nicht verwandte Sekundär"-Familie/n: der Familienverband/die Familienverbände sind nicht mit dem Haushaltsvorstand verwandt.

Die zwei Klassifizierungen lassen sich nicht direkt miteinander vergleichen. Unter diesen Typologien liegt das Problem der Definition der Familieneinheit. Für die Problematik der Verstädterung interessiert das Zusammenleben des Familienverbandes in einer Wohnung. Deshalb gelten die zusammenlebenden Familien als "zusammengesetzte" Großfamilien, wobei man weiß, daß es auch "Einzel"-Familien gibt, die Großfamilien oder "zusammengesetzte" Familien sind. Mein Begriff des Familienverbandes nähert sich der **zusammenlebenden Familieneinheit** an (ALTMAN 1984, 25).

Steigende Zahl der in einem Haushalt zusammenlebenden Familien in Brasilien zwischen 1970 und 1980:

Es besteht ein deutlicher Unterschied zwischen dem Anwachsen der verschiedenen Familientypen, je nachdem ob sie mit einer anderen Familie zusammenwohnen oder nicht.

In Brasilien stieg in den siebziger Jahren die Zahl der Familienverbände, die zusammen in einem Haushalt wohnen, obwohl ihre Zahl in der Volkszählung von 1980 zu niedrig geschätzt wurde, was auf die Änderung der Definition zurückzuführen ist. Im Mikrozensus von 1976 war der Anteil der zusammenlebenden Familien in den Städten höher als auf dem Land (11,8 bzw. 9, 58 %) (CASTRO u. CARDOSO 1980, 8). Der Unterschied ist gering, aber er verhindert zumindest, daß die zusam-

Tabelle 4: Entwicklung der Anzahl der Haushalte, "Einzel"-Familien und "zusammenlebenden" Familien (in 1000), Familiengröße, Wohnungsdichte

	Haushalte	Familien insgesamt	"Einzel"-familien	"Zusammenlebende" Familien		
				"Haupt"-familien	"sekundäre" verwandt	Familien nicht verwandt
1970	17 643	18 554	16 770	873	833	78
1980	25 293	26 807	24 021	1 338	1 349	99
absolute Steigerung	7 650	8 253	7 251	465	516	21
relative Steigerung	43,4 %	44,5 %	43,2 %	53,3 %	61,9 %	26,9 %
durchschnittliches jährliches Wachstum	3,6 %	3,7 %	3,6 %	4,3 %	4,8 %	2,4 %
Anzahl der Personen/ Familien 1970 1980	5,10 4,65	4,84 4,40	4,95 4,49	4,59 4,29	3,29 3,05	3,41 2,98
durchschnittliche jährliche Steigerung der Personen	2,7 %	2,7 %	2,6 %	3,6 %	4,0 %	1,0 %

Quelle: Volkszählungen 1970 und 1980

Anmerkung: Bei der Volkszählung 1970 werden als zusammenlebende Familien diejenigen definiert, bei denen mindestens zwei Personen in einem Haushalt zusammenleben, während bei der Volkszählung 1980 die Familien als zusammenlebende Familien definiert werden, die jede mindestens zwei Personen zählt und in einem Haushalt wohnen. 1970 gibt es deshalb zusammenlebende "Haupt"- und "Sekundär"-Familien mit nur einer Person, was 1980 nicht vorkommt.

menlebende Familie mit der stärker traditionsgebundenen ländlichen Gesellschaft in Verbindung gebracht wird. Man kann im Gegenteil die Frage stellen, ob nicht eine Beziehung zwischen dem Verstädterungsprozeß und dem Anwachsen des Phänomens des Zusammenlebens besteht, zumindest in bezug auf die Wohnungen selbst. Die kleinere Größe der zusammenlebenden Familien ist signifikant, so als handele es sich um erweiterte Kleinfamilien. Auffällig ist weiterhin die Bedeutung der verwandtschaftlichen Beziehungen bei der Bildung von Wohngemeinschaften. Von 100 zusammenlebenden Sekundärfamilien waren 91 im Jahre 1970 mit dem Haushaltsvorstand verwandt und 93 im Jahre 1980.

Wenn wir zu den Verwandtschaftsbeziehungen im Familienverband zurückkehren, so kommen wir je nach Bezugspunkt zu unterschiedlichen Schlußfolgerungen: Familieneinheit einerseits und "zusammenlebende" Haushaltseinheit andererseits. Im ersten Fall (siehe Tabelle 5) wird man von einer Verkleinerung der brasilianischen Familie sprechen, während man im zweiten Fall (siehe Tabelle 6) zu nuancierteren Aussagen gelangt.

Bei seiner Untersuchung der Familie stützt sich Lopes auf Stichproben der Volkszählung von 1960 in 173 620 Haushalten. Er scheint seine

Tabelle 5: Verteilung der Familien (Familieneinheit) je nach Typ

	1960		1970		1976	
Typ	absolut in 1000	relativ %	absolut in 1000	relativ %	absolut in 1000	relativ %
Gesamtzahl	173 620	100,0	18 554	100,0	23 130	100,0
eine Person	9 222	5,3	938	5,1	1 116	4,8
Kleinfamilie	119 577	68,9	13 609	73,3	17 489	75,6
Großfamilie	38 627	22,2	3 016	16,2	3 506	15,2
"zusammengesetzte" Familie	5 868	3,4	911	5,4	1 020	4,4

Quelle: ALTMAN 1983, 8

Tabelle 6: Verteilung der Familien ("zusammenlebende" Haushaltseinheiten)

Typ	1960		1980		1980 (Stadt)		1980 (Land)	
	absolut in 1000	relativ %	absolut in 1000	relativ %	absolut in 1000	relativ %	absolut in 1000	relativ %
Gesamtzahl	173 620	100,0	25 211	100,0	17 771	100,0	7 440	100,0
eine Person	9 222	5,3	1 541	6,1	1 126	6,3	415	5,4
Kleinfamilie	119 577	68,9	17 277	68,6	11 916	67,1	5 361	72,3
Großfamilie	38 627	22,2	5 376	21,3	3 961	22,3	1 414	19,0
"zusammengesetzte Familie"	5 868	3,4	1 017	4,0	768	4,3	249	3,3
unklar	326	0,2	-	-	-	-	-	-

Quelle: Für 1960 LOPES 1976, für 1980 IBGE 1980

Bezugsgröße als "zusammenwohnende Familie" zu definieren, ein Begriff, der unserem der "zusammenlebenden Haushaltseinheit" nahe kommt.

Unabhängig von der gewählten Klassifizierung muß sowohl die Steigerung der "zusammenlebenden" Familien als auch die zeitliche Konstanz der signifikanten Zahl der Groß- und "zusammengesetzten" Familien erklärt werden. Ähnlich wie bei den "zusammenlebenden" Familien ergibt sich auch bei den Großfamilien und "zusammengesetzten" Familien der auffallende Tatbestand, daß sie in der Stadt etwas häufiger vorkommen als auf dem Land. Dies ist ein Anlaß mehr daran zu zweifeln, daß sich in Brasilien eine Tendenz zur Kleinfamilie beobachten lasse, die mit der Industrialisierung und Verstädterung des Landes verbunden sei. Weiterhin muß man auf die Dauerhaftigkeit der verwandtschaftlichen Bande hinweisen, die auch Nicht-Verwandte einbeziehen. Handelt es sich hier vielleicht um eine Form der Solidarität, ein Erbe aus der Vergangenheit? Daneben scheint im Verstädterungsprozeß eine Struktur der Großfamilie weiterzubestehen in Form von "solidarischen Gruppen von Kleinfamilien, die in einer Wohnung leben" (WILLEMS 1953 u. LOPES 1980, 129). In diesem Fall würden die Daten der Volkszählung das Phänomen unterschätzen.

Die Stadtregion von Rio de Janeiro

In der Folge soll die Stadtregion von Rio de Janeiro beschrieben und analysiert werden. Wie im Landesdurchschnitt nahm auch in Groß-Rio von 1970 bis 1980 das Phänomen des Zusammenlebens geringfügig zu, verursacht durch eine Steigerung der Zahl der "zusammenlebenden" Familien, vor allem der "zusammenlebenden, verwandten Sekundär"-Familien (s. Tabelle 7).

In der Gemeinde Rio de Janeiro, dem alten Bundesbezirk Guanabara, führt die Verringerung der Zahl von "zusammenlebenden, nicht verwandten Sekundär"-Familien dazu, daß die "zusammenlebenden" Familien insgesamt weniger zunehmen als die Kleinfamilien. Dennoch sind die "zusammenlebenden, verwandten Sekundär"-Familien der relativ am stärksten steigende Familientyp (s. Tabelle 8). Im Gegensatz zum Landesdurchschnitt haben die "zusammenlebenden Haupt"-Familien in der Stadtregion von Rio de Janeiro mehr Mitglieder als die "Einzel"-Familien.

Tabelle 7: Entwicklung der Zahl von Haushalten, "Einzel"-Familien und "zusammenlebenden" Familien, Familiengröße und Haushaltsdichte in der Stadtregion von Rio de Janeiro

	Haushalte	Familien (insgesamt)	"Einzel"-Familien	"zusammenlebende" Familien			
				insgesamt	"Haupt"-Familien	"Sekundär"-Familien	
						verwandt	nicht verwandt
1970	1 489 189	1 590 200	1 392 501	197 699	96 678	90 454	10 557
1980	2 152 226	2 311 089	2 014 540	296 549	141 283	142 719	12 547
absolute Steigerung	663 037	720 889	622 039	98 850	44 605	52 265	1 990
relative Steigerung	44,52 %	45,33 %	44,67 %	50,00 %	46,14 %	57,78 %	18,85 %
mittlere jährliche Wachstumsrate	3,68 %	3,74 %	3,69 %	4,05 %	3,79 %	4,56 %	1,72 %
Anzahl der Personen pro Familie 1970	4,48	4,19	4,25	3,76	4,25	3,30	3,18
1980	4,03	3,75	3,81	3,41	3,94	2,93	2,90
durchschnitt-liche Steige-rungsrate der Personenanzahl pro Jahr	2,59 %	2,64 %	2,58 %	3,09 %	3,04 %	3,38 %	0,81 %

Quelle: IBGE 1970 u. 1980

Tabelle 8: Entwicklung der Anzahl von Haushalten, "Einzel"-Familien und "zusammenlebenden" Familien, Familiengröße und Haushaltsdichte in der Gemeinde Rio de Janeiro

	Haushalte	Familien (insgesamt)	"Einzel"-Familien	"zusammenlebende" Familien			"Sekundär"-Familien	
				insgesamt	"Haupt"-Familien		verwandt	nicht verwandt
1970	954 376	1 024 978	887 143	137 835	67 233		62 307	8 295
1980	1 303 711	1 402 047	1 218 672	183 375	87 422		88 209	7 744
absolute Steigerung	349 335	377 069	331 529	45 540	20 189		25 902	551
relative Steigerung	36,60 %	36,79 %	37,37 %	33,04 %	30,03 %		41,57 %	– 6,64 %
mittlere jährliche Wachstumsrate	3,12 %	3,13 %	3,18 %	2,85 %	2,63 %		3,48 %	– 0,69 %
Anzahl der Personen pro Familie 1970	4,30	3,99	4,04	3,67	4,11		3,27	3,10
1980	3,84	3,57	3,61	3,32	3,80		2,90	2,88
durchschnittliche Steigerungsrate der Personenanzahl pro Jahr	1,97 %	2,03 %	2,05 %	1,87 %	1,83 %		2,26 %	– 1,45 %

Quelle: IBGE 1970 u. 1980

Wie auch im ganzen Land ist in der Stadtregion von Rio de Janeiro ein Rückgang der Größe der Familien zu beobachten, der zum Teil auf die niedrigere Geburtenrate zurückzuführen ist. Somit ist relativ gesehen bei der Anzahl der Haushalte und Familien eine größere Steigerung festzustellen als bei der Anzahl der Personen in den Familien oder Haushalten.

Wenn wir den Familientyp, die "zusammenlebende Haushaltseinheit", betrachten, so erkennen wir, daß die Stadtregion von Rio de Janeiro einen größeren Anteil an Groß- und "zusammengesetzten" Familien aufweist als das ganze Land (s. Tabellen 6 u. 9).

Ein Merkmal der Großstadt ist das Phänomen der "Einpersonen-Familie", und der Prozentsatz der Einpersonen-Familien war in der Gemeinde Rio de Janeiro erwartungsgemäß um fast 10 % höher. Im Verwaltungsbezirk Lagoa, der in der südlichen und reichen Zone der Gemeinde liegt, steigt er auf über 12 %, in derselben Gemeinde, im Verwaltungsviertel Bangu, das in der nördlichen, armen Zone liegt und eher der Peripherie von Groß-Rio gleicht, stellen die Einpersonenfamilien nur 6,7 %. Wenn wir die Tabelle 9 analysieren, so läßt sich schlecht auf eine Verkleinerung der Familienstruktur im Bereich der Metropolen schließen. In der Gemeinde Rio de Janeiro gibt es nämlich relativ weniger Kleinfamilien als in den Randgemeinden und den anderen Städten und vor allem auf dem Lande im Bundesstaat Rio de Janeiro. Je weiter man sich von der Innenstadt entfernt, desto kleiner wird die Familie. Innerhalb der Gemeinde kann man dieselbe Tendenz beobachten: Lagoa, der am stärksten verstädterte Verwaltungsbezirk, hat 59,71 % Kleinfamilien, während Bangu, ein peripherer Verwaltungsbezirk der Gemeinde, 65,48 % Kleinfamilien aufweist. Im Verwaltungsbezirk Lagoa fällt der relativ hohe Prozentsatz an "zusammengesetzten" Familien auf (8,78 %). Man muß dabei jedoch berücksichtigen, daß dieser Verwaltungsbezirk fünf "favelas" hat, die 8 % des verstädterten Bereiches einnehmen, aber 62 % der Bevölkerung dieses Verwaltungsbezirkes umfassen, das heißt, 130 560 Bewohner von insgesamt 211 187 wohnen in diesen "favelas" (SECRETARIA MUNICIPAL 1980 u. FEEMA 1980, 4). Die Bevölkerung in den "favelas" ist hauptsächlich aus der Stadt selbst zugewandert; hier dominiert der Familienverband mit einer oder mehreren fremden Personen, die mit dem Familienoberhaupt verwandt sein können. "Der Prozentsatz von Mitbewohnern und Untermietern, die ebensolange wie der Familienvorstand in der

Tabelle 9: Familientyp ("zusammenlebende" Familieneinheit) 1980

	Groß-RJ		Gemeinde RJ		Peripherie RJ		Bundesstaat RJ			
							Stadt		Land	
insgesamt	2 148 796	100,00	1 301 073	100,00	847 723	100,00	2 513 304	100,00	191 508	100,00
eine Person	185 578	8,64	124 637	9,58	61 211	7,22	208 917	8,31	14 954	7,81
Kleinfamilie	1 371 259	63,82	798 320	61,36	572 939	67,59	1 619 872	64,45	133 741	69,84
Großfamilie	490 929	22,85	305 262	23,46	185 667	21,90	569 345	22,65	35 521	18,55
"zusammengesetzte" Familie	101 030	4,70	72 854	5,60	28 176	3,32	115 170	4,58	7 292	3,81

Quelle: IBGE 1980

Wohnung leben, ist bei Neuzuwanderern hoch (70,8 % bei zugewanderten Familienvorständen, die 0-2 Jahre in der Wohnung leben)" (CASTRO u. CARDOSO 1980, 149). Mit der Zeit erhalten die Familien durch den Wegzug des einen oder anderen Mitgliedes der Familieneinheit und/oder wegen der Aufnahme anderer Personen, die verwandt sind oder nicht, eine neue Struktur (induzierte Migration).

Die Haushaltsdichte, das heißt die Anzahl der Personen pro Wohnung, steigt unabhängig davon, ob es sich um Klein-, Groß- oder "zusammengesetzte" Familien handelt, da die Kleinfamilien ja weniger Angehörige haben als die beiden anderen Familientypen (s. Tabelle 10).

Tabelle 10: Anzahl der Personen pro Haushalt ("zusammenlebende" Haushaltseinheit) nach Familientyp (1980)

Familientyp	Bundesstaat RJ			Großstadtregion RJ			Verwaltungsbezirke der Gemeinde	
	insgesamt	Stadt	Land	insgesamt	Außenbezirke	Gemeinde RJ	Bangu	Lagoa
insgesamt	4,12	4,07	4,76	4,03	4,31	3,84	4,27	3,55
Kleinfamilie	4,02	3,96	4,75	3,93	4,17	3,75	4,04	3,69
Großfamilie	5,38	5,33	6,17	5,28	5,66	5,05	5,58	4,62
"zusammengesetzte Familien"	4,96	4,90	5,94	4,86	5,59	4,57	5,63	3,99

Quelle: IBGE 1980

Für die Berechnung der eigentlichen Wohnungsdichte ist an sich die Zahl der Bewohner pro Zimmer und Schlafzimmer wichtiger. Ideal wäre

Tabelle 11: Anzahl der Bewohner pro Zimmer und Schlafzimmer – 1970 und 1980 (in Klammern die Ergebnisse von 1970)

	Stadt-region RJ	Gemeinde RJ					Randgemeinden	
		insgesamt	Lagoa	Bangu	Campo Grande	Santa Cruz	insgesamt	S. João de Meriti
Bewohner pro Zimmer	(0,94) 0,80	(0,86) 0,72	(0,67) 0,52	(1,04) 0,90	(1,09) 0,92	(1,12) 0,96	(1,11) 0,93	(1,28) 0,99
Bewohner pro Schlaf-zimmer	(2,39) 2,18	(2,22) 2,02	(1,83) 1,64	(2,56) 2,31	(2,63) 2,35	(2,73) 2,49	(2,72) 2,27	(2,79) 2,55

Quelle: IBGE 1970 u. 1980

eine Gewichtung aufgrund der Zimmer- und Schlafzimmergröße, wofür aber keine Daten vorhanden sind. Hier erscheint eine sehr große soziale Differenzierung (s. Tabelle 11). Der Verwaltungsbezirk Lagoa zum Beispiel ist trotz der 62 % "favela"-Bewohner privilegiert. Geht man von den Kriterien des IBGE aus, "so wird mehr als eine Person pro Zimmer als Überbelegung angesehen" (IBGE 1979, 288), so wie es zum Beispiel in São João de Meriti der Fall ist, einer Nachbargemeinde von Rio de Janeiro. Im Vergleich zur Situation im Jahre 1970 ist allgemein eine Verbesserung zu verzeichnen. Dies ist jedoch nicht notwendigerweise das Ergebnis einer besseren Wohnungspolitik, denn in den siebziger Jahren ging die Familiengröße zurück, was auf die sinkende Geburtenrate besonders bei den niedrigen Einkommensschichten zurückzuführen ist (MERRICK u. BERQUO 1983, 36).

Leider fehlen die Daten für die "favelas"; Tabelle 11 zeigt aber bereits eine Steigerung der Wohnungsdichte, je weiter man an die Peripherie kommt, in der Gemeinde Rio de Janeiro selbst ebenso wie auch außerhalb. Um eine Vorstellung über die Wohnungsdichte in den "favelas" zu erhalten, reicht es aus, den Raum, den die "favelas" einnehmen, mit der Bevölkerungsdichte in Beziehung zu setzen. Die ungleiche Verteilung des städtischen Raums spiegelt die ungleiche Verteilung des Einkommens (der Familie und pro Kopf). Die hohe Bevölkerungsdichte ist beeindruckend.

Ein wichtiger Aspekt des Zusammenlebens des Familienverbandes ist der ökonomische Aspekt, das heißt das Einkommen der Familie und/oder des Haushaltes. Wenn wir die Familien ("zusammenlebende" Haushaltseinheit) nach Klein-, Groß- und "zusammengesetzten" Familien in den Städten des Bundesstaates Rio de Janeiro im Jahre 1980 unterscheiden, so ist die Verteilung des Familieneinkommens wegen der größeren Zahl von (erwerbstätigen) Personen bei Großfamilien etwas besser.

Es ist interessant zu untersuchen, ob das Zusammenleben des Familienverbandes in der "zusammenlebenden" Haushaltseinheit im Hinblick auf das Einkommen Vorteile bringt. Auf Landesebene gibt es 1970 und 1980 keinen signifikanten Unterschied zwischen der Verteilung des Familien- und Haushaltseinkommens. In der Gemeinde Rio de Janeiro treten in der Verteilung des Familien- und Haushaltseinkommens deutlichere Unterschiede auf, wobei das Haushaltseinkommen etwas besser liegt als das Familieneinkommen.

Tabelle 12: Verteilung der gesamten Stadtbevölkerung und der Bevölkerung der "favelas" in einigen Verwaltungsbezirken der Gemeinde Rio de Janeiro.

	Bezirke insgesamt		"favelas"			
	Gesamtbevölkerung	Dichte Einwohner/ha	Gesamtbevölkerung	Dichte Einwohner/ha	Bewohner "favelas" Gesamteinwohner	"favela" Bereich gesamter Stadtbereich
LAGOA (Süden)	211 187	249	130 560	1 881	61,82 %	8,18 %
MEIER-PENHA-RAMOS (Norden)	1 151 451	210	652 320	1 362	56,65 %	8,73 %

Quelle: SECRETARIA MUNICIPAL, 1980, FEEMA, 1980, 2.15 u. 4.014

Von 1970 bis 1980 gab es nach den Daten des IBGE eine allgemeine Verbesserung der Verteilung des Familieneinkommens (Familieneinheit). Danach verschlechterte sich die Situation so sehr, daß 1983 die Verteilung des Einkommens auf das Niveau von 1970 sank (s. Tabelle 13). In der Stadtregion von Rio de Janeiro sank das Familieneinkommen noch stärker als das Haushaltseinkommen. Die Familie im Sinne der "zusammenlebenden Familieneinheit" scheint sich besser der ernsten Krise (Rezession) anzupassen, die seit 1982 zu beobachten ist. Interessant ist festzustellen, daß die Verteilung des Familieneinkommens von 1980 der des Haushaltseinkommens von 1983 sehr stark ähnelt.

Tabelle 13: Relative Verteilung des Familien- und/oder Haushaltseinkommens

| | Brasilien | | | | Gemeinde RJ | | | | Stadtregion RJ | | | |
| | 1970 | | 1980 | | 1970 | | 1980 | | 1980 | | 1983 | |
	RF	RD	RF	RD	RF	RD	RF	RD	RF	RD	RF	RD
ohne Einkommen	3,6	2,6	1,9	1,1	2,03	1,18	1,27		1,40		4,16	0,90
bis zum Mindestlohn	34,3	33,4	19,8	18,8	14,13	12,13	4,19		5,81		11,81	5,65
> 1 bis 2 Mindestlöhne	25,7	25,2	22,3	21,6	20,66	18,90	13,09		16,70		23,14	14,70
> 2 bis 5 Mindestlöhne	25,2	26,3	30,7	31,3	33,55	33,96	33,56		37,19		33,05	36,36
> 5 Mindestlöhne	7,9	8,9	24,4	26,3	25,20	28,82	46,58		37,68		27,09	41,28
ohne Angaben	3,3	3,6	0,9	0,9	4,44	5,10	1,31		1,16		0,75	1,12
insgesamt	100,0	100,0	100,0	100,0	100,00	100,00	100,00		100,00		100,00	100,00

Quelle: IBGE 1970 u. 1980, PNADs 1983

Anmerkung: Bei der Volkszählung 1970 wurden die "cruceiros" annäherungsweise auf den Mindestlohn umgerechnet.

Schlußbemerkungen

Selbst wenn wir auf dem ziemlich einfachen Niveau der statistischen Beobachtung bleiben, sollte man das Phänomen des Zusammenlebens des Familienverbandes nicht vernachlässigen, sei es in der Form von "zusammenlebenden" Familien mit oder ohne verwandtschaftliche Beziehungen oder in der Form der "zusammenlebenden" Haushaltseinheit. Dieses Phänomen des Zusammenlebens wächst stärker in den Außenbezirken der Stadtregion von Rio de Janeiro, den ärmsten Gebieten von Groß-Rio. Von 1970 bis 1980 gab es in der Peripherie eine relative Steigerung von 89 % bei "zusammenlebenden" Familien und von nur 57 % bei "Einzel"-Familien.

Innerhalb der Gemeinde Rio de Janeiro selbst ist die Verteilung der Familientypen ebenfalls unterschiedlich. Bei der Volkszählung von 1980 gibt es in Lagoa (Süden) weniger als 10 % "zusammenlebende" Familien, während es im Norden, in Bangu - Campo Grande - Santa Cruz, mehr als 15 % sind. Weitergehende Untersuchungen wären wichtig, um den Prozeß des familiären Zusammenlebens in Metropolen wie Rio de Janeiro zu beurteilen. Bringt man den Verstädterungsprozeß mit den sozialen Problemen auf dem Lande (Problematik des Landbesitzes) in Beziehung, so erleben die Familien die Migration als eine relative Verbesserung. Die wirtschaftliche Rezession rückt diese Hoffnung in weite Ferne und zeigt, daß die Verstädterung keinen signifikanten sozialen Wandel zur Folge hatte. Die Familie des Kleinbauern oder Handwerkers wurde zu einer Familie, die in einer "favela" und/oder an der Peripherie lebte, am Rande der Konsumgesellschaft der Metropole. Für die neuen, in der Stadt geborenen Generationen existiert über das Problem des Überlebens hinaus die Gefahr, ihre soziokulturelle Identität zu verlieren, da sie anders als ihre Eltern auch ihre soziokulturellen Wurzeln verloren haben. In naher Zukunft werden wir erkennen, welchen Menschentypus die Großstadt hervorbringt.

*****

Literatur

ALTMAN, A. M. GOLDANI: "Estrutura familiar e transição demográfico: o caso do Brasil". In: Congreso Latinoamericano de Población y Desarrollo, México 8-10 Nov. 1983

-: "A informação de família no censo demográfico". In: III. Seminario metodológico sobre o censo demográfico de 1980, Ouro Preto, Juni 1984

CÂNDIDO, A.: Os parceiros de Rio Bonito. Livraria José Olímpio Editora 1964

CASTRO, M. u. G. SIMÕES: "O quadro das famílias em domicílios de chefe migrante e natural: um estudo censitário das diferenças nas regiões metropolitanas brasileiras". In: IBGE, Estudos e pesquisas, Rio de Janeiro, 2, 1979

CASTRO, M., G. SIMÕES u. C. CARDOSO: "Características da família no Brasil e nas regiões metropolitanas". In: Revista brasileira de Estatísticas, Rio de Janeiro, 41, Jan.-März 1980

Dictionnaire Démographique Multilingue. Ed. française. Liège 1981

DUARTE, N.: A ordem privada e a organização social. Livraria Ed. Nac. 1939

FEEMA (Fundação Estadual de Engenharia do Meio Ambiente): Série Relatorios Técnicos. Favela da Rocinha 3, 1980

GOODE, W.J.: A Família. Livraria Pioneira Editora 1970

IBASE (Instituto Brasileiro de Analises Sociais e Económicas): Dados da realidade brasileira, indicadores sociais, Vozes. 1982

IBGE (Instituto Brasileiro de Geografia e Estatística): VI Recenseamento Geral do Brasil-1950, Censo demográfico

-: VII Recenseamento Geral do Brasil-1960

-: VIII Recenseamento Geral do Brasil-1970

-: Indicadores Sociais. Relatório 1979. Rio de Janeiro

-: Censo demográfico 1980

-: Relatorios metodológicos, 4, 1983

LOPES, V.F.: "Introdução ao Estudo da Família no Brasil, com Base no Censo Demográfico de 1960". In: IBGE, Encontro Brasileiro de Estudos Populacionais 1976

LOPEZ, J. R. BRANDÃO: Desenvolvimento e Mudança Social. Companhia Editora Nac. ^{5}1980

MARTINE, G.: "Os dados censitários sobre migrações internas: evolução e utilização". In: IV Encontro Nacional da ABEP. Aguas de São Pedro 1984

MERRICK, T. u. E. BERQUÓ: The Determinants of Brazil's Recent Rapid Decline in Fertility. Washington D.C. 1983

PRESSAT, R.: Dictionnaire de démographie. Paris 1979

SECRETARÍAMUNICIPAL DE PLANEJAMENTO E COORDENAÇÃO GERAL: Aglomerações humanas de Baixa Renda. Januar 1980

WILLEMS, E.: "The Structure of the Brazilian Familiy". In: Social Forces, 31, 1953, 4, S. 339-345

SOZIALE UND PSYCHOLOGISCHE FAKTOREN DER MARGINALITÄT IN BRASILIEN

Günther Schühly (Rio de Janeiro)

Einleitung

Seit dem Anfang meiner Arbeit auf dem Entwicklungssektor war ich bemüht, eigene Entwicklungsmodelle zu erarbeiten, die der praktischen Arbeit wesentliche Hilfe leisten könnten. Mein Hauptanliegen war die Dialektik von Theorie und Praxis. Das Thema meines Vortrags ist darum unter dem Aspekt der Theoriebildung von Entwicklungsmodellen und deren Anwendbarkeit zu verstehen.

I. Theoretische Begründung eines alternativen Entwicklungsmodells

Als es zu Beginn der 70er Jahre offensichtlich wurde, daß das sogenannte wirtschaftliche Entwicklungsmodell, das von den Nationen der Ersten Welt den Ländern der Dritten Welt auferlegt worden war, nicht mehr auf diese ohne weiteres anwendbar war, entstand ein Alternativmodell, genannt "Modell der self-reliance" oder "Modell des Selbstvertrauens" (UNITED NATIONS 1971, 18 f. u. 1973).

Zur bisherigen "objektiven" wirtschaftlichen Denkweise der Vereinten Nationen und der sogenannten Ersten Welt gesellten sich damit sogenannte "subjektive", attitudinelle Denkformen als komplementäre Elemente, die den bisherigen Bereich wirtschaftlicher Denkweisen auszuweiten und somit zu korrigieren suchten, um vor allem auch den nationalen, kulturellen und sozialen Anliegen der einzelnen Entwicklungsnationen mehr Rechnung tragen zu können.

Dieses Anliegen kam dann in verschiedenen Konferenzen der Vereinten Nationen zum Ausdruck, vor allem in der Belmont-Erklärung von 1974 (1), in der Umweltprogramm-Konferenz der UNO (UNEP) und der UNO-Konferenz über Handel und Entwicklung in Cocoyoc, Mexiko. Der Gedanke der "self-reliance" bzw. des Selbstvertrauens wurde weiter in der Konferenz des Dritte-Welt-Forums in Karatschi (1975) propagiert (2). Weiterhin sind in diesem Zusammenhang zu nennen die sogenannte Colombo-Konferenz (1976) (3), die Weltarbeitskonferenz in Genf (1976) und die UNO-Konferenz über menschliches Siedlungswesen (HABITAT) (4) in Vancouver (1976).

Außer diesen internationalen Konferenzen, die für die Verbreitung des Gedankenguts der Vereinten Nationen verantwortlich zeichneten, fanden auf nationaler Ebene Prozesse der Operationalisierung statt, und zwar in den verschiedensten Bereichen wie z.B. ländliche Entwicklung (5), Gesundheitswesen (ELEUTHER TARIMO 1978, 35 ff.), Bildung (6) und Technologie (ASHOK PARTHASARATHI 1979, 33 ff. u. FLIT 1979, 39 ff.).

II. Versuch einer Operationalisierung des Begriffs der "self-reliance" in zwei "favelas" in Campos do Jordão (Bundesstaat São Paulo, Brasilien)

In einem Forschungsprojekt, das ich im Jahre 1972 in zwei "favelas" des Städtchens Campos do Jordão über Marginalität und Integration durchgeführt habe, wählte ich am Ende aus ursprünglich 72 Variablen eine wirtschaftliche Variable aus, nämlich "Monatliches Familieneinkommen eines Haushalts" (= Einkommen des Vaters, der Mutter und der verdienenden und in der elterlichen Gemeinschaft lebenden Kinder) und 13 psycho-soziale Variablen, die den Begriff "Selbstvertrauen" umschreiben sollten. Diese 13 "subjektiven" Variablen wurden am Ende zu einer einzigen Variablen, der "self-reliance", zusammengefaßt. Sie sollten Haltungen, d.h. "subjektive" Einstellungen zu verschiedenen Sachverhalten von Migranten in der Kleinstadt Campos do Jordão, ausdrücken. Diese Haltungen bezogen sich auf:
1. Migration
2. Zufriedenheit mit der Arbeit
3. Vergleich der eigenen Arbeit mit der des Vaters
4. Gegenwärtige allgemeine Zufriedenheit

5. Zusammenarbeit mit Nachbarn
6. Gleichgültigkeit gegenüber Nachbarn
7. Lebensqualität in Campos do Jordão
8. Sozialer Zusammenhalt
9. Streben nach einer Ausbildung
10. Streben nach einer Ausbildung der Töchter
11. Vergleich der jetzigen Nachbarschaftshilfe mit der der zurückgelassenen Nachbarn
12. Vergleich der wirtschaftlichen Situation mit der der zurückgelassenen Freunde
13. Vergleich der wirtschaftlichen Situation mit der der zurückgelassenen Verwandten

Bei der Auswertung der zusammenfassenden Variablen des Selbstvertrauens kamen wir zu dem Ergebnis, das in Abb. 1 graphisch dargestellt ist.

Wir stellten unter der gesamten untersuchten Bevölkerung von 195 Familienhäuptern ("chefe de familia") bei 29,7 % Anzeichen von "selfreliance" (Selbstvertrauen) fest, ohne daß diese Bevölkerungsgruppe auch wirtschaftlich integriert gewesen wäre. (Kriterien: Werte von 0,68-1,00 auf dem Index für Selbstvertrauen sind als Werte der Integration zu werten, Werte von 0 bis 0,53 als Index für Marginalität; auf der Skala "Monatliches Familieneinkommen" sind die Werte 0 bis 363 (= 0 bis 363 Cruzeiros) als Index für Marginalität anzusehen, die Werte 364 Cruzeiros und darüber als Index für Integration.) Insgesamt waren 30,3 % sowohl psycho-sozial wie wirtschaftlich integriert; 14,9 % befanden sich psycho-sozial in einer Übergangsphase, ohne wirtschaftlich integriert zu sein. Weitere 11,3 % gehörten ebenfalls zu einer Gruppe in einer Übergangsphase, hatten jedoch wenigstens ein einziges Familieneinkommen zu verzeichnen. Es waren 10,8 % sowohl psycho-sozial wie wirtschaftlich marginal, zeigten also weder psycho-soziale Eigenschaften von "selfreliance" noch ein hinreichendes Familieneinkommen; 3,1 % waren psychosozial marginal, jedoch wirtschaftlich integriert. (Was dieses Phänomen "psycho-sozial marginal" und "wirtschaftlich integriert" jedoch heißt, müßte in einer umfassenderen Studie erst geklärt werden. Frage: Sind dies beispielsweise asoziale Typen, die wirtschaftlich erfolgreich sind, wie z.B. Drogenhändler?).

Figur 1   DISPERSIONSDIAGRAMM
Quelle: Schühly 1981, 144

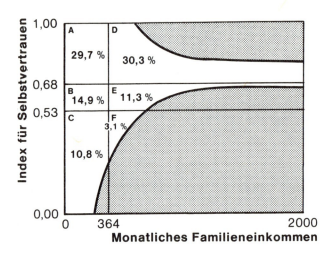

Erläuterungen:

   Feld, in dem keine Werte im Dispersionsdiagramm auftreten.

Die Prozentsätze geben die Proportionen der Stichprobe in jedem einzelnen Feld des Dispersionsdiagramms wieder.

Markierung der Felder:
A = psycho-soziale Integration; ökonomische Marginalität
B = psycho-soziale Zwischenlage; ökonomische Marginalität
C = psycho-soziale Marginalität; ökonomische Marginalität
D = psycho-soziale Integration; ökonomische Integration
E = psycho-soziale Zwischenlage; ökonomische Integration
F = psycho-soziale Marginalität; ökonomische Integration

III. Anwendung der Forschungsergebnisse in einem sozialen Aktionsprogramm

Die wichtigste Entdeckung unseres Projekts war, daß es eine Gruppe von Menschen gab, die entsprechend unserer Definition von Marginalität und Integration zwar psycho-sozial integriert, jedoch wirtschaftlich marginal waren. Wir gingen von der Annahme aus, daß diese 29,7 % von Haushaltsvorständen sicher eine Gruppe von Leuten darstellten, die hinreichend motiviert sind, um ihr eigenes Geschick in die Hand zu nehmen und auch ihren Kindern Impulse zu geben, um im Leben voranzukommen, konkret: die Volksschule erfolgreich abzuschließen. Gleichfalls wußten wir, daß es eine Gruppe von 30,3 % von Haushaltsvorständen gab, die sowohl psycho-sozial wie wirtschaftlich integriert waren, auch wenn sie im Vergleich zu anderen Klassen ein sehr bescheidenes Leben führten.

So wählten wir aus dieser Gruppe von 60 % (29,7 % + 30,3 %) von Familienvorständen jene Kinder aus, die die vierte Volksschulklasse erfolgreich abgeschlossen hatten und hinreichende Voraussetzungen mitbrachten, die 5.-8. Volksschulklasse zu meistern. Ihnen gaben wir ein Studienstipendium im Wert von ca. 250 DM pro Jahr. Diejenigen, die nach Abschluß der Volksschule ein weiteres Studium zu einer beruflichen Fachausbildung absolvieren wollten - sei es als Industrielehrling, sei es als Lehrer oder Lehrerin - oder in den Handelsbereich oder das Bankwesen als Lehrling einsteigen wollten, konnten ein weiteres Stipendium für drei bzw. vier Jahre erhalten. Dieses berufsbildende Programm hat sich in den letzten Jahren immer mehr ausgeweitet. Das Sozialwerk Gesellschaft Johannes XXIII zur Berufsförderung in Brasilien (Sociedade João XXIII Promotora Educacional Brasileira) arbeitet hauptsächlich an drei Orten, nämlich in Campos do Jordão (Bundesstaat São Paulo), in Ponta Grossa (Bundesstaat Paraná) und in Rio de Janeiro (Bundesstaat Rio de Janeiro). Ein weiteres Projekt in der größten Dürre- und Trockenzone des Nordostens Brasiliens, in der Diözese Paulo Afonso, im Norden des Bundesstaates Bahia, ist z.Zt. in der Planungsphase; 1985 kann dort ebenfalls die Arbeit beginnen.

IV. Weiterführung der Arbeiten über Marginalität und Integration als Voraus- und Begleitforschung der Aktivitäten der "Gesellschaft Johannes XXIII für Berufsförderung in Brasilien"

Die oben erwähnten Forschungsergebnisse führten uns noch mehr zu den psychologischen Grundlagen der Entwicklungsproblematik. So fanden wir vor allem in dem Konstrukt der "Leistungsmotivation" ("achievement motivation"), wie er von McClelland (1953 und 1961), Atkinson (1958), Rosen (1954, 1961, 1962, 1973) und im deutschen Sprachraum beispielsweise durch Heckhausen (1980, Kap. 9) entwickelt worden ist, weitere Hilfe, um die Problematik der Motivation auf dem Entwicklungssektor genauer zu erkennen.

Zu diesem Zweck besorgten wir uns in den USA und in Deutschland verschiedene Meßinstrumente, einmal um festzustellen, ob "Leistungsmotivation" als solche im brasilianischen Bereich feststellbar ist und, falls dies zuträfe, in welchem Grad.

Mit sieben verschiedenen Meßinstrumenten, vier davon aus den USA, drei aus Deutschland, haben wir in den Jahren 1980 bis 1982 umfangreiche Datenerhebungen an drei verschiedenen Orten Brasiliens durchgeführt, und zwar wiederum in Campos do Jordão, dann in Entre Rios (Bundesstaat Paraná) und schließlich in Rio de Janeiro. Wir gingen von der Annahme aus, die durch früher in den USA und Deutschland durchgeführte Forschungen belegt war, daß der Grad von Leistungsmotivation und die soziale Klasse positiv korrelieren. Um diese Hypothese in Brasilien zu erhärten, wählten wir sozial extrem gelagerte Gruppen aus, um vor allem statistisch signifikante Differenzen zu erhalten. In Campos do Jordão hatten wir Jugendliche aus der mittleren und untersten sozialen Schicht, in Rio de Janeiro Jugendliche aus der wohl wichtigsten Prestige-Schule der mittleren Oberschicht und der Oberschicht, dann in Entre Rios zwei völlig verschiedene Schultypen: die Schule von donauschwäbischen Einwanderern, die sich im Jahre 1951 als Flüchtlinge des Zweiten Weltkrieges in Entre Rios niedergelassen hatten und großflächige Landwirtschaft betreiben, und eine Schule mit Kindern der sozial untersten Schicht, von Brasilianern, die als Landarbeiter auf den "fazendas" der donauschwäbischen Einwanderer arbeiten.

Tabelle 1: Einkommen und Schulausbildung der Väter

Schulen	Durchschnitts-einkommen	Durchschnittliche Jahre der Schulausbildung
Santo Inácio, (Rio de Janeiro)	Cr$ 323,180.- (38,1 ML)	15.2
Campos do Jordão	Cr$ 10,817.- (1,2 ML)	-
Entre Rios a) Donauschwaben	Cr$ 212,266.- (25,0 ML)	5.79
b) Brasilianer	Cr$ 13,555.- (1,6 ML)	1.93

Minimallohn Cr$ 8,466.- (Stand: 01. Mai 1981)

Die soziale Stratifizierung der vier Schulen nach Einkommen der Väter und nach Durchschnittsjahren der Schulausbildung der Väter ergibt ein Bild, das in Tabelle 1 dargestellt ist.

V. Beschreibung der Meßinstrumente

Benutzt wurden u.a. zwei Meßinstrumente von Winterbottom (1953, 124 und 143), ein Meßinstrument von Mehrabian (1968, 1969, 1978), ein Projektiv-Test von McClelland (1953, 1961), ein Projektiv-Test von Heckhausen (1963) (die Tests von McClelland und Heckhausen werden als identisch angesehen, jedoch verschiedenartig ausgewertet), ein Semi-Projektiv-Test nach Schmalt (1973, 1976; das sogenannte Schmalt-Gitter) und ein Attributionstest von Meyer (1973).

Wir werden hier nur Auswertungen des Fragebogens an die Mütter nach Winterbottom und den Fragebogen für Jugendliche nach Mehrabian darstellen, um die Idee eines erweiterten sozio-psychologischen Entwicklungsmodells zu erläutern und seine Bedeutung für eine künftige Entwicklungsstrategie darzulegen. Die übrigen fünf Tests - die Lehrerfragebögen nach Winterbottom sowie die Tests nach McClelland, Heckhausen, Schmalt und Meyer sind noch nicht ausgewertet.

1. Das Meßinstrument von Winterbottom: Selbständigkeitserziehung und Leistungsmotivation

Der Fragebogen von Winterbottom enthält 20 Fragen, mit denen die Mutter des zu untersuchenden Kindes gefragt wird, in welchem Alter das Kind eine gewisse Handlung selbständig leisten sollte, z.B.: "Ab welchem Alter sollte Ihr Kind seine Rechte vor anderen Kindern verteidigen?" Mögliche Antwort: "Mit sieben Jahren". Diese 20 Fragen wurden unterteilt in vier Sachgruppen: nämlich in Fragen des Sozialverhaltens (SV), der Selbständigkeit (SS), des Leistungsverhaltens (LV) und Häuslicher Routine (HR). Die Werte dieser vier Gruppen wurden addiert und jeweils ein Mittelwert errechnet. Anschließend wurden die vier Schulen unter diesen vier Verhaltensweisen und unter deren Gesamtwert verglichen.

Da die Werte aus Campos do Jordão aus sechs verschiedenen Schulen stammen, wurden diese Daten zweimal behandelt: 1. als eine Einheit mit einem einzigen Gesamtwert im Vergleich mit den übrigen drei Schulen außerhalb von Campos do Jordão, nämlich Santo Inácio in Rio de Janeiro, Leopoldina und Werneck in Entre Rios; 2. als ein "subsample", in dem die sechs Schulen von Campos do Jordão untereinander verglichen wurden.

In einer weiteren Analyse wurden die Väter der Kinder in drei verschiedene Gruppen eingeteilt, entsprechend ihrem Einkommen und den Jahren ihrer Schulausbildung, um noch genauer feststellen zu können, ob eventuell die Gruppen mit niederem, mittlerem und höherem Einkommen, dann mit geringer, mittlerer und größerer Anzahl von Schuljahren sich in bezug auf Sozialverhalten, Selbständigkeit, Leistungsverhalten und Häusliche Routine und unter deren Gesamtwert unterscheiden würden. Die Theorie der Leistungsmotivation geht nämlich von der Prämisse aus, daß die häusliche Umwelt einen wesentlichen Einfluß auf die Motivation des Kindes ausübt, so daß Väter (und Mütter) aus der Mittel- und Oberschicht, die gewöhnlich ein weitaus höheres Einkommen haben und einen wesentlich höheren Bildungsgrad besitzen, auf ihre Kinder motivationsintensiver einwirken und sie zu leistungsbezogenerem Arbeiten anhalten als Eltern aus niedereren sozialen Schichten, oder - was gerade die Dritte Welt so sehr charakterisiert - aus Schichten, wo ein Elternteil oder beide Elternteile Analphabeten sind, ein sehr geringes oder überhaupt kein geregeltes Einkommen haben.

2. Das Meßinstrument von Mehrabian

Das zweite Meßinstrument wurde von dem Amerikaner Mehrabian mit der Absicht entwickelt, die weitaus kompliziertere Auswertung projektiver Tests von McClelland und Heckhausen durch einen Fragebogen zu ersetzen. Der Fragebogen von Mehrabian enthält 38 Fragen, die sich auf die Leistungsmotivation beziehen, und deren Intensität auf einer ursprünglichen 9-Punkte-Skala, die von + 4 ("strong agreement") über "0" (weder Ablehnung noch Zustimmung) nach - 4 ("strong disagreement") reicht, gemessen wird.

Da diese Skala für "university undergraduates" ausgearbeitet wurde, war es unmöglich, diese Skala für Volksschüler der vierten Klasse zu benützen, um so mehr, als es sich um Schüler unterster brasilianischer Volksschichten handelte. Wir sahen uns daher gezwungen, die Skala von neun auf drei Punkte zu reduzieren. Die vier positiven Punkte und die vier negativen Punkte wurden zu jeweils einem einzigen Punkt, wodurch wir die Meß-Skala "Ja" - "Weiß nicht" - "Nein" erhielten. Damit riskierten wir allerdings, die Meßqualität des Instruments entweder zunichte zu machen oder wenigstens in seiner Meß-Effizienz erheblich einzuschränken.

Die 38 Fragen über Leistungstendenz sind gegen einen Antwortbias ausgeglichen, indem 19 Items positiv und 19 Items negativ formuliert worden waren.

VI. Die Ergebnisse des Winterbottom-Fragebogens

1. F-Test: Vergleich der vier Schulen untereinander (s. Tabellen 2 und 3)
a) Sozialverhalten (SV): Signifikanz: 0.001
b) Selbständigkeit (SS): Signifikanz: 0.03

c) Leistungsverhalten (LV): Signifikanz: 0.001
d) Häusliche Routine (HR): Signifikanz: 0.04
e) Gesamtwert (GW): Signifikanz: 0.001

2. F-Test: Vergleich der sechs Schulen von Campos do Jordão untereinander (s. Tabelle 4)
a) Sozialverhalten (SV): Signifikanz: 0.001
b) Selbständigkeit (SS): Signifikanz: 0.001
c) Leistungsverhalten (LV): Signifikanz: 0.001
d) Häusliche Routine (HR): Signifikanz: 0.001
e) Gesamtwert (GW): Signifikanz: 0.001

3. F-Test: Vergleich dreier Gruppen von Vätern der vier verschiedenen Schulen entsprechend niederem, mittlerem und höherem Einkommen (s. Tabelle 5)

Es ist interessant festzustellen, daß durch die Diskrimination zwischen niederem, mittlerem und höherem Einkommen keine Signifikanzen auftreten, was beweist, daß die verschiedenen Schulen trotz einer Einkommensdiskriminierung in sich geschlossen und homogen sind, also in sich geschlossene soziale Einheiten darstellen. "Einkommen" ist kein diskriminierender Faktor.

4. F-Test: Vergleich dreier Gruppen von Vätern der untersuchten Schulen entsprechend niederer, mittlerer und höherer Anzahl von Jahren der Schulausbildung (s. Tabelle 6)

Ein weiterer Faktor der Diskriminierung ist "Anzahl von Jahren der Schulausbildung der Väter". Signifikanzen treten unter Sozialverhalten und Leistungsverhalten in der Schule Santo Inácio und unter Leistungsverhalten in der Schule Werneck auf.

Die Daten der Schule Santo Inácio entsprechen den Erwartungen, d.h. je höher die "Anzahl von Jahren der Schulausbildung der Väter", desto früher der Anstoß zum "Beginn des Sozialverhaltens" und desto früher der Anstoß zum "Beginn des Leistungsverhaltens". Bei der Schule Werneck sind die Daten zwar nicht ganz konsistent, zeigen jedoch eine hinreichende Signifikanz, die beweist, daß "Jahre der Schulausbildung der Väter" positiv mit entsprechendem "Beginn zur Leistungsmotivation" korrelieren.

Tabelle 2: Winterbottom: Mütterfragebogen, F-Test: Vergleich der vier Schulen untereinander

	M - SD (n)		
Schulen	SV	SS	LV
SJ	6.01 ± 1.45 (71)	7.75 ± 1.08 (72)	6.33 ± 1.20 (72)
CJ	7.38 ± 1.69 (71)	7.65 ± 1.67 (71)	7.68 ± 1.37 (71)
L	6.80 ± 1.43 (33)	6.83 ± 1.55 (33)	6.93 ± 1.22 (32)
W	8.27 ± 2.09 (48)	7.88 ± 2.24 (48)	8.23 ± 1.86 (48)
F-Test	$p < 0.001$	$p = 0.03$	$p < 0.001$

Schulen	HR	GW
SJ	7.46 ± 1.21 (72)	6.98 ± 0.94 (72)
CJ	7.22 ± 1.42 (72)	7.51 ± 1.38 (71)
L	6.73 ± 1.09 (33)	6.84 ± 1.06 (33)
W	7.53 ± 1.57 (47)	7.93 ± 1.80 (48)
F-Test	$p = 0.04$	$p < 0.001$

Tabelle 3: Relative Position der Schulen entsprechend den Skalen SV, SS, LV, HR und GW

Skala		Schulen		
SV	SI: 6.01	L: 6.80	CJ: 7.38	W: 8.27
SS	L: 6.83	CJ: 7.65	SI: 7.75	W: 7.88
LV	SI: 6.33	L: 6.93	CJ: 7.68	W: 8.23
HR	L: 6.73	CJ: 7.22	SI: 7.46	W: 7.53
GW	L: 6.84	SI: 6.98	CJ: 7.51	W: 7.93

SI = Santo Inácio, CJ = Campos do Jordão, L = Leopoldina, W = Werneck

SV = Sozialverhalten, SS = Selbständigkeit, LV = Leistungsverhalten, HR = Häusliche Routinen, GW = Gesamtwert

Tabelle 4:
Winterbottom: Mütterfragebogen, Durchschnittswerte der sechs Schulen in Campos do Jordão

Schulen	n	SV	SS	LV	HR	GW
				M ± SD (n)		
LC	10	7.59 ± 1.89 (9)	7.14 ± 1.95 (9)	7.45 ± 1.62 (9)	7.05 ± 1.81 (9)	7.30 ± 1.73 (9)
CJ	13	9.00 ± 0.95 (11)	8.98 ± 0.73 (11)	9.01 ± 0.82 (11)	9.12 ± 0.71 (11)	9.03 ± 0.69 (11)
DJ	20	8.40 ± 1.33 (7)	8.85 ± 0.85 (7)	8.75 ± 1.01 (7)	7.37 ± 0.47 (7)	8.43 ± 0.59 (7)
VA	09	7.83 ± 1.96 (9)	8.82 ± 2.07 (9)	8.22 ± 0.98 (9)	7.33 ± 0.91 (9)	8.08 ± 1.01 (9)
MV	16	5.75 ± 0.87 (15)	5.92 ± 0.78 (15)	6.33 ± 0.63 (15)	5.67 ± 0.83 (15)	5.95 ± 0.61 (15)
CC	23	7.06 ± 1.28 (20)	7.49 ± 1.12 (20)	7.44 ± 1.15 (20)	7.32 ± 0.90 (20)	7.36 ± 0.94 (20)
F-Test		$p < 0.00$	$p < 0.0001$	$p < 0.001$	$p < 0.001$	$p < 0.001$

LC = Lucila Cerqueira, CJ = Carlos Junior, DJ = Domingos Jaguaribe, VA = Vila Albertina, MV = Mons. Vita, CC = Correa Cintra

Tabelle 5:
Winterbottom: Mütterfragebogen, F-Werte: Vergleich dreier Gruppen von Vätern entsprechend niederem, mittlerem und höherem Einkommen

Schulen	Gruppen	SV	SS	LV	HR	GW
SI	nieder	6.37	8.16	6.78	7.91	101.77
	mittel	6.25	7.45	6.19	7.52	104.97
	hoch	5.64	7.47	5.99	7.16	113.66
	F-Test	p = 0.19	p = 0.13	p = 0.12	p = 0.18	p = 0.72
CJ	nieder	7.70	7.86	7.89	7.32	98.92
	mittel	7.31	7.58	7.61	7.36	99.22
	hoch	6.95	7.39	7.35	6.97	89.58
	F-Test	p = 0.31	p = 0.63	p = 0.39	p = 0.59	p = 0.81
L	nieder	6.44	6.28	6.55	6.50	73.78
	mittel	6.53	6.44	6.55	6.40	41.62
	hoch	7.23	6.95	7.31	7.21	63.72
	F-Test	p = 0.51	p = 0.68	p = 0.43	p = 0.28	p = 0.36
W	nieder	9.09	8.78	9.30	8.31	95.79
	mittel	8.26	7.55	7.88	7.26	93.04
	hoch	7.62	7.45	7.50	7.05	79.51
	F-Test	p = 0.12	p = 0.21	p = 0.19	p = 0.73	p = 0.74

Tabelle 6:

Winterbottom: Mütterfragebogen, F-Werte: Vergleich dreier Gruppen von Vätern entsprechend niederer, mittlerer und höherer Anzahl von Jahren der Schulausbildung

Schulen	Gruppen	SV	SS	LV	HR	GW
SI	nieder (0-14)	6.75	8.21	7.02	7.95	109.28
	hoch (15-19)	5.86	7.64	6.23	7.33	106.52
	F-Test	p = 0.05	p = 0.10	p = 0.03	p = 0.10	p = 0.85
L	nieder (0- 4)	6.50	7.11	7.06	6.81	45.40
	mittel (5- 8)	7.20	6.47	6.75	6.61	78.30
	hoch (9-16)	6.00	7.60	7.33	7.40	82.00
	F-Test	p = 0.33	p = 0.45	p = 0.74	p = 0.73	p = 0.14
W	nieder (0)	7.77	7.74	7.68	7.25	95.56
	mittel (1- 2)	8.81	8.37	8.91	7.58	107.13
	hoch (3- 7)	7.72	7.09	7.23	7.00	67.57
	F-Test	p = 0.25	p = 0.30	p = 0.04	p = 0.59	p = 0.26

Anmerkung: In Campos do Jordão wurden keine Daten über die Anzahl von Jahren der Schulausbildung erhoben.

VII. Die Ergebnisse des Mehrabian-Fragebogens

1. F-Test: Vergleich der vier Schulen untereinander (s. Tabelle 7)

Obgleich das Meßinstrument von 9 auf 3 Einheiten reduziert worden war, zeigt es eine Signifikanz von 0.001. Von 114 möglichen, richtig ausgefüllten Items erzielten die Schüler des Colégio Santo Inácio 86.27 richtige Antworten, die Schüler von Werneck 77.70 richtige Antworten. Campos do Jordão liegt bei 80.27, Leopoldina bei 80.73 richtigen Antworten. Man sieht auch hier das Gefälle entsprechend der sozialen Schichtung der Schulen.

2. F-Test: Vergleich dreier Gruppen von Vätern der vier verschiedenen Schulen entsprechend niederem, mittlerem und höherem Einkommen (s. Tabelle 8)

Signifikanzen kommen nicht vor, ausgenommen in Campos do Jordão, was sich durch die sechs verschiedenen Schulen erklärt, wie wir schon beim Test von Winterbottom gesehen haben. Die Schulen Santo Inácio, Leopoldina und Werneck zeigen eine ähnliche Homogenität wie die gleichen Schulen beim Test von Winterbottom.

3. F-Test: Vergleich dreier Gruppen von Vätern der untersuchten Schulen entsprechend niederer, mittlerer und höherer Anzahl von Jahren der Schulausbildung (s. Tabelle 9)

Wenn die Schülerfragebogen von Mehrabian mit der Anzahl von Jahren der Schulausbildung der Väter korreliert werden, zeigen sich keine Signifikanzen, was gleichfalls innerhalb der einzelnen Schulen auf eine Homogenität der Gruppen hinweist. (In Campos do Jordão wurden keine Daten über die Anzahl von Jahren der Schulausbildung der Väter erhoben, so daß hier keine Angaben gemacht werden können.)

Tabelle 7: Mehrabian: Schülerfragebogen, F-Test: Vergleich der vier Schulen untereinander

Schulen	M ± SD (n)
Santo Inácio	86.27 ± 6.59 (91)
Campos do Jordão	80.27 ± 7.98 (124)
Leopoldina	80.73 ± 6.96 (226)
Werneck	77.70 ± 8.89 (156)
F-Test	$p < 0.001$

Tabelle 8: Mehrabian: Schülerfragebogen, F-Test: Vergleich dreier Gruppen von Vätern entsprechend niederem, mittlerem und höherem Einkommen

	Schulen / M - SD (n)	
Gruppen	Santo Inácio	Campos do Jordão
nieder	84.3 - 8.82 (18)	76.9 - 5.39 (23)
mittel	88.7 - 11.01 (20)	80.7 - 6.56 (22)
hoch	86.6 - 6.87 (21)	83.9 - 6.33 (25)
F-Test	$p = 0.33$	$p = 0.01$
Gruppen	Leopoldina	Werneck
nieder	80.2 - 5.89 (53)	77.6 - 5.74 (31)
mittel	80.5 - 6.15 (61)	76.1 - 12.14 (52)
hoch	78.1 - 5.96 (87)	80.7 - 6.38 (41)
F-Test	$p = 0.13$	$p = 0.57$

Tabelle 9: Mehrabian: Schülerfragebogen, F-Test: Vergleich dreier Gruppen von Vätern entsprechend niederer, mittlerer und höherer Anzahl von Jahren der Schulausbildung

M - SD (n)

Gruppen	Santo Inácio	Leopoldina	Werneck
nieder	86.83 ± 8.89 (12)	80.69 ± 7.38 (94)	75.92 ± 14.39 (26)
mittel	-----------------	79.93 ± 6.30 (99)	78.27 ± 6.02 (51)
hoch	86.41 ± 8.91 (58)	83.73 ± 7.46 (23)	77.43 ± 9.26 (46)
F-Test	p = 0.88	p = 0.06	p = 0.59

Anmerkung: In Campos do Jordão wurden keine Daten über die Anzahl von Jahren der Schulausbildung erhoben.

VIII. Die dunkelste Seite des brasilianischen Schulsystems

Wenn wir Tabelle 10 betrachten, so fällt auf, daß die Jugendlichen der vier Schulen, die wir untersucht haben, zu jenen 16 000 000 privilegierten Jugendlichen aus 24 000 000 gehören, die im Alter zwischen 7 und 14 die Schule besuchen. Nach den jüngsten Angaben des Brasilianischen Statistischen Bundesamtes (IBGE) aus dem Jahre 1982 besuchen jedoch 8 000 000 dieser Altersgruppe überhaupt nicht die Schule; von diesen Jugendlichen sagten 1 100 000 (14 %), daß keine Schule oder kein Platz in einer Schule vorhanden sei; 240 000 (3 %) sagten, daß sie arbeiten müßten und darum keine Zeit hätten, die Schule zu besuchen; 6 600 000 (83 %) gaben keine Gründe an. Im Nordosten Brasiliens, im Armenhaus der Nation, besuchen sogar 59 % der schulpflichtigen Jugendlichen zwischen 7 und 14 Jahren nicht die Schule (IBGE, 6, 1982, 1, S. 7).

Im Großraum der Stadt Rio de Janeiro (área metropolitana) sind es insgesamt 119 615 Jugendliche zwischen 7 und 14 Jahren, die die Schule nicht besuchen; solche, für die es keine Schule oder keinen Platz in einer Schule gibt, sind 26 400 oder 22 %, ein Prozentsatz, der weit über dem nationalen Durchschnitt liegt; 3 423 oder 3 % behaupten, sie hätten keine Zeit zur Schule zu gehen, weil sie arbeiten müßten; ohne Angabe von Gründen verbleiben 89 712 oder 75 %. Die Situation im Metropolitangebiet von Rio de Janeiro ist also gravierender als die der Nation (IBGE, 6, 1982, 2). Daraus kann man für die untersuchte Problematik unseres Forschungsprojekts die Hypothese ableiten, daß diese 8 000 000 brasilianischer Jugendlicher zwischen 7 und 14 Jahren, die keine Schule besuchen, bezüglich der Leistungsmotivation sicher noch erheblich unter den Werten der Schule Werneck liegen, die die niedersten Daten der vier untersuchten Schulen aufzuweisen hat. Leider kennen wir diese Bevölkerung nicht; eine Untersuchung über ihr Leistungsverhalten wäre dringend nötig.

Krug sagt: "Das Training leistungsorientierten, erfolgszuversichtlichen Leistungsverhaltens, wird ohne Wirkung bleiben, wenn keinerlei Realisierungsmöglichkeiten existieren" (KRUG 1984, 23). Frage: Ist die Mehrheit jener 8 000 000 nicht eingeschulter Jugendlicher deshalb nicht eingeschult, weil die Eltern im Leben ihrer Kinder keine Realisierungsmöglichkeiten eines möglichen Leistungsengagements sehen? Oder ist das Elternhaus so marginal, daß es überhaupt nicht leistungsorientiert denkt? Viele Fragen bleiben so lange ungeklärt, als diese Bevölkerung nicht durch eine hinreichende Forschung erfaßt ist.

Als Orientierung bei dem Versuch, diese große Bevölkerungsgruppe mit Hilfe der Forschung zu erfassen, können folgende Sätze von Trudewind dienen:

Die meisten Befunde zur Motivgenese liegen heute im Bereich der häuslichen Umwelt vor. Das ist nicht verwunderlich, da schon seit Beginn der Leistungsmotivationsforschung die frühkindliche Erziehung als der entscheidende Faktor in der Formierung des Leistungsmotivs angesehen wurde. Elterliche Einstellungen, Anforderungen und Wertdispositionen in bezug auf die frühe Selbständigkeit und das kindliche Leistungsverhalten einerseits, die bevorzugten Erziehungsstrategien andererseits sowie die Rollenverteilung im Sozialisationsverhalten waren die hauptsächlich untersuchten Variablen. Weitgehend vernachlässigt hingegen ist in der Motivationsgenese-Forschung bis heute die Wirkung der dinglichen Umwelt auf die Heranwachsenden, obwohl theoretische Überlegungen

Tabelle 10:

Nichteinschulung schulpflichtiger brasilianischer Jugendlicher zwischen 7 und 14 Jahren (1982)

	Gesamtbrasilien	Nordosten	Metropolitangebiet Rio de Janeiro
Gesamtbevölkerung	24 000 000 (100 %)	------	------
Nicht eingeschult	8 000 000 (34 %)	(59 %)	119 615
	8 000 000 (100 %)	------	119 615 (100 %)
Gründe für Nichteinschulung			
a) keine Schule oder kein Platz in der Schule	1 100 000 (14 %)	------	26 400 (22 %)
b) müßten arbeiten, darum keine Zeit zum Studium	240 000 (3 %)	------	3 423 (3 %)
Ohne Angabe von Gründen	6 600 000 (83 %)	------	89 712 (75 %)

einen Zusammenhang zwischen den physikalischen Bedingungen des häuslichen Milieus und der Leistungsmotiventwicklung fordern. (...)

Die außerhäusliche Spiel- und Freizeitumwelt des Kindes ist in der Motivationsgenese-Forschung bis heute ebenfalls unbeachtet geblieben. Zwar lassen sich aus der allgemeinen Theorie der Motiventwicklung gewisse Erwartungen und Hypothesen ableiten, jedoch fehlt bis heute jede empirische Bestätigung. Das gleiche gilt für den Einfluß von Verwandten, Bekannten und Spielkameraden. (...) Von den sozialen Interaktionsformen in der Familie sind die auf das Leistungsverhalten der Kinder gerichteten Erziehungsbemühungen der Eltern zweifellos die wichtigsten. Auf diesem Gebiet liegen auch die meisten Befunde der Motivgenese vor. Sie zeigen, daß die bevorzugten Erziehungsstile von soziokulturellen Determinanten mitgeprägt, aber auch Ausdruck übergreifender Wertungen und Einstellungen sind. Die unmittelbar auf das kindliche Verhalten gerichteten Erziehungsbemühungen der Eltern schaffen im Verein mit den von der Schule ausgehenden Sozialisationseinflüssen, den physikalischen Gegebenheiten des häuslichen und außerhäuslichen Milieus sowie den Einflüssen von Verwandten, Bekannten und Spielkameraden, die für die Leistungsmotivgenese relevante Umwelt. (TRUDEWIND 1975, 40 u. 42)

In vielen Fällen der Nichteinschulung junger Brasilianer ist sicher die Ursache das Versagen des Elternhauses selbst, das wegen seiner Armut, seiner Marginalität, seiner lädierten Sozialstruktur (hoher Grad von Familienflucht eines Elternteils, meistens des Vaters) und eines hohen Grades von Analphabetismus nicht in der Lage ist, diese für die Entwicklung des Leistungsmotivs notwendigen Voraussetzungen zu schaffen.

Hier sieht die **Gesellschaft Johannes XXIII für Berufsförderung in Brasilien** eine ihrer künftigen Hauptfunktionen: nämlich zugleich mit der Wahrnehmung der schon früher übernommenen Funktionen das Elternhaus immer mehr in den Prozeß einer umfassenden Aktivität einzubeziehen und auf die dingliche Umwelt, die außerhäusliche Spiel- und Freizeitumwelt Rücksicht zu nehmen. Innerhalb des Textes von Puebla von 1979 sieht die **Gesellschaft Johannes XXIII für Berufsförderung in Brasilien** in der "Opção Preferencial pelos Pobres" ("Bevorzugte Entscheidung für die Armen") und "Opção Preferencial pelos Jovens" ("Bevorzugte Entscheidung für die Jugend") die sozialethische, ja religiöse Basis eines intensiven Engagements für diese Jugend, die zum Schicksal von Randexistenzen verdammt ist, wenn man nicht mit Instrumenten der Forschung auch an diese Problematik herangeht. Hier haben wir uns einem beständigen Lernprozeß zu unterwerfen. In der Anwendung des Konstrukts der **Leistungsmotivation** liegt eine Herausforderung, der geantwortet werden muß, denn viele Entwicklungsorganisationen, die sich **Hilfe zur Selbsthilfe** zum Wahlspruch gemacht haben, könnten gerade auch in der Leistungsmotivation eine wissenschaftliche Operationalisierung ihres Wahlspruchs finden. Ich meine, gerade durch die Überwindung von Lethargie und Fatalismus so vieler Brasilianer könnte das Problem der Unterentwicklung an der Wurzel angepackt werden.

*****

Anmerkungen

(1) Overseas Development Council Communique Nr. 24, Mai 1974

(2) "The 1975 Dag Hammarskjoeld Report". In: Development Dialogue, 1975, 1/2, S. 7 u. 28

(3) "The Non-aligned Summit". In: Development Dialogue, 1976, 1, S. 61

(4) Development Dialogue, 1976, 1, S. 1

(5) "A Quarter Century of (Anti-)Rural Development". In: Development Dialogue, 1977, 2, S. 16 ff.

(6) "Education and Self-Reliance; Tanzania: A National Perspective". In: Development Dialogue, 1978, 2, S. 37 ff.

*****

Literatur

"A Quarter Century of (Anti-)Rural Development". In: Development Dialogue, Uppsala 1977, 2

ATKINSON, J.W. (Hg.): Motives in fantasy, action, and society. Princeton, N.Y. 1958

Conclusões da Conferencia de Puebla. São Paulo 1980

"Education and Self-Reliance; Tanzania: A National Perspective". In: Development Dialogue, Uppsala 1978, 2

FLIT, I.: "Struggling for Self-Reliance in Science and Technology: The Peruvian Case ITINTEC". In: Development Dialogue, Uppsala 1979, 1

HECKHAUSEN, H.: Motivation und Handeln. Berlin/Heidelberg/New York 1980

–: Hoffnung und Furcht in der Leistungsmotivation. Meisenheim/Hain 1963

INSTITUTO BRASILEIRO DE GEOGRAFIA E ESTATISTICA (IBGE): Pesquisa Nacional por Amostra de Domicilios, 6, Rio de Janeiro 1982, Band 1 u. 2

KRUG, S.: Leistungsmotiv und Leistungsverhalten im Kontext wirtschaftlicher Entwicklung. (Unveröffentlichtes Manuskript)

McCLELLAND, D.C.: The Achieving Society. Princeton, N.C. 1961

– u.a.: The Achievement Motive. New York 1953

MEHRABIAN, A.: "Male and Female Scales of the Tendency to Achieve". In: Educational and Psychological Measurement, 28, 1968, S. 493-502

–: "Measures of Achieving Tendency". In: Educational and Psychological Measurement, 29, 1969, S. 445-451

– u. L. BANK: "A Questionnaire Measure of Individual Differences in Achieving Tendency". In: Educational and Psychological Measurement, 38, 1978, S. 475-478

MEYER, W.U.: Leistungsmotiv und Ursachenerklärung von Erfolg und Mißerfolg. Stuttgart 1973

Overseas Development Council Communique, Nr. 24, Mai 1974

PARTHARATHI, A.: "Technological Bridgeheads of Self-Reliant Development". In: Development Dialogue, Uppsala 1979, 1

ROSEN, B.C.: "The Achievement Syndrome: A Psychological Dimension of Social Stratification". In: American Sociological Review, 21, April 1956, S. 203-211

–: "Race, Ethnicity, and the Achievement Syndrome". In: American Sociological Review, 24, 1954, S. 47-60

–: "Family Structure and Achievement Motivation". In: American Sociological Review, 26, 1961, S. 574-585

–: "Socialization and Achievement Motivation in Brazil". In: American Sociological Review, 27, 1962, S. 612-624

–: "Social Change, Migration and Family Interaction in Brazil". In: American Sociological Review, 38, 1973, S. 198-212

SCHMALT, H.-D.: "Die Gitter-Technik – ein objektives Verfahren für Messung des Leistungsmotivs bei Kindern". In: Zeitschrift für Entwicklungspsychologie und Pädagogische Psychologie, 5, 1973, S. 231-252

– u. W.-U. MEYER (Hgg.): Leistungsmotivation und Verhalten. Stuttgart 1976

SCHÜHLY, G.-F.: Marginalidade. Rio de Janeiro 1981

TARIMO, E.: "Health and Self-Reliance: The Experience of Tansania". In: Development Dialogue, Uppsala 1978, 2

"The 1975 Dag Hammarskjoeld Report". In: Development Dialogue, Uppsala 1975, 1/2

"The Non-aligned Summit". In: Development Dialogue, Uppsala 1976, 1

TRUDEWIND, C.: Häusliche Umwelt und Motiventwicklung. Göttingen 1975

WINTERBOTTOM, M.R.: The Relation of Childhood Training in Independence to Achievement Motivation. Phil. Diss., Ann Arbor, Michigan 1953

UNITED NATIONS: Conference on Trade and Development (UNCTAD III). New York 1973

UNITED NATIONS (Hg.): Popular Participation in Development: Emerging Trends in Community Development. New York 1971

SOZIALPSYCHOLOGISCHE PROBLEME UND DEREN LÖSUNGSANSÄTZE
IN EINER GROSSPFARREI IM SÜDEN VON SANTIAGO DE CHILE
Norbert Schiffers (Regensburg)

Der Militärputsch von 1973 hat das Leben von Santiago de Chile von Grund auf verändert. Auch vorher war die öffentliche Kommunikation auf Plätzen, in Cafés oder Restaurants im Vergleich zu anderen Großstädten Lateinamerikas eher schwach ausgeprägt. Nach dem Putsch zogen sich die Leute noch stärker in die Häuser zurück. Die Angst regierte: Angst um die Gefangenen und Verschollenen, Angst, das gleiche Schicksal zu erleiden. 1978/1979 löste die Regierung sieben Gewerkschaftsverbände auf und besetzte die Spitzen der Restgewerkschaften politisch. Die Arbeiter konnten jetzt auch ihre wirtschaftlichen Sorgen und Ängste nicht mehr öffentlich artikulieren.

Die verschärfte Repression löste Protestbewegungen aus, bei denen die Kirche eine führende Rolle einnahm. Am Anfang stand ein mutiger Hirtenbrief, der mit dem Bibelzitat "Du sollst nicht töten" begann. Am 1. Mai 1979 protestierte die Kirche zugunsten der Gewerkschaften. In der zweiten Maiwoche schlossen sich Studenten der Katholischen Universität dem Protest an. Die Regierung verlangte daraufhin die Zwangsexmatrikulation für fast die Hälfte der Studenten. Einige Jahre konnte die repressive Politik der Regierung den Protest unterdrücken. Seit 1983 jedoch organisieren Parteien und Gewerkschaften eine Reihe von nationalen Protesttagen. Ihr Ziel ist eine neue demokratische Ordnung im Sinne von Karl Poppers "Offener Gesellschaft" - einem Modell, das über Spanien nach Chile gelangt ist (1).

Der Protest führte Parteien und Gewerkschaften, Angehörige der Mittelschicht und Arbeiter zusammen, die solidarisch eine neue Zukunft Chiles gestalten wollten. Die Solidarität dieser Gruppen widerlegte eine Klischeevorstellung, die in der Literatur über die lateinamerikanische

Realität weit verbreitet ist (2). Darüber hinaus korrigierten die Protesttage von 1983 und 1984 ein weiteres Vorurteil, das man außerhalb Chiles häufig antrifft: integrierte Basisarbeit sei marxistisch orientiert. Die Basis des Protests dieser Jahre war jedoch nicht marxistisch. Man muß das wissen, um die führende Rolle der Kirche in dieser Protestbewegung richtig verstehen zu können, die sie seit den Ereignissen von 1978 und 1979 innehat. 1980 nahm sie die Losung des Dekanats Santa Rosa in ihr Programm mit auf: "integrar la fe y la vida, la fe y el compromiso" (den Glauben und das Leben, den Glauben und das Engagement vereinen) (3). In den Tagen des Protests von 1983 und 1984 organisierte die Kirche Koordinierungsgespräche zwischen den beteiligten gesellschaftlichen Gruppen.

In diesem Zusammenhang möchte ich folgenden Gedanken zur Diskussion stellen: Wenn die Kirche bei den genannten Protestaktionen verantwortlich mitgewirkt und damit die Befreiung des Volks von politischer Repression und sozialpsychologischer Depression angestrebt hat, dann ist es unüberlegt und übereilt, wenn ein vatikanisches Dokument zur Theologie der Befreiung meint, der Kirche in Lateinamerika verdeutlichen zu müssen, daß sie nicht nur für die Armen da sei. In Chile kämpft nicht eine bestimmte Klasse im Namen einer klassenkämpferischen Ideologie für ein freieres Leben, sondern das Volk, oder – wie man heute nichtindigenistisch sagt – die Basis. Die Kirche in Chile weiß das und verhält sich entsprechend.

Diese Haltung ist für die chilenische Kirche neu. Sie wurde erworben in der Basisarbeit der Vicaria de la Solidaridad (die nach dem Putsch eingerichtete zentrale Hilfsstelle des Erzbischofs von Santiago) und in den Großstadtpfarreien der Peripherien. Ich will das in der Folge an einem konkreten Beispiel verdeutlichen, der Pfarrei Sankt Peter und Paul, mit der ich seit 1974 freundschaftliche Kontakte habe.

Die Pfarrei Sankt Peter und Paul gehört zum Dekanat Santa Rosa im Süden von Santiago de Chile. Mit zur Zeit etwa 156 000 Pfarrangehörigen ist sie die größte Pfarrei der Stadt. Sie hat ein Pfarrzentrum mit einer großen Kirche, das an einer Straßenkreuzung liegt. In der unmittelbaren Umgebung sind einige kleine Geschäftslokale, 100 m weiter eine Schule. Es gibt kleine Wochenmärkte mit fliegenden Händlern. In den vier anderen großen, aber geschäftsarmen Wohnvierteln des Pfarrgebiets haben

Pfarrangehörige Kapellen gebaut, von denen die meisten ebenfalls an Wegkreuzungen liegen. In ihnen feiern die Basisgemeinden am Sonntag ihren Gottesdienst, an den Werktagen dienen sie den Basis- und Jugendgruppen als Treffpunkte.

Das weithin sichtbare Wahrzeichen der südlichen Peripherie der Stadt ist ein Wasserturm, der signalisiert, daß es überall Leitungswasser gibt. Die Stromversorgung erfolgt über nicht isolierte Kupferleitungen. In den ärmsten Vierteln klemmen die Bewohner ihre Hausanschlüsse direkt und kostenfrei an Überlandleitungen.

In Sankt Peter und Paul gibt es drei Wohnformen. Fast die Hälfte aller Familien lebt in Häusern, die sie im Lauf der Jahre aus Stein und Holz selbst gebaut haben. Diese Häuser haben in der Regel drei bis fünf Zimmer und werden von zwei oder drei Familien bewohnt: der jungen Familie mit ihren Kindern und den beiden Elternpaaren des Mannes und der Frau. Die Überbelegung wird in Kauf genommen, um den Ausbau des Hauses finanzieren zu können. Fast alle diese Häuser haben 20 bis 50 m^2 Garten, mit Kartoffeln, etwas Gemüse, ein paar Blumen und einem Obstbaum.

Andere, sehr kinderreiche Familien leben in Wohnblocks. In jedem Block wohnen 12 bis 18 Familien. Die Blöcke liegen neben- und hintereinander, rechts und links von einer Straße, sind dreistöckig und wurden vor 1973 von der Regierung als Sozialwohnungen errichtet. Die Familien sind arm, haben fast keine Möbel. Alkoholismus ist verbreitet, gegen andere schirmt man sich ab, auch wenn sie im gleichen Viertel wohnen. Schließlich die Slumviertel. In Bretterbuden, die im Abstand von 2 m aneinandergereiht sind, leben in diesen Quartieren zwischen zwei- und dreitausend Menschen. Die Hütten haben meist nur einen Raum, der durch einen Vorhang in Wohnküche und Schlafraum unterteilt wird. Die Zugangswege sind nicht befestigt. Nirgends finden Kinder Platz zum Spielen. Möbel gibt es kaum, wohl aber Radio oder Fernsehen.

Ein Problem der Pfarrei ist die Arbeitslosigkeit. Nach dem Putsch von 1973 waren 40 % der Männer arbeitslos. Der Arbeitsmarkt besserte sich in den folgenden Jahren etwas, so daß die Arbeitslosenrate 1977/78 auf etwa 30 % sank. Das hielt jedoch nicht lange an. Heute sind über 50 % arbeitslos, die Situation ist schlimmer denn je. Das traf und trifft psychologisch die Jugendlichen am härtesten. Junge Leute können ihre Ausbildung nicht zu Ende führen, sie wissen, daß sie für ihre Familien eine Belastung sind, und gehen von zu Hause weg, leben Tag und Nacht buchstäblich auf der Straße, leiden unter Neurosen. Unter den jungen Menschen breiten sich Alkoholismus und Drogenabhängigkeit aus. Sie fahren in die Stadt, um zu betteln, werden leicht radikalisiert, verstärken ihren Haß auf eine Gesellschaft, die ihnen keine Chance gibt.

Seit 1973 lebt und arbeitet in der Pfarrei Sankt Peter und Paul eine Gemeinschaft von vier Priestern. Ihr Haus, die Pfarrkirche und die nach und nach gebauten Kapellen waren und sind Treffpunkte der Gemeinde. Die Substruktur der Pfarrei wird von Basisgemeinden geprägt, deren Geschichte die sozialpsychologischen Probleme am südlichen Stadtrand von Santiago de Chile spiegelt und zugleich Lösungsansätze aufzeigt.

Das Zusammenfinden der Priestergemeinschaft in Sankt Peter und Paul im Jahr 1973 stand zunächst in keinem Zusammenhang mit dem Putsch, aus dem die Regierung Pinochet hervorging. Doch die Verhaftungswelle während und nach dem Putsch, die von der Regierung verfolgte Wirtschaftspolitik der Schule von Chicago nach Milton Friedman wirkten sich auf die Familien von Sankt Peter und Paul besonders negativ aus. Frauen und Kinder von Gefangenen und Verschollenen, die die fälligen Mieten nicht mehr bezahlen konnten, suchten und fanden Aufnahme bei Angehörigen am Stadtrand. Fast alle Häuser wurden nun überbelegt. Die Pfarrei wuchs in drei Jahren um mehr als 20 000 Einwohner. Das Schicksal der Verschwundenen wurde auch in Sankt Peter und Paul unmittelbar spürbar. Fast noch stärker wurden viele Familien vom Kurswechsel in der Wirtschaftspolitik betroffen. Beide Faktoren zusammen bewirkten, daß die von den Theologen gepriesene Tugend der Hoffnung zur unglaubwürdigen Klischeevorstellung wurde.

In dieser sozialpsychologisch deprimierenden Situation richteten weniger hart betroffene Familien über die Pfarrei verteilt 16 comedores infantiles (Mittagstische für Kinder) ein. Unentgeltlich kochten dort zwischen fünf und acht Frauen Tag für Tag ein Essen für 80 bis 130 Kinder, deren Mütter alleinerziehend oder deren Väter arbeitslos waren. Diese Arbeit wurde vom Rat der Pfarrei in Zusammenarbeit mit der Vicaria de la Solidaridad koordiniert. Auf Stadtebene kamen die Mütter der Mittagstische zusammen und ließen sich vom Koch einer Großkantine in der Zubereitung von Essen in ihnen bisher ungewohnten Mengen, im Selberbacken von eiweißhaltigem Brot und in der Küchenorganisation anleiten. Mädchen zwischen 13 und 16 Jahren halfen beim Gemüseputzen, beim Tischdecken, bald auch spielpädagogisch bei der Betreuung der Kinder vor und nach den Mahlzeiten. Die Mittagstische wurden mit einem Netz von Ambulanzen verbunden. Es gelang, Ärzte aus der Stadt zu gewinnen, die kostenfrei jeden Monat die Kinder untersuchten und medizinisch versorgten. Nach einigen Monaten Anlaufzeit halfen Mütter, die ihre Kinder zur Mittagsspeisung brachten, auch aktiv beim Tischdecken und Abwaschen mit. Wenig später konnte man schließlich beobachten, daß ein Großteil der Mütter zusammen mit ihren Kindern am Mittagstisch teilnahmen. Aus Notküchen wurden Mutter-Kind-Tischgemeinden.

Weitaus schwieriger war es, die Väter an der Organisation und Finanzierung der Mittagstische für Kinder zu beteiligen. Die Männer scheuten den Verlust an Sozialprestige, der in Lateinamerika eintritt, wenn ein Mann nicht einmal mehr für das Essen seiner Familie sorgen kann. 1974/1975 gelang es, einigen Vätern in kleinen Elektrowerkstätten Arbeit zu verschaffen. Ein Drittel ihres Verdienstes gaben sie an die Mittagstische ab. Leider funktionierte dieses Modell nur einige Jahre, da schon bald investitionsstarke, schnell arbeitende Firmen in diesen Dienstleistungssektor eindrangen.

Bald zeigte es sich, daß die Basisgruppen, die sich bei den Mittagstischen gebildet hatten, nur aus Müttern, Mädchen und eben den Kindern bestanden. Weil die Väter fernblieben und die Speisung weitgehend von auswärtigen Spendergruppen finanziert wurde, gerieten die comedores infantiles in den Verdacht, paternalistische Fürsorgeleistungen zu sein. Die comedores infantiles konnten deshalb nicht auf Dauer aufrechterhalten werden. Zwar konnten und wollten die tragenden Basisgruppen sie nicht alle schließen - zwei von ihnen bestehen auch heute noch -, aber sie waren sich doch bewußt, daß sie nach Ersatzlösungen suchen mußten.

Seit 1978 engagierten sich die Basisgruppen der Pfarrei in drei neuen Initiativen, denen zwei Grundgedanken zugrunde lagen: 1. Die Kinder sollten in ihren Familien und nicht außerhalb Hilfe erfahren. 2. Die Basisgruppen sollten möglichst nicht punktuell und isoliert, sondern im

Gesamtgebiet der Pfarrei und im Verbund tätig werden. Dieser Punkt war deshalb wichtig, weil man die soziale Entfremdung zwischen den Bewohnern der Einfamilienhäuser, der Wohnblocks und der Slums abbauen wollte.

Die theoretischen Vorgaben wurden in drei Projekten in die Praxis umgesetzt. Das erste Projekt betraf den Bereich Ferien und Erholung. Man organisierte für die Pfarrei Familienferien an der Küste und eine Stadtranderholung. Die Vorbereitung und Durchführung dieser Ferienangebote lag bei Müttern, deren Kinder früher zum Mittagstisch kamen. Mütter aus mehreren Vierteln bildeten vier Gruppen: Organisation, Erholung, Bildung, Gesundheit und Hygiene. In diesen Gruppen sollte die Zusammenarbeit ermutigt und das Vertrauen in den Erfolg eigener Initiative gestärkt werden. 1978 beteiligten sich 54 Familien, 65 Erwachsene und 245 Kinder aktiv an der Vorbereitung und Durchführung der Ferien. 1983 waren es bereits 72 Familien. Im folgenden Jahr waren die Familienferien nicht mehr zu finanzieren.

Das zweite Projekt könnte man als wirtschaftliche Selbsthilfe umschreiben. In acht Wohnungen oder Räumen, die an verschiedenen Orten des Pfarrgebiets liegen, treffen sich Mütter an zwei Nachmittagen der Woche zum Nähen, Stricken, Häkeln. Die fertigen Waren werden unter Geschäftspreis in den Nachbarschaften verkauft. Der Erlös wird in eine Gemeinschaftskasse eingezahlt, aus der dann in zwei Einkaufszentralen der Pfarrei 20 Produkte für Haushalt und Hygiene bis zu 50 % unter Geschäftspreis erworben werden können. Dieser Verbund führt Mütter zusammen, die sich bisher nicht kannten. Die Organisationsfähigkeit der Frauen wird stimuliert, sie lernen sich selbst zu helfen und nicht auf fremde Hilfe zu warten. Die verbesserten Einkaufsmöglichkeiten kommen direkt den Familien zugute.

Das dritte Projekt begann 1981 und trägt den Namen recreación y formación infantil (Erholung und Erziehung). Kinder zwischen sieben und zwölf Jahren treffen sich nachmittags zum Malen, machen gemeinsam Handarbeiten, treiben Haltungssport, singen, musizieren und tanzen zu chilenischen Volksweisen, bereiten Feste für alle vor. Am Nationalfeiertag veranstalten die Kinder Feste, bei denen sie traditionelle Volksinstrumente spielen, singen und tanzen. Am Nachmittag des Weihnachtstages gestalten die Kinder ein Fest ihres Viertels. Im Februar feiern sie mit den Kindern des sozial besonders schwachen Viertels Papelucho ein Fest. Aus den zunächst nur 85 Kindern sind bis heute über 500 geworden, die aus allen Gebieten der Pfarrei stammen und von 32 Animatoren angeleitet werden.

Die drei Initiativen, die an die Stelle der comedores infantiles getreten sind, werden durch zwölf Kleinstkindergärten und 54 Kindergärten ergänzt. In jedem der 66 Kindergärten arbeitet eine ausgebildete Kraft zusammen mit den Vätern und Müttern, die sich stundenweise in einen Tagesplan einschreiben und abwechselnd in Gruppen die pädagogische Betreuung mittragen.

Für die Jugendlichen der Pfarrei wurden Jugendgruppen aufgebaut, deren Zahl in vier der fünf Siedlungsgebiete zwischen 15 und 27 liegt, nur in einem Bereich sind es mit sieben deutlich weniger. Für die Real- und Oberschüler gibt es wöchentlich 21 Nachmittagsschulen. Im Pfarrzentrum und in zwei weiteren Baracken sind von 15 bis 21 Uhr Bibliotheken geöffnet, in denen die Schüler Schulbücher, sonst unerschwinglich teure Atlanten, lateinamerikanische Dichtung, Erzähllliteratur und jugendspezifische, religiöse Schriften ausleihen und lesen können. Für die besonders gefährdeten Jugendlichen werden jedes Jahr drei Zeltlager organisiert, in denen sich etwa 200 von ihnen kennenlernen können.

Die sozialpsychologische Situation der Bewohner des Stadtteils, in denen die Pfarrei Sankt Peter und Paul liegt, war seit dem Militärputsch außerordentlich konfliktträchtig. Die Bevölkerungsdichte ist überdurchschnittlich hoch und steigt durch Zuzüge aus der Stadt immer noch an. Die Arbeitslosigkeit nimmt zu, die Lebenschancen werden geringer. Die latent vorhandene Bereitschaft zu Kooperation und Selbsthilfe sinkt auf ein Minimum ab, die Bereitschaft zum Protest wächst. Die Aktivitäten der Pfarrei sind ein konkreter Versuch, die sozialpsychologischen Probleme der Pfarrangehörigen in deren Interesse zu lösen. Der Rat der Pfarrei, der alle Basisgruppen vertritt, hat die Ziele dieser Aktivitäten in folgenden Punkten zusammengefaßt:
1. Wir arbeiten in einer Pfarrei, in der sich möglichst viele Menschen kennen und suchen sollen.
2. Wir wollen eine Pfarrgemeinde sein, die Jesus Christus für die Menschen sucht.

3. Wir glauben an Jesus Christus, der uns - aber auch die Bürger in der Stadt und die Verantwortlichen - von Sünde befreit und uns hilft, Gutes zu tun.

4. Wir glauben an Jesus Christus, den Erlöser des konkreten Menschen.

5. Wir versuchen eine Katechese zu praktizieren, die zeigt, daß Jesus Christus die Menschen frei und aktiv macht, Gemeinde bildet, Solidarität und gewaltlose Befreiung ermöglicht, Liebe nicht verkümmern läßt.

6. Wir wollen eine Pfarrei sein, deren Glauben auch für andere überzeugend ist, weil sie mit den Armen zusammenarbeitet.

7. Wir wollen eine Pfarrei werden und sein, die mit anderen Pfarreien im Dekanat Santa Rosa zusammenarbeitet, in der Hoffnung, wenigstens eine Pfarrei der Stadt werde in der Zukunft mit uns so zusammenarbeiten, wie es jetzt bereits unser Bischof tut. (4)

Die Statistik der Pfarreiarbeit in dieser sozialpsychologisch stark belasteten Region von Santiago de Chile zeigt, daß und wie diese Ziele kirchlicher Christen in die Praxis umgesetzt werden. Obwohl die politischen und ökonomischen Bedingungen zunehmend schlechter werden, gibt es derzeit in der Pfarrei Sankt Peter und Paul: 2 comedores infantiles, 12 Kleinstkindergärten, 54 Kindergärten, 500 Kinder wöchentlich in der recreación y formación infantil, 21 Nachmittagsschulen, 3 Schülerbibliotheken, 83 Jugendgruppen, 8 Werkstätten mit 62 Müttern, 16 Familien-Basisgruppen und 4 Priester.

Auf dem letzten mir verfügbaren, amtlichen Stadtplan von Santiago de Chile erscheint das Gebiet im Süden der Stadt, über das ich gesprochen habe, als weißes, unbebautes Terrain. Vielleicht handelt es sich um ein bloßes Versehen, vielleicht aber ist es auch ein Zeichen dafür, daß die Verantwortlichen ein Siedlungsgebiet mit fast 200 000 Einwohnern ignorieren und sich selbst überlassen. Ganz gleich, ob es sich hier um Absicht oder Versehen handelt, läßt sich an diesem Beispiel erkennen, wie die Planer die Chance zu einer verantwortlichen Entwicklung der Stadt verpassen. In dem von mir beschriebenen Gebiet sind die Wohnungen überbelegt, während in anderen Vierteln der Stadt 30 000 Wohnungen leer stehen, weil die Mieten zu hoch sind. Meine Beschreibung eines weißen Flecks auf dem Stadtplan von Santiago de Chile sollte aufzeigen, was Basisinitiativen in einer hoffnungslos scheinenden Situation zu leisten vermögen. Es führt zu nichts, auf die Hilfe der Stadtplaner zu warten; unmittelbare Besserung ist nur durch Selbsthilfe zu erreichen.

Ich wollte mit diesem Beispiel aus Santiago de Chile zeigen, daß es selbst mit geringen Mitteln möglich ist, bei den Bewohnern der Stadtrandsiedlungen die latente Bereitschaft zur Selbsthilfe zu wecken. Eine integrale Stadtplanung ist nicht nur möglich, sondern um der Menschen willen auch nötig.

*****

Anmerkungen

(1) POPPER, K.: The Open Society and Its Enemies. London 1945, ^{5}Princeton 1966
ARANGUREN, J.L.L.: Etica. Madrid 1958, ^{5}1972
Simposio de Burgos 1968: Ensayos de filosofía de la ciencia: en torno a la obra de Sir Karl R. Popper. Madrid 1970
DUSSEL, E.D.: Método para una filosofía de la liberación. Salamanca 1974
Obispos Católicos de Chile: Orientaciones Pastorales (OP) 1982-1985: OP 13, 1sq., 83; OP 191
RAMSY, C. u. R. ROSALES: Violencia, Protesta y diálogo: La respuesta que surge de la base. In: Pastoral Popular, 34, 1983, 3, Santiago, S. 4-15

(2) z.B. KAPLAN, M.: El estado en el desarrollo y la integración de América Latina. Caracas 1969, S. 174 ff.
MORENO, F.: La Integración latinoamericana, un esquema de análisis: Santiago de Chile 1972
VÉLIZ, C.: Centralism, Nationalism and Integration. In: TULCHIN, S. (Hg.): Latin America in the Year 2000, Massachues. 1975, S. 79

(3) "Cristianos del Decanato Santa Rosa (Santiago de Chile), Por defender la vida". In: Pastoral Popular, 34, 1983, Santiago, S. 12-14

(4) Carta de los Consejos Pastorales de la Parroquia San Pedro y San Pablo - Santiago, 9 de Juli de 1982

PASTORALE ERFAHRUNGEN IN SÃO PAULO
Alois Hartmann (Essen)

Das Folgende ist keine objektive wissenschaftliche Abhandlung. Ich berichte nur über Erfahrungen, die ich als Priester in meiner neunjährigen Tätigkeit in der Seelsorge in einer Randgemeinde von São Paulo gemacht habe. Ich erzähle von Dingen, so wie ich sie gesehen, gehört, erfahren habe.

Im November 1975 begann ich meine Arbeit am südwestlichen Stadtrand von São Paulo im Viertel Vila Iasi der Satellitenstadt Taboão de Serra. 1975 zählte sie 70 000 Einwohner, 1984 waren es bereits 120 000. Ich kam in ein Gebiet, das bisher wenig seelsorgliche Betreuung gekannt hatte; kirchliche Strukturen waren kaum vorhanden. Es gab nur eine alte, häßliche Kapelle, 6 x 7 m groß, die viel zu klein für die vielen Katholiken war, die in diesem Gebiet wohnten. Der bisher zuständige Pfarrer einer Riesenpfarrei konnte nur einmal im Monat kommen, um in der kleinen Kapelle die Hl. Messe zu feiern und zu taufen. Glücklicherweise hatte schon vor meiner Ankunft ein Seminarist, Alberto Luis Gambarini, versucht, die Gemeinde zu formen und zu führen. Wir stellten uns die Frage: Wie können wir eine Gemeinde aufbauen, wie können wir Kirche werden?

Anfangs haben Alberto und ich viele Hausbesuche gemacht. Wir regten an, daß sich die Familien mit ihren Nachbarn treffen sollen, um gemeinsam Hausgottesdienste zu feiern, um an Bibelkreisen oder Novenen teilzunehmen, besonders in der Fasten- oder Adventszeit. In diesen Hausandachten wird nicht nur gebetet und gesungen; man liest die Bibel, weil man von ihr aus sein Leben gestalten und sich christlich engagieren, eine Botschaft mit ins tägliche Leben nehmen will. In diesen Hausgottesdiensten dürfen alle mitreden. Jeder ist gefragt, alle nehmen am Meinungsbildungsprozeß teil. Eine große Rolle spielen hierbei einige sozialkritische Propheten und das Buch Exodus. Man liest diese biblischen Texte mit neuen Augen und fragt sich: Gott hat damals das versklavte Volk Israel in die Freiheit geführt. Wäre ähnliches nicht heute auch denkbar und möglich? Damals lebten die Hebräer als Sklaven in Ägypten; Moses wurde von Gott geschickt, das Volk zu befreien. Es gelangte nach dem Durchzug durch das Rote Meer und der Wanderung durch die Wüste trotz aller Schwierigkeiten ins Gelobte Land. Der Exodus wird nicht nur als einmaliges geschichtliches Ereignis gesehen und nicht nur spirituell - wie etwa bei der Taufe - verstanden, sondern man überträgt ihn vielmehr auf die eigene Situation, versteht ihn als einen neuen Auszug aus jeglicher Form von Unterdrückung. Man will Befreiung nicht nur von Sünde und Schuld, sondern von allen ungerechten sozialen, ökonomischen und politischen Strukturen.

Damit die Gemeinde wachsen kann und mehr und mehr Kirche entsteht, mußten wir Versammlungsräume schaffen. Am 12. Juni 1977 wurde eine Kirche mit Pfarrhaus, Saal und fünf Gruppenräumen eingeweiht. Gleichzeitig wurde die Pfarrei St. Antonius gegründet, der erste Pfarrer eingeführt. Damit war eine Grundlage für die weitere Arbeit geschaffen. Die Gemeinde feierte den Neuanfang mit einem großen Fest.

Im Februar 1978 kamen die ersten beiden Schwestern nach Vila Iasi. Sie arbeiteten in der Seelsorge mit; sie halfen, die Katechese, Liturgie und Jugendarbeit besser zu organisieren, sie kümmerten sich um die Armen, Schwachen, Alten und Kranken. Das Gemeindeleben wurde dichter, intensiver: der erste Kindergarten wurde eröffnet, Katecheten und Religionslehrer wurden gezielt ausgebildet, die Jugendarbeit nahm einen sichtbaren Aufschwung.

Dies läßt sich mit einigen Zahlen belegen. 1983 hatten wir in unserer Pfarrei 750 Taufen, 400 Erstkommunionen, 150 Firmungen, 50 Hochzeiten. Besonders an den Wochenenden sind viele Versammlungen nötig, um möglichst viele Menschen an das Evangelium heranzuführen. Jeden Sonntag feierten wir acht Gottesdienste, die zuletzt von etwa 2000 Gläubigen besucht wurden. Das scheint viel, ist aber bezogen auf die Gesamtzahl von ca. 40 000 Pfarrangehörigen nur ein Anteil von 5 %.

Im Mittelpunkt unserer Arbeit stand natürlich die Seelsorge wie in jeder anderen Pfarrei auch. Aber in der Situation Brasiliens ist das nicht genug. Ein weiterer Schwerpunkt unserer Arbeit lag deshalb auf sozialem Gebiet. Wir gründeten eine "Comunidade Kolping", eine Kolpingsfamilie mit Vorstand und eigener Rechtsperson, deren Arbeitsbereiche Religion, Beruf, Freizeit und Familie umfaßten. Im Schwerpunkt Beruf richteten wir Werkstätten ein, in denen junge Leute den Beruf des Elektrikers und des Schweißers in Abendkursen erlernen konnten. Außerdem wurden Schreibmaschinenkurse angeboten und durchgeführt. Die Frauen und Mütter versammelten sich in den sog. Mütterklubs, um Gedanken auszutauschen, etwas zu lernen, zu stricken, zu nähen oder auch auf Stoff zu malen; sie konnten Kurse über Kindererziehung, Hygiene oder Sparsamkeit im Haushalt besuchen. Der Schwerpunkt Freizeit galt der Geselligkeit der Kolpingmitglieder, der Brüderlichkeit, der Kolpingsfamilie selbst. Man traf sich zu einem gemeinsamen Mittagessen, zu einem Ausflug, zu einem zwanglosen Beisammensein; man traf sich aber auch zum Studium von aktuellen Fragen und Problemen sowie der christlichen Soziallehre.

Das Kolpingwerk Brasiliens wächst rasch, es gibt inzwischen bereits rund 100 Kolpinggemeinschaften. Im letzten Jahrhundert gab es in Deutschland wandernde Gesellen, die von Stadt zu Stadt zogen, um Arbeit zu suchen. Es waren junge Menschen, die oft alleine und einsam waren und in der Gefahr standen, moralisch und sozial abzusinken. In seiner Zeit hat der Priester Adolph Kolping sich um diese jungen Leute gekümmert und den Gesellenverein gegründet. Die Situation im heutigen Brasilien ist der in Deutschland im letzten Jahrhundert ähnlich. Der rasche Industrialisierungsprozeß hat starke Wanderbewegungen zur Folge. Leute ziehen von einem Ort zum anderen, suchen ihr Glück, hoffen auf ein besseres Leben. Viele dieser Menschen sind nicht ausgebildet, haben keinen Beruf. Es gilt, sie in ihrer ganzen Persönlichkeit zu fördern und ihnen eine Möglichkeit zu geben, in der Gesellschaft materiell, geistig, aber auch religiös vorwärtszukommen.

Das Gemeindezentrum am Pfarrort Vila Iasi strahlte auch in die weiter abgelegenen Viertel des Pfarrgebiets aus. Auch dort begannen die Gläubigen, sich zu einer Gemeinde zusammenzuschließen. Die Folge war, daß wir neue Gemeinschaftszentren bauen mußten. Inzwischen sind sechs von ihnen erstellt, zwei weitere im Bau.

Unter Gemeinschaftszentrum ("centro comunitario") versteht man einen einfachen Bau mit einem Raum, in dem sich die Gemeinde zu liturgischen Feiern versammeln kann, in dem man sich zur Katechese trifft, zu Mütterklubs, zur Erwachsenenalphabetisierung, zur Jugendgruppenstunde etc. Die Erzdiözese São Paulo hat in den letzten Jahren den Bau solcher Gemeinschaftszentren gezielt gefördert.

Unsere besondere Sorge galt den Armen. Im Pfarrgebiet gab es zehn "favelas". Wir machten viele Besuche, um die Leute kennenzulernen und zu helfen, so gut wir konnten. Einmal im Monat führten wir eine große Kampagne für die Armen durch. Aber wir wollten nicht nur Lebensmittel verteilen und Soforthilfe leisten, uns ging es vielmehr um Hilfe zur Selbsthilfe. Bis jetzt konnten wir in vier der zehn "favelas" kleine Gemeinschaftszentren errichten, deren Aufgaben ähnlich vielfältig sind wie die der größeren Zentren und vom Kindergarten bis zu Alphabetisierungskursen für Erwachsene reichen. Natürlich sind es auch Zentren religiösen Lebens: hier werden Gottesdienste gefeiert, wird Religionsunterricht gegeben.

Brasilien ist ein junges Land. Über die Hälfte der Bevölkerung ist unter 21 Jahre alt. Die Hoffnung des Landes sind junge Leute. Die Alten werden deshalb oft vergessen und außer acht gelassen. Sie produzieren nichts mehr und kosten nur Geld. Oft leben gerade alte Menschen in bitterer Not und Elend. Um ein Zeichen zu setzen, haben wir ein Altenheim errichtet, in dem 16 alte Leute ihren Lebensabend verbringen. Das kann sicher nur ein Anfang sein.

Warum tun wir das alles? Uns geht es um befreiende Evangelisierung, die den ganzen Menschen anspricht. Natürlich will und muß die Kirche als erstes das Evangelium verkünden. Gerade in Brasilien habe ich viele Formen von Aberglaube, Unglaube und Synkretismus kennengelernt, religiöse Mischformen wie Macumba und Umbanda, zusammengesetzt aus heidnisch-afrikanischen, spiritistischen und christlichen Einflüssen. Umbanda ist eine Religion voller Fluch, Verwünschung, Haß und Angst vor bösen Geistern. Hier ist es wichtig, ganz deutlich die christliche Botschaft von der Erlösung zu verkünden: die freimachende Botschaft Jesu Christi, unseren Glauben an Kreuz und Auferstehung, der im Gegensatz steht zum Glauben an die Reinkarnation.

Ein großes, kaum lösbares Problem ist dabei das rapide Wachstum der Stadt. In den vergangenen Jahren ist Groß-São Paulo jährlich um 500 000 bis 600 000 Einwohner gewachsen. Die kirchliche Organisation kann damit nicht Schritt halten. Es fehlt an Priestern, Schwestern, ausgebildeten Laien, an Raum. Millionen katholisch Getaufter finden in ihrer Kirche keine Heimat mehr. So entsteht ein religiöses Vakuum, in das andere religiöse Gruppierungen stoßen, die zum Teil kämpferisch antikatholisch sind. Es gibt Prognosen, denen zufolge Brasilien in absehbarer Zeit nicht mehr das größte katholische Land der Welt sein wird. Wenn der Heilige Vater im Oktober 1984 bei seinem Besuch der Dominikanischen Republik von der Notwendigkeit sprach, Lateinamerika neu zu evangelisieren, so gilt dies in besonderem Maße für Brasilien.

Aber es gibt auch hoffnungsvolle Zeichen, so sehr, daß manche bereits von einem Erwachen der katholischen Kirche in Brasilien sprechen. Immer mehr junge Leute wollen aus dem Glauben heraus leben und mit dem Evangelium ernst machen. Die Zahl der Priesteramtskandidaten nimmt zu. In den Basisgruppen und -gemeinschaften entsteht eine ganz neue Form von Kirche: eine Kirche des Volkes. Man muß erlebt haben, mit welcher Begeisterung dort gebetet, gesungen, um den Sinn des Evangeliums gerungen wird, wie man sich besonders auch sozialkritisch engagiert, um zu begreifen, daß hier eine neue Kirche entsteht. Noch ist sie sehr schwach, was man z.B. an unserer Pfarrei ablesen kann, deren Gottesdienste - wie ich bereits erwähnt habe - nur von etwa 5 % der Bevölkerung besucht werden.

Das rapide Wachstum der Stadt schafft aber auch unerträgliche soziale Probleme. Wir können deshalb nicht den Glauben verkünden, ohne auch diese Probleme mit in unsere Arbeit einzubeziehen. Die Satellitenstadt Taboão de Serra ist dafür ein gutes Beispiel. Ich habe bereits erwähnt, wie stark sie in den letzten Jahren gewachsen ist. Bei den Neusiedlern lassen sich deutlich zwei Gruppen mit ganz unterschiedlichen Problemen unterscheiden. Die erste Gruppe besteht aus Menschen, die aus dem ländlichen Hinterland in die Stadt gezogen sind. Im "Interior" waren die Familien und die soziale Gemeinschaft in der Regel noch gesund. Jeder kannte jeden, in Notsituationen stand man sich bei. Deshalb versuchen Neusiedler meist bei Verwandten unterzukommen, bevor sie sich endgültig in der Nähe niederlassen. In einem Viertel der Stadt Jardim Elisabeth sind auffällig viele aus der Stadt Mantena im Bundesstaat Minas Gerais zugezogen. In einem anderen Viertel, Parque Pinheiros, stammen viele aus Bahia und Minas Gerais, neuerdings auch Paraná. Sie sprechen die Sprache des "Interior", lassen sich gern "Baiano", "Cearense", "Pernambucano" oder "Paraná" nennen, reden von "minha terra" (meine Heimat), fahren zu Familienfeiern ins Hinterland zurück. Das Hinterland bleibt ihr Zuhause.

Aber diese familiären und sozialen Bindungen reichen für den Alltag der Großstadt nicht aus. Die Neusiedler wohnen am Rand der Stadt, oft in "favelas", wo sie in Gefahr sind, zu vereinsamen und dabei ihre religiösen, kulturellen und sozialen Werte zu verlieren. Für sie bedeuten die Basisgemeinden eine Chance, eine neue Heimat zu finden.

Die zweite Gruppe der Neusiedler wird von Menschen gebildet, die aus dem Stadtzentrum an die Peripherie ziehen. Diese Gruppe ist sehr heterogen. Es können Angehörige des Mittelstands sein, die an den Rand der Stadt ziehen, um sich hier ein Eigenheim zu bauen oder zu kaufen, für die der Umzug also einen sozialen Aufstieg bedeutet. Andere ziehen an die Peripherie, weil sie ihren sozialen Status finanziell nicht mehr halten können. Brasilien erlebt seit 1980 eine schwere Wirtschaftskrise, deren Folge Arbeitslosigkeit, Inflation und Rezession sind. Wer arbeitslos wird, hat keine Versicherung und muß alleine sehen, wie er sich ernährt. Er kommt mit der Miete oder mit den Zahlungen für das Eigenheim in Verzug und muß schließlich ausziehen. Für ihn bleibt als letzte Station nur die "favela". In ihr treffen sich also Neusiedler aus dem Hinterland, die sie nur als Durchgangsstation zu einem besseren Leben betrachten, mit Umsiedlern aus der Stadt, für die die "favela" die letzte Station eines sozialen Abstiegs bedeutet. Beiden Gruppen gemeinsam ist der unmittelbare Bedarf an billigem Wohnraum. Grundstücksbesetzungen sind deshalb an der Tagesordnung. Über Nacht zimmert man eine Holzbude zusammen, deckt sie, bringt seine Familie in diesen Raum und hat damit Wohnrecht. Man kann nur mittels eines gerichtlichen Urteils zum Verlassen des "Hauses" gezwungen werden.

Die Wohnverhältnisse in den "favelas" sind katastrophal. Mangelnde Ernährung und mangelnde Hygiene haben besonders für die Kinder schlimme Folgen. Viele Kinder haben dicke Bäuche vor Hunger. Lungen-, Wurm- und Durchfallkrankheiten sind gang und gäbe. Eine Krankenschwester, die in einem Kinderkrankenhaus in Morumbi arbeitet, sagte offen, daß 90 % der Todesfälle bei Kindern durch Unterernährung und Hunger bedingt sind. Staatlicherseits gibt es ein Kinderernährungsprogramm, das über Pfarreien und ähnliche Institutionen durchgeführt wird. Auch unsere Pfarrei hat sich an der Verteilung von Suppen, Milchpulver, eiweißreichen und proteinhaltigen Lebensmitteln beteiligt, um Kindern im Alter von 1 1/2 bis 7 Jahren eine etwas bessere Ernährung zu geben. Denn unterernährte Kinder haben im späteren Leben kaum eine Chance, sie entwickeln sich nicht normal. In der Schule im Parque Jane mit 300 Kindern der 1. Klasse haben 50 % den Sprung zur 2. Klasse nicht geschafft. Nur 30 beendeten das 8. Schuljahr.

In unserer Pfarrei konnten wir deutlich spüren, welche Folgen die Wirtschaftskrise gerade für die Ärmsten hatte. Täglich kamen mehrere Menschen an die Tür unseres Pfarrhauses, um Lebensmittel und Kleidung zu erbitten, darunter auch arbeitslose Männer, die mit Tränen in den Augen Lebensmittel in Empfang nehmen. Sie wollten Arbeit, nicht Almosen. Die meisten Leute in unserer Pfarrei sind Arbeiter, die höchstens zwei Mindestlöhne verdienen, etwa bis 300 DM. Das reicht natürlich nicht, um eine oft recht große Familie zu ernähren. Vielfach müssen die Ehefrau und die größeren Kinder zum Familienunterhalt beitragen. Zehn-, zwölfjährige Kinder verdienen schon Geld, indem sie z.B. in Supermärkten Lebensmittel einpacken, Schuhe putzen oder als Laufjungen ihren Dienst tun. Natürlich haben die meisten dann keine Zeit mehr, zur Schule zu gehen. Aber es gibt auch Jugendliche, die den ganzen Tag über arbeiten und abends noch die Schule besuchen. Todmüde kommen sie nach einem langen Arbeitstag aus der Stadt zurück und versuchen, von 19.00 bis 23.00 Uhr etwas zu lernen, um ihren Hauptschulabschluß nachzuholen. Sie wissen, worauf es in Brasilien ankommt: auf eine gute Bildung.

Mit Entsetzen erinnere ich mich an eine Müllhalde, neben der in Bretterbuden etwa 40 Menschen wohnten. Sie lebten von dem, was andere wegwarfen. Systematisch durchwühlten sie den Müll nach Metallen, Plastikteilen oder anderen Dingen, die sie weiterverkaufen konnten. Sie verschmähten nicht einmal Lebensmittel, die sie im Müll fanden.

Gerade die Ärmsten brauchen und suchen den Beistand der Kirche. Sie sind tief religiös. Sie gehen zwar nicht in die Messe, weil sie sich scheuen, barfuß und in abgerissenen Kleidern die Kirche zu betreten, aber sie sind dankbar, wenn der Padre oder eine Schwester sie besuchen.

Das soziale Engagement der Pfarrei entsprach der Linie, wie sie der Erzbischof der Diözese von São Paulo, Paulo Evaristo Kardinal Arns, vertrat und vertritt. Dabei hat sich die Aufteilung der Erzdiözese in neun Bischofsregionen als außerordentlich vorteilhaft erwiesen. An der Spitze jeder Region steht ein Weihbischof, der sie pastoral betreut. Kirchenrechtlich zwar bleibt der Erzbischof das Oberhaupt der Gesamtdiözese, praktisch aber sind die Weihbischöfe weitgehend selbständig.

Diese Regelung hat den Vorteil, daß die Bischöfe dem Kirchenvolk näher stehen. Ich konnte das bei Dom Fernando José Penteado beobachten, der nach seiner Bischofsweihe über ein Jahr in ganz einfachen Verhältnissen in unserer Pfarrei wohnte. Er ging zu den Leuten hin, half in schwierigen Situationen. Dabei drängte er sich nicht auf; er führte mit Zurückhaltung und akzeptierte demokratische Mehrheitsbeschlüsse. Er versuchte zu vermitteln, als Leute aus ihren Hütten vertrieben wurden; er war dabei, als Arbeitslose das Arbeitsamt von São Paulo besetzten; er kam, als die Polizei eine Kirche in Socorro mit Tränengas geräumt hatte, weil sich dort Arbeiter getroffen hatten, die Streikfragen besprechen wollten.

In der Erzdiözese von São Paulo wurden unter Kardinal Arns Pastoralpläne erarbeitet, die neben der Seelsorge vier Schwerpunkte enthielten: Menschenrechte, Peripherie, Arbeitswelt und Basisgemeinden.

In der Zeit des Militärregimes kam der Menschenrechtsfrage besondere Bedeutung zu. Kardinal Arns war einer der wenigen, die den Mut hatten, Unrecht offen anzuprangern. Ende 1973 wurde der kircheneigene Sender "9. Juli" geschlossen, weil die Erzdiözese des 25jährigen Jubiläums der Menschenrechtserklärung der Vereinten Nationen gedacht hatte. Die Kirchenzeitung "O São Paulo" ergriff Partei für die Armen und Unterdrückten, publizierte Dinge, die in der offiziellen Presse totgeschwiegen wurden. Jahrelang wurde das Blatt zensiert, oft erschienen große Teile in Weiß. Nicht einmal Kardinal Arns konnte in diesem Blatt alles sagen, was er wollte. Aber er ließ sich nicht zum Schweigen bringen. Er umging die Zensur, indem er in Hirtenbriefen, die in den Gottesdiensten verlesen wurden, sagte, was in der Kirchenzeitung zensiert worden war.

Zu einem wichtigen Instrument im Kampf gegen Ungerechtigkeit und Willkür wurde die 1972 gegründete Kommission "Justiça e Paz" (Gerechtigkeit und Frieden). Anfangs versammelten sich die Mitglieder aus Sicherheitsgründen im Wohnhaus von Dom Paulo. In vielen Fällen intervenierte der Erzbischof selbst: er sprach mit Autoritäten in São Paulo und Brasília; er ging in Gefängnisse, um Anschuldigungen von Folterungen nachzugehen, besuchte das Hauptquartier des zweiten Heeres, forderte Maßnahmen der Regierung. Beispielhaft war die Verteidigung des Arbeiters Valdemar Rossi, der 1973 gefangengenommen wurde. Als im gleichen Jahr der Student Alexandre Vanucchi Leme verhaftet, gefoltert und ermordet wurde, war es wiederum die Kommission "Justiça e Paz", die eine Aufklärung des Falles verlangte. Ähnlich war es mit dem 1975 in Polizeigewahrsam umgebrachten Journalisten Vladimir Herzog. Beim Streik der öffentlich Bediensteten, der Lehrer und der Metallarbeiter im November 1979 hat die Kommission "Justiça e Paz" eine Vermittlerrolle eingenommen. Im selben Monat, als der Arbeiter Santo Dias da Silva bei einem Streik von der Polizei erschossen wurde, mobilisierte die Kommission alle Kräfte, um den Fall aufzuklären und die Verantwortlichen vor Gericht zu stellen. 1980 sollte Dalmo Dallari, der erste Präsident von "Justiça e Paz", während der Papstmesse eine Lesung übernehmen. Kurz vorher wurde er vor seiner Haustür entführt und schwer verletzt. Auf einer Tragbahre nahm er am Gottesdienst teil.

Inzwischen arbeiten in allen neun Regionen des Erzbistums, in vielen Dekanaten und Pfarreien eigene Kommissionen für Menschenrechte, oft mit Rechtsanwälten, die die Bewohner in Streitfällen verteidigen.

Ein weiterer Schwerpunkt der pastoralen Arbeit gilt der Peripherie. Hier hat sich im Klerus ein tiefgreifender Wandel der Mentalität vollzogen. Früher versuchten die einheimischen Priester, möglichst eine Pfarrei im Zentrum zu erlangen, in der sie gut leben konnten. An der Peripherie arbeiteten fast nur Ausländer oder Ordensleute. Heute arbeiten fast alle Neupriester in der Peripherie, die dadurch ein neues Gewicht erhält. Immer mehr Gemeinschaftszentren werden gebaut. Ich habe das am Beispiel unserer Pfarrei konkret geschildert. Die Priester werden insoweit materiell abgesichert, als ihnen der Kardinal zwei Mindestlöhne pro Monat garantiert.

Mit klarem Blick sieht die Kirche von São Paulo die Bedeutung der Arbeiterfrage. Es geht nicht darum, den Arbeitern zu sagen, was sie zu tun und zu lassen haben; die Kirche will vielmehr die Menschen im Arbeitsprozeß begleiten und an ihren Sorgen und Nöten teilnehmen, ihnen zur Seite stehen und sich solidarisch zeigen. Als die großen Metallarbeiterstreiks ausgerufen wurden und die staatliche Repression folgte, stellte die Kirche ihre Räume, auch Kirchen zur Verfügung, um den Arbeitern einen Rückhalt zu geben.

In den Pastoralplänen finden die Basisgemeinden besondere Beachtung. Hier entsteht eine neue Form von Kirche. Die Gläubigen erfahren sich als Kirche von unten, als Kirche des Volkes, bleiben jedoch in vollem Einklang mit Priestern und Bischöfen. Die Basisgemeinden sind sehr verschieden, keine gleicht ganz der anderen. Manche sind gut organisierte Kapellen- oder Filialkirchengemeinden, andere sind Spontangruppen, die in charismatischer Weise entstanden sind. Allen gemeinsam ist jedoch die Treue zur Hl. Schrift, die sie mit sozialpolitischem Engagement verbinden.

Ende 1983 wagte man ein Experiment. Die Diözese wollte keinen Pastoralplan von oben verordnen, er sollte vielmehr von unten her wachsen. Alle Regionen, Pfarreien, Basisgemeinschaften, apostolischen Gruppen wurden eingeladen, einen eigenen Pastoralplan zu erstellen. In mühsamer, monatelanger Kleinarbeit haben wir in unseren neun Regionen, in vielen Basisgruppen und apostolischen Einheiten einen Plan aufgestellt. Die Gläubigen sagten, was sie für wichtig und notwendig hielten, was sie tun wollten. Der Pastoralplan der Diözese war die Summe der so an der Basis erarbeiteten Pläne, das, was jede Gemeinschaft, jede apostolische Gruppe entwickelt hatte und tun wollte. Dies wurde ausdrücklich am 07.04.1984 auf der großen, von über 1000 Delegierten besuchten Generalversammlung der Erzdiözese beschlossen. Dieses Verfahren hat den Vorteil, daß vor Ort die Notwendigkeiten gesehen und angegangen werden können; es wird nichts Fremdes aufgestülpt. Die Kirche des Volkes kommt zu Wort, kann sich verwirklichen.

6. POLITISCHE GEWALT UND KRIMINALITÄT. DER STÄDTISCHE TERRORISMUS

DER STÄDTISCHE TERRORISMUS IN BRASILIEN,
URUGUAY UND ARGENTINIEN
Robert F. Lamberg (Rio de Janeiro)

I. Ideologisches

Die sechziger Jahre, das castristische Guerilla-Jahrzehnt, hatten die Irrealität der von den castristischen Ideologen Ernesto Guevara und Régis Debray propagierten "foco-Theorien" erwiesen: Der auf dem Lande, in den Bergen, operierende bewaffnete Nukleus, der Guerillafokus, diente nirgendwo als Initialzündung der erwarteten Bauernaufstände und *levées en masse*. In den Landguerillajahren war die Stadtguerilla, der städtische Terrorismus, von den Anhängern dieser Theorie mit voller Absicht vernachlässigt worden. Sowohl Castro und Guevara als auch Debray äußerten sich über ihre revolutionären Möglichkeiten abfällig; soweit sich die Landguerilla überhaupt städtischer Aktivitäten bediente (wie etwa in Guatemala, Venezuela oder Bolivien), hatten diese nur propagandistische und logistische Funktionen zu erfüllen (LAMBERG 1972, 201 ff.).

Erst nach dem Zusammenbruch des Guerilla-Abenteuers in Bolivien (1967) schlug die Stunde des städtischen Terrorismus. War die Landguerilla einem ausgeklügelten Idearium gefolgt, einem Reglement, das von eschatologisch-makropolitischen Problemen bis zu militärtechnischen Dispositionen reichte, so trat der städtische Guerillero seinen "Marsch" mit vergleichsweise recht wenig ideologischem Ballast an: Ohne viel Federlesen wurde die "foco"-Theorie nunmehr auf die Stadt angewandt, das Nervenzentrum der Gesellschaft und des Staates, die es aus den Angeln zu heben gelte, um auf ihren Trümmern das gerechte, lichte Milennium einzuleiten. Die - übrigens spärlich gesäten - Ideologen des Stadtterrorismus schienen ihre Theorien gleichwohl nur sozusagen schlechten Gewissens zu verbreiten: Selbst für den Brasilianer Marighella, den im

Anfang wichtigsten, ideologisch versierten Stadtguerillaführer, schien der städtische Terrorismus eher nur eine Ergänzung des Kampfes in den Bergen zu sein. Nur der im Cono Sur lebende Spanier Abraham Guillén, der als einziger origineller Theoretiker des Stadtterrorismus angesehen werden sollte, glaubte in der Stadt - das heißt in der Hauptstadt - das Epizentrum der Revolution gefunden zu haben.

Wenden wir uns von den bis heute nur wenig ausgearbeiteten Theorien über die Stadtguerilla ab: Im Unterschied zur intellektualisierten oder pseudointellektuellen lateinamerikanischen Linken räumen die Führer der Stadtterroristen der Praxis Priorität ein. Man obliegt in den entsprechenden Kreisen nicht der bei lateinamerikanischen Linksextremisten üblichen ideologischen Haarspalterei, sondern der "Tatphilosophie", ähnlich wie in Deutschland nach 1918. "Die *raison d'être* des Stadtguerilleros ist ... zu schießen", gibt Marighella in seinem Handbuch unumwunden zu (MARIGHELLA 1970), womit sich der praktische Aufgabenbereich des Linksterroristen mit jenem des Terroristen der extremen Rechten (etwa der "Triple A" im Argentinien der Stadtguerillajahre) deckt. Die wenigen Schriften der Stadtterroristen sind deshalb vor allem kampftechnischer und militärtaktischer Natur.

Von den Stadtguerillas in jenen drei Ländern, auf die hier eingegangen wird, scheinen die uruguayischen "Tupamaros" am meisten ideologisiert und damit in größerem Maße als ihre Gesinnungs- und Aktionsgenossen in Brasilien und Argentinien auf propagandawirksame Züge bedacht gewesen zu sein. Daraus ergaben sich denn auch für die Guerilla in Uruguay zumindest anfänglich diverse positiv zu Buche schlagende "Robin-Hood"-Effekte, die dem brasilianischen und dem argentinischen Terrorismus völlig abgingen. Dies mag auch die Folge demokratischer zivilistischer Traditionen gewesen sein, vielleicht auch sogar des im Wesen eher "bürgerlichen" Charakters der in der ideologisierten Linken aufgewachsenen Terroristenführer in Montevideo. In Brasilien entstammten diese Führer dem Dunstkreis der KP mit ihrer Gewalttradition (Marighella, Ferreira) oder sie kamen aus der Kaserne (Lamarca); in Argentinien organisierten den Terrorismus jugendliche Desperados mit populistisch-peronistischer (Firmenich) oder trotzkistischer (Santucho) Ausrichtung und soliden rechtsradikalen Wurzeln. (*Les extrèmes se touchent*: Die Ermordung des argentinischen Ex-Präsidenten Aramburu, mit der Firmenich und seine "Montoneros" die folgenden Terrorjahre einleiteten, wurde anfänglich als rechtsextremistische Untat angesehen, da die Täter aus der nationalistisch-katholischen Ecke aufgetaucht waren und als "Rächer" des bekanntlich mit dem Rechtstotalitarismus kokettierenden "caudillo" Perón auftraten.)

Die ideologischen Ursprungsgefilde der Terroristen sind folglich nicht immer ganz leicht abzustecken; doch zwei Kulturböden heben sich immerhin ab - der Linksradikalismus und der Populismus. Zu ersterem zählen kommunistische, trotzkistische, castristische, maoistische und neoanarchistische Zirkel (sie dominierten in der brasilianischen und uruguayischen Stadtguerilla), zu letzterem der radikalisierte Nationalismus, der "tercermundismo" und Dritte-Welt-Katholizismus (diese prägten vornehmlich den argentinischen Terrorismus, in dem auch der Trotzkismus etlichen Rückhalt besaß, und in geringerem Maße die Stadtguerilla Uruguays). Zu diesen Kadern stießen offensichtlich nicht wenige ideologiefreie "Tat"-Menschen mit kriminellen Voraussetzungen, Produkte einer aus den Fugen geratenen Gesellschaft mit ihren sozialen Frustrationen (vgl. dazu auch Abschnitt II.).

Durch die sporadischen Deklarationen der Stadtterroristen (sie lassen sich allerdings mit der ideologischen Überladenheit des Schrifttums der Landguerilla der sechziger Jahre nicht vergleichen) zieht sich natürlich der marxistisch-leninistische Ariadnefaden. Aus dogmatischer Sicht, wie sie KP-Büros zueigen ist, mochten die Deklarationen mancherlei Abweichungen von der "reinen Heilslehre" aufweisen, die lokalen bzw. individuellen Ursprungs sein konnten oder gar Ausfluß einer unzureichenden Kenntnis des Marxismus-Leninismus ihrer Verfasser. Doch immerhin weisen diese Zeugnisse in der Regel eine marxistisch-leninistische Grundstruktur auf, angereichert mit linkskatholischen, ultranationalistischen und neomarxistischen "dependencia"- und "tercermundismo"-Einsprengseln. Halperin spricht von "... a Marxism in essence reduced to an interpretation of the contemporary non-socialist world as a system of metropolis - satellite or center - periphery relations dominated by the multinational corporations ..." (HALPERIN 1976, 42).

Die bei einer solchen ideologischen Geisteslage buntesten Zeugnisse stammen von den "Montoneros" in Argentinien: da wimmelt es an marxistischen Lehrsätzen, an Gemeinplätzen des "tercermundismo", an unverfänglichen Populismus-Thesen, die sich an Evita Perón (der 1952 verstorbenen politischen Lokalheiligen) orientieren und an Beschwörungen außenpolitischer Blockfreiheit, als deren Vorbilder ausgerechnet der Kubaner Osvaldo Dorticós und der Chilene Salvador Allende dienen (s. z.B. MOVIMIENTO PERONISTA MONTONERO 1981). Auf Gruppierungen mit festgefügter Dogmatik - wie etwa die prosowjetischen KPs - mag diese "unreine" Orientierung nicht anziehend wirken (obwohl die linken Stadtterroristen natürlich überall ins weltkommunistische Gravitationsfeld fallen); kleinen "Tat"-Kreisen linker Observanz aber entsprechen sie umsomehr. Und eben auf diese hatte es der Stadtterrorismus abgesehen (etwa in Uruguay um 1970 und im Falle des neotrotzkistischen ERP - Ejército Revolucionario del Pueblo - in Argentinien), soweit er nicht auf organisierte politische Unterstützung völlig verzichtete (dies war der Fall der brasilianischen Stadtguerillas) oder sich durch Infiltration und Spaltung parteipolitischen Rückhalt verschaffte (wie die "Montoneros" in einem Teil des Peronismus). - All dies sollte indessen nicht darüber hinwegtäuschen, daß der Stadtterrorismus in allen hier untersuchten Fällen nur bestenfalls über ein fragmentarisches politisches Hilfs- und Auffangnetz verfügt hat, das die Vernichtung der Stadtguerilla letzten Endes weder verzögern noch gar aufhalten konnte.

II. Soziologisches und Psychologisches

Das über den Stadtterrorismus in den drei untersuchten Ländern vorliegende empirische Material läßt eindeutige Schlüsse auf die Sozialstruktur und andere soziologische Aspekte zu: Die Stätten der Elitenbildung, die höheren Mittelschulen und vor allem die Universitäten, waren die wichtigsten Rekrutierungszentren der städtischen Terrororganisationen. (Dasselbe traf in den sechziger Jahren übrigens auf die Landguerilla zu.) Sie bildeten den propagandistischen Resonanzboden des Terrorismus, der sie schließlich auch noch logistisch einzusetzen versucht hat. Die Universitäten und höheren Schulen in den Großstädten - und nicht etwa die Fabriken oder gar die Elendsviertel - bildeten und bilden Brennpunkte des politischen Dynamismus, der Unzufriedenheit, der Frustration. Bei den an den Lehranstalten studierenden oder beschäftigten Angehörigen der Mittelschicht vermerkt man am deutlichsten den Hang zur gewaltsamen Lösung von Gesellschaftsproblemen.

So wie einst für die Landguerilla bildete die Mittelschicht auch für die Stadtterroristen das Mobilisierungsnetz. Dahinter verbergen sich die existentiellen, materiellen Frustrationen eines anschwellenden "akademischen Proletariats" sowie die intellektuellen Anfechtungen Halbgebildeter, denen das aus marxistisch-leninistischer Pseudologik und seichten Gemeinplätzen zusammengekleisterte "Zaubern leicht gemacht" erkenntnismäßig zusagt. Der vom Extremismus ansprechbare Jungbürger wird damit für die Stabilität der Gesellschaft weit gefährlicher als beispielsweise der arbeitslose Proletarier, der nach wie vor dem von den Gewerkschaften vertretenen "Ökonomismus" anhängt oder der zumeist aus der Provinz in die Stadt gelangte Subproletarier, der sich in der Regel nach rechts, zu "law and order", hingezogen fühlt, soweit er sich nicht völlig marginalisiert und in der Folge kriminalisiert. (In den Hauptstädten des Cono Sur ist dieses Subproletariat allerdings eher spärlich anzutreffen.)

Mit anderen Worten: Infolge der bestehenden sozialökonomischen Strukturen, der lateinamerikanischen gesellschaftlichen Traditionen und der lokalen politischen Kultur – hier wird all dies nur angedeutet – bildeten die jungen Angehörigen der Mittelschicht, die Schüler, Studenten und professionals, das Gros des städtischen Terrornetzes, seiner bewaffneten Aktivisten wie des propagandistischen und logistischen Hilfspersonals. Als Minoritäten waren in den Reihen der Terroristen freilich auch Söhne und Töchter der Oberschicht – sie kennen zwar keine materiellen, doch intellektuelle Frustrationen – sowie Proletarier anzutreffen.

In Brasilien mit seinen riesigen, die Großstädte nachgerade einkreisenden "favelas" waren laut zeitgenössischen, von den militärischen Untersuchungsorganen freigegebenen Pressemeldungen von rund 500 gefangengehaltenen Terroristen und Terroristenhelfern 56 % Studenten oder kürzlich Graduierte. Die inzwischen in Brasilien erschienene Memoirenliteratur einstiger Terroristen hinterläßt sogar den Eindruck, als habe es unter den Kombattanten fast nur Studenten bzw. Universitätsabsolventen und desertierte Militärs gegeben. Das in die Terrorismusjahre fallende brasilianische "Wirtschaftswunder" mit seinen günstigen Arbeitsmarktverhältnissen zog freilich nicht nur den Proletarier, sondern auch das dem Linksradikalismus gegenüber anfälligere junge "Stehkragenproletariat" in seinen Bann.

Im Wohlfahrtsstaat **Uruguay** baute der spätere "Tupamaro"-Chef Raúl Sendic seine erste Organisation zwar mit Landarbeitern auf. Doch diese verfochten nur ökonomisch-soziale Anliegen, und zwar auf relativ friedliche Art. Die später aufgestellte Stadtguerillaorganisation hingegen bestand vornehmlich aus jungen Angehörigen der Mittelschicht. Von 348 überprüften "Tupamaro"-Terroristen zwischen 1966 und 1972 sollen rund zwei Drittel eine höhere Bildung genossen haben, wobei sie zumeist in ihrem dritten Lebensjahrzehnt standen. Die überprüften "Tupa"-Führer waren ausschließlich professionals und Techniker und in der Regel über dreißig Jahre alt (u.a. HALPERIN 1976, 42). In den Jahren der Entfaltung des uruguayischen Terrorismus machte die einstige "Schweiz Lateinamerikas" im übrigen eine fühlbare ökonomische Krise durch, mit deutlichen Verarmungserscheinungen des - im Lande überwiegenden - Mittelstandes. Diese Krise war von einer Schwächung der staatlichen Institutionen und von Radikalisierungserscheinungen am linken Flügel des lokalen politischen Spektrums begleitet.

Über die soziale Struktur der Terroristen **Argentiniens** gibt es nur spärliche Zahlenunterlagen. Ein eingehenderes Studium der damaligen Presseberichte und der offiziellen Informationen vermittelt indessen für Argentinien ein in bezug auf die Sozialstruktur des Terrorismus ähnliches Bild wie Uruguay. Dabei ist allerdings noch in Betracht zu ziehen, daß die argentinischen Stadtguerillas - jahrelang die erfolgreichsten Lateinamerikas - den zivilen Staatsapparat und selbst Teile der Polizei und etliche Militäreinheiten zu infiltrieren wußten. Auch der Anteil von (Fach-)Arbeitern an den Terroristenkadern dürfte dank der Verankerung eines Großteils der Terroristen im konturlosen Peronismus höher als anderswo gewesen sein, obwohl die peronistischen Gewerkschaften "rechts" marschierten (aus ihren Reihen rekrutierten sich denn auch häufig die Aktivisten der rechtsradikalen "Triple A"). In bezug auf die politischsoziale Entwicklung des Landes in jenen Jahren ist insbesondere auf den Verfall und schließlichen Zerfall der Staatsmacht und ihrer Institutionen hinzuweisen, den erst der Militärcoup vom März 1976 aufgehalten hat.

Argentinien gebührt zweifellos auch das traurige Primat in bezug auf die Unmenschlichkeit des Terrorismus und seiner Bekämpfung: Letztere illustriert die Zahl von nahezu 9 000 Personen, die als "vermißt" gelten und wahrscheinlich größtenteils vom Militär und den Sicherheitsorganen bzw. ihren paramilitärischen Helfern getötet wurden. Zu ersterem als

Beispiel der Fall Ana María González: Die zur Tatzeit noch nicht 18jährige Mittelschülerin wurde von Terroristen angehalten, die Freundschaft ihrer gleichaltrigen Mitschülerin zu suchen und den sich daraus ergebenden Hausbesuch bei der Familie Cardozo zur Deponierung einer Bombe im Elternschlafzimmer zu nutzen, dem der Vater der Mitschülerin, der Befehlshaber der Bundespolizei General Cardozo, zum Opfer fiel. Die argentinischen "Montonero"-Terroristen waren unseres Wissens nach auch die einzigen, denen ihre ins Ausland geflüchteten Führer den Selbstmord für den Fall einer Gefangennahme empfahl und sie zu diesem Behuf mit Giftampullen versorgten. Und es war schließlich in Argentinien, wo man im "Befreiungskampf" selbst Kleinkinder ermordete ...

Gibt es eine Psychologie des Stadtterroristen? Die individual- und gruppenpsychologischen Aspekte des modernen Terrorismus sind bisher nicht in ausreichendem Maße untersucht worden; der Beobachter kann sich deshalb dazu nur in Ansätzen, aus der Kenntnis spärlicher schriftlicher Unterlagen, etwa der Memoirenliteratur, äußern (vgl. z.B. SYRKIS 1980 u. COMANDO GENERAL DEL EJERCITO 1978). Als gruppenpsychologisches Merkmal des Terrorismus sticht vor allem die elitäre Haltung seiner Akteure hervor. Manche Jugendliche mögen durch Zufallskonstellationen - beispielsweise über ihren Umgang - zu den Terroristen gestoßen sein. Doch nur ein Gewaltmensch dürfte die Fähigkeit besitzen, ohne Zwang und auf systematische Weise an Terroraktionen teilzunehmen. Viele Terrorismusadepten, bis dahin letztlich bürgerlicher Ethik und Lebensbedingungen verhaftet, zeigten sich den Anforderungen, die sich einem Terroristen stellen, nicht gewachsen, wodurch sie in eine Zwangslage gerieten, die die Terrorismusbekämpfer allem Anschein nach indessen nur in seltenen Fällen zu nutzen wußten. Die Tatsache, daß sich unter den Terroristen in allen drei untersuchten Ländern, doch insbesondere in Argentinien, weibliche Aktivisten in verhältnismäßig hoher Zahl fanden, sei hier nur am Rande vermerkt; dieser Umstand wäre allenfalls eine Sonderstudie aus berufener Feder wert.

Der Terrorist erweckt in der Bevölkerung, bei den "Massen" also, die er eigentlich für seine Sache gewinnen sollte, in der Regel nicht Sympathie, sondern vielmehr Angst, da seine Schläge nicht nur gegen seinen "natürlichen" Feind (Polizist, Militär, Geheimagent) und seinen politischen Widersacher (den Vertreter der Staats- oder Wirtschaftsmacht) gerichtet sind, sondern - die unzähligen unschuldigen Zufallsopfer von

Attentaten und Überfällen beweisen es – gegen die Bevölkerung schlechthin. Daraus ergibt sich eine Lage, die sich nachhaltig gegen den Terrorismus auswirken und seine Bekämpfung erleichtern sollte. Schließlich hemmt auch noch die vom Terroristen demonstrierte Ablehnung von Autorität und Moral im geläufigen Sinne den Aufbau und Ausbau eines Terroristenhabitats im Dickicht der Städte mit ihrer im Grunde genommen friedlichen und – insbesondere im Cono Sur – an tägliche Gewaltaktionen nicht gewöhnten Bevölkerung.

Darin – und nicht nur im Blick auf den Charakter vieler seiner Gewalttaten – ähnelt der Terrorist von allem Anfang an dem "gewöhnlichen" Gewaltverbrecher. Es ist im übrigen kennzeichnend, daß in allen drei beobachteten Ländern die gemeine Kriminalität in den Jahren des politischen Terrorismus einen raschen Aufschwung genommen hat, daß ferner eine Anzahl von begangenen Verbrechen nicht eindeutig als "politisch" oder "gemeinkriminell" klassifiziert werden konnte (man erinnere sich der Entführung und Ermordung des Säuglings Kraiselburd in Argentinien, Enkelkind eines von den "Montoneros" ermordeten Zeitungsherausgebers in La Plata) und daß auch die Abgrenzung von politischen und gemeinen Kriminellen nicht immer leicht vorzunehmen war.

In diesem Zusammenhang sei auf ein Kuriosum (oder Charakteristikum?) in Brasilien verwiesen, wo die Terrorepoche schon ein volles Dutzend Jahre zurückliegt: Von den Mitgliedern der brasilianischen VPR-Stadtguerilla, die Anfang der siebziger Jahre zerschlagen wurde, spielen einige nach langen Exil- oder Gefängnisjahren im Brasilien von heute eine – allerdings eher nur periphere – politische Rolle: als Abgeordnete in Einzelstaatsparlamenten, als Stadtverordnete, Parteiorganisatoren u.ä. Andere VPR-Aktivisten sind dagegen im Gewaltmilieu geblieben und mangels "politischen Auslaufs" in der gemeinen Kriminalität untergetaucht. Anderseits geben sich stellenweise gemeine Gewaltverbrecher als Stadtterroristen aus, um beispielsweise Hafterleichterungen zu erlangen, so die Bankräuber der "Falange Vermelha" in Rio de Janeiro. Vor Jahren scheinen einsitzende Terroristen diesen Räubern zur fadenscheinigen "Politisierung" verholfen zu haben ...

III. Strategie und Taktik - militärische Aspekte

Eine Systemisierung der Stadtguerillaaktivitäten auf empirischer Grundlage ergibt, daß diese zwei Stadien durchlaufen, die einander freilich überschneiden: eine Etappe der Vorbereitungen und eine solche direkter Aktionen. Im Vorbereitungsstadium überwiegen Finanzierungs-, Propaganda- und ähnliche "Hilfs"-Operationen, die den Terroristen eine Infrastruktur im weitesten - auch die Logistik umfassenden - Sinne des Wortes sichern sollen. Direktaktionen auf systematischer Basis, das zweite Aktionsstadium, sollten eigentlich erst nach Ausbau dieser Infrastruktur entwickelt werden, wobei indessen auch in dieser zweiten Phase infrastrukturelle Aktivitäten fortgesetzt werden müssen.

In der Praxis fällt es freilich schwer, Phasenunterscheidungen vorzunehmen, da die diversen Aktivitäten ineinander übergehen und ein und dieselbe Operation mehr als nur eine Bedeutung haben kann. Zu den wichtigsten Finanzierungsaktivitäten zählen die "Enteignungen", im Klartext Banküberfälle, Entführungen zwecks Lösegelderpressung u.ä., die allerdings ihre eigene Propagandawirkung haben - nicht anders als die "eigentlichen" Propagandaoperationen (Flugblattverteilung, Besetzung von Radio- und Fernsehstationen zwecks Verbreitung eigener Propaganda etc.) - und gleichzeitig auch als Direktaktionen gelten können. Es gab eigentlich nur wenige ausschließlich dem Zweck des Infrastrukturausbaus dienende Terroristenaktionen: Die in diesem Sinne bekannteste, die ihre Wellen bis nach New York und Westeuropa schlug, war die Errichtung einer "Geldwäscherei" zur "Säuberung" von Erpressungsgeldern durch die argentinischen "Montonero"-Terroristen. (Die Aktion lief über einen Mittelsmann, den Bankier Graiver, der sich mit Hilfe der erpreßten Millionen in ausländische Kreditinstitute - sogar an der New Yorker Fifth Avenue - einkaufte.) (CAMPS 1983)

Einige weitere Beispiele der Überschneidung von Aktivitäten: Über eine Direktaktion - den Überfall auf ein Warenlager, einen Warentransport - wurden mit der Verteilung der geraubten Güter Propagandaeffekte erzielt; die Entführung von Regimeexponenten, ihre Konfinierung in sog. "Volksgefängnissen" (im Klartext: Kellerlöchern) und ihre eventuelle "Aburteilung durch die Volksjustiz" (Klartext: Festhalten über längere Zeit bzw. Ermordung) waren Direktaktion und Propagandaoperation in einem, bei Lösegelderpressung trat noch der Finanzierungseffekt hinzu.

Zu den wichtigsten Direktaktionen zählten Einzelmorde, Massenanschläge und Attentate auf Installationen verschiedenster Art. Diese Operationen wurden in der Regel von kleinen Kampfzellen (zwei bis fünf Mann) vorgenommen, die besonders in Brasilien als Basisaktionsgruppen angesehen wurden. Doch es gab in allen drei Ländern auch Großeinsätze, vor allem in Argentinien, an denen Dutzende, ja Hunderte von Terroristen gleichzeitig auftraten, etwa bei der Besetzung von Ortschaften oder bei Angriffen auf größere militärische Installationen. Allen Einsätzen war allerdings immer eins gemeinsam: ihr Angriffscharakter. In der Stadtguerilla kann es keine Verteidigungs-, sondern nur Offensivoperationen geben; Defensivaktionen bedeuten eo ipso den Untergang.

Was hatten die Terroristeneinsätze zu bezwecken? Vor allem das Schüren von Unzufriedenheit mit den Behörden, da diese ja die öffentliche Sicherheit nicht mehr zu garantieren vermochten. Die Unsicherheit sollte allgemein werden, Angst das öffentliche Leben behindern und allmählich paralysieren. Die Sicherheitsorgane und die Streitkräfte sollten anfänglich provoziert, später zermürbt und dezimiert werden. Auf diese Weise entstünde mit der Zeit eine "parallele Macht" zur Staatsgewalt; die Demokratie würde abgeschafft und an ihre Stelle ein hartes Militärregime treten, das mit seiner Gewaltpolitik die Bevölkerung schließlich in den Widerstand, in die *"levée en masse"*, treiben müßte, womit der Machtergreifung durch die Stadtguerilla und ihre politischen Kräfte - doch wo in den drei Staaten gab es diese Kräfte in Ernst zu nehmendem Ausmaß? - nichts mehr im Wege stünde.

Aus dieser Strategie ("je schlimmer umso besser") ergibt sich die Gefährlichkeit des Stadtterrorismus in Staaten mit brüchigen, durch Korruption und Machtarroganz ausgehöhlten demokratischen Strukturen und labilem Gesellschaftsgefüge, wie man sie - und sei es nur als Spurenelemente im Uruguay der sechziger Jahre - in Lateinamerika nicht eben selten feststellen kann. Zum Zeitpunkt des Ausbruchs der Stadtguerillaaktivitäten hatte Brasilien ein hartes Militärregime (gemessen an den eigenen Traditionen, nicht an europäischen Diktaturerfahrungen!), Uruguay ein von Vetternwirtschaft angenagtes, von chronischer Wirtschaftsmalaise geschwächtes demokratisches Wohlfahrtssystem und Argentinien schließlich ein labiles militärisches de-facto-Regime (bis 1973), danach (1973-1976) eine peronistische Zivilregierung, unter der das Land nachgerade im Chaos zu versinken drohte, und zum Schluß (ab 1976) eine Militärdiktatur, die an Härte ihresgleichen suchen konnte.

Die Terroristen vermochten den beiden Demokratien im Cono Sur den Garaus zu machen; doch schließlich wurde ihnen die Rechnung präsentiert: Das "je schlimmer umso besser" führte zu ihrer vollständigen Vernichtung, ehe sie sich den Durchbruch ins ersehnte Stadium der "Dualmacht" gesichert hatten. (Gemessen an der Entwicklung in Uruguay und Argentinien wurde die Stadtguerilla in Brasilien eigentlich schon im Keime erstickt.) Gewiß - und das Raisonnement dürfte auf einen Guerilladepten bestechend wirken - fällt es selbst einer entwickelten demokratischen Gesellschaft nicht leicht, sich gegen den allgegenwärtigen Terroristen erfolgreich zu behaupten: die Sicherheitsorgane haben mit einem ausgeklügelten System an *intelligence* und Infiltration gegen den unsichtbaren Feind vorzugehen, ein System, das man in den beobachteten drei Staaten anfänglich kaum in Ansätzen kannte oder gar anzuwenden wußte.

Doch mit der Zeit erwarb man sich das Know-how, insbesondere in Argentinien, und überdies setzte man von allem Anfang an auf rüde Gewalt, um sozusagen von "außen" her, über Tortur, Geständnisse, Mord, Verrat dem Terrorismus das Handwerk zu legen. (In Brasilien war es neben anderen der berühmt-berüchtigte "Cabo" Anselmo, der Agitator der Revolutionszeit von 1964, der seine Terroristenfreunde verriet, in Uruguay der Spitzen-"Tupamaro" Héctor Amodio Pérez ...) Der Terror wurde mit staatlichem Gegenterror beantwortet, oft unter Anwendung gleicher Methoden. Auf der Strecke blieben neben den terroristischen Totschlägern und manchen Unschuldigen die Gesittung, die Menschenrechte und die Demokratie. Und zwar über lange Jahre.

IV. Internationales

Die engen Beziehungen der städtischen Terrororganisationen zu Kuba sind notorisch; die entsprechende Dokumentation ist nicht nur etwa in polizeilichen und Gerichtsprotokollen zu finden (vgl. etwa die Aussagen des "Tupamaro"-Führers Rosencoff in COMANDO GENERAL DEL EJERCITO 1978), sondern auch in unzähligen zeitgenössischen Meldungen, einschließlich der kubanischen Presse. Die Stadtguerillas erhielten von

Havanna nicht nur systematische propagandistische Unterstützung, sondern auch militärische und Terroristenausbildung (vor allem für Führungskader), ferner Finanzhilfe und stellenweise Ausrüstungsbeistand. Kuba diente - und dient - den Terroristen als Etappenrastplatz und Asylaufnahmeland. Dieselben Funktionen erfüllt seit 1979 auch das Nicaragua der Sandinisten, die allerdings zu einem Zeitpunkt an die Macht gelangten, als der Stadtterrorismus in den hier beobachteten Ländern schon erloschen war, so daß Managua in diesem Zusammenhang heute nur als Raststätte und Asylland in Erscheinung tritt. (In Nicaragua hielt sich über längere Zeit der argentinische Terroristenführer Firmenich auf, der den FSLN mit Erpressungsgeldern mitfinanziert haben soll.) (EL TERRORISMO EN LA ARGENTINA 1979, 188)

Aus Zeitungsberichten jener Jahre, aus der vorliegenden Memoirenliteratur und den - soweit veröffentlicht - Vernehmungsprotokollen der jeweiligen Sicherheitsorgane sind auch mit der politischen Entwicklung der Länder des Cono Sur und Brasiliens zusammenhängende Migrationsbewegungen der Terroristen zwischen Brasilien, Uruguay, Argentinien und Chile zu verfolgen. Das letztgenannte Land diente den Stadtguerillas vornehmlich zwischen 1970 (dem Jahr des Amtsantritts von Salvador Allende) und 1973 (General Pinochets "golpe") als Zufluchtshafen. Dieselbe Rolle spielte Argentinien zwischen 1973 und 1976 und in geringerem Maße Uruguay bis 1972. Es gibt unzählige Fälle von Grenzübertritten und Operationseinsätzen der Guerillas aus den Nachbarstaaten in der jeweils verbliebenen Demokratie.

Im Februar 1974 wurde von Terroristen des argentinischen ERP (Ejército Revolucionario del Pueblo), des uruguayischen MLN-T (Movimiento de Liberación Nacional - Tupamaros), des chilenischen MIR (Movimiento de Izquierda Revolucionaria) und des bolivianischen ELN (Ejército de Liberación Nacional) eine Art subkontinentale Koordinierungsstelle ins Leben gerufen, die Junta Coordinadora Revolucionaria (JCR), mit allerdings nur schwer verfolgbaren Aktivitäten. Es scheint, daß auf die Koordinierungsarbiet der JCR einige Morde an Guerillafeinden in Europa zurückgehen (vor allem an Bolivianern) und vermutlich auch der von ERP-Terroristen in Asunción verübte Mord am ehemaligen nicaraguanischen Diktator Anastasio Somoza Debayle, der von der Sandinistenregierung bestellt worden sein soll. Gegen Ende der siebziger Jahre arbeiteten PLO-Terroristen (und in geringerem Maße Libyer) mit den südamerikanischen Stadtterroristen zusammen, und zwar vornehmlich mit den argentinischen "Montoneros". Ob die JCR am Zustandekommen dieser zeitweilig recht engen Beziehungen mitbeteiligt gewesen ist, muß offenbleiben, doch gilt dies eher als unwahrscheinlich.

Länderübersicht

Brasilien

Terrorismusjahre: 1968 bis 1971

Organisationen:
Ação Libertadora Nacional (ALN)
Movimento Revolucionário 8 de Outubro (MR-8)
Vanguarda Popular Revolucionária (VPR)
Comando de Libertação Nacional (Colina)
Vanguarda Armada Revolucionária (VAR)
VAR-Palmares

Hintergrund:
Ausschlaggebende Gruppen waren ausschließlich im Anfang ALN und danach VPR. Die übrigen Gruppierungen waren Verbündete oder Absplitterungen der beiden. Alle Gruppen waren marxistisch-leninistisch ausgerichtet, mit linkskatholischem Einfluß.

Stärke: insgesamt einige Hundert

Führer:
ALN - Carlos Marighella, ehem. KP-Funktionär, †1969
　　　Joaquim Câmara Ferreira, ehem. KP-Funktionär, †1970
VPR - Carlos Lamarca, ehem. Berufsoffizier, †1971

Aktivitäten:
Einzelmorde, Entführungen von ausländischen Diplomaten, Landguerillaversuch der VPR (1970), Banküberfälle, Waffendiebstähle

Bilanz: rund 100 Todesopfer (Minimalschätzung)

Anmerkungen:
Ermordung des US-Offiziers Chandler (VPR, 1968) und des Unternehmers Henning Boilesen (VPR, 1971).
Entführung von US-Botschafter Burke Elbrick (ALN), Austausch gegen 15 Häftlinge, des japanischen Generalkonsuls in São Paulo Nobuo Okuchi (VPR, ausgetauscht gegen 5 Häftlinge), des deutschen Botschafters Ehrenfried von Holleben (VPR, 40 Häftlinge) und des schweizerischen Botschafters Giovanni Bucher (VPR, 70 Häftlinge).

Bekämpfung:
Nach anfänglichen Mißerfolgen der Behörden Sondereinsatz der koordinierten Sicherheitsorgane (Operação Bandeirantes, OBAN). Anwendung von Folter, Infiltration, "Vermißte". Hohe Haftstrafen, Todesstrafen, doch keine Vollstreckung.

Uruguay

Terrorismusjahre: 1968 bis 1972 (Jahre intensivster Aktivität)

Organisationen:
Movimiento de Liberación Nacional - Tupamaros (MLN-T)
Fuerzas Armadas Revolucionarias Orientales (FARO)
Organización Popular Revolucionaria 33 Orientales (OPR 33)

Hintergrund:
MLN-T war die weitaus wichtigste Gruppe, mit den übrigen beiden verbunden. Während FARO aus der kleinen castristischen Partei MRO (Movimiento Revolucionario Oriental) hervorgegangen war und OPR 33 aus der neoanarchistischen Gruppierung FAU (Federación Anarquista Uruguaya), wies der MLN-T keine direkten parteipolitischen Verbindungen auf, sondern war Konglomerat castristischer, trotzkistischer, linkskatholischer, maoistischer und tercermundista-Elemente. Ausrichtung zusehends deutlicher marxistisch-leninistisch.

Stärke: unbekannt, mit Hilfsnetz jedenfalls über dreitausend

Führer:
MLN-T Raúl Sendic, ehem. Jusstudent, ehem. Sozialist. Partei
Julio Marenales Sáenz, Kunstprofessor
Jorge Amílcar Manera Lluberas, Ingenieur

Aktivitäten:
Waffendiebstähle, Banküberfälle, Entführungen von Regierungsvertretern und ausländischen Diplomaten, Einzelmorde, Aktionen zur Gefangenenbefreiung, Großaktionen bei Besetzung von Ortschaften und Angriffen auf Installationen, gescheiterter Landguerillaversuch

Bilanz: unbekannte Anzahl Todesopfer, wahrscheinlich unter einhundert

Anmerkungen:
Als "Robin-Hood"-Aktionen wurden im Zusammenhang mit der Mittelbeschaffung Überfälle auf zwei Spielkasinos und etliche Finanzierungsinstitute angesehen, die illegale Geschäfte betrieben hatten (Fall Financiera Monty). Durch "Enteignungen" einschließlich Lösegelderpressung wurden etwa 25 Mio. $ aufgebracht.
Wichtigste Entführungen: Regierungsexponenten Ulises Pereyra Reverbel (zweimal entführt und von den Terroristen "zu lebenslänglicher Haft im Volksgefängnis verurteilt"), Landwirtschaftsminister Frick Davies, Bankier Gaetano Pellegrini Giampietro; ausländische Diplomaten Geoffrey Jackson (britischer Botschafter, 244 Tage festgehalten), Aloysio Dias Gomide (brasilianischer Konsul, 7 Monate festgehalten), US-Diplomat Claude Fly (krankheitshalber freigelassen) und USAID-Sicherheitsberater Dan Mitrione (von den Entführern in der Haft ermordet).
Großaktionen: Überfall auf Landgemeinde Pando, Marineschule Montevideo, Installationen in Paysandú. Landguerillaversuch (Operación Tatú). Überdies vier Massenausbrüche aus Gefängnissen.
Morde vornehmlich an Polizisten und Militärs.
Laut offizieller Aufschlüsselung hatten die Terroristen bis August 1970 14 Morde (davon 3 an Zivilpersonen) und 39 Attentate (davon 10 auf Zivilpersonen) begangen, 6 Personen (davon 3 Ausländer) entführt und 2 weitere Entführungen versucht. Überfälle auf 51 Banken, 2 Kasinos, 49 weitere Unternehmen und Betriebe; überdies 324 andere Überfalls- und Rauboperationen.

Bekämpfung:
anfänglich völliges Versagen der Behörden, später Abwehrmaßnahmen der Polizei, Verhängung des Ausnahmezustands. Nach Erklärung eines "inneren Kriegszustandes" und Übernahme der Guerillabekämpfung durch das Militär (15.04.1972) bis Jahresende völlige Vernichtung unter Anwendung menschenrechtsverletzender Kampfmethoden. Wenig "Vermißte", hohe Haftstrafen für verurteilte Terroristen.

Argentinien

Terrorismusjahre: 1970 bis 1977 (Jahre intensivster Aktivität)

Organisationen:
Montoneros
Ejército Revolucionario del Pueblo (ERP)
Fuerzas Armadas Revolucionarias (FAR)

Hintergrund:
Aufgeführt werden nur die wichtigsten Verbände. Die "Montoneros" entstammten (u.a.) den "Fuerzas Armadas Peronistas", einer der diversen peronistischen Schlägerformationen; die FAR fusionierten 1973 mit den "Montoneros". Rekrutierungsreservoir aller Terroristengruppen war vor allem der – aus der extremen Rechten hervorgegangene, zum Teil weiterhin ultranationalistisch agierende – Linksperonismus und erst an zweiter Stelle der "klassische" Linksradikalismus trotzkistischer, castristischer und maoistischer Spielart bzw. der Linkskatholizismus. Unter den Kombattanten gab es neben (mehrheitlich) Vertretern der Mittelschicht und der Oberklasse auch Jungproletarier und vermutlich Marginalgruppen (Lumpenproletarier).

Stärke:
Genaueres unbekannt. Montoneros: Minimalschätzung 8 000 Bewaffnete und 20 000 Hilfspersonal, Maximalschätzung 25 000 plus 250 000. ERP: vermutlich 5 000 Bewaffnete mit Hilfsnetz von (maximal) 60 000.

Führer:
Montoneros – Mario Eduardo Firmenich, Jungperonist (in Haft)
ERP – Roberto Mario Santucho, Trotzkist, †1976
FAR – Roberto Quieto, Jungperonist
Alle Angeführten entstammten Familien des gehobenen Mittelstandes und betrachteten sich als Berufsrevolutionäre.

Aktivitäten:
Waffendiebstähle und eigene Waffenproduktion, Banküberfälle und andere Raubzüge, Entführungen zwecks Lösegelderpressung, Einzelmorde, Massenmorde, Großaktionen bei Angriffen auf militärische und Sicherheitsobjekte, Landguerilla, Anschläge aller Art.
Das Ausmaß an Aktivitäten wird durch folgende offiziellen Angaben belegt: Mitte 1971 zählte man im Monatsdurchschnitt 80 Terroranschläge,

Ende 1972 dagegen 170 pro Woche und im Februar 1973 225 pro Woche. Im gleichen Jahr wurden 178 Entführungen behördlich erfaßt. Von 1 270 amerikanischen Unternehmern und Geschäftsleuten, die 1972 in Argentinien gelebt hatten, verblieben bis 1977 nur etwa 100 im Lande. Durch eine von der Peronistenregierung im Mai 1973 erlassene Generalamnestie (Freisetzung von 800 inhaftierten Terroristen) und den vom Parlament zur gleichen Zeit verfügten Abbau der "Repressionsorgane", vor allem eines Sondergerichtshofes, erhielt der Terrorismus zusätzlich Auftrieb. Montoneros und ERP vermochten überdies zwischen 1973 und 1976 den Staatsapparat zu infiltrieren. Sie verfügten über sympathisierende Parlamentarier, Gouverneure und Regierungsmitglieder.

Bilanz:
Nach Angaben der damaligen Militärregierung wurden von den Linksterroristen bis einschließlich 1978 678 Morde verübt (an 372 Sicherheitsbeamten, 134 Militärpersonen, 54 Unternehmern, 24 Gewerkschaftlern); Polizeichef Ramón Camps zählte dagegen allein für die Jahre 1973 bis 1976 676 Morde, 590 Entführungen, 279 Attentate und 9 644 "hechos subversivos". Ausländische Beobachter, die die Todesopfer auf beiden Seiten im Bürgerkrieg summierten, gelangten zu folgenden Zahlen: bis 1976 - 2 000, 1976 - 1 500, 1977 - 677 Tote. Das US-Staatsdepartement errechnete für die Zeit zwischen März 1976 und November 1977 den Blutzoll mit 2 900, davon 2 000 Terroristen und Terroristenhelfer (einschließlich der vermeintlichen). Im Auftrag der Regierung Alfonsín registrierte eine Sonderkommission knapp 9 000 Fälle von "Vermißten" auf Seiten der Linken (einschließlich Unbeteiligter), die als von den Bekämpfern des Linksterrorismus getötet gelten müssen.

Anmerkungen:
Mordfälle: Metallarbeiterchef Augusto Vandor (Montoneros, 1969), Ex-Präsident Pedro Eugenio Aramburu (Montoneros, 1970), Generalsekretär der CGT-Gewerkschaft José Rucci (Montoneros, 1973). Ermordet wurden u.a. ein Generalleutnant, zwei Divisionsgeneräle, zwei Brigadegeneräle, 13 Oberste, zwei Vizeadmiräle, ein Fliegerbrigadier, zwei Generalkommissäre der Bundespolizei.
Die Mordorgien auf beiden Seiten nahmen überhand. Mit "revolutionärer Justiz" beseitigten die Terroristen ungezählte Unliebsame in den eigenen Reihen; aus undurchsichtigen Gründen wurden von den Terrorismusbe-

kämpfern die auf seiten der Regierung tätigen Diplomaten Holmberg (eine Frau) und Hidalgo Solá sowie der Journalist Fernández Pondal ermordet.
Massenmordfälle: Blutbad von Ezeiza (1973, linke gegen rechte Peronisten: 25 Tote, hunderte Verletzte); Anschlag im Speisesaal der Superintendanz der Bundespolizei (Montoneros, 1976: 18 Tote, 66 Verletzte); Anschlag in der Planungsabteilung des Verteidigungsministeriums (Montoneros, 1976: 14 Tote, 18 Verletzte).
Lösegelderpressung: allein bei sieben - von unzähligen - Erpressungen gelangten die Terroristen in den Besitz von 80,6 Mio. $ (Fall Gebrüder Born: 60 Mio. $, Victor Samuelson: 12 Mio. $, Enrique Metz: 4 Mio. $, Carlos Lockwood: 2,3 Mio. $).
Großaktionen: Angriff auf Kaserne in Azul (ERP, 1974), Angriff auf Arsenal Monte Chingolo (Montoneros, 1975), Angriff auf Kaserne in Formosa (Montoneros, 1975).
Landguerilla: In der Provinz Tucumán organisierte der ERP 1973/74 eine Landguerilla, wobei sie den Truppen erbitterten Widerstand entgegensetzte. Der Militäreinsatz ("Operación Independencia") dauerte bis 1976 und endete mit der Vernichtung der Landguerilla.

Rechtsradikale Terroristen:
Unter der Leitung von Peróns Sozialminister José López Rega wurde 1973 die "Triple A" ("Alianza Anticomunista Argentina") organisiert, die bis 1975/76 ihr Unwesen trieb und der rund 100 Personen zum Opfer gefallen sein sollen. Die auf 10 000 bis 15 000 Mann geschätzten Rechtsterroristen, die im Rahmen der "Triple A" wie außerhalb dieses Rahmens agierten und vornehmlich aus den diversen "Sonderformationen" der Peronistenpartei und ihrer Gewerkschaften kamen, dürften sich nach dem Militärcoup vom März 1976 den Linksterrorismusbekämpfern für Schmutzarbeit zur Verfügung gestellt haben.

Bekämpfung:
Dem Linksterrorismus wurde mit menschenrechtsverletzenden, häufig äußerst bestialischen Mitteln der Garaus gemacht, denen auch viele Unbeteiligte und Unschuldige zum Opfer gefallen sein dürften. Es gab illegale Haftlager, Folterzentren, unzählige Geheimexekutionen. Der ERP wurde noch im Laufe des Jahres 1976 vernichtet; die Montoneros hatten bis Ende 1977 etwa acht Zehntel ihres Bestandes eingebüßt. Einzelaktionen von Desperados wurden indessen noch Jahre später vermerkt und die Terrorismusbekämpfung ebbte eigentlich erst im Falklandkriegsjahr

völlig ab (1982). Obwohl dieses Kriegsabenteuer dem Lande schließlich indirekt die Demokratie wiedergab (1983), sind die vom Terrorismus und der Terrorismusbekämpfung geschlagenen Wunden noch keineswegs verheilt.

*****

Literatur

Actas Tupamaras. Buenos Aires 1971

ALLEMANN, F.R.: Macht und Ohnmacht der Guerilla. München 1974

ALONSO PIÑEIRO, A.: Crónica de la subversión en la Argentina. Buenos Aires 1980

BORBA, M.A.: Cabo Anselmo. A luta armada ferida por dentro. São Paulo 1984

CAMPS, R.J.A.: El poder en la sombra. El affaire Graiver. Buenos Aires 1983

Comando General del Ejército: Testimonio de una nación agredida. Montevideo 1978 (o.V.)

El terrorismo en la Argentina. O.O., o.J., o.V. (1979 erschienene offizielle Publikation mit begrenztem Umlauf.)

Fotos - Hechos - Testimonios de 1035 Dramáticos días. 25 de mayo de 1973 - 24 de marzo de 1976. Buenos Aires 1976 (Gente y la Actualidad, Sonderdruck einer Zeitschrift)

GEBHARDT, H.P.: Guerillas. Schicksalsfrage für den Westen. Stuttgart 1971

Generals and Tupamaros. The struggle for power in Uruguay 1969-1973. London 1974 (Latin America Review of Books)

GILIO, M.E.: The Tupamaros. London 1972

GUILLÉN, A.: Estrategia de la guerrilla urbana. Montevideo, Ediciones Liberación, o.J.

HALPERIN, E.: Terrorism in Latin America. Beverly Hills, Cal. 1976

HODGES, D.C. u. A. GUILLÉN: Revalorización de la guerrilla urbana. México D.F. 1977

JOSÉ, E. u. O. MIRANDA: Lamarca. O capitão da guerrilha. São Paulo 1980

LAMBERG, R.F.: Die Guerilla in Lateinamerika. Stuttgart 1972

LAQUEUR, W.: Terrorism. Boston 1977

MOSS, R.: The War for the Cities. New York 1972

Movimiento Peronista Montonero: Bases para la Alianza Constituyente de la Nueva Argentina. São Paulo 1981

República Oriental del Uruguay. Junta de Comandantes en Jefe: La Subversión. Las fuerzas armadas al pueblo oriental. Montevideo 1976 (o.V.) (Offizielle Publikation)

SYRKIS, A.: Os carbonários. Memórias da guerrilha perdida. São Paulo 1980

7. PROBLEME DER STADTPLANUNG UND STADTENTWICKLUNG AM BEISPIEL VON MEXICO-CITY UND BOGOTA. POLITISCHE PERSPEKTIVEN

ERFAHRUNGEN AUS DER STÄDTEPLANUNG IN MEXICO-CITY
UND IM BUNDESSTAAT TABASCO. ZUR DISKUSSION ÜBER DIE
VERWIRKLICHUNG VON PLÄNEN UND PROGRAMMEN.
Alejandro Aguilera (Mexico-City)

I. Einleitung

1979 fand in Bogotá ein Seminar über "Regionale Planungsstrategien" statt, auf dem Alan Gilbert eine Arbeit vortrug, in der er einige Gedanken über den Erfolg bei der Durchführung der verschiedenen Programme diskutierte. Der Autor stützt seine Argumente auf die Erfahrungen, die allgemein mit den bekanntesten Entwicklungsplänen und -programmen in Lateinamerika gesammelt wurden.

Ich will in dem folgenden Beitrag in das Gedankengut von A. Gilbert einführen, da es viele Anregungen bietet, und es mit den Erfahrungen vergleichen, die bei zwei mexikanischen Projekten bzw. Programmen gesammelt wurden, um von da aus zu gewissen Schlußfolgerungen zu gelangen.

Das wichtigste Ergebnis dieses Beitrags ist, daß sich bei diesem Vergleich einige Gedanken von Gilbert als richtig erwiesen haben. Geht man jedoch mehr ins Detail, stößt man auf andere Hindernisse, die den Erfolg bei der Durchführung der Projekte bzw. Programme in Frage stellen.

Ich habe den Artikel von A. Gilbert bewußt als Diskussionsbasis gewählt, weil er sich mit dem zentralen Problem der derzeitigen Planung auseinandersetzt: der Durchführung. Es darf deshalb nie vergessen werden, daß die Diskussion keinen Sinn hätte, wenn sie nicht versuchte, einen Beitrag dazu zu leisten, daß zukünftigen Programmen mehr Erfolg beschieden sein würde.

Ich muß jedoch betonen, daß meine Aussagen nicht ohne weiteres auf andere Länder übertragbar sind. Trotz aller Gemeinsamkeiten unter den Ländern Lateinamerikas wäre eine solche Übertragung zu riskant.

II. Die Thesen von Alan Gilbert

Unter dem Titel "Die Durchführung der Regionalpläne: Mangelhafte Ausführung oder etwas mehr?" stellt Gilbert folgende Überlegungen an:

- Verglichen mit den Anstrengungen bei der Ausarbeitung von Plänen erweist sich die Bilanz der erzielten Ergebnisse als entmutigend, weil trotz der hohen Anzahl an Vorschlägen nur eine geringe Zahl zu tatsächlichem Erfolg führte.

- Deshalb stellt sich die Frage, ob der grundlegende Fehler im Prozeß der Durchführung liegt oder nicht; ob die Programme wegen mangelnder Effizienz scheitern, oder wegen fehlender Mittel, politischem Versagen oder dem Unvermögen, durchführbare Programme zu entwerfen.

- Die Antwort liegt nicht in einem einfachen Vergleich der Zielsetzungen mit der Realität, da in den meisten Fällen die Realität zu komplex ist, um auf so einfache Art und Weise analysiert zu werden.

- Das Problem liegt in den vorbereitenden Schritten zur Formulierung der Ziele. Die wichtigste Ursache für das Scheitern ist eher in den Zielsetzungen als in einer mangelhaften Ausführung zu suchen. Das bedeutet, daß es Programme mit realistischen Zielen und Programme mit symbolischen und unerreichbaren Zielen gibt; und in diesen Fällen wäre es ungerecht, die Durchführungsorgane für das Scheitern verantwortlich zu machen. Im übrigen gibt es Programme, die realistische und unrealistische, "symbolische" Ziele enthalten.

- Viele Programmziele sind nicht realistisch, weil sie mit den Zielsetzungen der Regierung, wie zum Beispiel der Aufrechterhaltung der politischen Kontrolle, nicht vereinbar sind. Ein solches Programm ist kaum durchführbar; dennoch gibt es solche nicht realisierbare oder "symbolische" Programme, weil sie eine rhetorische Rolle erfüllen.

- Als Beispiel für "symbolische" Zielsetzung nennt A. Gilbert die Steigerung des Lebensstandards und ähnliche abstrakte Ziele, von denen wir wissen, daß sie unmöglich zu erfüllen sind.

- Die lateinamerikanischen Regierungen sind weitaus weniger ohnmächtig und inkompetent, als es den Anschein hat; sie handeln vielmehr effizient, um reale politische Ziele zu erreichen, weil sie diesen den Vorrang vor der Umverteilung des Reichtums oder der Entwicklung geben.

- Programme haben dann reale Ziele, wenn sie ein politisches Hauptproblem behandeln; deshalb werden dafür bedeutende Mittel zur Verfügung gestellt und einflußreiche Personen zu Direktoren ernannt. Erfolg hatten den Erfahrungen zufolge diejenigen Programme, die mit der Steigerung des nationalen Wirtschaftswachstums verbunden waren. Es handelte sich jeweils um Projekte zur Entwicklung von Ressourcen.

- An diesem Punkt ist es wichtig, dem Gedanken von Gilbert hinzuzufügen, daß das Verhalten der Regierenden im Falle Mexikos auf der prekären wirtschaftlichen Situation des Landes zu beruhen scheint, was sie dazu zwingt, denjenigen Programmen Priorität zu geben, die wirtschaftlich den meisten Gewinn erbringen; und dies trotz der hohen sozialen Belastung, die dadurch verursacht wird, daß sie den Sozialprogrammen nicht die gleiche Bedeutung zumessen (und dies gilt sicher auch für andere Länder), da die derzeitige Priorität darauf ausgerichtet ist, die wirtschaftliche Situation zu sanieren. Es ist unwahrscheinlich, daß diese Situation kurzfristig umgekehrt werden kann, weshalb die folgende Argumentation meines Beitrags noch größere Bedeutung erhält.

Auf eine kurze Formel gebracht lauten die Thesen von A. Gilbert, daß die Programme keinen Erfolg hatten, weil sie in sich nicht schlüssig und nicht ausreichend abgesichert waren. Die Regierungen seien sehr wohl effizient, wenn sie dies wollen; das eigentliche Problem liege deshalb in der Auswahl der Prioritäten auf nationaler Ebene.

III. Eine Hypothese als Grundlage der weiteren Diskussion

Aufgrund der in den obigen Fällen gesammelten Erfahrung können wir davon ausgehen, daß der Teil- oder Gesamterfolg eines Programms in der Regel mit der ursprünglichen Zielsetzung, die ihrerseits den Prioritäten der jeweiligen Regierung entsprechen muß, in engem Zusammenhang steht. Es gibt aber auch Beispiele, bei denen ein Programm für die Regierung Priorität hat, alle notwendige Unterstützung erhält, die einflußreichsten Politiker sich dafür einsetzen, und das dennoch keinen Erfolg hat. Der Widerspruch zwischen Primärzielen des Programms und der Regierung läßt sich auf die gleiche Weise wie in dem anderen genannten Fall auflösen. Es ist durchaus möglich, daß keine übermäßigen finanziellen Mittel notwendig sind, die von anderen Programmen abgezogen werden müssen, und daß auch aufgrund der Art des Programmes keine einflußreichen Politiker zur Durchführung notwendig sind, und das Programm trotzdem scheitert. Dies führt zu dem Gedanken, daß andere Ursachen vorhanden sein müssen, die das Scheitern der meisten Programme bewirken. Ich gehe dabei von folgender Hypothese aus:

Es wird akzeptiert, daß die Regierungen gezwungen sind, Programme mit Zielsetzungen auszuarbeiten, die Gilbert "symbolisch" nennt und die von Anfang an zum Scheitern verurteilt sind, weil sie zu der Rhetorik gehören, mit der die Politiker Erwartungen wecken, Forderungen abfangen und die Machtausübung erleichtern. Die grundlegende Annahme besagt, daß es auch deshalb zu einem Scheitern kommt, weil die Privatinteressen der Beteiligten nicht berücksichtigt werden, ebensowenig wie die Vorteile der Durchführenden. In den meisten Programmen spielen die Interessen der beteiligten Einzelpersonen oder Gruppen keine Rolle. Fälschlicherweise geht man davon aus, daß diese Interessen bekannt seien, weshalb sie in den Programmen meist nicht klar genannt werden. Mit anderen Worten: neben der Ebene der Primärziele gibt es weitere Ebenen, auf denen es zu Zielkonflikten kommen kann; häufig geht man irrtümlich davon aus, daß die Interessen der Beteiligten bekannt seien.

Die Erklärung für den Erfolg mancher Programme wäre demnach darin zu suchen, daß sie keine Interessenskonflikte enthielten, sei es, daß alle Beteiligten auf irgendeine Weise zu einem Vorteil gelangten, oder daß ein Teil der Beteiligten sich gegenüber den anderen durchsetzen konnte, oder daß die verschiedenen Interessen richtig eingeschätzt wurden.

Natürlich sind auch die verfügbaren Mittel und ein einflußreicher Leiter des Programms von Bedeutung. Diese Hypothese legt nahe, daß die Planung nicht nur eine technische Angelegenheit, sondern auch und wesentlich ein politisches Unternehmen darstellt.

In den letzten Jahrzehnten ist andererseits klar geworden, daß der soziale Nutzen auch ohne Planung eingetreten ist, selbst wenn dies nur langsam geschah und die Verteilung innerhalb der Bevölkerung sehr ungleich war. Der soziale Nutzen erhielt nur dann Priorität, wenn die Gefahr bestand, daß es zu massiven und plötzlichen Forderungen kommen würde, die die politische Macht in Frage stellen würden.

Die Lösung kann sicher nicht darin bestehen, daß alle Forderungen zu akuten Problemen gemacht werden, da hierfür nicht genügend Mittel vorhanden wären.

In der Folge will ich meine Hypothese anhand von zwei neueren Beispielen erläutern. Auch wenn es noch zu früh ist, die Diskussion auf sicherem Boden führen zu können, so lassen sich doch bereits jetzt einige wichtige Beobachtungen anhand der vorliegenden Daten machen.

IV. Die Verstädterung des Landeszentrums

Im letzten Jahrzehnt konnte man in der Welt eine große Besorgnis wegen der starken Verstädterung infolge der Industrialisierungsprozesse beobachten. In Mexiko begann das enorme Wachstum der Hauptstadt Mexico-City in den vierziger Jahren, und es stand in Verbindung mit dem Versuch der Industrialisierung um jeden Preis.

Wir sollten für unsere Diskussion diesen Industrialisierungsprozeß als Entwicklungsprojekt betrachten, das die Merkmale eines solchen aufweist, selbst wenn dieses Projekt nicht in der Form eines ausgearbeiteten Planes existiert.

Dieses Industrialisierungsprojekt wurde in der wirtschaftswissenschaftlichen Literatur ausführlich diskutiert, und es besteht Übereinstimmung darüber, daß es keinen Erfolg hatte. In den vierziger Jahren wies Mexiko eine Reihe von günstigen Faktoren für den Beginn eines Industrialisierungsprozesses auf: Kapital, Überfluß an nicht organisierten Arbeitskräften, ein beginnender Konsummarkt, politischer Wille des Staates etc. Alle Merkmale für die Gründungen von Unternehmen und damit auch die Kapitalbildung und den wirtschaftlichen Aufschwung des Landes waren vorhanden.

Die Regierung subventionierte Dienstleistungen für Unternehmen (Wasser, Strom, Verkehrsmittel etc.) mit dem Ziel, den Kapitalbildungsprozeß zu erleichtern. Auf die gleiche Weise finanzierte der Staat Arbeiten für die städtische Infrastruktur und gewährte der Industrie Kredite. Das einheimische Gewerbe wurde durch hohe Einfuhrzölle auf die verschiedenen Güter, die im Lande hergestellt wurden, geschützt, und die arbeitenden Massen wurden durch die Manipulation der Gewerkschaften und Eindämmung ihrer Lohnforderungen kontrolliert. Diese Unterstützung der Industrialisierung erfolgte letztlich unter Inkaufnahme der städtischen Konzentration: die Vorteile des Überflusses an Arbeitskräften und eines konzentrierten Verbrauchermarktes sollten genutzt werden. Es war deshalb klar, daß sich die einheimische Industrie in den drei größten Städten der Republik, vor allem aber in Mexico-City, niederlassen würde.

Es wurde bereits erwähnt, daß dieses Programm nicht den erhofften Erfolg zeitigte. In der ersten Phase wurde zwar tatsächlich Kapital akkumuliert, jedoch nicht in dem erhofften Ausmaß, weil die gesteckten Ziele nicht erreicht wurden.

Die Hauptmerkmale dieser Phase waren: die Bildung einer beginnenden Konsumgüterindustrie, meistens mit starker ausländischer Beteiligung und übermäßiger Abhängigkeit von ausländischer Technologie und ausländischen Ersatzteilen. Dies konnte keine Grundlage für die Entwicklung einer eigenen mittelständischen und Schwerindustrie sein; und die Akkumulation des Kapitals erfolgte nicht schnell genug, um die bereits in der Stadt lebenden Arbeiter wie auch diejenigen, die zugewandert waren, in den Arbeitsprozeß eingliedern zu können.

Legt man Gilberts Thesen zugrunde, so müßte der Industrialisierungsprozeß Mexikos erfolgreich verlaufen sein. In der mexikanischen Geschichte werden wir kaum ein Beispiel finden, bei dem sich die Regierung stärker engagiert hätte. Für das Land versprach das Programm große Vorteile, da es auf die wirtschaftliche Entwicklung abzielte und überdies ökonomisch und politisch sehr gut gestützt wurde. Sicher brachte es den Unternehmen große Zuwachsraten, aber das Wirtschaftswachstum verbesserte den Lebensstandard der Gesamtbevölkerung nicht in gleichem Maße. Die Regierung verschuldete sich bis zu einem für die Volkswirtschaft gefährlichen Punkt; es kam zu einer starken Verstädterung, die sich nicht mehr umkehren läßt. Hinzu kommt noch die niedrige Lebensqualität in Mexiko-City für weite Teile der Bevölkerung sowie die komplizierten Probleme, die sich ihnen stellen und die für viele unlösbar erscheinen.

Entsprechend der hier vorgetragenen Hypothese könnte das Scheitern wie folgt erklärt werden. Obwohl es offensichtlich viele Ursachen hat, ist ein Hauptgrund darin zu sehen, daß die Unternehmen nicht darauf abzielten, einen soliden Industrialisierungsprozeß in Gang zu setzen, sondern sich im wesentlichen auf die Herstellung von Konsumgütern konzentrierten und nur langsam und verhältnismäßig wenig Kapital reinvestierten.

Gilbert hätte mit seiner These des Konflikts der Primärziele insofern recht, als die Regierung das Land industrialisieren wollte, um es zu entwickeln, die Unternehmer sich jedoch nur bereichern wollten. Wir sollten jedoch auch daran erinnern, daß dieses Projekt Merkmale aufwies, die Gilbert als charakteristisch für ein erfolgreiches Projekt ansieht: es handelte sich um ein Projekt des wirtschaftlichen Wachstums, das wirtschaftlich und politisch alle Unterstützung fand. Die Gründe für das Scheitern der Industrialisierung sind, wie bereits erwähnt, sehr unterschiedlicher Natur. Natürlich muß man auch die Schwierigkeiten sehen, die eine verspätete industrielle Entwicklung inmitten einer Welt von konsolidierten Industrieländern mit sich bringt. Dennoch scheint der genannte Aspekt von besonderer Bedeutung zu sein.

Ich komme jetzt zu den heutigen Merkmalen von Mexico-City nach dem Industrialisierungsplan und zu den Vorschlägen zur Lösung der Probleme. Die Stadt befindet sich in der zentralen Hochebene des Landes in einem geschlossenen Vulkanbecken, das von hohen Bergketten umgeben ist. Das Wachstum von Industrie und bundesstaatlicher Verwaltung ist dort konzentriert.

Die Konzentration begünstigte die unausgeglichene Entwicklung von Kultur, Handel und Bankwesen. Zwischen 1940 und 1982 wuchs die Bevölkerung von 1,8 Millionen auf 15,1 Millionen, das sind 21 % der Gesamtbevölkerung des Landes. 55 % der Industrie, 44 % des Bruttoinlandsproduktes und 46 % des Wertes der Industrieproduktion sind im Bereich der Hauptstadt konzentriert, und es wird geschätzt, daß die Stadt zwischen 1970 und 1980 jährlich um jeweils 5,1 % gewachsen ist.

Die Investitionspolitik des Bundes ist charakteristisch für diese Situation, denn 1978 flossen dem Bundesdistrikt (dies ist der zentrale Bereich der Hauptstadt) 32 % der gesamten staatlichen Investitionen zu. Der Rückgang der landwirtschaftlich genutzten und der bewaldeten Flächen aufgrund der städtischen Ausdehnung beeinträchtigte andererseits das ökologische Gleichgewicht im Tal und steigerte die Verschmutzung von Luft, Boden und Wasser, womit die gesamte Umwelt, die Volksgesundheit und die Lebensqualität sich verschlechterten. Wichtigste Ursache der Umweltverschmutzung sind Pkws, Busse und Lastwagen mit einem Anteil von 70 %, die restlichen 30 % kommen aus den 80 000 dort ansässigen Betrieben, was dazu geführt hat, daß über längere Zeit hinweg weit höhere Kontaminationspegel als die von der Weltgesundheitsorganisation festgelegten Normen erreicht werden. Der wachsende Bedarf an Wasser in der Stadt macht es inzwischen notwendig, die Hälfte des Wassers aus Flußsystemen außerhalb des Tales herbeizuführen. Dennoch haben 27 % der Bevölkerung des Bundesdistriktes Probleme mit der Wasserversorgung. Diese Situation wird bei Spontansiedlungen, die weder Wasserleitungen noch Kanalisation haben, noch verschlimmert.

Die geographische Lage der Hauptstadt in einer Höhe von über 2000 m über dem Meeresspiegel erschwert die Wasserversorgung, da die großen Wassereinzugsgebiete des Landes sich unterhalb von 500 m Meereshöhe befinden. Zur gleichen Zeit erfordert die Lage der Stadt im Becken des Mexiko-Tals kostenintensive Abwasserkanäle. Die von mir genannten Zahlen belegen den Ernst und die Komplexität der Probleme und lassen ahnen, welcher Bevölkerungsanteil die negativen Auswirkungen der Konzentration zu tragen hat.

Die allgemeine Strategie zur Lösung der Probleme wurde zunächst der 1978 ins Leben gerufenen Kommission für Urbanisationsprobleme des Landeszentrums (Comisión de Conurbación del Centro del País) übertragen. Diese sollte das chaotische Wachstum der Stadt in den Griff bekommen, das industrielle Wachstum ordnen, die Umwelt regenerieren und erhalten sowie das System von mittleren Städten im Umkreis der Hauptstadt stärken. Zur Ankurbelung der industriellen Dezentralisierung gibt es Anreize seitens der Regierung, wie Steuersenkung, Einrichtung neuer Gewerbegebiete, Dezentralisierung der Öffentlichen Verwaltung, die sich zu 85 % in Mexico-City befindet und die Kosten für städtische Dienstleistungen in der Hauptstadt noch erhöht. Diese Maßnahmen würden darüber hinaus auch die Finanzen der Öffentlichen Hand in der Region verbessern.

Einige Teile dieser Strategie wurden stärker gefördert als andere, wie zum Beispiel der sogenannte "Bundespakt" ("Pacto Federal"), der darin besteht, die "Dezentralisierung des öffentlichen Lebens zur Stärkung der Bundesstaaten und Kommunen" zu fördern, ebenso wie die "gegenseitige Achtung der Befugnisse und Anerkennung der Unabhängigkeit" (Plan Nacional de Desarrollo 83-84).

Trotz der Unterstützung hat die Dezentralisierung des Verwaltungsapparates nicht den erhofften Erfolg gebracht, unter anderem, weil viele Personen am Entscheidungsprozeß beteiligt sind, die ihre eigenen Ziele verfolgen. Die Merkmale des politischen Lebens im Lande stützen (vielleicht zum großen Teil unbewußt) eine Entwicklung zur Konzentration, da die Entscheidungen über politischen Aufstieg im wesentlichen von einer sehr kleinen Gruppe abhängen, die sich im Zentrum befindet. Eine bedeutende Mehrheit an Politikern und Beamten versucht deshalb, in der Nähe der einflußreichsten Persönlichkeiten zu bleiben, und zeigt nur wenig Interesse an der Dezentralisierung des Regierungsapparates, wodurch die Verfolgung der Programmziele behindert wird.

Ein weiterer Grund für den Mißerfolg der Strategie ist, daß die sich in der Stadt befindlichen Unternehmen keine Neigung zur Dezentralisierung zeigen und daß viele neue Betriebe, die sich in der Hauptstadt niederlassen wollen, akzeptiert werden, denn selbst wenn man denjenigen, die sich außerhalb ansiedeln, weit entgegenkommt, wiegt das die natürlichen Vorteile der Hauptstadt nicht auf. Außerdem ist es in Zeiten der wirtschaftlichen Rezession wie in den letzten Jahren für die Regierung weitaus wichtiger, das Wirtschaftswachstum zu erhalten und die Beschäftigung zu steigern. In diesem Sinne kann man Gilbert zustimmen, daß die Gründe für das Scheitern der Programme in den Primärzielen selbst liegen. Bei der Dezentralisierung der Öffentlichen Verwaltung jedoch liegt es auf der Hand, daß persönliche Interessen auf sehr verschiedenen Ebenen im Spiel sind, was die Durchführung der Programme wesentlich behindern kann. Dadurch wird das Argument verstärkt, daß das Problem nicht nur bei der Definition der Primärziele liegt (Primärebene), sondern daß die Interessen von beteiligten Personen (Sekundärebene) ebenso wichtig sind.

Haupthindernisse, auf die die "Kommission für Urbanisationsprobleme des Landeszentrums" bei der Realisierung der Ziele stieß, waren die begrenzte politische Macht und die unzulänglichen Mittel, was der Regierung aber hinreichend bekannt war (und dies entspricht wieder den Thesen Gilberts). Daraufhin übernahm es das Planungs- und Haushaltsministerium ("Secretaría de Programación y Presupuesto"), das zu den Ministerien mit dem größten politischen Einfluß gehört, die Verantwortung für ein Programm, das dem der "Kommission für Urbanisationsprobleme des Landeszentrums" sehr ähnlich ist. Entsprechend seinem größeren politischen Gewicht erhält das Ministerium größere politische Unterstützung und verfügt über mehr Mittel. Es ist noch zu früh, etwas über den Erfolg auszusagen - das Programm wurde erst in diesem Jahr (1984) veröffentlicht - doch kann man bereits jetzt anhand der Erfahrungen feststellen, daß dieses Programm dasselbe Schicksal erwartet wie das frühere, und zwar aus denselben Gründen, weil nämlich die Interessen der direkt oder indirekt Beteiligten ignoriert werden.

Eine weitere These muß noch diskutiert werden: Nur allzu häufig werden die Ziele und Interessen der Beteiligten auf allen Ebenen des Programms nicht berücksichtigt oder zumindest nicht richtig eingeschätzt, und zwar deshalb, weil sie völlig unbekannt sind oder falsch beurteilt werden. Mit anderen Worten, manchmal sind die Ziele der Beteiligten nicht bekannt, manchmal glaubt man irrtümlich, diese zu verstehen. Um diese Behauptung begründen zu können, muß ich die Analyse der Beispiele vertiefen, soweit dies in den Grenzen dieses Beitrags möglich ist. Ich werde mich deshalb in der Folge auf zwei Aspekte beschränken.

1. Das Verkehrswesen in Mexico-City

Ich will in diesem Teil meines Beitrags nachweisen, daß die Hauptprobleme bei der Durchführung der Programme darauf zurückzuführen sind, daß die Interessen der Beteiligten nicht berücksichtigt werden, seien es diejenigen, die das Programm entwerfen und instrumentalisieren oder diejenigen, die dadurch in irgendeiner Form betroffen werden. Diese Interessen nicht zu kennen oder zu verkennen ist ein wesentliches Hindernis bei der Durchführung der Programme. Die Problematik wird dadurch zusätzlich kompliziert, daß die Ziele der Beteiligten nicht statisch sind. Sicher hat jede Gruppe oder Person bestimmte Einstellungen, Meinungen und Sorgen, die auch über längere Zeit hinweg konstant bleiben, aber die Einstellung zum Leben wesentlich verändern. Ein Beispiel dafür ist das öffentliche Transportwesen in Mexico-City. Über Jahrzehnte waren Autobusse das Hauptverkehrsmittel. Die rechtliche Grundlage waren Lizenzen, die die Regierung Privatleuten gewährte. Diese waren in Gruppen organisiert, von denen jede eine bestimmte Anzahl von Strecken befuhr.

Das Ganze wurde durch niedrige Benzinpreise subventioniert, die Löhne der Fahrer waren niedrig, und die Regierung drückte bei der Manipulation der Gewerkschaften ein Auge zu. Als Gegenleistung wurden die Fahrpreise nicht erhöht. Die Gewinne der Eigentümer waren ziemlich eingeschränkt; erstens, weil die Regierung nur niedrige Gewinnspannen zuließ und zweitens, weil die Inhaber der Autobuslizenzen nur über eine geringe Schulbildung verfügten, da sehr viele früher Busschaffner oder Chauffeure waren und deshalb nicht in der Lage waren, die Geschäfte ihrer Konzessionen ordentlich zu führen.

Unter diesen Umständen nimmt es nicht Wunder, daß der Autobustransport trotz seiner Bedeutung unzulänglich und unzureichend war. 1983 wurden 79 % der Fahrgäste im Bundesdistrikt mit nur 6 100 Fahrzeugen befördert, von denen sich einige in sehr schlechtem Zustand befanden. Über Jahre hinaus zeichneten die Medien die Lizenzinhaber als eine sehr kleine Gruppe, die am Personenverkehr unter stillschweigender Duldung der Regierung sehr viel verdiente. Man nannte diese Gruppe die "Busbesitzer-Krake" ("el pulpo camionero"). Die Mängel des Transportdienstes wurden der Geldgier der Lizenzinhaber angelastet, die, so nahm man an, große Gewinne machten. Die Wirklichkeit sah ganz anders aus. Zum Zeitpunkt der Verstaatlichung besaßen mehr als 500 Lizenzinhaber nur einen einzigen Autobus, den sie häufig sogar selbst fuhren. In den meisten anderen Fällen besaßen die Eigentümer vier oder fünf Busse; die Zahl der Lizenznehmer, die über mehr Fahrzeuge verfügten, war außerordentlich gering.

Im September 1981 wurden die Lizenzen zurückgezogen, und die Regierung übernahm die Verkehrsverwaltung, um die Öffentlichkeit vor der "Krake" zu retten. Es war dies eines der Ziele des Stadtentwicklungsprogramms gewesen, das man für notwendig gehalten hatte, um die bestehenden Probleme zu lösen. Berechnungen zufolge waren 19 Monate nach der Verstaatlichung die realen Kosten für einen Fahrschein auf 12,65 $ gestiegen, der Fahrpreis von 3.00 $ wurde jedoch beibehalten. Der Autobusverkehr ist heute noch genauso unzulänglich wie früher. Die einzige Verbesserung besteht darin, daß die Löhne der Arbeitnehmer erhöht wurden. Dies war vorherzusehen, weil der Staat die Löhne nicht so niedrig halten konnte, wenn er nicht unglaubwürdig werden wollte.

Das Problem ließe sich nur über eine Erhöhung der Fahrpreise und damit zugleich die Sanierung der Finanzen der Regierung lösen. Dies würde sich jedoch direkt auf die Fahrgäste auswirken, was wiederum höhere Lohnforderungen zur Folge hätte, wodurch Konflikte zwischen Unternehmern und Regierung entstehen würden. Deshalb hat man sich dafür entschieden, dieses Transportmittel weiterhin zu subventionieren. Dies ist nicht besonders auffällig, da das öffentliche Verkehrswesen in allen Ländern, soweit dies bekannt ist, subventioniert wird. Auf diese Weise wird der Konflikt der Primärziele im Programm umgangen, obwohl das Verkehrssystem weiterhin ineffizient bleibt.

Eine genauere Analyse, die ich hier nicht wiedergeben kann, ergab Anzeichen für Ineffizienz, mangelhafte Organisation, Verwaltungsfehler, fehlenden Durchblick bei den Beamten und Korruption auf jeder Ebene. Hinter allem stand jedoch ein gemeinsamer Faktor: die Beamten und Arbeiter hatten alle möglichen persönlichen Interessen, nur nicht die Verbesserung des Verkehrswesens.

Daraus läßt sich der Schluß ziehen, daß die Ineffizienz tatsächlich existiert, aber nicht aus Unfähigkeit, sondern weil die Planer die Lösung nicht auf allen Ebenen suchen. Damit wird die Realisierung jedes Planziels behindert; denn die mangelnde Identifikation mit den Zielen der nationalen Entwicklung ist nur ein Ausdruck mehr für das Fehlen eines von allen getragenen nationalen Projekts.

Das ist nichts Neues, da wir damit viele Jahre gelebt haben. In der heutigen Wirtschaftsrezession jedoch verschärft sich das Problem und wird in jeder Hinsicht zu einem erheblichen Hindernis für jede Planung.

2. Der Wohnungsbau in Tabasco

Schließlich will ich einen zweiten Aspekt diskutieren. Es geht hierbei darum, daß die Planer die Einzelziele der verschiedenen sozialen Gruppen nicht kennen. Als Diskussionsbasis sollen die Erfahrungen dienen, die im Wohnungsbauprogramm in Tabasco 84-88 gewonnen wurden.

Tabasco liegt im Südosten des Landes in der Küstenebene des Golfes von Mexiko. Es hat eine Fläche von ca. 25 000 km². Tabasco hat feuchttropisches Klima mit einem jährlichen Temperaturmittel von 25°C, und die durchschnittlichen Niederschläge gehören zu den höchsten in der Welt. Tabasco zählt heute 1 300 000 Einwohner, die Haupteinnahmequellen sind Erdöl, Rinderzucht sowie Plantagen.

Die verschiedenen sozialen Schichten weisen in ihrer Entwicklung erhebliche Unterschiede auf. Man hat auf verschiedene Art und Weise versucht, dieses Ungleichgewicht zu korrigieren. Dazu gehörte auch die Verbesserung der Wohnbedingungen.

Die wichtigsten Daten zur sozialen Lage der Bevölkerung lauten: 76 % der Erwerbstätigen beziehen weniger als 2,5 Mindestlöhne, wovon 66 % einen Mindestlohn oder weniger verdienen. 51 % der erwerbstätigen Bevölkerung arbeiten in der Landwirtschaft und Viehzucht und 28 % im Dienstleistungssektor. Die in der Landwirtschaft und Viehzucht tätige Bevölkerung trägt aber nur mit 3,58 % zum Bruttosozialprodukt bei.

In den genannten Wirtschaftsbereichen, in denen die meisten Erwerbstätigen arbeiten, sind die Löhne niedrig, unregelmäßig und von schwankender Höhe, weshalb die Erwerbstätigen keinen Zugang zu Krediten der Banken oder der Bundesbauinstitute haben. Die Erwartungen auf eine

Steigerung der Arbeitsplätze konzentrieren sich auf Landwirtschaft und Viehzucht. Dem Staat stehen zur Zeit Mittel der Banken zur Verfügung, die jedoch nicht genutzt werden können, weil die Bevölkerung zahlungsunfähig ist und Kredite à fonds perdu begrenzt sind.

Die Schichten mit dem niedrigsten Einkommen suchen deshalb einen anderen Weg, um zu einer Wohnung zu kommen: Landbesetzung und Eigenbau. Die Ursachen der komplizierten Situation lassen sich direkt auf die Wirtschaftsstruktur zurückführen. Aus der Erkenntnis der Problematik resultiert die Strategie zu ihrer Lösung: es ist offensichtlich nicht möglich, den Bedarf mit dem üblichen Wohnungsbau zu decken; man stützt und erleichtert deshalb den Eigenbau von Wohnungen, der ohnehin betrieben wird und überdies erfolgreich ist. Man stellt dazu erschlossene oder auch nicht erschlossene Parzellen zur Verfügung. Man fördert die Erzeugung von billigem Baumaterial, räumt kleine Kredite für Verbesserungsmaßnahmen ein, beseitigt gesetzliche Hindernisse, fördert die soziale Organisation und gibt technische Unterstützung.

Als man die Ziele dieses Programms definierte, befürchtete man soziale Probleme, weil man dachte, daß die Unterstützung des Eigenbaus soziale Unruhen fördern könnte, was zu übertriebenen Forderungen in bezug auf die Infrastruktur und folglich zu politischen Problemen führen würde. Dieses anfängliche Problem wie auch andere Probleme, die im Laufe der Durchführung des Programms entstanden sind, können durch einige Veränderungen des Programms und Konzessionen der Regierungsbeamten gelöst werden. Dennoch gibt es noch ein weiteres Hindernis. In anderen Wohnungsbauprogrammen wurde versucht, Kredite zu Verbesserungsmaßnahmen zur Verfügung zu stellen, ohne daß dabei ein Erfolg erzielt wurde. Die Teile der Bevölkerung, für die diese Kredite bestimmt waren, verfügen nur über geringe Mittel. Lohnberechnungen, die inzwischen angestellt wurden, ergeben jedoch, daß die Betreffenden die Möglichkeit hätten, solche Kredite in Anspruch zu nehmen, was jedoch nicht geschieht.

Was tun die Leute mit ihrem Geld? Häufig findet man eine winzige Hütte aus geteertem Pappkarton, die mit einem Kühlschrank, Ventilator, Ofen, Stereoanlage, Radio, Tonbandgerät, Fernseher etc. ausgestattet ist, und zwar in den Häusern der gleichen Siedler, die kein Interesse an den Krediten für Verbesserungsmaßnahmen zeigen. Man muß daraus lernen, daß diese Schichten ihre Mittel lieber auf andere Art und Weise einsetzen, als es sich die Planer vorstellen. Es liegt sicher nicht daran, daß sie nicht an einer besseren Wohnung interessiert wären, da sie über viele Jahre hinaus - zwischen 10 und 25 Jahre - den Wohnungsbau fortsetzen.

Die Handlungsweise der Siedler mit niedrigem Einkommen, die einen Fernseher oder ein Auto der Verbesserung ihrer Wohnung vorziehen, wird oft als absurd bezeichnet. Sie besagt aber nur, daß diese Menschen nach ihren eigenen Vorstellungen das Bestmögliche aus ihrem Einkommen machen wollen. Dieses Verhalten verdient ebenso viel Respekt wie irgend ein anderes. Dieses Beispiel läßt uns erkennen, daß uns die unterschiedlichen Motive, die hinter den Handlungen der Bewohner stehen, oft unbekannt sind; und wenn wir ihre Wohnungsbedingungen verbessern wollen, wissen wir nicht, wie wir es anstellen sollen.

V. Schlußfolgerungen

Die Diskussion über die Hindernisse bei der Durchführung der Pläne und Programme ist mit diesen Überlegungen keineswegs erschöpft; sie sollen nur dazu beitragen, daß in Zukunft nach und nach bessere Pläne erarbeitet werden können. Dabei sind folgende Punkte zu betonen:

- Es gibt genügend Beweise dafür, daß die Probleme für die Durchführung der Programme nicht allein bei der Definition der Ziele liegen. Ebenso große Probleme treten auf allen Ebenen auf.

- Die Handlungsmotive und die Logik der Gedanken der verschiedenen sozialen Gruppen, an die sich unsere Programme richten, sind häufig nicht bekannt.

- Die Planung in unserem Lande hat heute mehr denn je einen wesentlich politischen Charakter.

*****

Literatur

GILBERT, A.: "La puesta en práctica de los planes regionales: ¿ejecución deficiente o algo más?" In: Boisier, S; F. Cepeda, J. Hilhorst, S. Riffka u. F. Uribe-Echevarría (Hgg.): Experiencias de planificación regional en América latina. Santiago de Chile 1981 (Akten des Kongresses über "Estrategias regionales sobre planificación", Bogotá, 17.-21. September 1979)

Plan Nacional de Desarrollo 83-84. México

STADTENTWICKLUNG IN MEXICO-CITY
ÖKOLOGISCHE PROBLEME UND IHRE SOZIALEN FOLGEN:
TENDENZEN, PERSPEKTIVEN UND EMPFEHLUNGEN
Luis Sánchez de Carmona (Mexiko)

1. Einleitung

1.1 Bedeutung der Verstädterung für den Menschen

Die Großstadt in Lateinamerika erlebt einen beschleunigten Prozeß der Verstädterung. Ich will präzisieren, was ich mit diesem Begriff meine. Die Verstädterung ist das Phänomen des städtischen Wachstums mit allen seinen Konsequenzen im physischen, ökologischen, sozialen und politischen Bereich.

Die physische Manifestation des Phänomens ist offensichtlich: städtisches Wachstum. Was einer näheren Erläuterung bedarf, sind die ökologischen, sozialen und politischen Folgen, die in jeder Region der Welt, in jedem Land einen spezifischen Charakter haben.

Angesichts des beschleunigten Wachstums der Großstädte in Lateinamerika stellen sich allen, für die der Mensch im Mittelpunkt des Interesses steht, folgende Fragen:
- Stellt dieser Prozeß eine Bedrohung oder eine Hoffnung für die Menschheit dar?
- Handelt es sich um einen Fortschritt oder Rückschritt der Zivilisation?
- Hat das Leben der Großstadtbewohner in diesem Umfeld eine höhere oder niedrigere Lebensqualität?

Weiterhin ist zu fragen:
- Kann der Verstädterungsprozeß umgekehrt werden?
- Kann sein Wachstumstempo zumindest deutlich verringert werden?

Diese Themen werden bereits seit den vierziger Jahren behandelt. Peterson (1946) entwickelte seine These von der Anomalität der Städte. Die These ist jedoch polemisch; Davis (1973, 1-6) weist darauf hin, daß zumindest statistisch gesehen "die Landbevölkerung und nicht die Stadtbevölkerung in den Industrieländern jetzt anomal ist".

Der Fall Lateinamerika ist offensichtlich getrennt zu behandeln, wobei sich die Frage stellt:
- Ist die Großstadt in Lateinamerika normal oder anomal? In welchem Sinne?
- Mit welchen Wohlstandsindikatoren ist diese "Normalität" oder "Anomalität" zu messen?

Ganz offensichtlich wird das Leben in der Stadt in naher Zukunft das normale Umfeld für den größten Teil der lateinamerikanischen Bevölkerung darstellen.

Zu diesem Punkt schreibt Porteous (1977, 8):
Obwohl sich "Zivilisation" aus dem lateinischen "civitas" (Bürgerschaft, Stadt) ableitet, wird das Gefühl immer stärker, daß die Städte in ihrem Verhalten anomal sind. Möglicherweise haben wir zu schnell zu große Städte gebaut. Unser ländlicher Ursprung war eine dürftige Vorbereitung für das Leben in einem menschlichen Gebilde großer Ausdehnung und relativ hoher Dichte. Im letzten Jahrzehnt werden sich Politiker, Planer und die Öffentlichkeit immer mehr der Grenzen unseres täglichen städtischen Umfeldes bewußt, und es ist üblich geworden, von der "Krise der Stadt" zu sprechen. Die deutlichsten Manifestationen der Krise gehören sicherlich schon zur städtischen Folklore. Verkehrs- und Umweltprobleme, Unsicherheit, Wohnung, Rassismus, Gewalt und steigendes städtisches Wachstum sind gängige Themen für den Stadtbewohner. Aus der Perspektive des einzelnen sind die häufigsten Probleme: Anonymität, enges Aufeinanderleben, physischer und sozialer Druck, mangelnde Intimität, die Schwierigkeit, eine individuelle und eine Gruppenidentität zu finden, mangelnde Flexibilität in der Gestaltung des städtischen Umfeldes und ein Gefühl der Ohnmacht gegenüber der institutionalisierten Planung, das physische und soziale Umfeld im eigenen Sinn zu ändern.

Diese Bemerkungen gelten im Prinzip für die ganze Welt. Für die Probleme der Verstädterung in Lateinamerika sind sie jedoch nur sekundär.

1.2 Allgemeine Merkmale der Verstädterung in Lateinamerika

Der städtische Entwicklungsprozeß in Lateinamerika kann ähnliche Erscheinungsformen wie in Europa annehmen, wie man aus der Veröffentlichung "La Metropoli Spontanea" (1983) der Universität Rom ersehen kann. Die Unterschiede werden in einer neueren Studie der Wirtschaftskommission für Lateinamerika (CEPAL, 1982, 22-24) sichtbar, in der es heißt:

- Im Unterschied zu Westeuropa und den Vereinigten Staaten hat der Industrialisierungsprozeß in Lateinamerika nicht zu einer mehr oder minder vollständigen, massiven und homogenen Durchdringung der Technik und der sozialen Beziehungen geführt, die den Industriegesellschaften eigen sind. Die sog. "Ersatzformen" der lateinamerikanischen Industrialisierung erklären das Atypische der zeitlichen Abfolge wie auch die Konzentration im Raum.

- Das Vordringen des Kapitalismus in der Landwirtschaft führt zur "Auflösung" der traditionellen Produktionsformen und sozialen Beziehungen, vernichtet die Arbeitsplätze von geringer Produktivität und beschleunigt den Wanderungsprozeß zwischen Stadt und Land. Dieser Prozeß wurde auch durch die Verbreitung der Medien, die Alphabetisierungskampagnen etc. stimuliert. In einigen Fällen trugen die Agrarreformen oder Entwicklungsprogramme zur Beschleunigung der Landflucht bei.

- Die Verwaltung von Wohnraum und die Technologie der menschlichen Siedlungen werden jedoch nicht immer als Variablen erkannt, die vom politischen Willen abhängig sind. Im Unterschied zu anderen Teilen der Welt besteht in Lateinamerika eine zentralistische Tradition der örtlichen Verwaltung und eine eingewurzelte Gewohnheit, importierte Techniken für die Lösung des Wohnungsproblems anzuwenden, die im allgemeinen den Bedürfnissen und Besonderheiten der Bevölkerung, zumindest in ihrer großen Mehrheit, nicht entsprechen.

- Diese Situation ist in engem Zusammenhang mit dem Entwicklungsstil zu sehen, der für die meisten Länder der Region kennzeichnend ist und der Konzentration und Abhängigkeit miteinander verbindet. Man sollte diese Situation jedoch nicht auf die Zukunft projizieren. Man kann sich kaum eine echte Anstrengung zur wirtschaftlichen und kulturellen Unabhängigkeit ohne eine Stärkung auf lokaler Ebene vorstellen.

Wenn man sich ein Urteil darüber bilden will, ob die Verstädterung in Lateinamerika einen Fortschritt oder einen Rückschritt, eine Steigerung oder einen Abbau des Wohlstandes, eine Bedrohung oder eine Hoffnung darstellt, muß man den Kontext der gesamten sozioökonomischen Entwicklung untersuchen und dabei die verschiedenen Lebensstile miteinbeziehen.

Nach Porteous (1977) ist der Lebensstil ein subtileres Merkmal als Lebensstandard oder -qualität. Offensichtlich ist er schwieriger zu messen, selbst wenn eine Kombination von Daten wie Einkommen, Ausgaben und Aufteilung der Zeit nützliche Informationen liefern kann. Man muß also alle diese Faktoren berücksichtigen, um den Wohlstand der Stadtbevölkerung zu messen, und sie entsprechend ihrer Bedeutung in den ökologischen, historischen, politischen und sozialen Kontext einbauen.

2. Der innere Stadtbereich von Mexico-City

2.1 Ökologische und soziale Probleme

Die alte Stadt Mexico (Tenochtitlán) war in einem Ökosystem mit vielen Vorteilen gelegen: umgeben von einem Salzwasser- und einem Süßwassersee, fruchtbarem Boden für die Landwirtschaft im Tal, Pinienwäldern auf den umgebenden Bergen, eine mittlere Temperatur zwischen 14 und 26°C (s. Abb. 1). Die Stadt wuchs über vier Jahrhunderte hindurch nur langsam, und das Ökosystem konnte dieses Wachstum ohne größere Beeinträchtigungen auffangen.

Der schnelle und für die Lebensqualität bedrohliche Wachstumsprozeß begann in den vierziger Jahren unseres Jahrhunderts, als die Stadt bereits 1,8 Millionen Einwohner zählte. Heute sind es etwa 17 Millionen

Abbildung 1

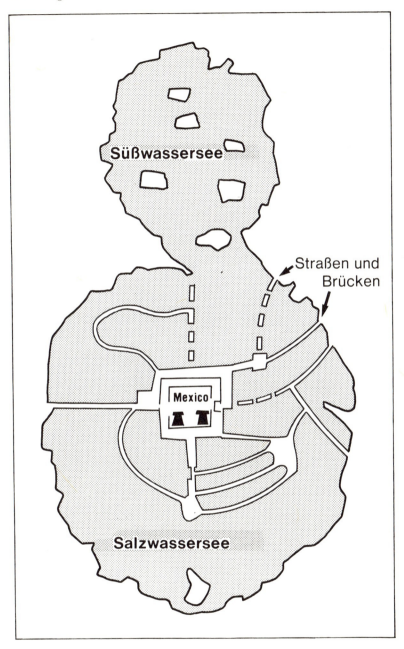

Karte der Stadt Mexiko-Tenochtitlan.
Quelle: SAHOP 1982

Abbildung 2

Bevölkerungswachstum der metropolitanen Zone von Mexiko-Stadt bis 1984 und alternative Entwicklungsprognosen bis zum Jahr 2000.
Quelle: SANCHEZ DE CARMONA, CASTRI u.a. 1984, 351

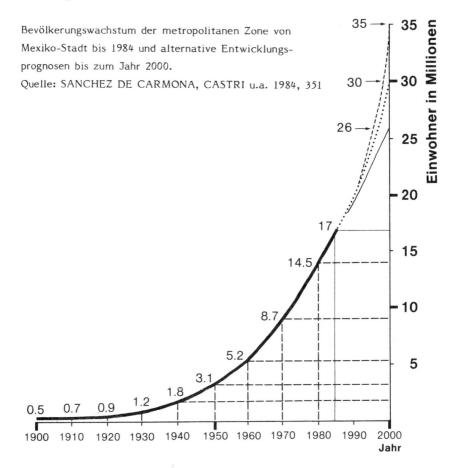

Abbildung 3

Karte der momentanen metropolitanen Zone von Mexiko-Stadt.
Originalentwurf von Luis Sánchez de Carmona.

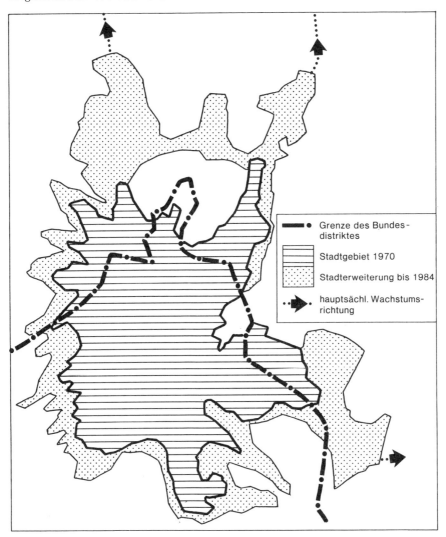

(s. Abb. 2). Die zerstörenden Auswirkungen des städtischen Wachstums auf das Ökosystem des Mexiko-Tals kann man aus der Abb. 3 und dem Vergleich mit Abb. 1 erkennen.

Die offiziellen Daten des Programms für Neuordnung und Umweltschutz des Bundesbezirks (DEPARTAMENTO DEL DISTRITO FEDERAL 1984) sind die folgenden:

- Die Bevölkerung im inneren Stadtbereich von Mexico-City (Zona Metropolitana de la Ciudad de México, ZMCM) beträgt 17 Millionen, von denen 10 Millionen im Bundesdistrikt wohnen; das ist eine Konzentration von 20 % der Gesamtbevölkerung des Landes auf einem Tausendstel des Staatsgebietes.
- Mehr als die Hälfte des seit 1940 erreichten städtischen Wachstums erfolgte illegal, vor allem auf kommunalen und genossenschaftlichen Grundstücken.
- Die Bevölkerungsdichte liegt bei 160 Einwohnern/ha im Bundesbezirk; dies ist noch mehr als in Tokio, das bereits als hoch verdichtet gilt.
- Das städtische Wachstum war expansiv und ungeordnet, weshalb die Stadtverwaltung vor ernsten Problemen angesichts der gigantischen räumlichen und sozialen Auswirkungen steht.
- 46 % der nationalen Industrieproduktion und 25 % der Erwerbstätigen sind im inneren Stadtbereich von Mexico-City (ZMCM) konzentriert.
- Die Einwohnerzahl von Mexico-City wird sich bis zum Jahre 2010 verdoppeln, was eine Konzentration von 33 % der Landesbevölkerung bedeutet, womit es zur größten Stadt der Welt wird.
- Das ungeregelte städtische Wachstum wird noch verschärft durch die Besetzung von bewaldetem und deshalb ökologisch wertvollem Land in privatem, genossenschaftlichem und kommunalem Besitz.
- Zu Anfang des 21. Jahrhunderts wird die Bevölkerungsdichte im Bundesbezirk 210 Einwohner/ha überschreiten.
- Die fehlende Gliederung in der Stadt wird zu einem Kollaps führen, und die Bezirksverwaltungen werden sich um eine Bevölkerung kümmern müssen, deren Zahl manchmal drei Millionen erreichen wird.
- Vor Ablauf von 15 Jahren werden sich im inneren Stadtbereich (ZMCM) zwischen 50 und 60 % der nationalen Industrieproduktion und 40 % der Erwerbstätigen des Landes konzentrieren.

- Im Jahre 2010 werden zwischen 61 und 74 % der Erwerbstätigen der Stadt vom Tertiärsektor abhängen. Dieser Sektor wird 75 % des Bruttosozialprodukts ausmachen.
- Im Jahre 2010 werden 54 % der Stadtbevölkerung arbeitslos oder unterbeschäftigt sein.
- Innerhalb von 10 Jahren wuchs die Emission von Schadstoffen um 150 %; der Anteil der Kraftfahrzeuge steigerte sich von 60 auf 75 %.
- 99 % der Seengebiete und 73 % der Wälder gingen verloren; 1000 ha Wald und 700 ha Weideland gehen jedes Jahr verloren. 71 % des Bodens befindet sich in einem fortgeschrittenem Zustand ökologischer Degradation.
- Die Stadt verfügt nur über 2,7 m² Grünflächen pro Einwohner, während die Weltgesundheitsorganisation 9 m² als annehmbar ansieht.
- Der Bundesbezirk verbraucht 36,6 m³ Wasser in der Sekunde, wovon nur 1,6 m³ pro Sekunde aufbereitet werden.
- Das tägliche Verkehrsaufkommen beträgt 23 Millionen Fahrten, 15 % davon in Privatfahrzeugen, die mit 2 Millionen 97 % der Gesamtzahl der Fahrzeuge der Stadt ausmachen. Die Zahl der Privatfahrzeuge steigt jährlich um 10 %.
- Täglich kommen 30 000 Lastwagen in die Stadt.
- Die Emission von Schadstoffen wird sich bis zum Jahre 2010 verdreifachen, Erkrankungen der Atemwege werden zunehmen, und die Sicht am Tage wird sich so verschlechtern, daß die Autofahrer sogar tagsüber mit Licht fahren müssen.
- Bis zum Jahre 2010 wird es im Bundesdistrikt keine Seen mehr geben und 85 % der Wälder werden verlorengehen; da 90 % des Bodens ökologisch zerstört sein wird, werden alle Grundwassereinzugsgebiete verschwinden. Der Niederschlag wird drastisch zurückgehen.
- Die Grünflächen pro Einwohner werden auf 1,5 m² im Jahre 2010 sinken.
- Im Jahre 2010 wird der Wasserbedarf pro Sekunde bei 100 m³ liegen. Das Wasser muß aus sehr weit entfernten Becken herangeführt werden, was einen hohen Energieaufwand und den Einsatz von stark kontaminierenden thermoelektrischen Kraftwerken erfordern wird.
- Das tägliche Verkehrsaufkommen wird auf 40 Millionen Fahrten im Jahre 2010 steigen. Der Fuhrpark wird 6 Millionen Fahrzeuge umfassen, und die öffentlichen Verkehrsmittel über der Erde werden sehr unzulänglich sein.

- Die Zufahrtsstraßen zur Stadt werden im Jahre 2010 ständig von 100 000 Lastwagen verstopft werden.
- Die technische Unfähigkeit, das Trinkwassernetz auszubauen oder zu ersetzen, wird dazu führen, daß im Jahr 2010 nur 70 % der Wohnungen mit Wasser versorgt werden können, fünf Millionen Einwohner werden dann ohne Wasser sein. Nur 60 % der Wohnungen werden an Abwasserkanäle angeschlossen sein, ausgeschlossen bleiben 7 Millionen Einwohner.
- Im Jahre 2010 werden mehr als 50 % der Staatsbediensteten im Bundesbezirk wohnen. Die öffentlichen Investitionen pro Kopf werden zweimal höher liegen als im Landesdurchschnitt.

Das nationale Stadtentwicklungs- und Wohnungsbauprogramm 1984-1988 (SECRETARIA DE DESARROLLO URBANO Y ECOLOGIA 1984) stellt folgende Perspektiven und Tendenzen in den Vordergrund:

- Die Analyse der historischen Entwicklung des Territoriums von Mexico-City sowie der Merkmale und der Dynamik der heutigen Probleme der Stadtentwicklung erlauben es, mittel- und langfristig eine Verschärfung der Situation mit ernsten ökonomischen und sozialen Folgen vorauszusagen, falls keine bedeutenden Änderungen eintreten.
- Diese Prognose läßt sich durch folgende Haupttendenzen kennzeichnen: Die Konzentration in Mexico-City und der näheren Umgebung wird sich konsolidieren; der direkt von Mexico-City beherrschte Wirtschaftsraum wird größer werden; die mittleren Städte werden nicht die notwendige Größe und Diversifizierung der Produktion erreichen, um eine Alternative für die Ansiedlung von Industrien zu bieten; die Konzentration des oberen Dienstleistungssektors im inneren Bereich der Stadt wird zunehmen; aus diesen Gründen werden die Möglichkeiten nicht genutzt, die andere große Städte bieten, um Mexico-City in seiner Rolle als Lieferant von spezialisierten Dienstleistungen zu ersetzen.

Die genannten amtlichen Daten geben eine deutliche Vorstellung davon, wie sich die Verschlechterung der Umwelt durch das Wachstum des inneren Bereichs der Stadt (ZMCM) auf die Bevölkerung auswirkt.

2.2 Ziele der Regierung

Das Programm Neuordnung und Umweltschutz des Bundesbezirks (DEPARTAMENTO DEL DISTRITO FEDERAL 1984) nennt folgende Ziele für die Orientierung der Stadtentwicklung bis zum Jahr 2010:

- Das Bevölkerungswachstum muß auf andere Gebiete in Mittelmexiko und im restlichen Lande gelenkt werden.
- Ein Wachstum des inneren Stadtbereichs über 25 Millionen Einwohner hinaus muß unbedingt verhindert werden, wenn die Stadt überleben soll.
- Die Stadt muß wirksame Instrumente entwickeln, um das ungeregelte Wachstum zu unterbinden und die Agrar- und Waldflächen zu schützen.
- Der Migrationsprozeß muß umgekehrt und ein Teil der Bevölkerung in Städten an der Peripherie angesiedelt werden, wo Arbeitsplätze vorhanden sind.
- Die Bevölkerungsdichte in der Stadt muß kontrolliert werden und durchschnittlich unter 200 Einwohnern/ha liegen.
- Man muß ein Netz von Stadtzentren schaffen, um die Stadt besser zu gliedern und damit eine Neustrukturierung des Territoriums zu erreichen.
- Der Index der Investitionen der Öffentlichen Hand im Bundesdistrikt muß zumindest auf den Landesdurchschnitt reduziert werden.
- Die Erwerbstätigen müssen dadurch in Städte an der Peripherie der zentralen Region und im übrigen Land umgelenkt werden, daß die öffentlichen und privaten Investitionen dort gezielt eingesetzt werden.
- Die Ansiedlung von Gewerbe- und Industriebetrieben muß so gefördert werden, daß in diesem Bereich mehr Arbeitsplätze vorhanden sind als im tertiären Sektor.
- Arbeitslose oder Unterbeschäftigte müssen dazu angeregt werden, Mexico-City zu verlassen und sich in peripheren Städten der zentralen Region anzusiedeln, die Beschäftigung und Wohnung bieten.
- Die Emission von Schadstoffen muß streng kontrolliert werden, für einige Fabriken ist ein neuer Standort zu suchen, Fahrzeuge in schlechtem Zustand müssen aus dem Verkehr gezogen werden. Der Verkehr mit Elektrofahrzeugen und Fahrrädern muß gefördert werden.
- Es ist dringend erforderlich, natürliche Reserven zu schaffen, indem man ehemalige Waldflächen wiederaufforstet und die weitere Verschlech-

terung des Bodens vermeidet. Die Asphaltierung von Wegen und Plätzen soll da entfernt werden, wo sie nicht unbedingt erforderlich ist.
- Die Grünzonen sind zu erweitern, bis mindestens die von der Weltgesundheitsorganisation geforderten 9 m² pro Einwohner erreicht werden.
- Die Wasserzufuhr aus weit entfernten Gebieten muß verringert werden. Dazu müssen die Quellen im Stadtgebiet rationell genutzt, Auffang- und Speicherbecken gebaut, das Abwasser wieder aufbereitet werden.
- Die Nutzung des städtischen Bodens muß neu geordnet werden, damit der Massenverkehr über weite Entfernungen reduziert werden kann. Die Massenverkehrsmittel müssen Priorität genießen, sowohl im Untergrund als auch an der Oberfläche.
- Das System der Anlieferung von Gütern von außerhalb der Stadt muß neu strukturiert werden. Dazu sind zentrale Verladestationen zu schaffen. Der Transport mit der Eisenbahn muß gefördert werden.
- Nur durch eine Verringerung des Bevölkerungswachstums wird es möglich sein, das System der Wasserversorgung und der Kanalisation den Bedürfnissen anzupassen.
- Der Bau von Wohnungen ist dem von Einfamilienhäusern vorzuziehen; durch die Schaffung von Stadtzentren werden ausreichend Wohnungen dieser Art zur Verfügung gestellt werden können.

Als Planungsziele auf Bundesebene werden im nationalen Programm zur Stadtentwicklung und zum Wohnungsbau 1984-1988 genannt:

- Damit die Richtlinien des staatlichen Entwicklungsplans 1984-1988 befolgt und die in der Diagnose analysierte Problematik angegangen werden können, werden folgende Stadtentwicklungsziele festgelegt:
- Die Bodennutzung soll so umgestaltet werden, daß die Politik der Dezentralisierung des nationalen Lebens gestützt wird. Dazu muß ein hierarchisches System von Städten zur Bereitstellung der verschiedenen Dienstleistungen konsolidiert werden. Das Wachstum im inneren Bereich der Stadt muß kontrolliert werden. Die Entwicklung alternativer Zentren in Mittelstädten muß in Gang gebracht werden. Die städtischen und ländlichen Gebiete, in denen die Probleme der Verstopfung, der Entfernung vom Zentrum und der sozialen Ungleichheit am schärfsten sind, müssen besonders beachtet werden.
- Das Wachstum der Bevölkerungszentren muß geordnet und reguliert werden. Man muß deshalb darauf achten, daß die verschiedenen Arten der Bodennutzung und ihre Intensität miteinander kompatibel sind. Das

Wachstum der Bevölkerungszentren muß in Gebiete gelenkt werden, die Raum für verschiedene Aktivitäten haben und der Bevölkerung eine günstige Verkehrsanbindung an die Arbeitsplätze, Ämter und Geschäfte bieten.
- Die Grundbedürfnisse der Bevölkerung in Hinblick auf Boden, Infrastruktur und Ausstattung der Städte sind durch eine Reihe von Maßnahmen zu befriedigen: die Unterstützung der Beteiligung der Bevölkerung; die Abstimmung der Aktionen mit dem sozialen und privaten Sektor; die Durchführung von Aktionen und Investitionen; die Kanalisierung der Kredite, um den Prioritäten der Bevölkerung entsprechen zu können; Verringerung der Kosten, die für die Bevölkerung anfallen, um die grundlegenden Güter und Dienste zu erreichen, indem man dem Besitz des städtischen Bodens die soziale Funktion wiedergibt, die er nach der Verfassung hat.
- Der Verfall von Gebäuden, offenen Plätzen und Straßen muß aufgehalten, historische und kulturelle Denkmäler müssen erhalten werden. Dazu müssen die physischen Elemente der Stadt an die natürliche Umgebung angepaßt werden, insbesondere an das Klima, die Topographie und die Beschaffenheit des Bodens. Der individuelle Charakter der Bevölkerungszentren muß verstärkt werden. Historisch und kulturell wertvolle Gebäude und Ensembles müssen geschützt werden. Ebenso müssen die Netze der Infrastruktur erhalten und mögliche Notstände verhindert werden.

2.3 Kommentare zu beiden Programmen (Perspektiven)

Die Planung der sozio-ökonomischen und städtischen Entwicklung stößt an mehrere Grenzen. Jede Verwaltung tendiert dazu, ihren Plan als den besten zu verkaufen und alte Pläne wegen ihrer nachgewiesenen Ineffizienz zu kritisieren.

Wer garantiert, daß der neue Plan tatsächlich Erfolg haben wird?

In Wirklichkeit ist die Planung in letzter Zeit stark in Frage gestellt worden; Porteous (1977, 309) schreibt:

Jede Planung ist notwendigerweise unvollkommen. Selbst wenn wir alle Idealisten sind, wird das Ideal nur selten verwirklicht. Die Bedürfnisse der Bewohner eines bestimmten Umfeldes sind den Planern nur unzureichend bekannt. Diese tendieren dazu, mit Daten zu arbeiten, die sie aus ihren Erfahrungen und ihrer Eingebung abgeleitet haben. Wirtschaftliche und politische Kräfte verhindern oft, daß der Plan in die Tat umgesetzt wird. Deshalb entsprechen die Neubauten häufig nicht den tatsächlichen Bedürfnissen.

Noch problematischer wird diese Situation in Ländern wie Mexiko, in denen soziale Ungleichheit und mangelndes Mitspracherecht der Bevölkerung dazu führen, daß der Planungsprozeß noch zentralistischer und autoritärer wird.

Fromm (1972) kritisiert die Planung mit politischen Argumenten. Er behauptet, die Planung diene heutzutage nicht dem Wachstum und der Entwicklung der Menschen, sondern Zielen der Produktion, Technologie und ständischen Organisationen. Die Planer seien zwar keine sichtbaren Symbole der Unterdrückung wie Militär und Polizei, aber doch "soft cops", wie Goodman sie bezeichnet (1972, 13).

Wie Porteous (1977, 351) schreibt, waren die Planer bereits im letzten Jahrzehnt zum Gegenstand der Kritik geworden:

In den siebziger Jahren zeigen sich bei den Planern allmählich Symptome dafür, daß sie die Rollen verwechseln. Der wachsende Protest der Bevölkerung gegen die Umwelt, die stärkere Beteiligung der Bevölkerung, der Verlust an Glaubwürdigkeit der Experten und deren wachsende Selbstkritik haben viele Planer dazu geführt, ihre eigenen Werte, Kriterien und Ziele ernsthaft in Frage zu stellen. Planung *für* die Bevölkerung wird zurückgewiesen, zwei Alternativen stehen offen. Die Planung muß *durch* die Bevölkerung selbst durchgeführt werden, oder aber die Kluft zwischen Planern und Nutznießern dieser Planung muß so weit verringert werden, daß die Planung *mit* der Bevölkerung möglich wird.

Abbildung 4 Zynische Betrachtung des Planungs- und Entwurfsprozesses (Quelle unbekannt)

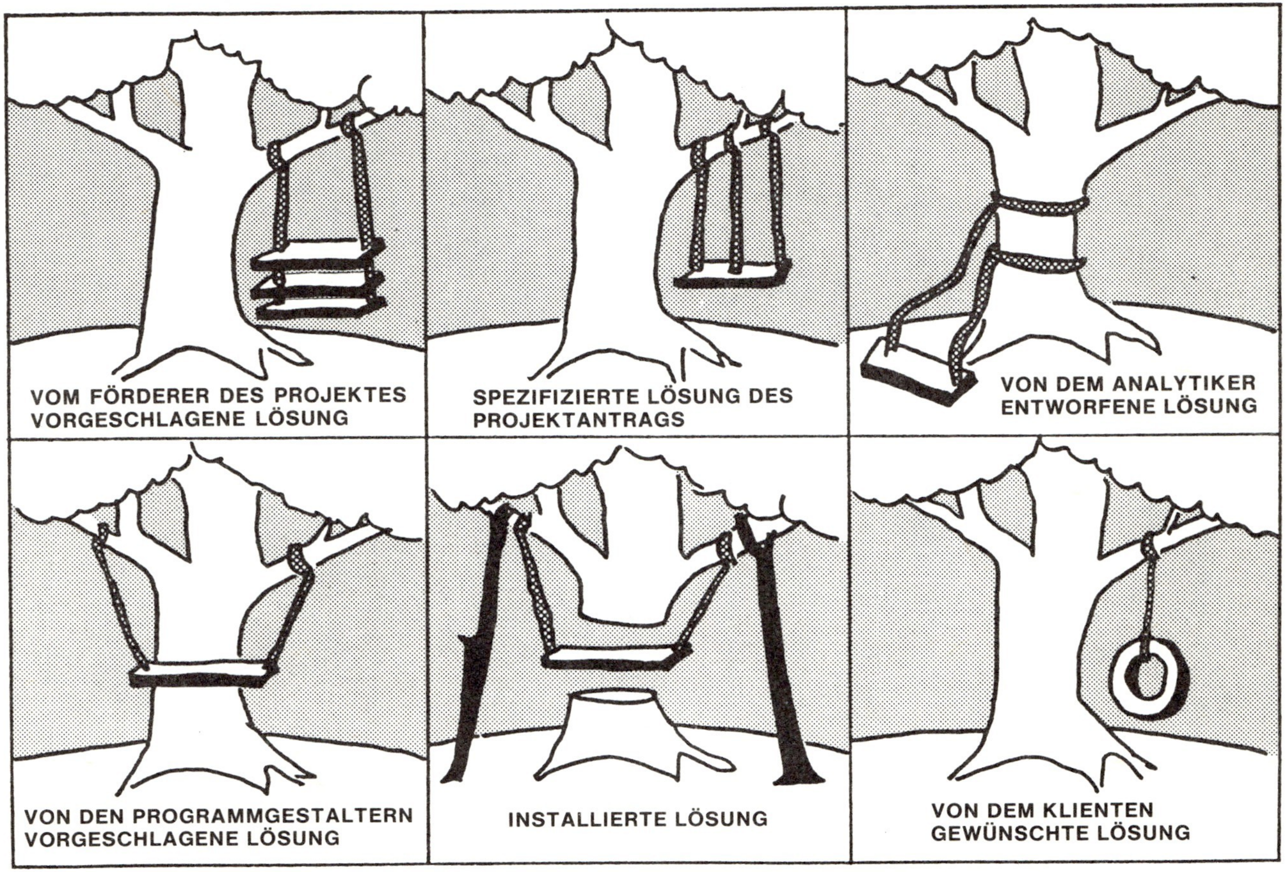

385

3. Empfehlungen

3.1 Städtebauliche Empfehlungen

Angesichts des Umfangs und der Merkmale der genannten Probleme der Stadt sowie der Beschränkungen und des Scheiterns der konventionellen Planung bietet sich als einzige Alternative eine Unterstützung des sogenannten "poblamiento"-Prozesses (etwa: Beteiligung der betroffenen Bevölkerung bei Neubau oder Sanierung).

Der Begriff "poblamiento" wurde vom "Centro Operacional de Vivienda y Poblamiento" (COPEVI) 1965 als Gegensatz zum technokratischen und zentralistischen Begriff des Städtebaus eingeführt. Man schlug vor, den von oben nach unten verlaufenden Prozeß, von den Fachleuten und zentralistischen Behörden zum Volke, umzudrehen, um den "poblamiento"-Prozeß zu fördern.

Dieser Begriff geht weiter als das Konzept, das Turner bereits in seinen ersten Schriften vorgeschlagen hatte, indem er die Unterstützung des sozialen Wohnungsbaus verteidigte.

In Mexico-City werden neuerdings öffentliche Anhörungen in die Planung miteinbezogen. Obwohl sie in der Presse kritisiert worden sind, wird man die Ergebnisse noch abwarten müssen.

Wenn diese Anhörungen in demokratischer Form geschehen, entsprechen sie der vierten "Beteiligungsstufe" der städtischen Bevölkerung, so wie sie Arnstein (1969, 216) vorgeschlagen hatte (s. Abb. 5). In Mexiko wird die Beteiligung der Bevölkerung jedoch fast immer manipuliert.

Wenn wir davon ausgehen, daß Mexico-City keine Stadt mehr ist, sondern nur noch eine Ansammlung von Häusern und Gebäuden, dann sollte man auch den traditionellen Stadtbegriff fallenlassen.

Der Begriff "faubourg", der in Paris seit dem 14. Jahrhundert verwendet wird, kann symbolisch auf Mexico-City gemünzt werden, denn es ist eine "falsche" Stadt, eine Nicht-Stadt. Es hat deshalb keinen Sinn, weiterhin so zu planen, als wäre sie eine "normale" Stadt.

Abbildung 5

Partizipation der städtischen Bevölkerung (nach: ARNSTEIN 1969, 216)

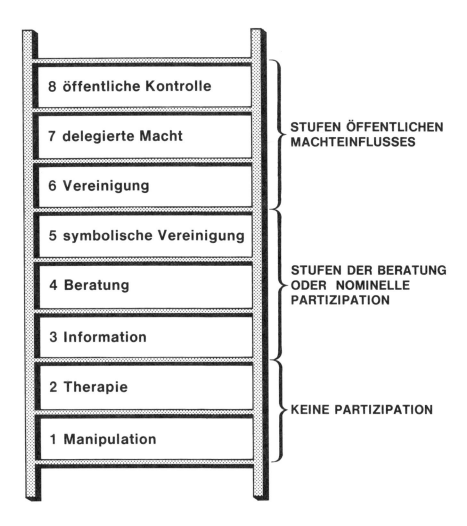

Der folgende Vorschlag greift die grundlegenden Konzepte eines der Pioniere der Planung, Ebenezer Howard, auf. Nach Hall (1979, 146) schlug Howard den Begriff der Sozialstadt und der Gartenstadt im Jahre 1898 vor. Mehrere Kleinstädte mit je 30 000 Einwohnern sollten zusammen einen Komplex bilden. Bei wachsender Bevölkerungszahl sollten sie sich so weit ausdehnen können, bis sie die notwendige Größe erreicht hätten. In jeder Gartenstadt würden die Bewohner eine bestimmte Zahl von Arbeitsplätzen und Dienstleistungsangeboten in fußgängergerechter Entfernung vorfinden. Sollten sie eine größere Vielfalt benötigen, könnten sie schnell in andere Städte oder die größere Zentralstadt fahren. Zu diesem Zweck schlug Howard ein integriertes Schnellverkehrssystem zur Verbindung zwischen den Städten vor (s. Abb. 6). Dieses Schema ähnelt den Vorschlägen, die für das Ruhrgebiet in der Bundesrepublik Deutschland oder für Randstad in Holland entwickelt wurden. In vielfacher Hinsicht ist diese Vision Howards vielleicht eher für das Ende des 20. Jahrhunderts geeignet als für das Ende des 19. Jahrhunderts, als er diese Vision niederschrieb.

Dennoch ist auch diese Lösung wie viele andere Utopien mit Vorsicht zu genießen; der Gedanke jedoch, kleine Städte mit der größtmöglichen Autarkie zu fördern, scheint eine gute Richtschnur für die künftige Entwicklung der lateinamerikanischen Länder zu sein.

3.2 Ökologische Empfehlungen

Die Zerstörung des Ökosystems des Tals von Mexiko über vier Jahrhunderte hindurch stellt eine außerordentlich prägnante Lektion dar, aus der man die notwendigen Maßnahmen ableiten kann, durch die in Zukunft die Zerstörung verhindert werden kann. Ich habe in zahlreichen früheren Arbeiten (1977-1984) einen ökologischen Ansatz verteidigt, der das Ökosystem der Stadt in seiner ganzen Komplexität berücksichtigt, und zwei Hauptthesen vorgeschlagen:
- Diagnose der Physiologie der Stadt.
- Regelung des Kreislaufes der Stadt.

Normalerweise beschränkte sich die städtebauliche Planung auf eine Analyse der städtischen Anatomie. Auf diese Weise wurde in den vier-

Abbildung 6

Schema der "Sozialen Stadt" von Ebenezer Howard (1898).
Nach: HALL 1966, 147

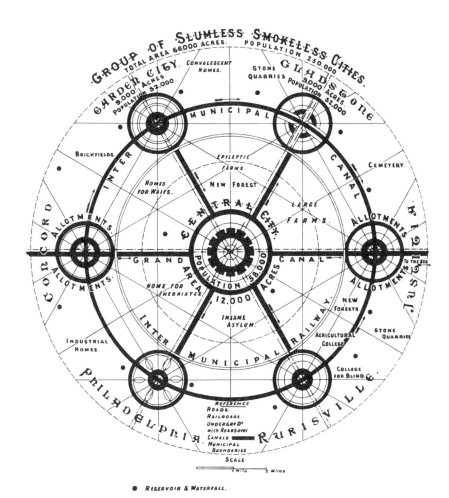

ziger Jahren die Analyse der Stadtzoneneinteilung nach der Karte von Athen durchgeführt.

Man kann dies mit der Anatomie in der Medizin vergleichen, in der es darum geht, die Organe des Körpers kennenzulernen. Will der Arzt einen Kranken heilen, muß er die Physiologie des Körpers kennen, um Lösungen vorschlagen zu können. Ganz ähnlich muß der heutige Städteplaner die Physiologie des Bodens, der Metropole und der Stadt verstehen, um wirksame Lösungen vorschlagen zu können.

Der Begriff des städtischen Kreislaufs ergänzt das soeben Gesagte. Städte verbrauchen Wasser, Nahrungsmittel, Energie und Rohstoffe; sie verbrauchen diese Elemente in verschiedenen Prozessen und wandeln sie dabei um; die festen, flüssigen oder gasförmigen Abfälle werden ausgeschieden.

Diese Abfälle können zwei Prozesse in Gang setzen:
- den Circulus vitiosus der Verschmutzung
  oder
- den Circulus virtuosus der Aufbereitung der Abfälle.

Ausgehend von diesem Ansatz werden folgende spezifischen Programme vorgeschlagen:
- Ökotechniken für die Aufbereitung von Wasser und Abfällen ("recycling")
- städtischer Gartenbau.

Die Ökotechniken des "recycling" wurden durch zahlreiche Veröffentlichungen verbreitet, zum Beispiel in der Publikation der Generaldirektion für Stadtökologie (Dirección General de Ecología Urbana) über die autarke Stadt und das autarke Haus (s. Abb. 7). Diese Technologien sind in Indien und China weit entwickelt worden; in Lateinamerika werden sie jedoch nur langsam eingeführt, und sie stoßen dort auf zahlreiche kulturelle Probleme.

Der Nutzen des städtischen Gartenbaus ist angesichts der ökonomischen und ökologischen Probleme unserer Zeit und der für die Metropolen der Zukunft so bedrohenden Tendenzen ganz offensichtlich.

Abbildung 7

Schema einer Wohnanlage auf Selbstversorgungsbasis   Nach: SAHOP 1980

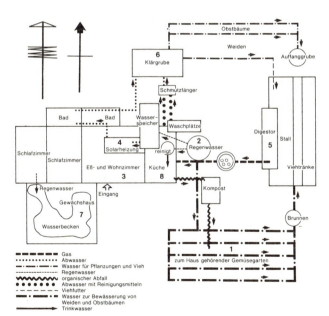

Die Erfahrungen mit einem Pilotprojekt in Xaltocan, das in Zusammenarbeit mit dem Amt für Volksentwicklung (Promoción del Desarrollo Popular) entwickelt wurde, zeigen, daß die Einführung solcher Maßnahmen in den Vorstädten von Mexico-City keineswegs leicht ist.

Die wichtigsten Hindernisse waren:
- kulturelle Barrieren, die einer Rückkehr zu überwundenen ländlichen und agrarischen Mustern entgegenstanden
- zu wenig Zeit und Interesse, den Garten zu pflegen
- zu wenig Wasser, um die Pflanzen zu bewässern
- zu wenig fruchtbarer Boden
- zu hohe Investitionskosten für den Anbau
- zu wenig Raum in den Gärten der Grundstücke der unteren Schichten.

Diese Hindernisse lassen sich überwinden; denn das Ziel, die städtische Autarkie zu erhöhen, ist eine der überzeugendsten Lösungen, um die Umweltqualität für die Einwohner der Metropolen der Zukunft zu verbessern.

3.3. Empfehlungen für den sozialen Bereich

Die vorgeschlagenen städtebaulichen und ökologischen Maßnahmen werden ohne die geeignete Förderung, Erziehung und Weiterbildung der Bevölkerung keinen Erfolg haben. Infolgedessen wird man die Beteiligung des einzelnen als auch der Familien und der Gemeinden an der städtischen Autarkie mit verschiedenen Mitteln fördern müssen.

Die notwendigen kulturellen Veränderungen müssen Erziehung und Vorbereitung für neue Lebensstile in der Stadt beinhalten. Das Konsumdenken der kapitalistischen Städte wird zu ständigen Frustrationen führen, da es immer schwieriger sein wird, einen minimalen Wohlstand zu halten, so wie er in den Städten der entwickelten Welt üblich ist.

Diese Aufgabe muß bereits mit der Erziehung der Kinder in Haus und Schule beginnen. Der Begriff der traditionellen Stadt muß als Modell verschwinden, an seine Stelle das der Autarkie treten.

Spezifische Techniken zur Erreichung der Autarkie können ebenfalls durch die Schule mittels einfacher didaktischer Texte weitergegeben werden.

Die Weitergabe von Kenntnissen über alle diese Themen muß so einfach und anschaulich wie möglich sein, damit der Siedler, der nur ein geringes Einkommen und eine geringe Schulbildung hat, diese Technologien lernen und anwenden kann.

Die Techniken zur Erreichung der Autarkie setzen geringe Kosten, örtliches Material und das Vorhandensein ungelernter Arbeitskräfte voraus.

Dieser Ansatz ist von linken Intellektuellen kritisiert worden, die meinen, daß die Beteiligung der unteren Schichten bei der Lösung ihrer Probleme eine neue Form der Ausbeutung der Armen in einem kapitalistischen System darstelle.

Natürlich können Strukturprobleme der Gesellschaft nicht durch reformerische Maßnahmen gelöst werden; dem steht aber die Aussicht gegenüber, im Rahmen des Möglichen durch friedliche Mittel kurzfristig einen Fortschritt erzielen zu können.

Über die genannten Empfehlungen hinaus kann man das soziale, wirtschaftliche und politische System kritisieren.

*****

Literatur

ARNSTEIN, S.: "A Ladder of Citizen Participation". In: Journal of the American Institute of Planners, 35, 1969, S. 216-224

CEPAL u. SAHOP: El Estado de los Asentamientos Humanos en América Latina y el Caribe. México 1979

DAVIS, K.: "Man's Adjustment to Cities". In: DAVIS, K. (Hg.): Cities: Their Origin, Growth, and Human Impact. San Francisco 1973, S. 1-6

DEPARTAMENTO DEL DISTRITO FEDERAL: Programa de Reordenación Urbana y Protección Ecológica. México 1984

FROMM, E.: "Humanistic Planning". In: Journal of the American Institute of Planners, 38, 1972, S. 67-71

GOODMAN, R.: After the Planners. New York 1971

HALL, P.: World Cities. New York 1966

PROMOCION DEL DESARROLLO POPULAR: Boletín Autoabasto, 1984, Nr. 1-8

PETERSON, E.T. (Hg.): Cities are Abnormal. Norman, Okla., University of Oklahoma Press 1946

PORTEOUS, J.D.: Environment and Behaviour. Reading, Mass. 1977

SAHOP (Secretaría de Asentamientos Humanos y Obras Públicas. Dirección General de Ecología Urbana): Ecotécnicas para la vivienda autosuficiente. México 1980

-: Cartilla para la Vivienda Autosuficiente. México 1981

-: Cartilla para Autoridades Municipales. México 1981

-: Los Planos de la Ciudad de México. México 1982

SANCHEZ DE CARMONA, L.: Planeación Ecológica de los Asentamientos Humanos. Memoria del Seminario Campo-Ciudad. Universidad Autónoma Metropolitana. México 1981

-: "The New International Order and Environment". In: LOZOYA u. LASZLO (Hgg.): Obstacles for the New International Order. Pergamon Press 1981

-: "Urban Planning in Mexico". In: HABITAT INTERNATIONAL, Pergamon Press 1981

-: Programa Nacional de Desarrollo Ecológico de los Asentamientos Humanos. Sept. 1982

-: "Gestión del Ecosistema del Area Metropolitana de la Ciudad de México". Ponencia presentada en el Simposium International "Metropolis 84". Paris 1984

-, F. di CASTRI, F.W.G. BAKER, M. HADLEY (Hgg.): "Ecological Studies for Regional Planning in the Valley of Mexico". In: Ecology in Practice, 2, Dublin 1984

- u. E. SOURS: "Mexico City: Ecological-Environmental Dimensions of Urban Development and Planning". In: BLAIR, TH. (Hg.): Urban Innovation Abroad. New York 1984

SEDUE (Secretaría de Desarrollo Urbano y Ecología): Programa Nacional de Desarrollo Urbano 1984-1988. México 1984

TURNER, J.C.: "Barriers and Channels for Housing Development in Developing Countries". In: Journal of the American Institute of Planners, 33, 1967, S. 167-181

UNIVERSIDAD DE ROMA: La Metropoli Spontanea. Rom 1984

DIE GESETZESINITIATIVEN ZUR REFORM DES GRUNDSTÜCKSRECHTS
IM KOLUMBIANISCHEN KONGRESS UND IHRE AUSWIRKUNGEN AUF
DEN SOZIALEN WOHNUNGSBAU
Jorge Bernardo Londoño Gutiérrez (Bogotá)

1. Einleitung

Ich hielt es für nützlich, zu den Diskussionen dieser Tagung einige Aussagen über die Merkmale des Stadtentwicklungsprozesses der letzten 25 Jahre in Kolumbien aus der juristischen Perspektive beizusteuern. Die verschiedenen Gesetzesinitiativen hatten mit der fast magischen Formel der "Stadtreform" die Rationalisierung und die geordnete Entwicklung dieses Prozesses zum Ziel, und sie versuchten damit, das bestmögliche Resultat für die Lebensqualität der Stadtbewohner zu erreichen, wobei sie im Bodenrecht den Schlüssel für die Lösung der städtischen Wohnungsnot sahen. Darüber hinaus scheint es mir nützlich, gerade im gegenwärtigen Moment über städtische Reformen nachzudenken. Nachdem unser Präsident Belisario Betancur den Friedensprozeß mit den verschiedenen Guerilla-Bewegungen eingeleitet hat, entwickelt sich bei uns der sogenannte nationale Dialog. In diesem Zusammenhang stellt sich uns das Problem der Stadtreform mit besonderer Dringlichkeit. Bis zum Ende dieses Jahrhunderts betrifft die Stadtentwicklungspolitik 80 % unserer Gesamtbevölkerung. Die Stadtreformen werden deshalb die Entwicklung des ganzen Landes entscheidend beeinflussen. Nur wenn es gelingt, ein besseres Gleichgewicht zwischen den verschiedenen sozialen Gruppen zu schaffen, wird die Basis für einen stabilen und dauerhaften Frieden gelegt werden können.

In den letzten 25 Jahren sind dem kolumbianischen Parlament eine Reihe von Gesetzesinitiativen zur Stadtreform vorgelegt worden. Die Öffentlichkeit hat diese Projekte aufmerksam verfolgt, da es dabei um grundlegende Probleme unserer Gesellschaft ging. Es wurden Hoffnungen geweckt. Die Interessenkonflikte zwischen den verschiedenen politischen Gruppen erzeugten soziale Spannungen, die das politische System belastet haben. Die Zeit ist vergangen, die Reformen wurden nicht verabschiedet, die Spannungen haben den sozialen Frieden erheblich gefährdet. Die Probleme bestehen zum Teil weiter, zum Teil wurden sie auf der Grundlage bereits bestehender oder auch neuer gesetzlicher Bestimmungen gelöst, die sich aber von den Gesetzesinitiativen zur Stadtreform unterschieden.

Dieser kurze Rückblick erklärt die Dringlichkeit einer vertieften Analyse dieser historischen Erfahrung unserer Gesellschaft, damit wir einen Weg finden können, freundlichere und menschenwürdigere Wohnungen und ein entsprechendes Umfeld zu schaffen, vor allem aber den Bau von Wohnungen massiv zu fördern, die für die unteren Schichten erschwinglich sind. Ich werde deshalb in der Folge die verschiedenen Gesetzesinitiativen vorstellen und sie in einem zweiten Schritt kritisch analysieren, in der Hoffnung, daraus Schlüsse für künftiges Handeln ziehen zu können.

2. Die Stadtentwicklung der letzten 20 Jahre in Kolumbien

Wie die meisten lateinamerikanischen Staaten war Kolumbien in den letzten 20 Jahren einem rapiden Prozeß der Verstädterung unterworfen. Wohnte die Bevölkerung des Landes am Beginn dieses Zeitabschnitts noch zu 70 % auf dem Land und zu 30 % in der Stadt, so haben sich die Zahlenverhältnisse an ihrem Ende genau umgekehrt: Jetzt wohnen 70 % in der Stadt und nur noch 30 % auf dem Land, was tiefgreifende soziale, politische und kulturelle Auswirkungen hat. Die ökonomische Struktur des Landes ist diesem Wandel jedoch nicht systematisch angepaßt worden. Der massive und nicht ausreichend durch entsprechende Planungen kanalisierte Verstädterungsprozeß stellte viele Dörfer vor ungeheure Probleme, da sie quasi über Nacht zu Städten wurden und damit auch die Verantwortung übernehmen mußten, die entsprechende Infrastruktur zu schaffen. Analoge Probleme hatten auch die alten Städte, die sehr rasch immens gewachsen waren und überdies auch noch die Folgen der gleichzeitig verlaufenden Industrialisierung bewältigen mußten. Dieser Prozeß lief so schnell ab, daß es nicht möglich war, die Technologien oder auch nur die Erfahrungen anderer Gesellschaften zu übernehmen, so daß fast jede Gemeinde neue Lösungen auf der Grundlage der eigenen konkreten Erfahrungen suchen mußte.

Die räumliche Verteilung der kolumbianischen Bevölkerung unterscheidet sich deutlich von der anderer lateinamerikanischer Staaten. Die Hauptstadt hat nicht die überragende Stellung ("primacy") wie in den meisten anderen Ländern der Region. Die Migration der ländlichen Bevölkerung ist in Kolumbien von einem Netz städtischer Zentren aufgesogen worden. Kolumbien ist ein Land von Städten, unter denen vier mehr als eine Million Einwohner haben, und zwar:

Bogotá	4 169 000
Medellín	2 071 000
Cali	1 352 000
Barranquilla	1 074 000

Die Entwicklung der kolumbianischen Städte wurde von "spontaner", ungeplanter Entwicklung geprägt, deren Dynamik alle Vorausschätzungen überholt hat. Der Staat war aus ökonomischen Gründen nicht in der Lage, dem Druck der lawinenartig anschwellenden Probleme zu begegnen. Die städtischen Zentren Kolumbiens haben sich wie in den meisten anderen Ländern der Region nach dem Prinzip der kommunalen Selbstverwaltung entwickelt. Dies hat zu einer atypischen Stadtentwicklung geführt, die sich zur Zeit in den meisten Fällen konsolidiert und durch eine "unkonventionelle" Ästhetik gekennzeichnet, allerdings auch mit unbezweifelbaren Mängeln aller Art behaftet ist.

Diese kurze Beschreibung erklärt zumindest teilweise das Auftreten von Reformtendenzen in den 60er Jahren. Die Probleme, die sich damals bereits deutlich abzeichneten, verlangten als erstes Agrarreformen, u.a. um die Menschen auf dem Land zu halten (und damit auch die Probleme der Städte und des Teils der Bewohner, die bereits eine gute Wohnung hatten, zu lösen), weiterhin Stadtreformen, um die neuen städtischen Probleme zu lösen, vor allem aber alle Migranten, deren erste Station in der Stadt die Elendsquartiere waren, mit Wohnungen zu versorgen. Es ging darum, Fehlentwicklungen zu korrigieren.

3. Gesetzesentwürfe zur Stadtreform

3.1 Allgemeine Problematik

Seit 1967 sind dem kolumbianischen Parlament etwa acht Gesetzesentwürfe zur Stadtreform vorgelegt worden, die in der Öffentlichkeit besondere Aufmerksamkeit fanden. Ich will in der Folge Ziele, Ausrichtung und Schwerpunkte der wichtigsten Entwürfe aufzeigen und analysieren.

3.2 Zusammenfassende Darstellung der wichtigsten Gesetzesentwürfe

3.2.1 Gesetzesentwurf von 1967

1967 wurde ein erster Gesetzesentwurf zur Stadtreform vorgelegt. Dem Ministerio de Desarrollo Económico (Ministerium für wirtschaftliche Entwicklung), das die Bezeichnung Ministerio de Fomento y Desarrollo Urbano (Ministerium für Stadtförderung und Stadtentwicklung) erhält, wird die Aufgabe übertragen, die staatliche Politik zur Stadtentwicklung auszuarbeiten und seinen Zuständigkeitsbereich zu definieren.

Die Bestimmungen im einzelnen:

- Der Instituto de Crédito Territorial (Hypothekenbank) wird neu strukturiert und erhält das Recht, Spareinlagen anzunehmen. Der Entwurf enthält Normen, die es erleichtern sollen, Grundstücke als für die allgemeine Nutzung notwendig zu erklären, die für den sozialen Wohnungsbau benötigt werden, und sie im Bedarfsfall enteignen zu können.
- Die Ausgabe von Schuldverschreibungen für den Erwerb der Grundstücke wird autorisiert und die Verfahrensweise festgelegt.
- Die Anwendung bereits bestehender Normen, mit deren Hilfe die Werterhöhung von erschlossenen Grundstücken abgeschöpft werden soll, wird zwingend vorgeschrieben, um die öffentlichen Investitionen wieder zurückzuführen.
- Städte mit über 100 000 Einwohnern müssen Stadtentwicklungspläne ausarbeiten. Es werden Fonds zur Stadtentwicklung geschaffen, deren Funktionen geregelt werden.

- 3 % des Staatshaushalts müssen zur Finanzierung des Instituto de Crédito Territorial vorgesehen werden.
- Die Befugnisse der Superintendencia Bancaria (Bankaufsicht) werden erweitert, damit sie auf dem Wohnungsmarkt eingreifen kann.
- Der soziale Wohnungsbau wird mit verschiedenen Maßnahmen gefördert. Industriebetriebe sollen zusammen mit dem Instituto de Crédito Territorial Wohnungsbauprogramme für ihre Arbeiter und Angestellten entwickeln.
- Die Bestimmung über die Mietkontrolle wird außer Kraft gesetzt und das Recht der Eigentumswohnungen neu geregelt.

3.2.2 Gesetzesentwurf von 1969

Der Entwurf wurde von dem Entwicklungsminister Dr. Hernando Gómez Otálora vorgelegt. Seine Ziele sind ganz allgemein eine Verbesserung der Situation der Städte, angemessener Wohnraum für die Stadtbewohner und die soziale Verantwortung des Eigentums.

Die Bestimmungen im einzelnen:

- Die traditionell mit Wohnungsbau und städtischer Entwicklung befaßten Institute, nämlich der Instituto de Crédito Territorial und der Banco Central Hipotecario (Zentrale Hypothekenbank), werden durch eine Reihe von Bestimmungen reformiert. Der Staat soll 51 % der Aktien des Banco Central Hipotecario erwerben und damit die Kontrolle über ihn übernehmen. Gleichzeitig soll sich die Bank auf die Rediskontierung und die Betreuung von Schuldverschreibungen für den Wohnungsbau und die Stadtentwicklung spezialisieren.
- Eine Reihe von steuerlichen Bestimmungen sollen erwünschte Entwicklungen verstärken (z.B. Förderung des Wohnungsbaus) und Fehlentwicklungen korrigieren (z.B. durch Besteuerung der Grundstücksspekulation). Die Mechanismen der Anliegerbeiträge für die Erschließung von Grundstücken werden verstärkt. Wie der vorausgegangene Gesetzesentwurf enthält auch dieser Bestimmungen, die den Grundstückserwerb durch Enteignung erleichtern sollen; die Mietkontrolle wird abgeschafft.

3.2.3 Gesetzesentwurf von 1970

Der Entwurf wurde vom Senator Mariano Ospina Hernández eingebracht. Die Ziele der Verbesserung der Lebensbedingungen in der Stadt werden hier deutlich formuliert; es geht darum, im Rahmen einer regional ausgeglichenen Stadtentwicklung "die bestmögliche moralische, intellektuelle, soziale und physische Entwicklung des einzelnen und der Familie zu erreichen".

Die Bestimmungen im einzelnen:

- Mit der Einführung des Konzepts der integralen Planungen erhalten die Departamentos als Verwaltungseinheiten die Federführung; sie bestimmen die Grenzen der Regionen, die Gegenstand der Planung sind.
- Die Kriterien und Mechanismen der Finanzierung werden für die Körperschaften der Departamentos und Kommunen festgelegt, mit deren Hilfe sie die notwendigen Studien für die Entwicklungspläne durchführen können. Dies soll über den FONADE (Sonderfonds des Planungsamtes zur Finanzierung von Entwicklungs-Studien) mit den Geldern des Banco Central Hipotecario in Höhe von 10 % ihrer dafür bestimmten Mittel erfolgen.
- Die Aufgaben des Instituto de Crédito Territorial werden neu definiert; der Banco Central Hipotecario wird autorisiert, jährlich bis zu 3 Milliarden Pesos in Schuldverschreibungen für Stadtentwicklung und Wohnungsbau auszugeben.
- Für die Sozialwohnungen werden Subventionen eingeführt, die in Form von Geld oder Baumaterialien ausgegeben werden können. Es wird ein nationaler Preis für das beste Projekt der Wohnungs- und Stadtentwicklung geschaffen, der vom Banco Central Hipotecario verliehen wird. Die Mietkontrolle wird abgeschafft.
- Wie die vorhergehenden Entwürfe setzt auch dieser Steuerstrafen in Höhe der doppelten Grundstückssteuer für die Grundstücke fest, die nicht entsprechend den Entwicklungsplänen genutzt werden.
- In bezug auf Enteignungen werden die vorhandenen gesetzlichen Bestimmungen bestätigt und zusätzliche Bestimmungen eingeführt; für die enteigneten Grundstücke werden die Zahlungsmodalitäten festgelegt.
- Die Stadtentwicklung wird als integraler Vorgang betont, insofern als die Reformen nicht nur einige der Probleme im Rahmen einer regionalen Autonomie lösen sollen.

3.2.4 Gesetzesentwurf von 1970

Die Initiative wurde von dem Minister Jorge Valencia Jaramillo der Regierung Misael Pastrana eingebracht.

Unter den verschiedenen Entwürfen, die dem Parlament vorgelegt wurden, war dies einer der ehrgeizigsten. Sein Ziel war die "Reform der städtischen Struktur, damit das Eigentum die in der Verfassung niedergelegte soziale Verantwortung erfüllt, indem die Voraussetzungen geschaffen werden, die eine Verbesserung der Lebensbedingungen in den Städten sowie den Wohnungsbau und den Ausbau der Dienstleistungen für die unteren Schichten erlauben".

Die Bestimmungen im einzelnen:

- Es wird ein Consejo Nacional de la Reforma Urbana (Nationalrat für Stadtreform) geschaffen. In diesem Consejo wird auf nationaler Ebene die Planung und Durchführung der Stadtentwicklung zentralisiert.
- Es wird ein Instituto Nacional de Desarrollo Urbano y Vivienda (Nationales Institut für Stadtentwicklung und Wohnungsbau) geschaffen, in dem das Instituto de Crédito Territorial aufgeht.
- Der Entwurf enthält Vorstellungen zur Schaffung von Arbeitsplätzen in den neuen Gemeinden. Der soziale Wohnungsbau soll subventioniert werden, und zwar aus den Mitteln des Instituto Nacional de Desarrollo Urbano y Vivienda, dessen Kapital vom Staatshaushalt finanziert wird.
- Der Banco Central Hipotecario erhält in Übereinstimmung mit den Richtlinien der Junta Monetaria (Währungsrat) als Rediskontorgan besondere Aufgaben. Es sollen steuerfreie Schuldverschreibungen ausgegeben werden.
- In Städten über 100 000 Einwohnern werden Immobilien, die ihre soziale Funktion nicht erfüllen, mit einer Stadtentwicklungssteuer belegt, die jährlich zwischen 8 und 15 % ihres Einheitswertes beträgt. Erträge aus dieser Steuer sind zur Finanzierung des sozialen Wohnungsbaus bestimmt. Darüber hinaus wird eine Steuer in Höhe von 5 % auf Luxuswohnungen (über 250 m² Wohnfläche) eingeführt.
- Ein zentraler Punkt des Entwurfs ist die flexiblere Gestaltung der Bestimmungen über die Enteignung. Der Consejo Nacional de la Reforma Urbana erhält die Aufgabe, die Mieten zu überwachen.

3.2.5 Gesetzesentwurf von 1971

Die Initiative wurde von dem Entwicklungsminister eingebracht. Sie basiert auf dem Gesetzesentwurf von 1970, der durch einige Bestimmungen eines Gesetzesentwurfes des Senators Ospina Hernández erweitert wird.

Die wichtigsten vorgesehenen neuen Bestimmungen sind:

- Es wird ein allgemeiner Planungsrahmen geschaffen. Die Förderungen werden spezifiziert. Die kommunalen Körperschaften müssen bei den Planungen konsultiert werden. Stadtentwicklungspläne werden zwingend vorgeschrieben.
- Zur Förderung des sozialen Wohnungsbaus wird der Instituto Nacional de Desarrollo Urbano verpflichtet, nicht verkaufte Privathäuser zu erwerben, die nach Plänen gebaut wurden, die vom Instituto genehmigt worden waren.
- Baumaßnahmen an historisch wertvollen Gebäuden werden von Steuern befreit.

3.2.6 Gesetzesentwurf von 1984

Die Initiative wurde von der Staatsregierung eingebracht und hatte die Mietkontrolle sowie Enteignungen zum Inhalt.

Im Unterschied zu früher befaßt sich die gegenwärtige Regierung nicht mit der Stadtreform als Ganzem, sondern konzentriert sich auf zwei Punkte, die als zentral angesehen werden: die Mietkontrolle und die Enteignung von Grundstücken zu sozialen Zwecken, wofür flexiblere juristische Instrumente benötigt werden. Der Entwurf basiert auf der juristischen Tradition, nach der die soziale Verantwortung bei privatem Eigentum von Grund und Boden den Vorrang hat. Ausgangspunkt ist der Artikel 30 der Verfassung, der durch eine Reihe von Gesetzen konkretisiert wurde (Gesetze 200/1936, 14 und 19/1945, 103/1958, 139/1969, 156/1960).

3.3 Die Gemeinsamkeiten der Gesetzesinitiativen

Als wichtigste Gemeinsamkeiten der dargestellten Entwürfe sind zu nennen:

- Erleichterung des Enteignungsverfahrens
- Verpflichtung zum Erstellen von Stadtentwicklungsplänen
- Verstärkung der Mechanismen, mit deren Hilfe die Werterhöhung der erschlossenen Grundstücke abgeschöpft werden kann
- Besteuerung der nicht genutzten Grundstücke, die für den Wohnungsbau geeignet sind
- Reform des Instituto de Crédito Territorial und des Banco Central Hipotecario
- Mietkontrolle, wobei die verschiedenen Entwürfe allerdings gegensätzliche Ziele verfolgen
- Einige Entwürfe enthalten Bestimmungen über die Behördenstruktur zur Steuerung der Stadtentwicklung, indem sie zentrale Behörden zur Koordinierung der Arbeit vorsehen.

3.4 Zusammenfassung und Kritik

Alle Gesetzesentwürfe stimmen darin überein, daß der Wohnungsbau für die unteren Schichten das zentrale Problem aller Stadtreformen ist. Demgemäß konzentrieren sich die Entwürfe auf den sozialen Wohnungsbau und den Erwerb der notwendigen Grundstücke durch Enteignung. Schärfer formuliert sehen sie im Problem des städtischen Bodens den Schlüssel für die Stadtentwicklung. Die anderen Probleme werden demgegenüber vernachlässigt: die Beschaffung der notwendigen Mittel, insbesondere für die massiven Enteignungen, Kredite, Ausbau der Infrastruktur usw. Kein Entwurf sieht die Stadtentwicklung im größeren Rahmen der wirtschaftlichen Entwicklung des Landes; kein Entwurf enthält klare Kriterien für die Finanzierung und die Verwaltung, die für die Realisierung der angestrebten Reformen in einer angemessenen Zeit unabdingbar sind.

4. Sozialer Wohnungsbau und Grundstückspreise in Kolumbien. Eine Untersuchung

4.1 Kriterien und Ziele der Untersuchung

Im Gegensatz zu den dargestellten Gesetzesentwürfen möchte ich die These aufstellen, daß die Grundstückskosten kein relevanter Faktor bei den Gesamtkosten des Wohnungsbaus sind; die Lösung dieses Problems kann deshalb nur zu einem geringen Teil zur Lösung des Gesamtproblems beitragen. Um diese These zu beweisen, habe ich in drei Gruppen von kolumbianischen Städten Untersuchungen durchgeführt, die eine genaue Bestimmung des Kostenfaktors "Grundstücke" im Verhältnis zu den gesamten Baukosten zum Ziel hatten. Ich wollte damit zu klareren Kriterien gelangen, mit deren Hilfe der Zusammenhang von Stadtreform und Wohnungsbau besser beurteilt werden kann.

Ich beschaffte dazu die nötigen Informationen aus den Archiven des Banco Central Hipotecario, der heute etwa 20 % der Finanzierung des Wohnungsbaus durchführt. Obwohl damit nicht alle Städte und auch nicht alle Schichten erfaßt wurden, reichen die Daten für die Ziele meiner Untersuchung aus.

Ich stellte vier Gruppen von Städten der jeweils gleichen Größenordnung zusammen, um mögliche Unterschiede in der Kostenstruktur bei verschiedener Größe messen zu können (s. Tab. 1):

1. Bogotá, Barranquilla, Cali und Medellín
2. Bucaramanga, Cartagena, Cúcuta und Manizales
3. Ibagué, Pereira
4. Gesamtheit der Projekte des Banco Central Hipotecario in verschiedenen Städten des Landes

In jeder Gruppe habe ich bei etwa zehn Bauprojekten einer gewissen Größe die Baukosten analysiert, wobei ich vier Faktoren unterschieden habe:

- Grundstückskosten
- Baukosten
- allgemeine Ausgaben

- Gewinn (der Gewinn muß in Kolumbien gesondert ausgewiesen werden und ist deshalb nicht in den drei ersten Posten enthalten)

Nachdem ich die Informationen für jede Stadt und jede Gruppe gesammelt hatte, habe ich einen gewichteten Mittelwert errechnet, der einen Überblick über das ganze Land erlaubt.

4.2 Die Ergebnisse der Untersuchung

Nach meinen Daten betrug der Kostenanteil der Grundstückskosten (ohne Erschließung) an den Gesamtkosten in den verschiedenen Städten:

Bogotá	4,61 %
Medellín	5,66 %
Barranquilla	5,43 %
Cali	5,87 %
Bucaramanga	9,87 %
Cartagena	8,57 %
Cúcuta	5,96 %
Manizales	4,53 %
Pereira	8,28 %
Ibagué	6,53 %
Neiva	5,48 %

Die gewichteten Mittelwerte aller untersuchten Städte ergeben folgende Daten:

Grundstückskosten	6,12 %
Erschließungskosten	6,32 %
Baukosten	63,02 %
allgemeine Kosten	12,67 %
Gewinn	10,58 %

Daraus ergibt sich als zwingende Schlußfolgerung, daß der Anteil der reinen Grundstückskosten an den gesamten Baukosten so gering ist, daß das Wohnungsproblem nicht über Bodenenteignungen gelöst werden kann. Selbst wenn ein Reformgesetz Enteignungen ohne Entschädigungen vorsehen würde, blieben immer noch 93,88 % der Baukosten übrig.

Tabelle 1:

Wohnungsbauprojekte Kolumbien Kostenstrukturanalyse 1984 Erstellungsdatum 09.11.1984	Wohnungsbauprojekte Prozentzahlen nach Stadtgröße				
GRÖSSENORDNUNG	1.	2.	3.	4.	MITTELWERT
GRUNDSTÜCK					
Grundstückskosten	5.39	7.24	6.76	5.10	6.12
Direkte Erschließungskosten	6.60	7.69	5.71	5.28	6.32
Indirekte Erschließungskosten	0.93	1.46	1.73	1.08	1.30
Gesamtwert des erschlossenen Grundstücks	12.92	16.39	14.20	11.47	13.74
BAUKOSTEN					
direkte Baukosten	50.03	52.43	56.65	53.80	53.23
indirekte Baukosten	9.50	8.89	10.44	10.33	9.79
Gesamtwert der Baukosten	59.53	61.32	67.09	64.13	63.02
ALLGEMEINE KOSTEN	15.72	12.35	9.30	13.31	12.67
GEWINN	11.84	9.96	9.42	11.09	10.58
GESAMTVERKAUFSWERT DES PROJEKTS	100.01	100.02	100.01	100.00	100.01

(Erläuterungen s. unter 4.1)

Diese Kostenstruktur gilt für Wohnungen bis zu einem Verkaufspreis von ca. 1 500 000 Pesos, d.h. Wohnungen in mittleren Wohnlagen mit einer ausgebauten Infrastruktur, so wie es gesunde Prinzipien des Städtebaus an sich erfordern. In dem Maße wie die Qualität des Baumaterials und die Anforderungen an die Infrastruktur gesenkt werden, würde sich natürlich der Anteil der Grundstückskosten entsprechend erhöhen. Aber selbst bei der niedrigsten Berechnung erreichen die Kosten für das erschlossene Grundstück höchstens 25 % der Gesamtkosten.

Diese Ergebnisse bedeuten nicht, daß man den Anteil der Grundstückskosten unterschätzen oder sogar Grundstücksspekulationen dulden soll. Stadtreformen jedoch, die in der Lösung der Grundstücksfrage den Schlüssel für die Wohnungsproblematik sehen, verfehlen mit Sicherheit das Problem.

5. Brauchen wir eine Stadtreform?

Unabhängig von den Gesetzesinitiativen, die ich unter Punkt 3 diskutiert habe, sind in den letzten 15 Jahren einige Dekrete erlassen worden, die Lösungen für begrenzte Probleme zum Ziel hatten und ihre Effektivität bereits in der Praxis erwiesen haben. Diese Dekrete waren in der Regel weitaus wirksamer, als es die in den diskutierten Gesetzesinitiativen vorgesehenen Maßnahmen gewesen wären.

1968 wird der Fondo Financiero de Desarrollo Urbano (Fonds für Stadtentwicklung) gegründet, der als Finanzierungsinstrument für Infrastruktur und städtische Dienste arbeiten sollte. Man verstärkte die Mechanismen der Anliegerbeiträge für die Erschließung von Grundstücken, um den Rückfluß der Investitionen zu ermöglichen. Der Fonds hat sich als grundlegendes Instrument erwiesen, mit dem die Gemeinden die Entwicklung der Infrastruktur, den Straßenbau usw. finanzieren.

Ebenfalls 1968 wurden durch Gesetz Normen über Planungsverbände in Ballungsräumen erlassen. Autonome Gemeindekörperschaften eröffneten neue Möglichkeiten zur Lösung der Stadtprobleme.

1972 wurde mit den Dekreten 677 und 678 die Unidad del Poder Adquisitivo Constante (UPAC) begründet (Einheit mit konstanter Kaufkraft:

Sparsystem, bei dem der Inflationsverlust der Einlagen ausgeglichen wird). Die Wirkung beruhte vor allem in einem Anreiz zum Sparen. Seit der Gründung ist die Summe der Spareinlagen auf 300 Milliarden Pesos angewachsen, wodurch eine hohe Zahl von Wohnungen finanziert werden konnte.

1974 wurde mit dem Dekret 2053 eine weitreichende Steuerreform durchgeführt. Es wurde eine Einkommenssteuer auf das amtlich geschätzte Einkommen aus dem deklarierten Vermögen eingeführt, wenn das vom Steuerpflichtigen deklarierte Einkommen darunter lag; spekulative Investitionen wurden steuerlich abgeschreckt.

1980 wurden mit dem Dekret 1 306 alle Städte über 50 000 Einwohner verpflichtet, Stadtentwicklungspläne auszuarbeiten und die Finanzierung zu sichern. Obwohl dieses Dekret in den meisten Städten auf technische Schwierigkeiten stieß, weil die Verwaltung den Aufgaben nicht gewachsen war, hat dieses Gesetz doch zur Rationalisierung und Ordnung der Stadtentwicklung wesentlich beigetragen.

6. Stadtentwicklung und städtischer Boden. Einige Vorschläge

Die Stadtentwicklung ist ein außerordentlich komplexer Prozeß, bei dem noch viele Elemente genau bestimmt werden müssen, um daraus die Kriterien für künftiges Handeln zu gewinnen. Dabei denke ich vor allem an die politische und administrative Dezentralisation auf kommunaler Ebene als Weg zur Lösung zahlreicher Probleme: der regionalen Entwicklung, der Umweltverschmutzung und Landschaftspflege, dem Ausbau der Infrastruktur usw. Aber dies wären Themen für eine eigene Arbeit. Ich will mich hier auf die Bodenbesitzproblematik beschränken, die das eigentliche Thema meines Beitrags darstellt, und dazu einige Vorschlägen machen.

6.1 Enteignungen

Ich habe bereits ausreichend begründet, daß die Enteignungspolitik nicht länger das Kernstück der Politik der Stadtentwicklung und des sozialen Wohnungsbaus sein darf. Dessenungeachtet braucht der Staat natürlich flexible Instrumente für den Fall, daß öffentliches und privates Interesse miteinander in Konflikt geraten.

6.2 Gesamtstrategie

Es muß eine Gesamtstrategie der Stadtentwicklung entworfen werden, die auf die gegenwärtigen Migrationstendenzen dergestalt einwirkt, daß die Stadtentwicklung in den Zentren gefördert wird, in denen die öffentlichen Investitionen die größten Auswirkungen auf die Gesamtentwicklung erzielen. Die Politik muß sich dabei auf eine genaue Kosten-Nutzen-Analyse stützen, und sie muß den Mut haben, die Konsequenzen daraus zu ziehen. Unsere Nationalwirtschaft hängt in immer größerem Ausmaß vom Weltmarkt ab. Die Stadtentwicklungspolitik muß dieses Faktum in Rechnung stellen. An den Küsten haben sich Städte entwickelt, die zu Zentren der Produktion für den Weltmarkt geworden sind. Dies muß zu einer Entspannung des Grundstücksmarktes in den Industriezentren führen, in denen bisher der Druck der Zuwanderung am größten war.

6.3 Modernisierung der städtischen Verwaltungen

Die Ineffizienz der Verwaltung führt in Städten wie Bogotá zu Verlusten bis zu 20 %. Die Modernisierung der Verwaltung würde deshalb unter anderem auch zu einem rationelleren Umgang mit den städtischen Flächen und zu einer Reduzierung der Baukosten führen.

6.4 Stärkung des Fondo de Desarrollo Urbano

Ausgehend von den Leitlinien der Politik soll der Fonds die kommunalen Investitionen beim Ausbau der Infrastruktur unterstützen. Mit besonderem Nachdruck muß das dort geschehen, wo das Wachstum über den Mittelwerten liegt, die vom nationalen Entwicklungsplan vorgegeben wurden, damit dort das Angebot an städtischen Grundstücken erhöht werden kann.

6.5 Einfrieren der Bebauungsgrenzen

Die Bebauungsgrenzen müssen für einen vernünftigen Zeitraum eingefroren werden, um die Stadtfläche besser zu nutzen und die enormen sozialen Folgekosten in den Griff zu bekommen, die aus der unkontrollierten Erweiterung der Stadtgrenzen resultieren. Allerdings muß diese Maßnahme von anderen Maßnahmen begleitet werden, damit die Verminderung des Angebots an Grundstücken nicht zu einem unkontrollierten Anwachsen der Preise führt: z.B. müßten Kredite für den Wohnungsbau an die Bedingung geknüpft werden, daß der Grundstückspreis nicht einen bestimmten Prozentsatz des Endpreises übersteigt; die Werterhöhung der Grundstücke in den erschlossenen Zonen müßte zugunsten des Gemeinwesens abgeschöpft werden; in neuen Zentren müßten gleichzeitig der Stellenmarkt gefördert, die Kreditvergabe erleichtert und der Wohnungsbau intensiviert werden, um damit die Nachfrage in den traditionellen Zentren zu senken.

6.6 Unterteilung von Grundstücken

In den meisten kolumbianischen Städten gibt es Wohnviertel in guten Lagen mit einer verhältnismäßig geringen Bebauungsdichte. Man müßte diese Grundstücke teilen und Kredite für diesbezügliche Projekte bereitstellen. Damit würde Raum für Wohnungsbauprogramme geschaffen, die weder eine Verteuerung des Bodens noch eine Erweiterung der Bebauungsgrenzen zur Folge hätten. Dieser Punkt ist im übrigen eine notwendige Ergänzung zu dem unter 6.5 besprochenen Einfrieren der Bebauungsgrenze.

6.7 Prioritäre Vergabe von Krediten an Genossenschaften

In allen Instituten, die Baukredite vergeben, müßten bestimmte Quoten der Kreditsumme für Spar- und Baugenossenschaften reserviert werden.

6.8 Förderung des Bausparens

Die bereits existierenden Mechanismen, die ihre Effizienz bereits unter Beweis gestellt haben, müßten weiter verstärkt werden. Ein bestimmter Prozentsatz des Bruttosozialprodukts müßte für die Stadtentwicklung und den Wohnungsbau bestimmt werden. Die Kontrolle müßte beim Währungsrat und der Staatsbank liegen. Damit könnte eine längerfristige Stadtplanung erreicht werden, die nicht den ständigen Richtungsänderungen der Politik der jeweiligen Regierungen unterworfen wäre.

Ausblick

In den letzten beiden Jahren hat die Regierungspolitik bereits offensichtliche Erfolge erzielt. Die Politik des Präsidenten, das Wohnungsangebot zu erhöhen, hat mit Hilfe des Bausparsystems entscheidend zu einer Kontrolle der Lebenshaltungskosten beigetragen. Damit sollen andere mögliche Initiativen nicht ausgeschlossen werden. Das Ziel muß eine Strategie der Stadtentwicklung bleiben, die nicht vermeintlichen Tageszwängen der Politik folgt, sondern auf lange Sicht eine harmonische und integrale Entwicklung des kolumbianischen Volkes erreicht - auch der Teile, die bislang noch am Rande leben.

PLANUNG UND REALITÄT
DER ENTWICKLUNGSPLAN FÜR BOGOTA DER PHASEN I, II UND IIB
Roberto Rodrîguez Silva (Bogotá)

1. Einleitung

Die mangelnde Übereinstimmung zwischen dem, was in den Städten der Entwicklungsländer geplant und dem, was ausgeführt wird, bereitet nicht nur der Stadtbevölkerung, sondern auch den Städteplanern große Sorgen. Die Planer zeigen sich frustriert von der Realität: Ihre Pläne werden nicht so durchgeführt, wie sie konzipiert wurden, und haben nur wenig Ähnlichkeit mit den politischen Zielen, die an ihrem Ursprung standen. Die Öffentlichkeit wiederum hat den Glauben an die Nützlichkeit der Planung verloren: Entwicklungspläne ruhen sanft in verstaubten Schubladen, und endlose Studien über ihre Durchführbarkeit, die manchmal nur den Launen des jeweiligen Regierungschefs entsprechen, werden meist nicht realisiert. Dieser Befund muß alle entmutigen, die in der Planung ein nützliches Werkzeug für die Entwicklung ihres Landes sehen.

Unter den verschiedenen Theorien der Planung wird in den Ländern, in die von internationalen Organisationen beschäftigte "Experten" reisen, besonders eine angewandt. (Die internationalen Organisationen haben dabei eine Schlüsselstellung: sie finanzieren die Entwicklungspläne, die notwendige Voraussetzung dafür sind, die Mittel für die vorgeschlagenen Arbeiten zu erhalten, die ebenfalls wieder von den internationalen Organisationen vergeben werden): Man geht von den politischen Vorgaben der jeweiligen öffentlichen Verwaltung aus, sammelt die entsprechenden Daten, analysiert sie und erstellt Diagnosen; man präsentiert alternative Lösungen, bewertet sie, empfiehlt einige davon, legt den Bericht vor und verabschiedet sich. Merkwürdigerweise fällt dieser Abschied in der Regel mit einem Regierungswechsel zusammen, denn das Ziel vieler

Regierungen besteht in der Ausarbeitung irgendeines Entwicklungsplanes, dessen Erstellung normalerweise die ganze Amtszeit dauert. Die Vorlage des Schlußberichts fällt dann mit dem Abschied derjenigen zusammen, die den Plan ausgearbeitet haben wie auch derer, die ihn durchführen sollten.

Das beschriebene System entspricht der unter den Planern weit verbreiteten Vorstellung, daß die Durchführung der Vorschläge einfach eine logische Konsequenz des Planes ist. Für sie handelt es sich dabei lediglich um ein Problem der Kontrolle und der Effizienz bei der Anwendung der Vorschläge.

Diejenigen hingegen, die die Projekte durchführen, gehen einen anderen Weg. Es handelt sich um Angestellte einer neuen Verwaltung, die die Wahlversprechen realisieren wollen und deshalb nicht darauf warten können, daß großangelegte Studien das rechtfertigen, was sie tun wollen; und die Informationen früherer Studien wiederum sind nicht unmittelbar verfügbar. Obwohl viele Studien dennoch nachträglich erstellt werden, um das Gemachte zu rechtfertigen, beginnen diese Angestellten die Projekte, ohne über eine ausgearbeitete Untersuchung ihrer Durchführung zu verfügen. Sie werden dabei von der Theorie geleitet, daß "das Wirkliche gut ist".

Die Sorge über diese tiefe Kluft zwischen Planung und Durchführung hat mich dazu veranlaßt, einen typischen Fall kurz zu analysieren, der sich vermutlich auch auf andere Länder übertragen läßt, die sich in einer ähnlichen Situation wie Kolumbien befinden.

2. Die Geschichte eines Plans

Die hier vorgelegte Studie bezieht sich auf den "Entwicklungsplan für Bogotá, Phase I, II und IIB", der für die kolumbianische Hauptstadt zwischen 1968 und 1975 ausgearbeitet wurde. Ich werde versuchen, das Verfahren während der Ausarbeitung zu beschreiben und Ihnen dabei das Umfeld sowie die Rolle einiger Akteure zu schildern.

1968 beantragte die kolumbianische Regierung beim Entwicklungsfonds der Vereinten Nationen eine Unterstützung zur Durchführung einer

Studie über die Hauptstadt, die zum damaligen Zeitpunkt vor ernsten Problemen stand, die die Behörden und die Bevölkerung beschäftigten. Bogotá zählte 2 339 561 Einwohner (1), besorgniserregender war jedoch die Wachstumsrate, die über 7 % jährlich erreichte. Auf der Basis dieser Wachstumsrate ergaben Hochrechnungen für 1990 eine Einwohnerzahl von mehr als acht Millionen. Die damals durchgeführte Studie, die unter dem Namen "Studie zum Verkehr und zur Stadtentwicklung, Phase I" (2) bekannt wurde, konzentrierte sich folglich darauf, die wichtigsten Alternativen für das städtische Wachstum zu finden, die sich einer Stadt dieser Größenordnung boten, eine Politik zur Verbesserung des Massenverkehrs- und Transportsystems in der Region zu formulieren und die Reichweite der Studie zu definieren, die mit Sicherheit später vertieft werden müßte (Phase II).

Das eigentliche Ziel der Studie war damit jedoch nicht genannt. Der damalige Bürgermeister von Bogotá, Dr. Virgilio Barco, ein dynamischer und technokratischer Politiker, hatte sich für den Bau einer U-Bahn als Lösung für die bestehenden Verkehrsprobleme engagiert. Als sich die kolumbianische Regierung bei der Weltbank um eine Finanzierung bemühte, verlangte diese eine Studie über die Realisierungsmöglichkeiten verschiedener Alternativen zur Lösung der Verkehrsprobleme Bogotás. Daraus entstand die erste Phase des Entwicklungsplans: man suchte nach einer Rechtfertigung für den Bau einer U-Bahn (daraus erklärt sich, weshalb zuerst das Wort "Verkehr" im Titel der Studie erscheint).

Nachdem diese Phase der Studie 1970 beendet war, begannen die Stadtverwaltung von Bogotá und die Regierung, neue Kriterien für eine neue Phase der Studie zu untersuchen. Obwohl bereits die erste Studie auf sie hingewiesen hatte, sollten sie aufgrund der Politik der seit kurzem im Amt befindlichen neuen Regierung erheblich verändert werden. Bei der Weltbank und bei der staatlichen Planungsbehörde Kolumbiens entstanden in jener Zeit neue Vorstellungen zur Entwicklung und zum Verkehr.

Es dauerte über ein Jahr, bis die neuen Kriterien für die zweite Phase der Studie erarbeitet waren. Sie waren das Ergebnis sorgfältigen Nachdenkens einer großen Gruppe von Experten und Beamten. Man muß hier darauf hinweisen, daß die neue Politik nicht mehr allein auf die Rechtfertigung einer U-Bahn ausgerichtet war, sondern daß dieser

Aspekt lediglich einer unter vielen war, die ein "echter" Entwicklungsplan zu berücksichtigen hätte.

Die Studie wurde durchgeführt von in- und ausländischen Beratern sowie einer Arbeitsgruppe, die vom Departamento Administrativo de Planeación Distrital (DAPD; Abteilung für Bezirksplanung) gebildet worden war. Die Arbeit folgte während der gesamten Laufzeit des Projekts den politischen Richtlinien, die von einem zu diesem Zweck eingesetzten Komitee erlassen wurden. Diesem Komitee gehörten an Vertreter des Departamento de Planeación Nacional (Abteilung für nationale Planung; Dr. Lauchlin Currie), des Departamento de Planeación Distrital (Abteilung für Stadtplanung; die Architekten Patricio Samper und Roberto Rodríguez-Silva) sowie der regionalen Entwicklungsbehörde für den Großraum Bogotá. Hier muß vor allen Dingen die Rolle von Dr. Lauchlin Currie, der Wirtschaftsberater der Regierung war, hervorgehoben werden. Er war einer der wichtigsten Akteure bei der Festlegung der Kriterien für die Studie und spielte während der gesamten Laufzeit des Projekts eine bestimmende Rolle.

Die wichtigsten Aspekte der "Studie zur Stadtentwicklung von Bogotá, Phase II" (3) waren:

1. Der Städtebau ist einer der zentralen Aspekte der Entwicklung und muß organisiert werden, damit die Ziele des Landes zu annehmbaren Kosten und mit einem Minimum an Nebeneffekten erreicht werden können.

2. Zu den vorrangigen Zielen gehören zufriedenstellende Lebensbedingungen für alle und die größtmögliche Chance zu ihrer konkreten Verwirklichung; insbesondere eine annehmbare Umwelt, angemessene Wohnungen, Arbeit, gute Schulen, Gesundheit, Erholung und sonstige Dienstleistungen mit den entsprechenden Mitteln, über die die Stadt verfügt oder verfügen kann, sowie der Abbau unerwünschter Unterschiede im Lebensstandard.

3. Die Verkehrsmittel sollten eines der wichtigsten Instrumente zur Verwirklichung dieser Ziele und nicht nur ein Mittel zur Lösung der Verkehrsprobleme sein. Man muß sich soweit als möglich bemühen, unnötigen Verkehr einzudämmen, damit die Mittel auf die Primärziele konzentriert werden können.

4. Der Abbau des unnötigen Verkehrs in der Stadt wird hauptsächlich dadurch erreicht, daß Arbeitsplätze und Wohnungen in der Stadt so verteilt werden, daß die Verbindungswege soweit als möglich verkürzt werden.

5. Eine akzeptable Städtebaupolitik muß sich deshalb auf Programme für den Wohnungsbau und die dafür notwendige Infrastruktur konzentrieren, auf die Ansiedlung von Industriebetrieben, die Schaffung von Arbeitsplätzen im Baugewerbe, die Errichtung von Wohnungen in der Nähe der Betriebe, die Beschäftigung von örtlichen Arbeitskräften und die Verwendung von lokalen Materialien, dies alles für die Entwicklung der Gemeinschaft. Dieses Programm muß in Bogotá realisiert werden, einer Stadt, die durch starke Migrationen aus anderen städtischen oder ländlichen Regionen gekennzeichnet ist.

6. Da die Stadt den Menschen dienen muß, soll bei der Gestaltung des Verkehrs die Betonung darauf gelegt werden, daß Personen und Fahrzeuge getrennt, Fußgängerzonen eingerichtet und Systeme geschaffen werden, die verhindern, daß die Fahrzeuge unnötig das Leben der Stadt stören. Dazu soll ein bequemes und effizientes Massenverkehrsmittel eingesetzt werden.

Ich möchte hier zwei Punkte aus den genannten Zielen herausgreifen, die den Entwicklungsplan der "Phase II" entscheidend geprägt haben:

1. Die Anerkennung des Städtebaus als wünschenswertem Phänomen im Entwicklungsprozeß.

2. Die räumliche Verteilung der verschiedenen Tätigkeiten in der Weise, daß die Verbindungswege soweit als möglich verkürzt werden.

Der Plan empfahl in der Tat eine Entwicklungsstrategie, die sich durch das Konzept "Städte in der Stadt" kennzeichnen läßt. Dadurch sollte der Verkehr reduziert und die Bauindustrie gefördert werden. Der zuletzt genannte Punkt war bereits im damaligen nationalen Entwicklungsplan enthalten, der unter dem Namen "Die vier Strategien" (4) bekannt ist.

Gemäß dem Stadtratsbeschluß (acuerdo) 18/1972 wurde der Entwicklungsplan dem Stadtrat von der Bezirksverwaltung zur Beratung vorgelegt. Er wurde dann in Form des "Decreto-Acuerdo" 1/1974, später als Dekret 159/1974 beschlossen. Beide Dekrete enthalten sinngemäß die Empfehlungen des Plans.

Ich muß an dieser Stelle anfügen, daß dieses Verfahren durch ein Gesetz von 1968 vorgeschrieben wurde. Danach müssen Entwicklungspläne, die dem Kongreß oder den Stadträten vorgelegt werden, in einer Kommission dieser gesetzgebenden Körperschaften beraten werden (Planungskommission), und zwar innerhalb von drei Monaten nach der Vorlage durch die Verwaltung. Bei dem hier diskutierten Plan konnte sich die Kommission unter dem Vorsitz des jetzigen Bürgermeisters, Dr. Hisnardo Ardila, nicht auf eine Stellungnahme zur Vorlage einigen. Der damalige Bürgermeister, Dr. Aníbal Fernández de Soto, erließ sie deshalb in Form eines "Decreto-Acuerdo", was aufgrund des Gesetzes möglich war. Dieser Umstand erklärt sich aus der damaligen politischen Situation. Die Präsidentschaftswahlen 1974 standen vor der Tür, und die Beziehungen zwischen den Parteien waren keineswegs herzlich. Die Liberalen, die im Bezirksrat immer die Mehrheit hatten, zeigten sich nicht begeistert, einen Plan zu verabschieden, der unter dem konservativen Bürgermeister Fernández de Soto ausgearbeitet worden war. Mit der erzwungenen Annahme in Form des "Decreto-Acuerdo" Nr. 1 verlor der Plan zweifellos an politischer Kraft, die er eigentlich gebraucht hätte, um in die Praxis umgesetzt zu werden. Obwohl die politischen Ziele, die zu seinem Entstehen geführt hatten, weiterhin gültig blieben, ließ sich doch voraussehen, daß sie ein künftiger liberaler Präsident, Dr. Alfonso López Michelsen, ändern würde.

Unter den Empfehlungen der Studie "Phase II" war wahrscheinlich die Schaffung einer "neuen Stadt" in der Stadt die wichtigste. Kurz vor Ablauf des Mandates des Präsidenten gelang es, eine neue Unterstützung des Entwicklungsfonds der Vereinten Nationen zu erhalten und eine neue Studie über die Weltbank in Auftrag zu geben, die von den gleichen ausländischen und einheimischen Beratern ausgearbeitet wurde, die bereits an der Phase II gearbeitet hatten, um die Möglichkeiten zu untersuchen, eine "neue Stadt" zu realisieren, oder "ein Beschäftigungszentrum für multiple Aktivitäten" ("centro de empleo de actividad múltiple"), wie sie der Strukturplan für den Entwicklungsplan nannte.

Die Empfehlungen der Berater, die Verwaltungsabteilung für Bezirksplanung, an deren Spitze ich damals stand, und die Experten der Weltbank stimmten darin überein, ein solches Zentrum in Modelia zu planen, einem großen, ungenutzten Terrain der Stadt, das insofern günstig zum Zentrum von Bogotá lag, als die "neue Stadt" eine gewisse Autonomie hätte und entsprechend der Dezentralisierungspolitik die dort lebenden Menschen nur noch in geringem Umfang auf öffentliche Verkehrsmittel angewiesen wären, um an ihre Arbeitsstellen zu fahren.

Hier taucht erneut Dr. Lauchlin Currie auf, Sonderberater des Präsidenten, der sich dafür einsetzte, die "neue Stadt" in "El Salitre" zu bauen, einem ebenfalls brachliegenden Terrain, das aber näher zum Zentrum von Bogotá lag. Es gehörte der "Beneficencia de Cundinamarca", einer öffentlichen Körperschaft, die der Verwaltung des Departements, das Bogotá umgibt, untersteht, jedoch finanziell autonom ist und über eigenes Vermögen verfügt. Da der Regierungswechsel jedoch in greifbare Nähe gerückt war und die Fertigstellung der Studie drängte, die die Grundlage für die neuen "Städte innerhalb der Stadt" schaffen sollte, erreichte der Direktor für Bezirksplanung, der dazu vom Bürgermeister mit einem Dekret autorisiert war, mit der Weltbank in Washington ein Abkommen darüber, daß eine neue Studie in Modelia beginnen sollte, dem von der Studie der Phase II bevorzugten Ort, und zwar unter Bezug auf die Kriterien, die von der Abteilung "Verkehr und Stadtprojekte" der Weltbank erarbeitet worden waren.

Die Studie über die Stadtentwicklung von Bogotá, Phase IIB (5), wie dieses Projekt hieß, wurde der kolumbianischen Regierung im Januar 1975 übergeben, zu einem Zeitpunkt also, in dem das Land bereits einen neuen Präsidenten und Bogotá folglich auch einen neuen Bürgermeister hatte (6).

Hier betritt nun ein neuer, wichtiger Akteur die Bühne: Rafael Obregón, der frühere stellvertretende Direktor der Abteilung für Stadtplanung, der zum Direktor der Abteilung für Regional- und Stadtplanung des Nationalen Planungsamtes ernannt worden war. Er hatte gute Beziehungen zur neuen Regierung und genoß ihr Vertrauen. Dieser Rafael Obregón nun setzte sich dafür ein, die Politik der Dezentralisierung und des Baus "neuer Städte innerhalb der Stadt" in den neuen staatlichen

Entwicklungsplan einzubeziehen, der unter dem Namen "Die Kluft schließen" ("Para Cerrar la Brecha") bekannt ist (7).

Die Studie der Phase IIB empfahl wie bereits die der Phase II dringend die Einrichtung einer Empresa de Desarrollo Urbano (Stadtentwicklungsgesellschaft) mit dem Ziel, die Pläne für "neue Städte" in Bogotá zu verwirklichen. Die neue Regierung handelte entsprechend, und zwar nicht nur in der Hauptstadt, sondern auch in anderen Städten des Landes (8). Die neue Körperschaft bestand aus Gesellschaftern der öffentlichen Hand: dem "Instituto de Crédito Territorial" (ICT; Hypothekenkreditbank), der Corporación Regional para la Sabana de Bogotá (CAR; Regionalentwicklungsgesellschaft für die Sabana von Bogotá) und dem "Instituto de Desarrollo Urbano" (IDU; Institut für Stadtentwicklung).

Inzwischen war die Studie der Phase IIB im wahrsten Sinne des Wortes auf Anordnung des neuen Bürgermeisters "archiviert" worden, und an ihrer Stelle wurden die Empfehlungen von Dr. Currie zur "neuen Stadt" der neuen Regierung vorgelegt. Das "Instituto de Desarrollo Urbano", nunmehr unter der Leitung eines "Vertrauensmannes" des neuen Bürgermeisters, usurpierte die Planungsarbeit des "Departamento Administrativo de Planeación Distrital" und gab eine neue Studie für die "neue Stadt" in "El Salitre" in Auftrag. Die Ausarbeitung dieses neuen Planes nahm ein volles Jahr in Anspruch, und als er von der Körperschaft und dem Stadtrat vorgelegt wurde, wurde seine Durchführbarkeit negativ beurteilt. Hinzu kam, daß die Grundstücke in "El Salitre" bereits zwischen der "Beneficencia de Cundinamarca" und der Körperschaft (die bereits gegründet war und über eigenes Kapital verfügte) zu einem weit höheren Preis als vorgesehen gehandelt worden waren, zur Enttäuschung der Befürworter der "neuen Stadt" an diesem Standort.

Dieses Hin und Her veranlaßte den Stadtrat, der es müde war, auf die "neue Stadt" zu warten, zu dem Vorschlag, diese bevorzugten Grundstücke in einen Stadtpark zu verwandeln. Die Idee fiel auf fruchtbaren Boden, da es Bogotá an ausreichenden Erholungsgebieten fehlt. Politisch haben Parks immer wünschenswerte Wirkungen gebracht, und heute kann niemand gegen etwas sein, das zur Verbesserung der städtischen Umwelt beiträgt. Der Vorschlag wurde akzeptiert, und die Arbeiten mit Unterstützung der Regierung begonnen.

Der Park "Simón Bolivar" ist heute eine schöne Realität. Die Empfehlungen der Studie der Phase II hatten im Hinblick auf Erholungsgebiete sehr zu wünschen übriggelassen; und die Vorschläge zur Schaffung von Grünzonen am Bogotá-Fluß und auf den Bergen, die die Stadt östlich begrenzen, wurden nicht durchgeführt, weil sie zu kostspielig, langwierig und schwierig durchzuführen waren. Der Park war also eine logische und schnelle Antwort auf die Bedürfnisse der Stadt.

Hinzu kommt, daß das Dekret 159/1974, das die Studie der Phase II in gesetzliche Bestimmungen umsetzte, gegen die vor den Gerichten Klage erhoben wurde, nur schwankend und zögernd angewandt wurde. Dasselbe gilt für Dekret 1169/1968, das noch vor Beginn der Studie der Phase I verabschiedet worden war, weil es keine anderen gesetzlichen Normen für die Stadtentwicklung gab, wodurch ein entsprechendes Chaos entstand. Erst 1979 wurden entsprechende Gesetze verabschiedet, als der Stadtrat den Beschluß Nr. 7 faßte, mit dem eine neue Entwicklungsstrategie für die Stadt eingeleitet wurde. Das Konzept der "Städte in der Stadt" wurde praktisch fallengelassen. An seine Stelle traten multifunktionale Achsen entlang der Straßen, die die Zentren der bestehenden und zukünftigen Entwicklungsgebiete miteinander verbanden. Der Beschluß 7 war ein Kompromiß zwischen der Strategie der Studie der Phase II und den Wachstumstendenzen der Stadt, die durch große Wohnsiedlungen gekennzeichnet waren, die zum größten Teil von privater Hand finanziert wurden. Diese Siedlungen waren allgemein verstreut und manchmal auch ungünstig zu den Arbeitsplätzen gebaut worden, oft boten sie nicht die notwendigen Dienstleistungen an. Immerhin bildeten sich auf diese Art und Weise kleine Zentren der Entwicklung heraus, die aber in keinem Fall mit denen vergleichbar waren, die in der Studie der Phase II vorgeschlagen wurden.

Trotz allem ist die Bilanz der Studie der Phase II keineswegs nur negativ. Die Idee, die Verkehrsmittel zur Orientierung des städtischen Wachstums und nicht allein zur Lösung der Verkehrsprobleme einzusetzen, führte dazu, daß langfristig der U-Bahn-Bau, den verschiedene Politiker bei mehreren Gelegenheiten immer wieder verlangt hatten, auf die geschlossene Opposition seitens der Experten stieß, die an der Studie beteiligt waren. Sie unterstützten zu Recht die Empfehlungen für leicht realisierbare und wirtschaftliche Verbesserungen des bestehenden Verkehrssystems, die Fertigstellung der im Straßenplan vorgesehenen

Straßen (9) und die verschiedenen Maßnahmen zur Verkehrskontrolle, die in der Studie der Phase II empfohlen wurden, und lehnten den Bau einer U-Bahn ab, der die finanziellen Möglichkeiten der Stadt bei weitem übersteigen würde.

Die Empfehlung der Dezentralisierung durch Schaffung von "Städten innerhalb der Stadt" wurde von anderen Städten des Landes angenommen. Es wurden verschiedene Unternehmen für Stadtentwicklung gegründet, und damit kam es zu Projekten, die heute eine Realität sind. Die "Ciudadela Real de Minas" in Bucaramanga, die auf der Grundlage der Studie für Bogotá geplant wurde, bildete ein Modell für das ganze Land. Für Studierende und Experten der Planung ist der Entwicklungsplan für Bogotá der Phasen II und IIB immer noch das einzige Instrument zur Orientierung, weil er Normen enthält über Bevölkerungsdichte, Bodennutzung, Meßgrößen für die multifunktionalen Zentren, Richtlinien für das Verhältnis von bebauten und öffentlichen Flächen, Kriterien für Investitionen in die Infrastruktur und andere Aspekte, die bis zur Ausarbeitung dieser Studien in unserem Lande nicht bekannt und bis dahin nicht gründlich untersucht worden waren. Die Studie der Phase II des Plans war so wichtig, daß man heute wieder auf die Vorstellung zurückgekommen ist, eine "Stadt in der Stadt" in dem nicht genutzten Teil von "El Salitre" zu errichten, nachdem ein großer Teil in einen Park umgewandelt worden war. Erneut ist Dr. Currie der wichtigste Vertreter des Projekts. Dies zeigt nicht nur die Hartnäckigkeit eines Planers, sondern auch die Gültigkeit der erarbeiteten Prinzipien.

Meine Ausführungen könnten zu dem Schluß führen, daß sich die Stadt eine große Gelegenheit entgehen ließ, ihre Entwicklung folgerichtiger und billiger zu betreiben. In der Tat wurde die Idee der neuen "Städte in der Stadt" fast gleichzeitig von dem neuen Bausparsystem UPAC begleitet (10) (Unidad de Poder Adquisitivo Constante; Einheit der konstanten Kaufkraft: Sparsystem, in dem der Inflationsverlust der Spareinlagen ausgeglichen wird), einem Instrument, das den nationalen Plan der "Vier Strategien" stützen sollte. Dieses System hat es den dazu geschaffenen Kassen erlaubt, in den letzten vierzehn Jahren Kredite in Höhe von 300 Milliarden Pesos (etwa 3 Milliarden Dollar) zu vergeben, davon mehr als 60 % in Bogotá (11). Wäre diese Summe - die einer Gesamtinvestition von etwa 4 Milliarden Dollar entspricht (12) - von privater Hand in Projekte investiert worden, die sich aus den Vorschlägen der Studie der Phase II ergaben, und würde man dazu die Summe der tatsächlich erfolgten staatlichen Investitionen (13) in die Infrastruktur der ohne zentrale Planung entstandenen Wohnsiedlungen hinzunehmen, so wären sicher bessere Resultate erzielt worden.

Deshalb lohnt es sich, nach den Ursachen zu fragen, die den vorgesehenen Planungsprozeß gestört haben, um zu Schlußfolgerungen oder Empfehlungen zu gelangen, die dazu dienen könnten, die Methoden der Planung neu zu bewerten und damit zu einer neuen "Theorie" der Planung beizutragen, die schon längst die Theorien ersetzen müßte, die bis heute in den Städten der Dritten Welt angewandt werden.

3. Einige Schlußfolgerungen

Der beschriebene Prozeß zeigt als Resultat der Studien in den drei Phasen einen unnötigen Kräfteverschleiß, hohe Kosten (14) und ganz andere Ergebnisse als die, welche zu Beginn angestrebt worden waren. Es lohnt sich deshalb, die Ursachen zu untersuchen, die möglicherweise zu einer Verzerrung der politischen Vorgaben, der Ziele und der Realisierung der Vorschläge dieser Pläne geführt haben. Ich werde versuchen, diese Ursachen aufzuzählen, wobei die Reihenfolge nichts über ihre Priorität aussagt, da ich glaube, daß alle für den Planungsprozeß relevant sind.

Meine erste Bemerkung bezieht sich auf die Rolle der Planer während der Laufzeit der Studien. Der schlimme Bruch zwischen der Ausarbeitung und der Realisierung der Pläne erklärt sich zumindest teilweise daraus, daß die Planer bei der Realisierung nicht mehr einbezogen werden. Nur einige von ihnen (Currie, Samper, Obregón) waren am ganzen Verfahren beteiligt und spielten eine entsprechend wichtige Rolle.

Alle Planer behaupten, daß jeder Plan flexibel sein muß, um eventuellen Änderungen der finanziellen, sozialen und physischen Gegebenheiten einer Stadt folgen zu können. Diese Flexibilität, die unsere Pläne angeblich immer haben, ist jedoch nur ein Mythos, weil jede Handlung, die im Plan nicht vorgesehen ist, auf die ursprüngliche Planung zurückwirkt und damit auch die weiteren davon abhängigen Handlungen beeinflußt. Denn die Ausarbeitung der Pläne und ihre Realisierung gehören zu einem einzigen System. Jede Veränderung bei einem Element führt zu Veränderungen des Gesamtsystems. Die Planung ist also ein ineinander verketteter Prozeß. Da die Akteure, die den Plan ausarbeiten, andere sind als die, welche ihn in die Praxis umsetzen, und überdies zu verschiedenen Zeiten auftreten, wird die Rückkoppelung zwischen den beiden Arbeitsphasen praktisch unmöglich, da die Planer bereits von der Bühne abgetreten sind, wenn die vorgesehenen Projekte verändert werden.

In den letzten Jahren ist diese Problematik in mehreren Arbeiten untersucht worden (15). Viele führen ins Philosophische hinein und konfrontieren uns mit Fragen, die offensichtlich keine Antwort gefunden haben. Wie steht es um das Verhältnis zwischen Gedanken und Handlung, Theorie und Praxis, Plänen und Ausführung, Ei und Henne? Es ist sehr schwierig, diese Fragen zu beantworten. Immerhin ist man sich darin einig, daß Plan und Ausführung eng miteinander verbunden sind und sich gegenseitig bedingen.

In der Praxis handelt es sich zum großen Teil um ein Kommunikations- und Informationsproblem zwischen denen, die am ganzen Prozeß beteiligt sind. Da die Kommunikation im allgemeinen unmöglich ist, wie ich oben zu erklären versucht habe, bleibt uns die Information als einziges Mittel, um die einzelnen Kettenglieder des Prozesses miteinander zu verbinden: politische Ziele, Plan und Ausführung.

Im Fall des Plans von Bogotá hat die neue Regierung, die die Vorschläge der Studie der Phase II realisieren sollte, ihre Entscheidungen offensichtlich ohne die nötigen Informationen getroffen. Der neue Bürgermeister, die Verwaltung und die Politiker, die über die Arbeiten entschieden, die die Stadt in der neuen Amtsperiode durchführen sollte, wie auch die neuen Beamten des Departamento Administrativo de Planeación Distrital und des Instituto de Desarrollo Urbano kannten die Einzelheiten der Studie nicht. Als der Plan während der vorhergehenden Amtsperiode vorgelegt wurde, um in der Öffentlichkeit und im Stadtrat von Bogotá diskutiert zu werden, kam es zu keiner Reaktion. Die Planungskommission legte dem Stadtrat keinen Bericht vor, und auch der Plan selbst wurde nicht diskutiert. Die Berufsverbände der Architekten und Ingenieure wurden nachdrücklich aufgefordert, eine Stellungnahme über die Vor- und Nachteile des Planes abzugeben, haben dies aber nie getan. Die Zeitungen haben ihn weder veröffentlicht noch kommentiert. Diese Reaktion zeigt, daß der Plan niemals analysiert wurde. War die Information der zuständigen Stellen bereits bei Vorlage des Planes mangelhaft, so mußte dies noch weit mehr bei der neuen Verwaltung der Fall sein, die ihn ausführen sollte.

Ein weiterer wichtiger Punkt bei der Ausarbeitung eines Planes ist die sorgfältige Analyse der verwendeten Informationen und eine entsprechende Vorsicht bei den darauf fußenden Hochrechnungen. Ich denke hier an die Berechnungen des Wachstums der Bevölkerung von Bogotá für die Jahre zwischen 1972 und 1990. Die Wachstumsrate war bis zu dem Zeitpunkt, als die Ausarbeitung des Planes begann, sehr hoch gewesen und man dachte, daß die Ursachen weiter fortdauern würden. Die Studie der Phase II errechnete für 1980 eine Bevölkerungszahl von 5,1 Millionen und für 1990 8,5. Diese Zahlen wurden dann auch in der Studie verwendet. 1984 wird jedoch die Bevölkerung von Bogotá auf 4,1 Millionen geschätzt - eine Zahl die weit unter den Voraussagen liegt. Die Ursache ist ein erheblicher Rückgang des natürlichen Bevölkerungswachstums (von 3,4 % auf 2,3 %) wie auch der massiven Zuwanderung.

Viele Projekte wurden in Bogotá aufgrund von Hochrechnungen durchgeführt, die weit über die tatsächliche Entwicklung hinausgingen. Die Pläne zur Erweiterung der Stadtwerke, insbesondere der Wasserwerke, wurden auf der Basis einer Bevölkerungszahl von 10 Millionen im Jahre 1990 erstellt. Heute kann aus dem Staudamm Chingaza eine Bevölkerung von achteinhalb Millionen Einwohnern versorgt werden. Schlimmer ist, daß sie mit dieser Menge versorgt werden muß, um die Schulden bei den internationalen Organisationen zu tilgen, wenn die Tarife nicht übermäßig ansteigen sollen, wie dies in letzter Zeit der Fall war (16).

Obwohl bereits einige Dokumente veröffentlicht worden waren, die einen Rückgang der Wachstumsrate der Bevölkerung aufzeigten (17), bemerkte man erst später, als eine weitere Studie der Weltbank und des Centro Regional de Población (ein privates Bevölkerungsforschungszentrum) herauskam (18), daß man einen schweren Fehler begangen hatte. Aufgrund der eingetretenen Veränderungen kam diese Studie zu dem Schluß, daß sich die Priorität bei den Dienstleistungen vom quantitativen auf den qualitativen Aspekt verlagert hatte.

Die von einem Demographen hochgerechneten Bevölkerungszahlen können für einen bestimmten Zeitpunkt durchaus korrekt sein. Es ist aber falsch zu glauben, daß bei einer Änderung der Hochrechnungen beim Plan und bei dessen Ausführung alles gleich bleiben kann. Kein Plan läßt sich korrekt realisieren, wenn die entsprechenden Daten nicht aktualisiert werden.

Während des gesamten beschriebenen Planungsprozesses, vom Beginn der Studie der Phase I bis heute, ist die Privatwirtschaft weder an den Entscheidungen der Planungsphase noch an der Ausführung der vorgeschlagenen Projekte in irgendeiner Form beteiligt worden. Bei der Gründung der Empresa de Desarrollo Urbano, der Körperschaft, die die "neuen Städte in der Stadt" realisieren sollte, wurde bewußt die Beteiligung von Privatunternehmen an der Durchführung oder Verwaltung vermieden. Dieser Umstand scheint die Spar- und Wohnungsbaupolitik zu widerlegen, die am Anfang des Planes entworfen worden war. Gerade das Sparsystem der "Unidad de Poder Adquisitivo Constante" (UPAC) war ja erdacht worden, damit insbesondere das Sparaufkommen des privaten Sektors die großen Wohnbauprogramme stützte, die in dem nationalen Entwicklungsplan enthalten waren, und die Spar- und Wohnungsbaukörperschaften - die ebenfalls dem privaten Sektor angehörten - es in diesem Sinn einsetzten. Der Erfolg des Systems überstieg auch die optimistischsten Erwartungen, allerdings mit einem kleinen Unterschied: die Pläne und Projekte, die realisiert wurden, waren nicht im Entwicklungsplan enthalten. Die Beteiligung des privaten Sektors an der Empresa de Desarrollo Urbano hätte dem Plan sicherlich den Impuls verliehen, den die Öffentliche Hand nicht geben konnte. Ein Beweis dafür ist die Tatsache, daß die Stadt sich dank der Investitionen des privaten Sektors in den Wohnungsbau entwickelte, wobei die Mittel des "UPAC"-Systems, die aus den privaten Spareinlagen stammen, eingesetzt wurden; dabei wurde jedoch nicht die Strategie des Plans beachtet, die große Zentren für verschiedene Tätigkeiten vorsah und die natürlich eine geplante staatliche Investition in die Infrastruktur eines bestimmten Terrains erfordert hätten, zu der es aber nicht kam. Man dachte in der Tat, daß die Planung der Zweckbestimmung des Bodens zusammen mit der erforderlichen Infrastruktur es erlauben würde, die dadurch eingetretene Werterhöhung der Grundstücke abzuschöpfen; der Staat würde sie für einen weit höheren Preis verkaufen, als sie ursprünglich gekostet hatten, und könnte mit dem Gewinn nichtrentable soziale Investitionen finanzieren. Die Theorie ist sicher gut, aber sie impliziert, daß der Staat nicht nur plant, sondern auch die Bedingungen dafür schafft, daß die Planungen ausgeführt werden können, was nicht geschehen ist. Trotzdem deckte der private Sektor im Rahmen des Spiels der freien Kräfte die Wohnungsnachfrage, wodurch sich die Reihenfolge der vorgesehenen Handlungen änderte: Zuerst wurden die Wohnungen gebaut, dann erst kamen die staatlichen Arbeiten der Infrastruktur für die bereits stehenden Siedlungen, was natürlich mehr kostete, da es natürlich teurer ist, die Infrastruktur für ungeplante, verstreute Siedlungen zu erbauen, als wenn dies nach einem rationalen Plan erfolgt.

In einer Demokratie mit einer freien Marktwirtschaft wie Kolumbien verläuft der Entwicklungsprozeß eher nach den Theorien des kapitalistischen Systems als nach dirigistischen Strategien seitens des Staates.

Die Erfahrungen mit dem Stadtentwicklungsplan von Bogotá haben gezeigt, daß die Planung in Kolumbien auf allen Ebenen der staatlichen Verwaltung institutionalisiert ist. Das Land verfügt in diesem Bereich über ziemlich differenzierte Rechts- und Verwaltungsvorschriften, was auf lange Beschäftigung mit dem Problem zurückzuführen ist, das in den fünfziger Jahren begann, als die Weltbank ihre erste Delegation unter Leitung von Dr. Currie nach Kolumbien schickte. Heute sind die Stadtverwaltungen gesetzlich verpflichtet, einen Entwicklungsplan aufzustellen, um Kredite von nationalen oder internationalen Organisationen zu erhalten. Auf den höchsten Ebenen der Verwaltung existiert eine Planungsabteilung. Die Planung ist damit zu einer außerordentlich wichtigen politischen Waffe geworden, deren sich die jeweilige Regierung bedient, wenn sie die Pläne durch Dekret in Kraft setzt, und das Parlament, wenn es einen Entwicklungsplan beschließt, was allerdings nur selten geschieht. Die wichtigen Positionen in den mit der Planung befaßten Körperschaften sind mit Personen besetzt, die vom Präsidenten der Republik, den Gouverneuren der Departamentos und dem Bürgermeister ernannt werden, und sie sind damit den periodischen Wechseln nach Ablauf jeder Amtsperiode unterworfen. Wenn in einer Demokratie die Planung im Staatsapparat so institutionalisiert und politisiert ist, dann zahlt das Gemeinwesen einen hohen Preis für die Ausarbeitung von Plänen, die niemals durchgeführt wurden, und die Ausführung von Projekten, die in dieser Form nie geplant worden sind.

Der Planungsprozeß wird schließlich auch von der wirtschaftlichen Instabilität beeinflußt, die die Entwicklungsländer kennzeichnet. Die Einnahmen schwanken mit der Nachfrage nach den - im allgemeinen unterbewerteten - Erzeugnissen des Landes. Die Erhöhung der Zinssätze macht es schwierig, die Auslandsschulden abzutragen. Die Währungen werden aufgrund der Forderungen der internationalen Kreditinstitute und der Interessen der Exporteure abgewertet. Die Importe sind wenig stabil, was zu einem Chaos bei der einheimischen Industrie führt, die ausländische Rohstoffe verwendet. Dies alles führt zu einer Situation der Unsicherheit, die für die Realisierung der Entwicklungspläne nicht gerade günstig ist.

Diese insgesamt sehr negative Analyse führt mich zu der Vermutung, daß die Planungen bereits zu Beginn nicht dem damaligen Wissensstand entsprachen. Ich möchte deshalb aufgrund der Erfahrungen einige Empfehlungen aussprechen, die zu einer neuen Theorie der Planung beitragen könnten, die besser mit unseren Bedingungen übereinstimmt und besser dazu geeignet ist, dem allgemeinen Wohl zu dienen, das zumindest generell Ziel aller Politik ist.

4. Empfehlungen

4.1. Die Planung als Prozeß

Die Planung ist ein in sich verketteter Prozeß. Die Entwicklungspläne dürfen deshalb nicht von der Politik getrennt gesehen werden, die an ihrem Ursprung steht und ebensowenig von der Ausführung ihrer Vorschläge. So wie die Politik einen Plan und die aus ihm folgenden Handlungen Gestalt werden läßt, so kann die Ausführung des Plans einer neuen Politik und neuen Plänen Gestalt verleihen. Die drei Elemente des Systems müssen als unteilbares Ganzes des Planungssystems angesehen werden. Wenn man diesen Gedanken akzeptiert, dann muß man die Ausbildung des Planers an der Universität und seine Rolle während des Planungsprozesses grundlegend neu überdenken.

4.2. Planung und Information

Während des ganzen Planungsprozesses muß ein schnelles und zuverlässiges Informationssystem vorhanden sein, das alle Aspekte des Plans miteinbezieht (d.h. konkret: politische Ziele, Ausarbeitung und Ausführung). Dieses Informationssystem muß in die Planungsarbeit integriert werden. Zumindest die grundlegenden Informationen müssen leicht zugänglich und einfach zu handhaben sein, da es mit Sicherheit ein paralleles, komplizierteres Informationssystem gibt, das die Vielzahl der von den Experten erarbeiteten Daten erfaßt. Damit die höheren Beamten, die Politiker und die Öffentlichkeit im allgemeinen sowie insbesondere diejenigen, die während des Planungsprozesses die Entscheidungen fällen, stets über die notwendigen Informationen verfügen, müssen einfache Programme über ein System von Kleincomputern existieren (19).

Da die Daten, die für die Ausarbeitung von Entwicklungsplänen verwendet werden, normalerweise aus Volkszählungen stammen, die nur alle zehn Jahre durchgeführt und deren Ergebnisse erst sehr viel später aufbereitet werden, oder aber aus Minizensen, die zu Beginn des Plans erhoben werden, muß die Information durch regelmäßige Minizensen aktualisiert werden. Andernfalls läuft man Gefahr, daß man mit überholten Daten arbeitet, was zu einem Scheitern des Plans führen kann.

4.3. Planung und privater Sektor

In einem Planungsprozeß besteht die Aufgabe des Staates hauptsächlich darin, die Voraussetzungen dafür zu schaffen, daß der private Sektor die Entwicklung vorantreiben kann. Mit Hilfe von steuerlichen Anreizen und anderen Mitteln kann der Staat ein Klima schaffen, das private Initiativen und Investitionen begünstigt. Der private Sektor muß bei der Formulierung der politischen Ziele, der Ausarbeitung des Plans und seiner Ausführung beteiligt werden. Dieser Prozeß muß integral, kooperativ und in sich verkettet sein.

4.4. Planung und staatliche Institutionen

In der institutionellen Struktur des Landes und der Städte muß die Planung ebenso wie die Körperschaften, die die Wirtschaft bestimmen (z.B. die Staatsbank), eine relative Autonomie besitzen. Die Planung muß von Räten geleitet werden, an denen alle beteiligt sind, die die politischen Ziele formulieren, den Plan ausarbeiten und ihn ausführen; dazu gehören natürlich auch Repräsentanten des privaten Sektors und der Berufsverbände. Wie bei erfolgreichen Privatunternehmen muß auch hier eine strenge Arbeitsethik herrschen, damit die notwendigen Dinge getan werden (20). Dazu ist ein permanenter Informationsfluß zwischen allen Beteiligten erforderlich, damit die Arbeitsteams, die auf begrenzte Zeit für bestimmte Aufgaben gebildet werden, diese auch erfüllen können.

*****

Anmerkungen

(1) Die in diesem Beitrag verwendeten Bevölkerungszahlen stammen aus der Volkszählung von 1964 des DANE. Die Hochrechnungen für spätere Jahre wurden von dem Departamento de Planeación Distrital angefertigt.

(2) CORPORACION REGIONAL PARA LA SABANA DE BOGOTA (CAR): Bogotá. Estudio del Transporte y Desarrollo Urbano, Fase I. Bogotá 1970.

(3) DEPARTAMENTO ADMINISTRATIVO DE PLANEACION DISTRITAL: Informe Técnico sobre el Estudio de Desarrollo Urbano de Bogotá, Fase II. El Futuro de Bogotá. Bogotá 1974.

(4) DEPARTAMENTO DE PLANEACION NACIONAL: Plan de Desarrollo Económico y Social 1970-1973. Bogotá 1970.

(5) DEPARTAMENTO DE PLANEACION NACIONAL: Bogotá Urban Development Study Phase IIB. Bogotá 1974.

(6) Der kolumbianische Staatspräsident ernennt die Gouverneure der Departamentos, die ihrerseits die Bürgermeister in den Städten ernennen. Der Bürgermeister von Bogotá, einem Sonderdistrikt, wird direkt vom Präsidenten eingesetzt. Es handelt sich um ein deutlich "zentralistisches" System.

(7) PRESIDENCIA DE LA REPUBLICA: Para Cerrar La Brecha. Bogotá 1974.

(8) Die wichtigsten Städte, die "Empresas de Desarrollo" haben, sind: Bogotá, Medellín (Valle de Aburra), Cali, Barranquilla, Bucaramanga und Manizalez.

(9) Es sollte darauf hingewiesen werden, daß der Verkehrswegeplan von Bogotá aus den fünfziger Jahren stammt und der heutige Plan ihm genau entspricht. Es handelt sich hier um einen klassischen Fall, bei dem die Politik, deren Ausdruck der Plan ist, weiterhin gültig ist, bei dem der Plan nur wenig geändert wurde und die Ausführung den Planungen entsprach. Es würde sich lohnen, sich mit diesem Fall näher auseinanderzusetzen, um ihn mit anderen Teilplänen zu vergleichen, die nicht den gleichen Erfolg hatten.

(10) Das "UPAC"-System, das in anderen Ländern im allgemeinen unter der Bezeichnung "Indexierung" bekannt ist, wurde in Kolumbien durch das Dekret 678/1972 vom Staatspräsidenten ins Leben gerufen.

(11) Daten des "Instituto Colombiano de Ahorro y Vivienda" für August 1984.

(12) Das "UPAC"-System bietet durchschnittlich eine Finanzierung in Höhe von 70 %, was eine Gesamtinvestition von etwa 4 Milliarden Dollar ausmacht. Der Dollar-Wert in Kolumbien liegt zur Zeit bei 110 Pesos. Es gibt verschiedene Finanzierungssysteme, die sich am Wert der Wohnung ausrichten, und zwar von 100 % (Sozialwohnung ohne Eigenbeteiligung) bis 60 % für hochwertige Wohnungen. Die Grenze liegt bei etwa 9 Millionen Pesos (ca. 85 000 Dollar).

(13) Die Studie der Phase II schätzte, daß zwischen 1973 und 1980 die öffentlichen Investitionen in Bogotá 216 Milliarden Pesos betragen würden, von denen 122 Milliarden in Bauten investiert werden sollten. (Diese Zahlen entsprechen dem Kurs des Peso von 1972, der damals bei 30 Pesos für einen Dollar lag. Nach dem Kurs von 1984 würden sich die Zahlen mehr als verdreifachen.)

(14) Die Kosten für die Studien der Phasen I, II und IIB werden auf 10 Millionen Dollar geschätzt.

(15) PRESSMAN, J.L. u. A. WILDAVSKY: Implementation. Berkeley 1979. S. insbes. Kap. 9 sowie die Bibliographie.

(16) RODRIGUEZ-SILVA, R.: Bases de Planeación para la Region de la CAR. Bogotá 1977.

(17) RODRIGUEZ-SILVA, R.: La Región de la Sabana de Bogotá. Algunas Consideraciones sobre sus Problemas y Alternativas de Desarrollo. Bogotá 1975.

(18) BANCO INTERNACIONAL PARA DESARROLLO Y FOMENTO Y CORPORACION CENTRO REGIONAL DE POBLACION: El Estudio Urbano. Die meisten der in dieser Studie erarbeiteten Ergebnisse wurden in der Revista de la Cámara de Bogotá in den Jahren 1982 und 1983 veröffentlicht.

(19) Ein gutes Beispiel für die Verwendung von Kleincomputern, um schnelle und leicht erreichbare Informationen über städtebauliche Fragen zu erhalten, bietet das "Modell Betaud" durch die Verwen-

dung des "Lotus, 1-2-3"-Programms. Siehe: BERTAUD, A.: "The Affordability of Land Subdivision Legislation". Es handelt sich um einen Vortrag auf dem Symposium über "Nationale Städtebaupolitik und Planung der Infrastruktur" des Massachusetts Institute of Technology, Cambridge, Mass., vom 25.-29. Juni 1984. Prof. Ernest Arias von der Planungsabteilung der Ohio State University (USA) hat ebenfalls ein Programm für Kleincomputer entwickelt (ZONGRA), das es ermöglicht, bei der Planung von Siedlungen die Folgen von Zoneneinteilungen und der vorgesehenen Zweckbestimmung von Grundstücken zu erkennen, was auch Nichtspezialisten rasche Entscheidungen erlaubt.

(20) Über diese "Ethik" und die Form, in der Pläne ausgeführt werden können, sollte man das Kapitel "A Bias for Action" lesen aus: PETERS, Th. u. R.H. WATERMAN: In Search of Excellence. New York 1982, S. 119-155.

BOGOTA: METROPOLENWACHSTUM UND INVESTITIONSPLANUNG
IM ZWIESPALT TECHNISCHER RATIONALITÄT UND
POLITISCHER ZWÄNGE
Jürgen H. Wolff

I. Die Problemstellung

Kolumbien ist in der glücklichen Lage, nicht nur über einen metropolitanen Migrationspol und damit eine Primarstadt mit den in der Literatur allerdings kontrovers diskutierten Folgen für die Entwicklung des Landes zu verfügen. Auch wenn also das Land über eine historische Städtetrias (1) (Bogotá, Cali, Medellín), unter Hinzurechnung von Barranquilla sogar eine Vierergruppe von sehr großen Städten verfügt, hat dennoch die Hauptstadt Bogotá (2) die Hauptlast der Landflucht zu tragen. Ein beträchtliches natürliches Wachstum der Bevölkerung trägt zur Vermehrung der Probleme bei.

Die Schwierigkeiten einer wissenschaftlichen und planerischen Befassung mit der Stadt beginnen bereits bei der einfachen Frage nach der absoluten Zahl ihrer Einwohner. Um nur ein Beispiel zu berichten: Das Nationale Statistische Amt berichtet für 1975 auf der Basis einer Haushaltsstichprobe 2,89 Millionen (3), während das Instituto de Crédito Territorial für 1977 von 5,5 Millionen spricht (4) und sich dabei auf modernste Verfahren wie Luftfotografie und Multiplikation mit Dichteziffern beruft (5). Volkszählungsergebnisse kommen in der Regel auf niedrigere Werte. Für 1984 liegen die Angaben zwischen 4,2 und etwa 7 Millionen Einwohnern.

Wichtiger als die absolute Größe der Stadt ist für den Problemdruck die hohe jährliche Zuwachsrate, die wie üblich aus den zwei Quellen: natürlicher Zuwachs und Landflucht (Migration) stammt. Auch wenn die Fertilität in Kolumbien dem Urbanisierungsgrad direkt proportional zurückgeht (und sich damit die europäische Bevölkerungsentwicklung wiederholt), sorgt die stets größere Basis (Einwohnerzahl von Bogotá) dafür, daß der absolute Zuwachs aus dieser Quelle nicht nennenswert abgenommen hat; er macht immer noch rund die Hälfte des Zuwachses aus. Dessen Größe ist so wenig bekannt wie die der Stadt insgesamt; Extreme sind 77 000 (YEPES/ARIAS 1976, 212) und 250 000 (DNP 1976, 3) oder mehr. In jedem Falle hat der Zuwachs eine Größe, die seine Bewältigung angesichts der beschränkten finanziellen und organisatorischen Mittel des Staates und der Stadt unmöglich machen.

Eine große Zahl von Arbeiten befaßt sich mit der Migration nach Bogotá. Einige der Hauptergebnisse sind die folgenden:

1. Die Zusammensetzung der Zuwanderer nach Alter und Geschlecht hat sich in den letzten Jahrzehnten mehrfach verschoben. Bis zur Fünf-Jahres-Periode 1955-60 wurden die Zuwanderer immer jünger, seither ist dieser Trend zu einem Stillstand gekommen. Zwischen 1972 und 1977 kann das mittlere Alter auf 21,5 Jahre geschätzt werden (YEPES/ARIAS 1976, 212). Bis 1950 war die Zahl der weiblichen Zuwanderer nach Bogotá stets geringer als die der männlichen, seither hat sich das Verhältnis umgekehrt (YEPES/ARIAS 1976, 212 f.).

2. Der Anteil der Zuwanderer an der Gesamtbevölkerung der Stadt ist bis 1950 gestiegen und dann zurückgegangen, dies offensichtlich als Folge einer stets größeren Basiszahl (der Gesamtbevölkerung der Stadt) (YEPES/ARIAS 1976, 210 ff.).

3. Daß die Zuwanderer jung sind, führt zu einem enormen Druck auf dem Arbeitsmarkt (FIERRO 1973, 125).

4. Je nach der regionalen Herkunft ist ein verschiedener sozialer Status der Zuwanderer festzustellen: Zuwanderer aus der Bergregion um Bogotá gehören den Unterschichten an, während diejenigen aus entfernten departamentos höheren sozialen Schichten zuzurechnen sind (SIMMONS/ CARDONA o.J., 166). Allgemein stellen die Zuwanderer geographisch und sozial eine sehr heterogene Gruppe dar (SIMMONS/CARDONA o.J., 170).

Am Rande kann die interessante Tatsache vermerkt werden, daß das für das Lateinamerika der letzten Jahrzehnte klassische Muster intraurbaner Mobilität nicht mehr gültig ist (VERNEZ 1976, 167; BRÜCHER/ MERTINS 1978). Traditionellerweise war der erste Wohnsitz von Zuwanderern das übervölkerte historische Stadtzentrum, bevor - möglicherweise mit mehreren Zwischenstufen - eine endgültige Wohnung gefunden wurde. In Bogotá hingegen verteilen sich die Zuwanderer bereits im Augenblick ihrer Ankunft auf das ganze Stadtgebiet.

Über die Auswirkungen des beschriebenen Zuwachses auf alle Aspekte des Lebens in der Stadt sind nur wenige Werte vonnöten; die zu erwähnenden Erscheinungen sind aus allen Metropolen der Dritten Welt in gleicher oder ähnlicher Form eine nur zu vertraute Erscheinung, treten möglicherweise dort sogar in verschärfter Weise auf. In aller Kürze seien lediglich genannt: Die bestehende technische und wirtschaftliche Infrastruktur erweist sich als ungenügend. So besteht eine hohe offene oder versteckte Arbeitslosigkeit und Unterbeschäftigung (6), über die die offiziellen Statistiken nur eine ganz ungenügende Auskunft geben (7).

Hinzu kommt ein akuter Wohnungsmangel in der Stadt trotz einer Konzentration der Bauindustrie auf die Metropole. Die mangelnde Kaufkraft breiter Schichten und die Verlagerung der "guten" Wohnviertel nach Norden sind zwei der wichtigen Gründe hierfür; ihr sinnfälligster Ausdruck ist die Entstehung subnormaler Wohnviertel (in Bogotá meist "barrios" genannt), in denen mittlerweile etwa die Hälfte der städtischen Bevölkerung lebt (8). Für ihre Entstehung ist weniger die Landbesetzung gegen den Willen des Eigentümers typisch als vielmehr die "urbanización pirata", der "Verkauf" von Grundstücken durch den Eigentümer (zur Eigenentwicklung) auf einem regelrechten juristischen inoffiziellen Parallelmarkt (LOSADA/GOMEZ 1976). Die "barrios" entwickeln oft eine erstaunliche Dynamik im Sinne einer allmählichen Hinführung zu quasi-"normalen" Vierteln, bloß daß ihre Existenz oft genug den planerischen Vorstellungen Hohn spricht (9).

Trotz beträchtlicher Hilfsleistungen der nationalen Regierung und ausländischer und internationaler Hilfsorganisationen erweist sich das öffentliche Infrastrukturnetz hinsichtlich Größe und Qualität als unzureichend (10). Das gilt für den öffentlichen Nahverkehr, der mit ganz geringen Ausnahmen auf das überlastete Straßennetz angewiesen ist, für die flächendeckende Versorgung mit Wasser und elektrischer Energie, für die Entsorgung - bemerkenswerterweise aber nicht für die Versorgung mit Telefonen, die (zur Freude auch ausländischer Wissenschaftler!) preiswert sind und hervorragend funktionieren - für eine derart große Stadt der Dritten Welt eine bemerkenswerte Ausnahme.

Fassen wir zusammen: Ein rasches Bevölkerungswachstum und eine damit nicht Schritt haltende Ausweitung der öffentlichen Dienstleistungen haben zu Erscheinungsformen krisenhafter Urbanisierung geführt. Die ungenügenden öffentlichen Budgets spielen hierbei eine wichtige Rolle, daß diese aber nicht einmal den Kern des Problems ausmachen, wird in den folgenden Abschnitten genauer darzulegen sein.

II. Die Lösungsversuche

Versuche zur Bewältigung der skizzierten Probleme werden von zahlreichen staatlichen, halbstaatlichen, städtischen und privaten Organisationen und Institutionen unternommen. Sie reichen von Forschungs- und Beratungsaktivitäten einer (privaten) Corporación Centro Regional de Población (CCPR) über die Bautätigkeit privater und öffentlicher Träger (diese wiederum auf verschiedenen Ebenen der Verwaltung angesiedelt) bis hin zu Ansätzen umfassender Planung der Gesamtentwicklung der Stadt oder doch der Integration der umfangreichen öffentlichen Investitionen in ein übergreifendes Konzept. Nur von diesen planerischen Versuchen soll im folgenden aus Raumgründen die Rede sein. Beginnen wir mit wenigen Hinweisen auf die Gesamtplanung der Stadt. An Behörden, die für eine derartige Tätigkeit in Frage kämen, sind insbesondere zu nennen das Distrikts-Planungsamt (11) (Departamento Administrativo de Planeación Distrital) und das Nationale Planungsamt (Departamento Nacional de Planeación) nebst einer Reihe von Ausschüssen des Stadtrates (12) (bzw. gemischter Ausschüsse von Stadtrat und Stadtverwaltung) und des nationalen Parlamentes (Kongresses) (13). Die verwaltungssystematische Stellung beider Planungsämter ist ähnlich: beide sind als eine Art Stabsstelle (bzw. ministerialfreie Verwaltung) unmittelbar dem Chef der jeweiligen Exekutive zugeordnet (14), wobei das DAPD zugleich Beratungsorgan des Stadtrates, das DNP Sekretariat des Nationalen Wirtschafts- und Sozialplanungsrates CONPES (15) ist.

Zur Aufstellung (und a forteriori Durchführung) von umfassenden Gesamtentwicklungsplänen für Bogotá fehlen dem Distriktsplanungsamt alle Voraussetzungen - Geld, Fachleute in genügender Anzahl, Informationen, politische Macht. Ein Engagement höherer Ebenen der Staatsverwaltung erscheint zu diesem Zwecke also unumgänglich. Für das Nationale Planungsamt gilt jedoch im wesentlichen das gleiche: Zwar verfügt es über eine "Einheit" für Regional- und Stadtentwicklung, doch hat sich diese im wesentlichen auf praxisorientierte wissenschaftliche Untersuchungen im Bereich von Regionalforschung und Tourismusförderung beschränkt (16). Damit erweist sich - bei Interesse der kolumbianischen Stellen, insbesondere der Nationalregierung - die Heranziehung ausländischer Geldgeber und insbesondere ausländischen Sachverstandes für eine umfassende Stadtentwicklungsplanung als unumgänglich. Ein solches Interesse kann - trotz aller verbalen Bekenntnisse zur Wichtigkeit der Planung - nicht einfach vorausgesetzt werden. Ende der sechziger und zu Beginn der siebziger Jahre war es indessen aus politischen Gründen unzweifelhaft gegeben (17) und hat zu einer Reihe von wichtigen Plänen geführt. Der wichtigste davon ist "Fase II", 1974 vorgelegt, der die verschiedenen Entwicklungsoptionen der Stadt analysiert und sich mit Nachdruck für eine von ihnen (die "Kreis"-Alternative) ausspricht, mit anderen Worten das langjährige "natürliche" Wachstum der Stadt nach Norden und - abgeschwächt - nach Süden abbremsen und die Entwicklung in westliche Richtung umleiten wollte.

Gerade weil eine durch starke ökonomische und soziale Kräfte bewirkte Entwicklung hätte abgestoppt bzw. umgelenkt werden sollen, wäre ein entschlossenes und planvolles Vorgehen aller Zweige der öffentlichen Verwaltung notwendig gewesen - selbst dieses wäre nur eine notwendige, aber keineswegs hinreichende Bedingung für einen Erfolg gewesen. Nicht einmal dies trat ein; die weitere Geschichte ist geradezu ein Lehrbeispiel für die Wirkungslosigkeit der Planung im kolumbianischen politischen System. Im einzelnen:

Niemals wurde "Fase II" zur verbindlichen Richtlinie erklärt; das hing mit dem Präsidentenwechsel 1974 zusammen (18). Die ausländischen Planer (19) verließen nach der Vorlage ihrer Studie die Stadt, konnten also keine Werbung für ihre Ideen entfalten. Zu einer Koordination der zahlreichen zur Planverwirklichung aufgerufenen Behörden kam es nicht. Das Stadtplanungsamt verstrickte sich in jahrelange Kämpfe mit dem

Stadtrat, um auch nur den Entwurf einer Flächennutzungsordnung durch dieses Gremium zu bekommen. Eine Ausweitung der Stadtgrenze nach Westen erfolgte nicht.

Kurz: Die Studie erwies sich als intellektuell faszinierend, aber praktische Schritte zu einer Verwirklichung wurden nicht unternommen. Das "muddling through", immer einmal von folgenlos bleibenden hektischen Planungsbemühungen unterbrochen, setzte sich in bester kolumbianischer Tradition fort. Übrigens ist diese Tradition keineswegs nur negativ zu beurteilen, worauf zurückzukommen sein wird. Wenden wir uns damit dem zweiten angesprochenen Problemkreis, der öffentlichen Investitionsplanung, zu (20).

Halten wir zunächst fest, daß der Löwenanteil der öffentlichen Investitionen nicht durch die Stadt (resp. den Distrikt) direkt, sondern durch die "dezentralisierten Einheiten" ("entidades descentralizadas") der Stadt vorgenommen wird. Diese sind juristisch selbständig, verfügen also über ein eigenes Einkommen und ein eigenes Budget; ihr Aufsichtsrat umfaßt in der Regel den Bürgermeister als Vorgesetzten, zwei Stadträte mit ihren gesetzlichen Vertretern ("suplentes") (21) sowie weitere Mitglieder aus der Stadtverwaltung, nationalen Banken, der privaten Wirtschaft u.a. Die wichtigsten Gesellschaften sind die für Elektrizitätsversorgung, Telephon, Wasser und Abwasser, die zusammen mehr als vier Fünftel der (addierten) Budgets der "descentralizadas" des Distriktes verwalteten (1980); allein die Elektrizitätsgesellschaft verfügt über fast dreimal soviel Geld wie die Stadt selbst in ihrem (zentralen) Haushalt!

Traditionellerweise wird ein erheblicher Teil der öffentlichen Investitionen durch die Versorgungsunternehmen (und allgemein durch die zentrale Verwaltung) über Kredite finanziert. Zwischen 1971 und 1976 z.B. lagen die Anteile je nach Jahr zwischen 56 und 93 % (22); 1980 lag der Anteil (für das kombinierte Budget der "descentralizadas") bei 48 %. Für das städtische Zentralbudget lag der Anteil immer niedriger, zwischen 1969 und 1976 im Durchschnitt bei nur 18 %.

Für die Überwachung der Haushalte - und damit auch der Investitionen - kommt ein mehrfacher Kontrollapparat ins Spiel: die Aufsichtsräte der descentralizadas haben ihre Zustimmung zum Haushaltsentwurf zu geben, desgleichen der Stadtrat. Diese Kontrolle wird aber in der Praxis aus mehreren Gründen zur Formalität: Aus der Organisationslehre ist das Problem der Überwachung etablierter Bürokratien durch nur gelegentlich zusammentretende Gremien wohlbekannt; es hat auch in Kolumbien das zu vermutende Resultat einer Präponderanz des Apparates (der schon die zur Entscheidung wesentlichen Informationen filtern kann) gegenüber dem Überwachungsgremium. Zudem ist das Budget in der Regel (23) nur die Zusammenstellung von Einnahmen und Ausgaben, die durch frühere Gesetze und Beschlüsse entstehen. Endlich rührt der Stadtrat in der Regel nicht an die Haushaltsentwürfe, sind doch seine Vertreter im Aufsichtsrat, wenn sie dort auch – mangels einer klaren politischen Linie des Plenums – mehr sich selbst als das Stadtparlament vertreten.

Damit verlagert sich das Problem der Kontrolle öffentlicher Investitionen auf den Augenblick der Entscheidung darüber; wegen ihrer Wichtigkeit möchte ich mich im folgenden auf kreditfinanzierte Investitionen der städtischen Versorgungsunternehmen konzentrieren.

Zwei Kontrollebenen sind zu trennen: Das städtische Planungsamt verfügt über eigene Einheiten für steuerliche und Budgetanalysen; auf der Ebene der Nationalregierung kommen hinzu das nationale Planungsamt (mit einer Abteilung für öffentliche Investitionen) sowie das Finanzministerium, Generaldirektion für öffentliche Anleihen.

Die Kontrolle setzt auf der Ebene des Distriktes ein, sobald dies betreffende Unternehmen über seinen Direktor und den Aufsichtsrat einen entsprechenden Antrag gestellt hat. Die Beteiligung des Planungsamtes des Distriktes (wie übrigens auch des nationalen Planungsamtes) zielt auf die Sicherstellung der Übereinstimmung der geplanten Investition mit den Gesamtentwicklungsplänen der Stadt. Eine heile Planungswelt wird also fingiert: oben haben wir bereits festgehalten, daß umfassende Entwicklungspläne nicht existieren. So läuft die Überprüfung durch die Planungsämter auf finanzielle und fiskalische Kriterien hinaus; letztlich wird die betriebswirtschaftliche Rentabilität von Projekten und die Bonität des vorgesehenen Kreditnehmers geprüft, wobei freilich die Abhängigkeit von den Daten, die dieser selbst übermittelt, groß ist.

Die (in den Einzelheiten äußerst komplizierte) Überwachung auf nationaler Ebene fügt den fiskalischen und budgetmäßigen Kriterien noch die Überprüfung der Zahlungsbilanzbelastung hinzu. Ausländische

Kreditgeber, vor allem im Entwicklungshilfebereich (z.B. die für Kolumbien sehr wichtige Weltbank) fordern eine Garantie der Staatsregierung; diese sowie die Belastung der Zahlungsbilanz und der Devisenbilanz (Rückflüsse von Krediten sind oft in ausländischer Währung, in der Regel dem amerikanischen Dollar, vorzunehmen) lassen eine sorgfältige Kontrolle angezeigt erscheinen; selbst Verhandlungen mit ausländischen Banken dürfen erst nach einer formellen Zustimmung des Finanzministers vorgenommen werden. Freilich - diese Regel wird in der Praxis nicht selten unterlaufen.

Auch diese zweite Kontrollebene erreicht aus bereits dargelegten Gründen keine Integration der Investitionen in umfassende Aktionspläne der Stadt oder gar des Gesamtstaates. Das äußerste, was hier zu erreichen ist, wäre ein gesundes finanzielles Management; freilich bleibt offen, ob die äußerst komplizierten Kontrollverfahren für dieses Ziel erforderlich sind.

III. Planung, Politik und Verwaltung: Zur Entgegensetzung technischer Rationalität und politischer Logik

Wenden wir uns im folgenden einer politologischen Gesamtanalyse von Budgetieren und Investitionsplanung der Stadt Bogotá zu; erst diese kann die tieferen Ursachen für die beschriebenen Erscheinungen - fehlende Gesamtplanung, Mangel an Kohärenz der Investitionsvorhaben und an Integration in übergeordnete Zielsysteme - offenlegen.

Die erste Beobachtung zielt auf die Vielzahl von Budgets der Stadt. *Das* Budget gibt es nicht; eine Vielzahl von (obendrein noch funktional unverbundenen (24)) Haushalten steht nebeneinander. - In der Theorie könnte funktionale (und auch administrative!) Fragmentierung indessen durch effiziente Koordinierung und Kontrolle auf Distriktsebene aufgewogen werden.

Die Kontrollstellen und -mechanismen sind indessen ungleich schwächer als die Kräfte, welche die Unabhängigkeit der verschiedenen Einheiten betonen. Koordinierung und Kontrolle zielen auf die Beeinflussung des Verhaltens anderer, in diesem Falle anderer Organisationen, ab, die sich dem in der Regel zu entziehen trachten. Damit ist die entscheidende

Frage die nach den Kontrollmitteln, nach Etzioni: Zwang, wirtschaftliche Güter und Werte ("normative values") (ETZIONI 1975). Zwang böte sich nur bei manifestem Fehlverhalten von Managern an, kann kaum eingesetzt werden, um das Verhalten großer Organisationen zu steuern; wirtschaftliche Güter sind dem Bürgermeister (und den nationalen Überwachungsinstanzen) wegen der weitreichenden Selbstfinanzierung aus eigenen Einnahmen weitgehend aus der Hand genommen - und daß selbst die Kontrolle bei Kreditaufnahme am Fehlen einer politischen Gesamtlinie und der Präponderanz der etablierten Verwaltungsapparate scheitert, wurde bereits ausgeführt. Normen laufen auf die Beachtung formaler Regeln hinaus, weniger auf kohärente Ausrichtung der Politik innerhalb dieses Rahmens. Das gilt trotz des formellen Zustimmungsrechtes von Bürgermeister und Stadtrat zu den Budgets aller städtischen Einrichtungen. Das gilt a forteriori für die nationalen Behörden, die noch stärker auf Reaktionen und Initiativen anderer Instanzen angewiesen sind.

Die bürokratische Behandlung des Budgets und der Investitionen läuft damit mehr auf ein Spiel "bürokratischer Politik" (25) als auf das rationale "Armeebild" (26) der Planung hinaus. Anders ausgedrückt: Der ganze Prozeß verzichtet auf "rationale" Optimierung von Verfahren, Prozessen und Strukturen; durchschlagende Machtzentren sind nicht ersichtlich, auch und gerade nicht die Spitzen der Exekutiven, Präsident und Oberbürgermeister. Sie alle stehen vielmehr in einem Netz von Kräften, deren Resultante die tatsächlich durchgeführte Politik ist; bei diesen Kräften spielen (gerade im Bereich öffentlicher Investitionen) auch Wählergruppen und Interessenverbände eine wichtige Rolle. Planungsbehörden sind in der Regel schwach, weil auf den Versuch der Durchsetzung einer stromlinienförmigen Politik verzichtet wird und weil ihnen die notwendigen Macht- und Kontrollmittel gegenüber den sehr mächtigen Durchführungsbehörden nicht zur Verfügung stehen. Anders ausgedrückt wäre von einer "Fragmentierung der öffentlichen Macht" zu sprechen, vielleicht nicht allzu überraschend auf dem Hintergrund von politischen Systemen in Industrieländern, aber doch von solchen in Lateinamerika, die sich bekanntlich durch ein reiches Maß an Autoritarismus ausgezeichnet haben und noch auszeichnen. Mit dieser Fragmentierung steht die allenthalben zu beobachtende Korruption und der verbreitete Klientelismus in bester Übereinstimmung (27). Wenn man, was hier sicherlich nicht vertreten wird, nicht von einem anomischen Bild kolumbianischer Politik ausgehen will, wird die beschriebene Fragmentierung und Nicht-Optimierung politisch funktional, also höherrangigen politischen Zielen dienlich sein. Fragen wir abschließend, welche das wohl sein könnten.

Die wichtigste allgemeine Regel kolumbianischer Politik besteht in der Vermeidung eindeutiger und irreversibler Entscheidungen. Solche kommen einigen Gruppen zugute, benachteiligen andere. Rationale Entscheidung im technisch-planerischen Sinn läuft dem natürlich genau zuwider: hier werden Erträge maximiert oder optimiert. Der politische Vorteil des kolumbianischen Vorgehens liegt auf der anderen Seite darin, daß das politische System stets in der Lage ist, auf neue Anforderungen zu reagieren, neu auftretende Probleme zu lösen (oder doch zu mildern) und somit ein Ansteigen sozialer Spannungen bis zu einer Explosion zu vermeiden.

Mit dieser Grundregel der Politik steht der Budget-Planungsprozeß auch der Stadt in exakter Übereinstimmung: Keine Gesamtverfügung über die öffentlichen Mittel in einer Hand (was wiederum die politischen Gestaltungsmöglichkeiten auf das äußerste erschwert); ständige Neuverhandlungen der Ausgabenseite der Budgets während der Durchführungsphase (damit hat das tatsächlich durchgeführte mit dem ursprünglich beschlossenen Budget oft nur noch eine entfernte Ähnlichkeit); Verzicht auf Gesamtentwicklungspläne der Stadt; rasche Rotation von Politikern und Beamten (den Bürgermeister eingeschlossen (28)); ständige Neuorientierung der städtischen Entwicklungspolitik, eng mit dem vorigen Punkt zusammenhängend.

Damit wird der altmodische, aber politisch wichtige Inkrementalismus (29) umso wichtiger. Jahr um Jahr steigen Einnahmen und Ausgaben, mindestens in nominellen Werten; die Stadt wächst, neue Bedürfnisse und Nöte entstehen, auf die die Behörden reagieren. Der Inkrementalismus läßt die Politik Grundsatzdebatten umgehen, deren Sprengkraft in einer Gesellschaft des geringen Wertekonsens' wie der kolumbianischen nur allzu offensichtlich ist. Entschieden wird nicht über den relativen Wert von z.B. Ausgaben für Erziehung oder Straßenbau, sondern über jeweils nur ein Projekt, dessen Realisierung dann wieder Raum zur Reaktion auf andere Notwendigkeiten bietet. Die Durchschlagskraft der öffentlichen Hand ist relativ gering (ihre Aktivitäten stellen nur einen bescheidenen

Teil der Faktoren mit Einfluß auf Bogotás Wachstum dar), doch vermeidet eben dies Fehler gigantischer Größenordnung.

Politische Notwendigkeiten und effiziente Planung und Budgetierung fallen so mindestens kurzfristig auseinander. Freilich wird damit die Frage offenbleiben müssen, ob Kolumbien zum langfristigen Systemerhalt jene Optimierungsverfahren benötigt, die es kurzfristig - in politisch perfekt rationalem Verhalten - vermeidet. Nur die Zukunft kann die Antwort auf diese Frage bringen.

*****

Anmerkungen

(1) Zur Geschichte der kolumbianischen Städtetrias siehe GONZALEZ GONZALEZ 1972.

(2) Verfügbare Daten zu Bogotá werden diskutiert in VALVERDE 1978.

(3) Quelle: Boletín Mensual de Estadística, No. 299, Juni 1976, S. 7-45; 9.

(4) Interview des Verfassers im ICT 1977.

(5) Die Forschung fand Eingang in dem offiziellen kolumbianischen Bericht für die "Habitat"-Konferenz in Vancouver.

(6) Gemeint ist die beträchtliche Größe des "informellen" Sektors, über den zwar bei Ökonomen und Soziologen in den letzten Jahren ein Umdenken eingesetzt hat, der aber unzweifelhaft durch eine Subauslastung des Produktionsfaktors Arbeit gekennzeichnet ist.

(7) Die offiziellen Zahlen der Arbeitslosigkeit liegen in der Regel zwischen 10 und 15 % - je nach Erhebungszeitpunkt und Erhebungsinstitution. Für jeden Kenner der Verhältnisse sind solche Werte trotz des hohen Wirtschaftswachstums in den siebziger Jahren unglaubwürdig.

(8) So das Stadtplanungsamt (38,4 % der Fläche und 59 % der Bevölkerung), zit. bei LOSADA/GOMEZ 1976, 12. Die gleiche Quelle nennt andererseits 46,4 % (Bogotá Evaluación 1975, 10).

(9) Eine umfangreiche Literatur ist in den letzten Jahren zu Wohnungsproblemen und "barrios piratas" entstanden, zu einem Überblick s. Wolff 1984, 78 f.

(10) Gelegentlich tritt allerdings – eine andere Form der Ineffizienz – auch eine Überkapazität ein, wie das Experten der Weltbank für das Chingaza-Projekt der Wasserwerke behauptet haben (Interview in Washington 1978).

(11) Die Stadt wird als "Sonderdistrikt" (Distrito Especial) verwaltet. Das bedeutet, daß sie keinem "Departamento" (der nächsten Verwaltungsebene unterhalb der Nationalregierung) angehört. Der Bürgermeister wird unmittelbar vom Staatspräsidenten ernannt und entlassen.

(12) Dem Bürgermeister steht ein aus allgemeinen Wahlen hervorgegangener Stadtrat gegenüber. Da er den Bürgermeister nicht zu wählen hat, ein Zwang zur Mehrheitsbildung also nicht besteht, sind die Beziehungen von Stadtrat und Oberbürgermeister oft schwierig.

(13) Auf die Regionalentwicklungsbehörde CAR, deren Aufgaben sich mit denjenigen des DAPD vielfach überschneiden, soll im folgenden nicht weiter eingegangen werden: Umfassende Entwicklungspläne sind für Bogotá von dieser Behörde nicht erarbeitet worden.

(14) Zum DAPD ist die maßgebliche Rechtsquelle Verordnung (Acuerdo) des Stadtrates 1/1975, zum DNP s. Rivera-Ortiz 1976.

(15) Der Consejo Nacional de Planificación Económica y Social stellt eine Art erweiterten Kabinettsausschusses im deutschen Sinne dar.

(16) Interviewmaterial

(17) Einmal ist die Person des dynamischen Bürgermeisters von Bogotá, Virgilio Barco, zu nennen, auf dessen Betreiben die erste Studie zurückgeht. Ab 1970 kam indessen ein höherrangiges Interesse ins Spiel: Die Wahl Pastranas (gegen Rojas Pinilla) wurde von vielen Kolumbianern – ob zu Recht, kann dahingestellt bleiben – für gefälscht gehalten. Um aus der sich abzeichnenden Legitimitätskrise herauszukommen und die Wähler Rojas', die schwerpunktmäßig aus den Unterschichtvierteln großer Städte stammten, von ihrer sich in ihrer Stimmabgabe ausdrückenden prinzipiellen Ablehnung des Systems der Nationalen Front abzubringen, wurden hastig Programme zur Verbesserung der Beschäftigungslage angekurbelt. Ein ex-kanadischer Berater des Nationalen Planungsamtes, Lauchlin Currie, hatte schon lange für eine stärkere Berücksichtigung urbanistischer Fragen in der nationalen Planung plädiert; über eine Ankurbelung der Bauwirtschaft sollten sowohl die Beschäftigung wie die Zahlungsbilanzsituation verbessert als auch eine positive Veränderung der Wohnsituation erreicht werden. Dieses Programm fand Eingang in Pastranas Entwicklungsplan und trug zur weiteren Verstärkung des Interesses an Stadtplanungsfragen bei.

(18) Ein neuer Präsident (eine unmittelbare Wiederwahl des Amtsinhabers ist von Verfassungs wegen ausgeschlossen) legt Wert darauf, über "seinen" Entwicklungsplan zu verfügen – und hegt in der Regel wenig Interesse an den Aktivitäten des Vorgängers. – Ein Austausch des führenden Personals der Verwaltung verstärkt diesen Effekt noch.

(19) der Stadtplanungsfirma Llewelyn-Davis Weeks Forestier-Walker and Bor.

(20) Das vorgelegte Material geht wesentlich auf eine Studie im Auftrag der Weltbank 1980 zurück. Eine ausführliche Publikation ist in Vorbereitung.

(21) Juristisch umstritten, gab dieses 1977 Anlaß zu einer Kontroverse zwischen Bürgermeister Gaitán Mahecha und dem Stadtrat. Der Nachfolger Durán Dussán fand sich aber mit der erwähnten Praxis ab.

(22) Hacienda y Planeación, 1, Mai 1978, 1, Teil 2, 60 f.

(23) Auf nationaler Ebene sogar von Gesetzes wegen; s. WOLFF 1984, Kap. V, C.

(24) Mit Ausnahme kleiner Beträge gibt es keinerlei Überweisungen für oder zu Lasten der wichtigen dezentralisierten Einheiten; Linn 1976, 146.

(25) Das Verhalten verschiedener bürokratischer Einheiten zueinander wird als politisch verstanden; Entscheidungen entstehen aus dem Zusammenwirken von Beamten, Politikern und der Öffentlichkeit, z.B. Verbänden, Wählergruppen usw. Genauer in WOLFF 1984, 34 ff.

(26) Der Feldherr (Regierungschef) zeichnet die großen strategischen Leitlinien vor; der Generalstab (Planungsamt) erarbeitet den Feldzugsplan (Plan); die Armee (Verwaltung) führt ihn unter Anleitung des Feldherrn durch. Genauer s. WOLFF 1977, 138 f.

(27) Einzelheiten in Wolff 1984, passim.

(28) Die durchschnittliche Amtsdauer liegt bei kaum einem Jahr, ist allerdings in den letzten Jahren länger geworden.

(29) Wildavsky 1974.

*****

Literatur

BOGOTA, DISTRITO ESPECIAL: Evaluación del cumplimiento de las normas en Bogotá. Bogotá 1975

BRÜCHER, W. u. G. MERTINS: "Intraurbane Mobilität unterer sozialer Schichten, randstädtische Elendsviertel und sozialer Wohnungsbau in Bogotá/Kolumbien". In: MERTINS, G. (Hg.): Zum Verstädterungsprozeß im nördlichen Südamerika, Marburg 1978 (Marburger Geographische Schriften, 77), S. 1-130

DNP (Departamento Nacional de Planeación): La CAR y la planificación regional de la Sabana de Bogotá. Bogotá 1976

ETZIONI, A.: A comparative analysis of complex organizations. New York ^{2}1975

FIERRO, M.: Algunos problemas relacionados con la migración en Colombia. Bogotá, Centro de Estudios sobre el Desarrollo, Universidad de los Andes 1973

GONZALEZ GONZALEZ, H.: "Génesis del triángulo urbano en Colombia". In: Revista Javeriana, 78, 1972, Nr. 387, S. 157-164

LINN, J.F.: Public utilities in metropolitan Bogotá: Organization, service levels, and financing. Washington, The World Bank, 1976 (hektographiert)

LOSADA LORA, R. u. H. GOMEZ BUENDIA: La tierra en el mercado pirata de Bogotá. Bogotá 1976

RIVERA-ORTIZ, A.I.: The politics of development planning in Colombia. Phil. Diss., State University of New York, Buffalo

SIMMONS, A.B. u. R. CARDONA: "La selectividad de la migración en una perspectiva en el tiempo. El caso de Bogotá (Colombia) 1929-1968". In: CARDONA GUTIERREZ, R.: Las migraciones internas. o.O. (Bogotá) Asociación Colombiana de Facultades de Medicina, o.J., S. 163-177

VALVERDE, N.A.: Bogotá city study: The available data. Washington, The World Bank, 1978 (hektographiert)

VERNEZ, G.: "Traslados residenciales de los migrantes de bajos ingresos. El caso de Bogotá, Colombia". In: CARDONA GUTIERREZ, R. (Hg.): Distribución espacial de la población. Bogotá 1976, S. 139-169

WILDAVSKY, A.: The politics of the budgetary process. Boston-Toronto ^{2}1974 (1. Auflage 1964)

WOLFF, J.H.: Planung in Entwicklungsländern. Eine Bilanz aus politik- und verwaltungswissenschaftlicher Sicht. Berlin-München 1977

-: Bürokratische Politik: Der Fall Kolumbien. Berlin 1984

YEPES, D. u. J. ARIAS: "Inmigración a Bogotá 1922-1972". In: Revista de Planeación y Desarrollo, 8, 1976, Nr. 2, S. 207-213

Bisher erschienene Veröffentlichungen der Universität Eichstätt:

EICHSTÄTTER BEITRÄGE

Band 1 **Freizeit und Erholung als Probleme der vergleichenden Kulturgeographie**
Herausgegeben von Erwin Grötzbach
Abteilung Geographie
196 Seiten, kartoniert

Band 2 **Evolutionstheorie und ethische Fragestellungen**
Herausgegeben von Philipp Kaiser und D. Stefan Peters
Abteilung Philosophie und Theologie
236 Seiten, kartoniert

Band 3 Pedro A. Barceló
Roms auswärtige Beziehungen unter der Constantinischen Dynastie (306–363)
Abteilung Geschichte
226 Seiten, kartoniert

Band 4 **Typus, Symbol, Allegorie bei den östlichen Vätern und ihren Parallelen im Mittelalter**
Herausgegeben von Margot Schmidt
in Zusammenarbeit mit Carl Friedrich Geyer
Abteilung Philosophie und Theologie
424 Seiten, 15 Bildtafeln, kartoniert

Band 5 Günther Blaicher
Die Erhaltung des Lebens
Studien zum Rhythmus der englischen Komödie von William Shakespeare bis Edward Bond
Abteilung Sprache und Literatur
276 Seiten, kartoniert

Band 6 Frank-Michael Czapek
Binnenerholungsverkehr im türkischen Schwarzmeergebiet
Eine sozialgeographische Untersuchung
Abteilung Geographie
234 Seiten, kartoniert

Band 7 **Evolutionstheorie und Schöpfungsverständnis**
Herausgegeben von Philipp Kaiser und D. Stefan Peters
Abteilung Philosophie und Theologie
260 Seiten, kartoniert

Band 8 **Das etymologische Wörterbuch**
Fragen der Konzeption und Gestaltung
Herausgegeben von Alfred Bammesberger
Abteilung Sprache und Literatur
336 Seiten, kartoniert

Band 9 **American Poetry**
Between Tradition and Modernism 1865–1914
Herausgegeben von Roland Hagenbüchle
Abteilung Sprache und Literatur
209 Seiten, kartoniert

Band 10 Gisbert Rinschede
Die Wanderviehwirtschaft im gebirgigen Westen der USA und ihre Auswirkungen im Naturraum
Abteilung Geographie
525 Seiten, 70 Photos, 153 Abbildungen
und 53 Tabellen, kartoniert

Band 11 Heinz Hürten
Die Kirchen in der Novemberrevolution
Eine Untersuchung zur Geschichte
der Deutschen Revolution 1918/19
Abteilung Geschichte
178 Seiten, kartoniert

Band 12 **Beiträge zur vergleichenden Kulturgeographie der Hochgebirge**
Herausgegeben von Erwin Grötzbach und Gisbert Rinschede
Abteilung Geographie
358 Seiten, kartoniert

Band 13 **Concentus hexachordus**
Beiträge zum 10. Symposium der bayerischen Hochschullehrer
für Klassische Philologie in Eichstätt (24.–25. Februar 1984)
Herausgegeben von Peter Krafft und Hans Jürgen Tschiedel
Abteilung Sprache und Literatur
195 Seiten, kartoniert

Band 14 Monika Fink-Lang
Untersuchungen zum Eichstätter Geistesleben im Zeitalter des Humanismus
Abteilung Geschichte
352 Seiten, kartoniert

Band 15 Alfred Bammesberger (Ed.)
Problems of Old English Lexicography
Studies in Memory Angus Cameron
Abteilung Sprache und Literatur
443 Seiten, kartoniert

Band 16 Peter Frankenberg
Zur Geographie von Krebserkrankungen
Abteilung Geographie
149 Seiten, kartoniert

Band 17 **Desarrollo demográfico, migraciones y urbanización en América Latina**
Herausgegeben von D. W. Benecke; K. Kohut;
G. Mertins; J. Schneider; A. Schrader
Abteilung Lateinamerika
432 Seiten, kartoniert

VERLAG FRIEDRICH PUSTET REGENSBURG